KB220244

사도행전

속으로

제11권 예수는 그리스도라

사도행전 속으로
Into the Acts 11. Jesus is the Christ

지은이 이재철
펴낸곳 주식회사 홍성사
펴낸이 정애주
국효숙 김의연 박혜란 손상범
송민규 오민택 임영주 차길환

2016. 6. 23. 초판 발행   2024. 5. 24. 5쇄 발행

등록번호 제1-499호 1977. 8. 1.
주소 (04084) 서울시 마포구 양화진4길 3   전화 02) 333-5161   팩스 02) 333-5165
홈페이지 hongsungsa.com   이메일 hsbooks@hongsungsa.com
페이스북 facebook.com/hongsungsa
양화진책방 02) 333-5161

ⓒ 이재철, 2016

• 잘못된 책은 바꿔 드립니다.   • 책값은 뒤표지에 있습니다.

ISBN 978-89-365-1165-4 (04230)
ISBN 978-89-365-0531-8 (세트)

속으로 사도행전

11 예수는 그리스도라

사도행전 17, 18장

이재철

서문
참된 교회를 그리며

저는 주일예배 시간에 늘 '순서설교'를 합니다. 순서설교는 제가 만든 용어로, 문자 그대로 성경을 순서대로 설교하는 것입니다. 강해설교도 성경의 순서를 따르지만 일반적으로 본문을 넓게 잡기에 각 구절에 대한 비중이 떨어지기 쉽습니다. 그러나 순서설교는 본문을 한두 구절씩 짧게 잡는 것이 특징입니다. 그러다 보니 성경 가운데 책 한 권의 설교를 끝내기 위해서는 상당한 햇수가 필요합니다. 그런데도 제가 목회를 시작한 이래 20여 년 동안 계속 순서설교를 해온 까닭이 있습니다. 1년에 주일은 52일밖에 없습니다. 그러므로 목회자가 한 교회에서 평생 목회해도 주일예배 시간에 성경 66권의 내용을 모두 심도 있게 설교하는 것은 물리적으로 불가능합니다. 주일예배는 물론이고 새벽 기도회, 수요 성경공부, 구역 성경공부 등에 빠짐없이 참석하는 교인은 예외겠지만, 주일예배에만 참석하는 대다수 교인은 결국 일주일에 한 번 설교자가 선호하거나 의도하는 구절에 대한 설교만 듣게 됩니다. 그렇게 해서는 하나님의 말씀이신 성경 전체를 바르게 이해하고 세상에서 하나님의 말씀을 좇아 사는 것은 지극히 어려운 일입니다. 그와 같은 단점을 보완하기 위해 매 주일 본문 구절의 깊이와 성경 전체의 넓이를 동시에 추구하자는 것이 순서설교입니다. 다시 말해 주일마다 각 구절을 깊이 있게 다루면서, 그 깊이만큼 해당 구절을 창으로 삼아 성경 전체를 들여다보고, 예배가 끝난 뒤에는 그 구절을 안경으로 쓰고 일주일 동안 세상에서 살자는 것입니다.

성경은 창세기부터 요한계시록까지 거미줄보다 더 정교하고 치밀하게 얽혀 있습니다. 그리고 성경 각 구절은 그 전체를 들여다보는 신비로운 창입니다. 똑같은 풍경도 창의 모양과 색깔에 따라 다르게 보이듯이, 성경을 들여다보는 창이 많고 다양할수록 성경 전체에 대한 이해가 더 깊어지고 넓어지기 마련입니다. 제가 순서설교를 선호하는 까닭이 여기에 있습니다. 구약성경의 초점이 '오실 예수'에, 신약성경의 초점이 '오신 예수'에 맞추어져 있기에, 즉 성경 전체의 초점이 '오직 예수' 한 분이기에 순서설교와 절기설교는 상충하지 않습니다. 성경의 모든 구절이 예수님을 들여다보기 위한 창이기 때문입니다. 특정 절기와는 무관해 보이는 구절로 그 절기를 묵상함으로써 오히려 성경의 오묘함을 더 깊이 확인할 수 있습니다.

100주년기념교회 주일예배 설교 텍스트로 사도행전을 선택한 데엔 두 가지 이유가 있습니다. 저의 첫 목회지였던 '주님의교회'에서 요한복음 순서설교를 끝으로 10년 임기를 마친 것이 첫 번째 이유입니다. 목회의 장소와 형태 그리고 목적은 달라져도 목회의 영속성이 단절되는 것은 아니기에 요한복음에 이어 사도행전을 선택하였습니다. 두 번째 이유는 100주년기념교회로 저를 불러내신 주님께서 제게 부여하신 소명이 한국 교회의 출발점인 양화진외국인선교사묘원 묘지기이기 때문입니다. 이미 출판된 요한복음 설교집 〈요한과 더불어〉의 주제가 '주님과 동행'이라면 〈사도행전 속으로〉의 주제는 복음의 결과인 '교회 되기'이므로, 한국 교회의 출발점인 양화진에서 사도행전을 통해 참된 교회의 의미를 되새기기 위함입니다. 2005년 7월 10일 100주년기념교회 창립과 동시에 사도행전 1장 1절부터 순서설교를 시작한 이래 만 5년을 맞는 현재에도 사도행전을 계속 설교하고 있습니다. 주님께서 제 건강과 여건을 허락하신다면, 100주년기념교회에서 목회하는 동안 사도행전 순서설교를 끝내는 것이 제 소박한 바람입니다.

부족하기 짝이 없는 사람을 늘 변함없이 당신의 도구로 사용해 주시는 주님께 감사드릴 뿐입니다.

2010년 7월 양화진에서

이재철

차례

사도행전 18장

부록

일러두기

*〈사도행전 속으로〉 제11권은 2012년 11월 11일부터 2014년 12월 21일까지 100주년기념교회 이재철 목사가 주일예배에서 설교한 내용을 묶어 낸 것입니다.
*본문에 인용한 성경 구절은 개역개정판 성경을 기본으로 하였고, 그 외의 역본을 따랐을 경우 별도 표기하였습니다.
*본문에 인용한 찬송가는 새찬송가를 기본으로 하였습니다.

사도행전 17장

바울은 자신의 호흡이 있는 동안

자기 소명의 길을 포기하지 않고

끝까지 달려갔습니다.

1. 자기의 관례대로

사도행전 17장 1-9절

그들이 암비볼리와 아볼로니아로 다녀가 데살로니가에 이르니 거기 유대인의 회
당이 있는지라 바울이 **자기의 관례대로** 그들에게로 들어가서 세 안식일에 성경
을 가지고 강론하며 뜻을 풀어 그리스도가 해를 받고 죽은 자 가운데서 다시 살
아나야 할 것을 증언하고 이르되 내가 너희에게 전하는 이 예수가 곧 그리스도
라 하니 그중의 어떤 사람 곧 경건한 헬라인의 큰 무리와 적지 않은 귀부인도 권
함을 받고 바울과 실라를 따르나 그러나 유대인들은 시기하여 저자의 어떤 불
량한 사람들을 데리고 떼를 지어 성을 소동하게 하여 야손의 집에 침입하여 그
들을 백성에게 끌어내려고 찾았으나 발견하지 못하매 야손과 몇 형제들을 끌고
읍장들 앞에 가서 소리 질러 이르되 천하를 어지럽게 하던 이 사람들이 여기도
이르매 야손이 그들을 맞아들였도다 이 사람들이 다 가이사의 명을 거역하여
말하되 다른 임금 곧 예수라 하는 이가 있다 하더이다 하니 무리와 읍장들이 이
말을 듣고 소동하여 야손과 그 나머지 사람들에게 보석금을 받고 놓아주니라

바울 일행의 빌립보 사역에 대해 증언하는 사도행전 16장은 40절에서 '가

니라'는 동사로 끝나고 있습니다. 빌립보 사역을 끝낸 바울 일행이 빌립보를 떠났다는 말입니다. 헬라어 원문에는 그 동사가 3인칭 복수형으로 기록되어 있습니다. 그 반면에 바울 일행의 빌립보 입성을 밝혀 주는 사도행전 16장 11-12절에는 바울 일행이 '우리', 즉 1인칭 복수형으로 기록되어 있습니다. 바울 일행이 빌립보에 입성할 때는 1인칭 복수형이었는데, 빌립보 사역을 끝내고 떠날 때는 3인칭 복수형으로 바뀐 것입니다. 아시아 대륙 드로아에서 에게 해를 넘어 유럽 대륙으로 넘어간 바울 일행은 바울과 실라 그리고 디모데에, 사도행전을 기록한 누가를 합쳐 총 네 명이었습니다. 그래서 빌립보를 찾은 바울 일행을, 사도행전의 기록자인 누가는 자신을 포함하여 1인칭 복수형으로 기록하였습니다. 그러나 지난 시간에 살펴본 것처럼, 바울 일행이 빌립보 사역을 마치고 빌립보를 떠나갈 때 누가가 비록 소수일망정 초신자에 불과한 빌립보의 그리스도인들을 보살피기 위하여 홀로 빌립보에 남았습니다. 따라서 누가는 빌립보를 떠나가는 바울 일행을, 즉 자신을 제외한 나머지 세 사람을 3인칭 복수형으로 기술하였습니다.

오래전에 말씀드린 것처럼 빌립보는 본래 작은 성읍이었습니다. 그러나 주전 356년 그 지방을 정복한 마게도냐의 빌립 2세가 그곳의 지리적·전략적·경제적 가치를 인식하고 대도시로 확장하였습니다. 그리고 자신의 이름을 붙여 빌립보로 명명하였습니다. 그의 아들이 헬라제국을 건설한 알렉산더 대왕이었습니다. 하지만 빌립보는 주전 167년 로마제국에 의해 정복당했고, 주전 146년 데살로니가를 행정수도로 한 마게도냐 주에 편입되었습니다. 그로부터 한 세기가 지나 카이사르가 암살당하자, 카이사르의 양아들이었던 옥타비아누스는 주전 42년 카이사르를 암살한 브루투스와 카시우스의 연합군을 빌립보의 간지테스 계곡에서 격파했습니다. 그 이후 로마제국의 아우구스투스 황제가 된 옥타비아누스는 퇴역 군인들을 빌립보에 정착시키면서 빌립보를 더욱 확장시켰습니다. 그 결과 2천 년 전 바울 일행이 빌립보를 방문했을 때 빌립보는 로마제국 내에서 주요한 도시 중의 하나였습니다. 하지만 그 빌립보는 그때로부터 약 천 년 후 그곳을 강타한 대지진으로 인해 사람이 살 수 없는 폐허의 땅이 되고 말았습니다.

제가 빌립보를 직접 찾아가 보았던 것은 우리 교회가 창립되기 한 달 전인 2005년 6월이었습니다. 잘 발굴되어 있는 빌립보 유적지는, 그 옛날 빌립보가 얼마나 거대한 도시였는지 한눈에 확인케 해주었습니다. 그 거대한 도시에는 폐허 아닌 것이 없었습니다. 2천 년 전 바울이 방문했을 때 위용을 자랑하던 신전에서부터, 바울의 방문 이후 로마제국의 복음화로 세워진 예배당에 이르기까지 사람의 손으로 지은 것치고 온전한 형태로 남아 있는 것은 아무것도 없습니다. 단지 기둥이나 주춧돌처럼 흔적으로만 남아 있을 뿐입니다. 제가 빌립보를 찾아간 시기는 피크 시즌이 아닌 데다 시간도 오전이어서 그 거대한 빌립보 유적지에서 외부 관광객은 저희 일행 네 사람밖에 없었습니다. 거대하지만 인적이 끊어진 텅 빈 빌립보 유적지는 괴기할 정도로 적막하기만 했습니다. 유적지를 다 둘러보고 나오려는데 출구 근처에서 제초 작업을 하는 인부 세 명의 제초기 모터 소리가 요란하게 울려 퍼졌습니다. 그리고 제초기에 잘린 풀잎들이 마침 불어오는 바람에 춤을 추듯 흩날렸습니다. 그것은 방금 본 빌립보 유적과는 너무나도 대조적인 광경이었습니다.

빌립보에서 사람의 손에 의해 세워진 것은 모두 무너지고 말았습니다. 빌립보는 더 이상 사람이 살 수 없는 죽음의 땅이 되고 만 것입니다. 그러나 그 죽음의 땅에서 풀들은 지금까지 생명을 이어 오고 있습니다. 인간이 아무리 떵떵거리며 살아도 머지않아 한 줌의 흙으로 변하고, 인간이 아무리 웅대한 것을 쌓아 올려도 언젠가는 폐허로 무너져 내릴 수밖에 없기에, 인간은 실은 풀보다 못한 존재입니다. 그렇다고 한 포기의 풀이 천년만년 사는 것은 아닙니다. 풀도 반드시 마르고 죽기 마련입니다. 단지 새 풀이 끊임없이 그 자리를 대신할 뿐입니다. 영원한 것은 인간도, 인간이 손으로 세운 것도, 자연의 풀도 아닙니다. 그 모든 것은 쇠퇴하고 죽고 무너지고 말라비틀어질 뿐입니다. 영원한 것은 오직 '하나님의 말씀'뿐입니다. 이런 의미에서 빌립보 유적지의 출구에서 울려 퍼지던 제초기의 모터 소리는 단순한 기계음일 수만은 없었습니다. 그것은 제게는, 폐허로 변한 빌립보의 유적지를 배경으로 울려 퍼지는 하나님의 음성이었습니다.

> 모든 육체는 풀과 같고 그 모든 영광은 풀의 꽃과 같으니 풀은 마르고 꽃은 떨어지되 오직 주의 말씀은 세세토록 있도다(벧전 1:24-25상).

2천 년 전 본문 속에서 바울이 방문했던 거대한 빌립보는 대지진으로 폐허가 되었고, 바울 자신은 말년에 참수형을 당해 죽었지만, 2천 년이 지난 오늘날까지 바울이 영원한 사도로 기림 받는 이유는 단 한 가지, 그가 살아 있는 동안 오직 영원하신 하나님의 말씀에 자신을 온전히 덧붙이고 살았기 때문입니다.

오늘 본문인 사도행전 17장 1절은 '그들이'라는 3인칭 복수형 주어로 시작되고 있습니다. '그들'이란 앞에서 말씀드린 것처럼 바울 일행 가운데 빌립보에 홀로 남은 누가를 제외한 세 명, 즉 바울과 실라 그리고 디모데를 의미합니다.

> 그들이 암비볼리와 아볼로니아로 다녀가 데살로니가에 이르니 거기 유대인의 회당이 있는지라(1절).

빌립보를 떠난 바울 일행은 빌립보에서 서남쪽으로 약 60킬로미터 떨어진 암비볼리로 갔습니다. 암비볼리에는 바울과 관련된 기록이 전혀 없는 것으로 보아 바울 일행은 이곳을 거쳐 가기만 한 것으로 보입니다. 바울 일행은 암비볼리에서 다시 서남쪽으로 47킬로미터 떨어진 아볼로니아로 갔습니다. 빌립보에서부터 따지자면 아볼로니아는 107킬로미터 떨어진 성읍이었습니다. 그곳에는 '바울강단BHMA'이라 불리는 작은 바위언덕이 있습니다. 아볼로니아를 방문한 바울이 바로 그 바위언덕에서 복음을 전했다고 해서 그렇게 이름 붙여진 곳입니다. 바위언덕 옆에는 천 년이 되었다는 거대한 고목이 있고, 그 고목의 그늘이 바위언덕까지 뒤덮고 있습니다. 그 풍경이 얼마나 평온해 보이는지, 그 바위언덕에서 바울의 입을 통해 미풍처럼 흘러나왔을 복음이 귀에 들리는 듯합니다. 그리고 바위언덕 아래쪽에, 오늘의 본문인 사도행전 17장 1절이 새겨진 동판이 부착되어 있습니다.

그들이 암비볼리와 아볼로니아로 다녀가 데살로니가에 이르니 거기 유대인의 회당이 있는지라.

아볼로니아의 바위언덕 앞에서 이 구절을 읽는데 제 눈에 눈물이 핑 돌았습니다. 바울이 대체 어떤 상태에서 빌립보를 출발했습니까? 바울은 실라와 함께 그 전날 억울한 모함으로 옷을 벗기운 채 심한 태형을 당하고 지하 감옥에 투옥당하지 않았습니까? 그날 밤 한밤중이 되기까지 잠을 자지 않고 하나님께 기도하며 찬송하지 않았습니까? 또 그 한밤중에 간수의 집으로 가서 간수와 그의 가족들에게 복음을 전하고 세례를 베푼 다음 다시 지하 감옥으로 돌아오지 않았습니까? 다시 말해 그날 밤 바울과 실라는 뜬눈으로 밤을 새운 셈입니다. 그리고 날이 새자 정식 재판도 없이 부당한 짓을 자행했던 빌립보의 집정관들로부터 사과를 받고 출옥한 바울과 실라는 곧장 루디아의 집으로 가서 믿음의 형제자매들을 '파라칼레오παρακαλέω'—권면하고 위로하고 격려한 다음, 투옥되지 않았던 일행 가운데 누가를 빌립보에 남겨 놓고 디모데와 함께 빌립보를 출발하지 않았습니까? 그때 바울과 실라는 성한 몸이 아니었습니다. 그 전날 맨몸으로 태형을 당한, 상처투성이의 몸이었습니다. 그러나 그들은 치료와 휴양을 위한 쉼을 선택하는 대신에, 그 상처투성이의 몸으로 빌립보를 출발하여 암비볼리를 거쳐 빌립보에서 107킬로미터 떨어진 아볼로니아로 갔습니다. 바울과 실라가 상처투성이의 몸으로 아침부터 밤까지 하루에 매일 25킬로미터를 걸었다 해도, 빌립보에서 아볼로니아까지는 나흘 길이 넘었습니다. 그 먼 길을 걸어 아볼로니아에 도착한 바울은 바위언덕에 사람들이 모여 있는 것을 보자 쉴 틈도 없이 그들에게 복음을 전했습니다. 그러고는 발걸음을 재촉하여 다음 행선지인 데살로니가로 향했습니다. 바울이 상처투성이의 몸을 돌보지도 않고 그렇듯 강행군한 이유는 단 하나였습니다. 예수 그리스도 안에서 자신을 구원해 주신 하나님의 사랑에 자신의 코끝에 호흡이 있는 동안 조금이라도 더 보답하기 위함이었습니다. 7년 반 전 제가 아볼로니아의 바위언덕 아래쪽에 오늘의 본문인 사도행전 17장 1절이 새겨진 동판 앞에 섰을 때 눈물이 핑 하고 돌았던 것은, 상처투성이의 몸으로 나흘 길을 걸어 지칠 대로 지쳤으면서도 오직 주님의 사랑에 사로잡혀 그 바위언덕에서 주님의 복음을 전하던 바울의 뜨거운 열정이 제 가슴을 아리게 했기 때문입니다.

아볼로니아에서 복음을 전한 바울은 곧장, 그곳에서 서쪽으로 57킬로미터 떨어진 데살로니가로 갔습니다. 걸어서 이틀 길이었습니다. 빌립보에서부터 따지자면 데살로니가는 164킬로미터 거리였습니다. 당시 마게도냐의 행정수도였던 데살로니가는 인구 20만 명의 대도시로서, 주전 316년경 마게도 나의 빌립 2세의 사위였던 카산더가 창건하여 자기 아내의 이름으로 명명한 도시였습니다. 다시 말하면 데살로니가는 알렉산더 대왕의 이복누이 이름이었습니다. 바울이 데살로니가를 방문했을 때 그곳에는 유대인 회당이 있었음을 본문 1절이 밝혀 주고 있습니다. 원문의 '회당'이라는 단어 앞에 정관사가 붙어 있지 않은 것으로 보아 그 회당은 데살로니가에 있는 여러 회당 중의 한 회당임을 알게 됩니다. 이것은 유대인 회당 하나 없던 빌립보와는 달리 데살로니가에는 적지 않은 유대인들이 살고 있었음을 의미합니다.

그리고 본문 2절이 계속하여 이렇게 증언합니다.

> 바울이 자기의 관례대로 그들에게로 들어가서 세 안식일에 성경을 가지고 강론하며.

바울이 '그들에게 들어갔다'는 것은 회당으로 사람들을 찾아갔다는 말입니다. 그리고 우리말 '관례'로 번역된 헬라어 '에이오도스εἰωθὸς'는 '습관 들게 하다'라는 동사 '에도ἔθω'의 완료분사형으로서 '습관'이라는 의미입니다. 바울은 그동안 전도 여행을 하면서 어느 도시에 가든 유대인 회당이 있으면 안식일에 먼저 그곳부터 찾아갔습니다. 그것이 처음 방문한 도시에서 그곳의 유대인들을 가장 손쉽게 집단적으로 만날 수 있는 길이었기 때문입니다. 그래서 바울은 데살로니가를 방문해서도 평소의 습관대로 세 주간에 걸쳐 안식일마다 유대인 회당을 찾았습니다. 그러나 평소 바울의 습관은 유대인 회당을 찾는 것 자체를 목적으로 삼은 것이 아니었습니다. 바울의 습관은 사람들이 모여 있는 곳으로 가서 사람들에게 하나님의 말씀을 강론하는 것이었습니다. 바울이 데살로니가에서 세 안식일 동안 강론한 핵심이 무엇인지는 3절이 밝혀 주고 있습니다.

> 뜻을 풀어 그리스도가 해를 받고 죽은 자 가운데서 다시 살아나야 할
> 것을 증언하고 이르되 내가 너희에게 전하는 이 예수가 곧 그리스도라
> 하니.

한마디로 바울의 평소 습관은 유대인 회당에서는 말할 것도 없고 어디에
서든 예수 그리스도의 복음을 증언하는 증인으로 살아가는 것이었습니다.
이 사실을 알고 나면 빌립보를 떠날 즈음부터 오늘 본문 속에서 데살로니가
에 이르기까지 바울이 보여 준 행적을 비로소 이해할 수 있습니다. 바울이
맨몸으로 심한 태형을 당하고 투옥되어 뜬눈으로 밤을 새우고서도 이튿날
루디아의 집을 잠시 거친 뒤 상처투성이의 몸으로 전도 여행 길에 다시 오
른 것, 상처투성이의 몸으로 나흘 길을 걸어 도착한 아볼로니아의 바위언덕
에서 쉴 틈도 없이 복음을 전하고는 곧장 데살로니가로 떠난 것, 그리고 아
볼로니아에서 이틀 길을 걸어 도착한 데살로니가에서도 여전히 상처가 아
물지 않았을 몸으로 세 안식일 동안 계속하여 유대인 회당에서 예수 그리
스도의 복음을 전한 것은, 평소 바울의 머리끝에서부터 발끝까지 예수 그
리스도의 증인으로 살아가는 습관이 온몸에 속속들이 배어 있었기에 가능
한 일이었습니다.

그러고 보면 1차 전도 여행 때도 마찬가지였습니다. 저지대인 버가에 이른
바울은 그만 풍토병에 걸리고 맙니다. 그러나 바울은 그곳에서 전도 여행을
중단하고 집으로 돌아가지 않았습니다. 그는 저지대의 풍토병을 이길 수 있
게끔 험산준령의 타우루스 산맥을 넘어 고원지대에 위치한 비시디아 안디옥
을 찾아가 그곳에서 복음을 전했습니다. 루스드라에서는 유대인들의 선동

으로 바울은 사람들로부터 돌팔매질을 당했습니다. 얼마나 심하게 돌에 맞았던지, 쓰러져 꼼짝도 않는 바울을 사람들이 죽은 것으로 간주하고 성 밖으로 질질 끌고 나가 내버릴 정도였습니다. 사람들이 죽었다고 단정할 정도로 심한 돌팔매질을 당했다면 바울의 온몸이 터지고 찢어져 피투성이가 되지 않았겠습니까? 그러나 죽지 않고 다시 일어난 바울은 이튿날 더베로 갔습니다. 더베는 루스드라에서 약 140킬로미터 떨어진 성읍이었습니다. 돌에 맞은 상처 자국을 제대로 치료받지도 못한 바울은 근 엿새 길을 걸어 더베에 도착하자마자 그곳 사람들에게 예수 그리스도의 십자가 복음을 전했습니다. 그 모든 것 역시 어떤 상황 속에서든 예수 그리스도의 증인으로 살아가는 삶이 바울의 습관이 되어 있었기에 가능한 일이었습니다.

그러나 그 습관은 우연히, 혹은 절로 생긴 것이 아니었습니다. 바울 스스로 다음과 같이 고백하였습니다.

> 운동장에서 달음질하는 자들이 다 달릴지라도 오직 상을 받는 사람은 한 사람인 줄을 너희가 알지 못하느냐 너희도 상을 받도록 이와 같이 달음질 하라 이기기를 다투는 자마다 모든 일에 절제하나니 그들은 썩을 승리자의 관을 얻고자 하되 우리는 썩지 아니할 것을 얻고자 하노라 그러므로 나는 달음질하기를 향방 없는 것같이 아니하고 싸우기를 허공을 치는 것 같이 아니하며 내가 내 몸을 쳐 복종하게 함은 내가 남에게 전파한 후에 자신이 도리어 버림을 당할까 두려워함이로다(고전 9:24-27).
>
> 형제들아 내가 그리스도 예수 우리 주 안에서 가진 바 너희에 대한 나의 자랑을 두고 단언하노니 나는 날마다 죽노라(고전 15:31).

바울은 예수 그리스도의 참된 증인으로 살기 위해 자기 안일의 나태함 속에 안주하려는 자신을 날마다 쳐서 복종시켰습니다. 그리고 자기 마음 내키는 대로 자기 욕망을 좇아 살려는 바울 스스로 예수 그리스도 안에서 날마다 죽었습니다. 그렇듯 날마다 반복된 훈련의 결과가 예수 그리스도의 증인으로 살아가는 삶의 습관으로 드러난 것이었습니다.

예수님께서 당신을 좇는 우리에게 이렇게 명령하십니다.

> 아무든지 나를 따라오려거든 자기를 부인하고 날마다 제 십자가를 지고 나를 따를 것이니라(눅 9:23).

아무리 예수님을 뒤좇는다 해도 예수님의 말씀에 의한 자기 부인이 없고, 그리스도인으로서 책임과 의무의 십자가가 수반되지 않는다면 그 사람은 참된 그리스도인일 수는 없습니다. 그렇지만 자기 부인과 자기 십자가가 기분 날 때에만 수반되어서도 안 됩니다. 예수님께서는 주님을 좇는 그리스도인이 되기 원한다면 날마다 자기를 부인하고, 날마다 자기 십자가를 지라고 명령하십니다. 믿음은 습관이고, 습관은 날마다 반복되는 훈련을 통해서만 삶으로 체질화되기 때문입니다.

예수님께서는 우리와 똑같은 성정을 지닌 인간으로 이 땅에서 사시지 않았습니까? 그 예수님께서 당신의 십자가 죽음을 목전에 두고 무어라 기도하셨습니까?

> 내 아버지여 만일 할 만하시거든 이 잔을 내게서 지나가게 하옵소서 그러나 나의 원대로 마시옵고 아버지의 원대로 하옵소서(마 26:39하).

나는 살고 싶지만 그러나 살고 싶은 나의 뜻이 아니라, 나를 십자가의 제물로 삼으려는 당신의 뜻대로 하시라는 기도였습니다. 기도의 방점이 나의 뜻이 아니라 아버지의 뜻에 찍혀 있습니다. 죽음이 지금 나를 덮치고 있다면, 앞뒤 가릴 것 없이 살려 달라고 소리치는 것이 인지상정 아니겠습니까? 그럼에도 어떻게 예수님께서는 그 절체절명의 순간에 살고 싶은 나의 뜻이 아니라, 나를 제물 삼으려는 아버지의 뜻대로 하시라고 기도하실 수 있었겠습니까?

우리는 예수님의 그 기도가 감람산 겟세마네 동산에서 드려졌음을 잘 알고 있습니다. 누가복음 22장 39절은 그때 예수님께서 "습관을 따라 감람산에" 가셔서 기도하셨음을 밝혀 주고 있습니다. 그 구절에서 '습관'의 의미로 사용된 헬라어가 바로 오늘 본문 속에 사용된 동사 '에도'의 명사형인 '에도스εθος'입니다. 이것은 예수님께서 단순히 감람산에서 기도하는 습관을 지니고 계셨다는 것만을 의미하지 않습니다. 그것은 예수님께서 평소 당신의 뜻이 아니라 하나님 아버지의 뜻을 구하는 기도의 습관을 지니고 계셨음을 의미합니다. 그래서 처참한 십자가의 죽음을 목전에 두고서도 당신의 뜻이 아니라, 아버지의 뜻이 이루어지기를 기도하실 수 있었습니다. 신앙은 습관이기 때문입니다.

"믿음생활은 마라톤과 같으므로 슬슬 하는 것이 좋다"고 말하는 분들이 있습니다. "평생 계속되는 목회도 마라톤이므로 슬슬 하라"고 목사에게 권면하는 목사도 있습니다. 그분들은 마라톤이 무엇인지 알지 못하는 분들이요, 결과적으로 마라톤 선수들을 모독하는 분들입니다. 올림픽 마라톤 경기에서 선수들이 슬슬 뛰는 모습을 본 적이 있으십니까? 슬슬 뛰고도 마라톤 경기에서 입상하는 선수를 상상인들 할 수 있겠습니까? 그런 경우는 절대로 없습니다. 마라톤 선수들은 42.195킬로미터 전 구간을 최선을 다해 달립니다. 저처럼 달음박질이 느린 사람이 잠시 전력을 다해 뛰는 것보다 더 빠른 속도로 두 시간 이상을 쉬지 않고 계속 달립니다. 그것이 가능할 수 있도록 그들은 평소에도 매일 상당한 거리를 반복하여 달립니다. 두 시간 이상 쉬지 않고 계속 달려야 하는 마라톤은 습관이 되지 않으면 안 되기 때문입니다.

믿음생활도 평생 지속된다는 의미에서 마라톤과 같습니다. 그러므로 믿음 역시 습관이 되지 않으면 안 됩니다. 말씀묵상이 습관이 되게 하십시오. 기도가 습관이 되게 하십시오. 사랑이 습관이 되게 하십시오. 주님을 향한 시선이 습관이 되게 하십시오. 예수 그리스도의 증인으로 사는 삶이 습관이 되게 하십시오. 그때부터 우리 삶의 의미와 가치와 질이 새로워질 것입니다. 믿음이 습관이 된 사람만 자신의 생명을 더 이상 허망하게 갉아먹는 어리석음을 반복하지 않는, 지혜로운 그리스도인으로 살 수 있습니다.

주님을 좇는 참된 그리스도인으로 살고 싶은데, 왜 일상생활 속에서 주님을 잊고 살 때가 더 많은지, 왜 그리스도인답지 않게 행동하고 뒤늦게 늘 후회하기만 하는지, 그 까닭을 알게 해주셔서 감사합니다. 믿음은 습관인데, 내게는 아직 그 습관이 배어 있지 않습니다. 믿음이 내 삶의 습관이 되게끔 스스로 훈련하지 않았습니다. 그래서 나의 귀한 인생을 무의미하게 흩날려 온 나의 어리석음을 용서해 주십시오.

말씀묵상이 우리의 습관이 되게 해주십시오. 기도가 우리의 습관이 되게 해주십시오. 사랑이 우리의 습관이 되게 해주십시오. 주님을 향한 시선이 우리의 습관이 되게 해주십시오. 주님의 말씀 앞에서 날마다 우리 자신을 부인하게 해주십시오. 그리스도인으로서 마땅히 져야 할 책임과 의무의 십자가를 날마다 기꺼이 지게 해주십시오. 자기 안일의 나태함에 빠지려는 우리 자신을 날마다 쳐서 복종시키게 해주십시오. 내 마음대로 살려는 우리의 겉사람이 날마다 주님 안에서 죽어지게 해주십시오. 마라톤 선수가 42.195킬로미터 전 구간을 두 시간 이상 쉬지 않고 최선을 다해 계속 달리듯, 주님 부르시는 날까지 예수 그리스도의 증인 된 삶을 초지일관 달려가게 해주십시오. 그리하여 우리가 이 세상을 떠나는 날, "나는 선한 싸움을 싸우고 나의 달려갈 길을 마치고 믿음을 지켰으니, 이제 후로는 나를 위하여 의의 면류관이 예비되었으므로, 주 곧 의로우신 재판장이 그날에 내게 주실 것"(딤후 4:7-8상)이라는 바울의 유언이, 우리 모두의 유언이 되게 해주십시오. 아멘.

2. 이 예수가 곧 그리스도라 감사 주일

사도행전 17장 1-9절

그들이 암비볼리와 아볼로니아로 다녀가 데살로니가에 이르니 거기 유대인의 회당이 있는지라 바울이 자기의 관례대로 그들에게로 들어가서 세 안식일에 성경을 가지고 강론하며 뜻을 풀어 그리스도가 해를 받고 죽은 자 가운데서 다시 살아나야 할 것을 증언하고 이르되 내가 너희에게 전하는 **이 예수가 곧 그리스도라** 하니 그중의 어떤 사람 곧 경건한 헬라인의 큰 무리와 적지 않은 귀부인도 권함을 받고 바울과 실라를 따르나 그러나 유대인들은 시기하여 저자의 어떤 불량한 사람들을 데리고 떼를 지어 성을 소동하게 하여 야손의 집에 침입하여 그들을 백성에게 끌어내려고 찾았으나 발견하지 못하매 야손과 몇 형제들을 끌고 읍장들 앞에 가서 소리 질러 이르되 천하를 어지럽게 하던 이 사람들이 여기도 이르매 야손이 그들을 맞아들였도다 이 사람들이 다 가이사의 명을 거역하여 말하되 다른 임금 곧 예수라 하는 이가 있다 하더이다 하니 무리와 읍장들이 이 말을 듣고 소동하여 야손과 그 나머지 사람들에게 보석금을 받고 놓아주니라

요즈음과 같은 환절기에는 감기에 걸리는 사람이 많습니다. 연세국어사전

은 '감기'를 '기침, 콧물, 오한, 두통 등이 함께 생기는, 전염하는 호흡기 병'
이라 풀이하고 있습니다. 민중국어사전은 조금 더 구체적으로 설명하고 있
습니다. '주로 바이러스로 인해 일어나는 호흡기 질환. 코가 막히고 머리가
아프며 기침이 나고 열이 오름. 고뿔이라고도 함.' 두 사전 모두 감기의 현
상에 대해서만 설명하고 있습니다. 그 현상 설명만으로는 감기의 예방은 불
가능합니다. 다시 말해 사전이 설명하는 감기 현상에 대해 숙지하고 있더라
도, 감기는 자신의 의지와 무관하게 일단 걸린 뒤에야 사후 약방문 격으로
다스릴 수밖에 없습니다.

일주일 전 어느 모임에서 한 교우님으로부터 감기에 대한 새로운 해석을
들었습니다. '감기'는 한자로 '느낄 감感'에 '기운 기氣'로 표기합니다. 그러므
로 '감기는 기를 느끼는 것'이라는 해석이었습니다. 갑자기 목 뒷덜미나 가슴
혹은 아랫도리에 평소와는 다른 써늘한 기운이 스치는 것을 느끼면, 그것이
바로 감기가 찾아온다는 예고라는 것입니다. 그때 미리 감기약을 먹거나 몸
을 따뜻하게 하면 감기를 예방할 수 있다고 했습니다. 감기에 대한 탁월한
해석이요 설명이었습니다. 저 역시 목 뒷덜미로 느닷없이 써늘한 기운을 느
끼면 어김없이 감기에 시달리곤 했습니다. 그리고 보면 '감기'라는 단어는 단
순히 감기의 병리적 현상을 설명하는 단어가 아닙니다. '감기'는 병리적 현상
이전에 감기의 예방을 일깨워 주는 지혜의 단어입니다.

이런 관점으로 보면 '감사'도 마찬가지입니다. 사람들은 '감사'라고 하면 먼
저 고마워하는 행위를 연상합니다. 고마움의 대상을 찾아가 인사하거나 선
물을 전달하는 것과 같은 행위입니다. 이처럼 '감사'를 행위로만 생각하기에
우리의 감사는 형식적인 겉치레로 끝나는 경우가 허다합니다. '감사'는 한자
로 '느낄 감感'에 '사례할 사謝'로 표기합니다. '감사'는 행위 이전에, 먼저 '고
마움을 느끼는 것'입니다. 마음으로 깊이 고마움을 느끼면 특별히 인사말을

하거나 선물을 전하는 것과 같은 행위가 없어도, 단지 눈빛만으로도 진정으로 감사할 수 있습니다.

해마다 어버이날이 되면 학교에서 어린 학생들에게, 부모님께 감사의 꽃을 달아 드리게 합니다. 부모에 대한 감사를 온 마음으로 느끼게 하기보다는 의례적인 행위를 하게 하는 것입니다. 그래서 어버이날의 행사는 대개 형식적인 단발성 행사로 끝나 버립니다. 그러나 어린 여학생이 성인이 되어 아이를 낳고 밤잠을 설치며 진자리 마른자리 갈아 눕히는 수고를 반복하면서, 자신을 위해 똑같은 수고를 쏟아부은 어머니에 대해 진정으로 고마움을 느끼게 됩니다. 그리고 그때부터 형식적인 겉치레 감사가 아니라 온 마음을 다한 감사를 어머니께 드리게 됩니다. 어린 남학생은 커서 가정을 가지면 가장이 됩니다. 그리고 가족을 부양하는 가장의 책임을 다하기 위해 직장에서 때로는 자존심이 상하고 때로는 수모를 당하는 가운데, 자신의 아버지가 자신을 부양하기 위해 얼마나 고달픈 인생을 살았었는지 그제야 절감하면서 깊이 고마움을 느끼게 됩니다. 그리고 그때부터 아버지에 대한 아들의 언행이 달라집니다. 아버지에 대한 감사의 마음이 자신도 모르게 언행에 배어나기 때문입니다.

하나님에 대한 감사도 동일합니다. 하나님에 대한 감사 역시 감사의 행위 이전에, 하나님에 대한 감사를 느끼는 과정이 먼저 선행되어야 합니다. 그때에만 하나님에 대한 우리의 감사가 형식적인 겉치레가 아니라, 하나님께서 진정으로 기뻐 받으시는 참된 감사가 될 수 있습니다. 그러므로 감사 주일은 하나님의 은혜에 대한 감사를 깊이 느끼는 날입니다. 바꾸어 말해 하나님께 왜 감사할 것인지, 무엇을 감사할 것인지, 감사의 내용을 깊이 느끼고 묵상하고 마음속에 각인하는 날입니다. 그 과정을 통해서만 우리의 매일매일이 참된 감사의 날로 엮어질 수 있습니다. 그렇다면 감사 주일을 맞이하여 우리가 마음속 깊이 느끼고 묵상하고 각인해야 할 감사의 내용이 무엇이겠습니까? 오늘 감사 주일을 맞는 우리를 위해 하나님께서 2천 년 전부터 예비해 두신 오늘의 본문 말씀이 그 해답을 제시해 주고 있습니다.

실라 그리고 디모데와 함께 빌립보를 출발한 바울은 암비볼리와 아볼로니아를 거쳐, 빌립보에서 서남쪽으로 약 164킬로미터 떨어진 데살로니가로 갔습니다. 데살로니가에는 복수의 유대인 회당이 있었습니다. 그것은 빌립보와는 달리 데살로니가에는 적잖은 유대인들이 살고 있음을 의미했습니다.

바울이 자기의 관례대로 그들에게로 들어가서 세 안식일에 성경을 가지고 강론하며(2절).

지난 시간에 말씀드린 것처럼 바울은 평소의 습관대로, 유대인 회당을 찾아가 그곳에 모인 사람들에게 세 안식일 동안 성경에 대해 강론하였습니다. 이때는 신약성경이 기록되기 전이었으므로 본문이 언급한 성경은 구약성경이었습니다. 그리고 바울 강론의 핵심이 무엇이었는지는 3절 상반절이 밝혀 주고 있습니다.

뜻을 풀어 그리스도가 해를 받고 죽은 자 가운데서 다시 살아나야 할 것을 증언하고.

여기에서 '뜻을 풀어'라고 번역된 헬라어 동사 '디아노이고διανοίγω'는 '활짝 열다'라는 의미입니다. 옛날 구약성경은 양피지 두루마리로 이루어져 있었습니다. 바울은 자신이 전하고자 하는 하나님의 말씀이 기록되어 있는 두루마리를 활짝 펼친 후, 그 말씀을 토대로 복음을 전하였습니다.

유대인들은 오래전부터 자신들을 로마제국의 압제에서 구원해 줄 메시아를 고대하였습니다. '메시아'는 '구원자'를 의미하는 히브리어로서, 이 단어를 헬라어로 번역한 것이 '그리스도'입니다. 유대인들이 고대하던 그리스도는 로마 황제를 능히 제압할 수 있는 강력한 왕이어야만 했습니다. 따라서 그 유대인들 앞에 나타난 예수님은 유대인들로부터 배척당할 수밖에 없었습니다. 유대인들이 보기에 보잘것없는 빈민 주제에 자칭 그리스도 운운하는 예수는 하나님을 모독하는 참람한 범법자에 지나지 않았습니다. 그래서 유대인들은 예수님을 가차 없이 십자가에 못박아 죽였고, 그 후엔 거들떠보지도 않았습니다. 그러나 바울은 하나님의 말씀인 성경에 근거하여 "그리스도가 해를 받고 죽은 자 가운데서 다시 살아나야 할 것을 증언"했습니다. 여기에서 '해를 받다'라는 말은 '죽다'라는 의미입니다. 헬라어 원문에는 그리스도가 '해를 받고 다시 살아나야 할 것'이라는 문장 앞에 '반드시 …해야만 한다'는 의미의 동사 '데이δεῖ'가 붙어 있습니다. 따라서 이 구절을 보다 원문에 충실하게 번역하면, 바울은 '그리스도께서 반드시 죽으셔야만 하고, 또 죽은 자 가운데서 반드시 다시 사셔야만 할 것'을 증언하였습니다.

구원자이신 그리스도의 죽음이 왜 선택 사항이 아니라 필수 사항이어야만 했습니까? 그리스도께서 왜 반드시 죽으셔야만 했습니까? 거룩하신 하나님의 법은 죄의 형벌을 죽음으로 규정하고 있기 때문입니다. 하나님의 법에 의하면 죄인은 죽음의 형벌에서 영원히 벗어날 수 없습니다. 그러므로 그리스도가 인간을 위한 진정한 구원자시라면, 그분은 죄인인 인간을 대신하여 당신 자신이 반드시 죽음의 형벌을 당하셔야만 했습니다. 왜 그리스도께서 죽은 자 가운데서 반드시 다시 사셔야만 했습니까? 그리스도께서 아무리 우리의 죗값을 대신 치르시기 위해 돌아가셨더라도 그분의 죽음이 죽음으로만 끝나 버렸다면, 우리가 아무리 그분을 믿는다 해도 우리의 종착역 역시 죽음일 수밖에 없을 것입니다. 그러나 그분이 죽음을 깨뜨리고 부활 하심으로써 우리에게 죽음을 뛰어넘는 영원한 생명의 길이 주어질 수 있기 에, 그분이 그리스도시라면 그분은 우리를 위하여 죽은 자 가운데서 반드 시 다시 사셔야만 했습니다.

> 뜻을 풀어 그리스도가 해를 받고 죽은 자 가운데서 다시 살아나야 할 것
> 을 증언하고 이르되 내가 너희에게 전하는 이 예수가 곧 그리스도라 하니
> (3절).

바울은 그리스도께서 반드시 죽으셔야만 하고 또 죽은 자 가운데서 반드 시 다시 사셔야만 함을 증언한 다음, 자신이 전하는 "이 예수가 곧 그리스 도"라고 결론을 맺었습니다. '예수'라는 이름은 히브리어 이름 '여호수아'를 헬라어로 음역한 것으로, '여호와께서 구원하심'이란 의미를 지니고 있습니 다. 희한한 일은 이미 바울 당시에 스스로 구원자임을 자처하는 가짜 예수 들이 있었다는 것입니다. 그래서 신약성경은 예수님을 가짜 예수와 구별하 기 위하여, 예수님의 이름에 출신 지역을 덧붙여 '나사렛 예수'라 표기하기 도 했습니다. 바울 역시 예수라는 이름을 지닌 가짜 예수들과 구별하여 '이 예수가 곧 그리스도'라고 증언하였습니다. 다른 그 어떤 예수도 아닌, 인간 을 위해 반드시 죽으셔야만 했고 또 인간을 위해 죽은 자 가운데서 반드시 다시 사셔야만 했던 '이 예수만 그리스도'라는 의미였습니다. 그 예수만 우리 를 죄와 죽음의 올무에서 풀어내시고 영원한 생명의 길에 이르게 하시는 유 일한 구원자—그리스도이시기 때문입니다.

이것은 바울이 데살로니가 사람들에게 전한 강론의 핵심만이었던 것은 아

닙니다. 성경의 핵심이 바로 이것입니다. 창세기부터 요한계시록에 이르기까지 방대한 성경의 내용은, 십자가에서 반드시 죽으셔야만 했고 또 죽은 자 가운데서 반드시 다시 사셔야만 했던 '이 예수가 그리스도시라'는 이 한 구절 속에 모두 농축되어 있습니다. 그러므로 우리가 감사 주일을 맞아 마음속 깊이 느끼고 묵상하고 각인해야 할 감사의 내용 역시 바로 이것입니다. 우리를 위해 반드시 죽으셔야만 했고, 우리를 위해 죽은 자 가운데서 반드시 다시 사셔야만 했던 '이 예수가 곧 하나님의 독생자이신 그리스도'이심을 믿는다면, 우리 역시 하박국 선지자처럼 "비록 무화과나무가 무성하지 못하며, 포도나무에 열매가 없으며, 감람나무에 소출이 없으며, 밭에 먹을 것이 없으며, 우리에 양이 없으며, 외양간에 소가 없을지라도, 나는 여호와로 말미암아 즐거워하며 나의 구원의 하나님으로 말미암아 기뻐하리로다"(합 3:17-18)라고 고백하면서, 영원한 구원의 은총을 베풀어 주신 삼위일체 하나님께 감사의 삶으로 보답하지 않을 수 없습니다.

10주 동안 계속되었던 제3기 '사명자반'이 지난 화요일에 끝났습니다. 그로써 30주에 걸친 올해의 '새신자반', '성숙자반', '사명자반'이 모두 끝난 셈입니다. 화요일 '사명자반'이 끝난 뒤에, 자신의 이름을 밝히지 않은 한 여성 청년이 제게 편지를 건네주었습니다. 익명의 편지인지라 허락을 직접 구할 길이 없지만, 당사자가 이해해 주리라 믿고 감동적인 그 편지의 내용을 함께 나누겠습니다.

안녕하세요? 30주 동안 말씀을 퍽퍽 먹여 주셔서 감사합니다.
그동안 고민이 참 많았습니다. 주님 따라 사는 삶이 참 좋은 것이고, 그 길이 참 가치 있는 길이라는 걸 아는데도, 나는 왜 아는 만큼 살지 못하는 것인가? 믿음의 확신이 부족해서일까? 사랑이 부족해서일까? 그것도 아니라면 구원에 대한 감격이 부족해서일까? 목사님의 강의를 들으면서 이제 그 문제가 어디에 있는지 알게 되었습니다.

이번 추석 때 인도 바라나시로 여행할 기회가 있었습니다. 갠지스 강가 화장터에서 타들어 가는 시체들을 보며, 나 자신이 영락없이 죽을 수밖에 없는 에노스와 같은 존재임을 피부로 느낄 수 있었습니다. 아무리 예쁘게 생겼다 해도, 아무리 A⁺를 받는다 해도, 아무리 연봉을 많이 받는다 해도, 내가 원하든 원치 않든 저 죽음의 모습이 나의 최종 결국이겠구나. 이 짧디짧은 인생을 정말 가치 있는 곳에 투자하지 않으면 그보다 더 억울한 일이 없겠구나……. 죽음을 두려워하고 생각하기를 애써 피해 오던 제게, 부활의 주님께서 죽음을 직시하고 숙고하지 않을 수 없는 상황과 말씀을 주신 것이었습니다.

하늘의 상급을 바라보며 오늘 이 자리에서 열매 맺는 삶을 살고 싶습니다. 내일을 위해 준비한답시고 오늘 하루를 대충 알아서 때워 온 시간들이 너무 아깝습니다. 언젠가 '큰일'을 할 것이라는 출처 미상의 믿음으로 오늘 돌보아야 할 사람, 해야 할 말, 풀어야 할 관계, 새겨야 할 하나님의 말씀, 실천해야 할 사항들을 미루어 왔던 내 삶의 현장이야말로 큰일이었습니다.

지금까지 깨달은 것, 배운 것, 어느 것 하나도 놓치지 말고 내 삶에 실천할 수 있기를 원합니다. 그리고 부디 하나님과 사람에게 더욱 사랑스러워지기를 원합니다. 그동안 저를 마침 이곳에 앉히셔서 목사님의 강의를 듣게 해주신 하나님의 은혜가 그저 감개무량할 따름입니다. 감사합니다.

얼마나 지혜로운 청년입니까? 청년의 때에 자기 죽음을 직시하는 것보다 더 큰 하나님의 은총은 없습니다. 주님을 따르는 길이 가치 있는 길이라는 사실을 머릿속 지식으로만 알던 그 청년에게 삶의 변화가 일어난 계기는, 갠지스 강가 화장터에서 재로 변하는 타인의 죽음을 통해 자신의 죽음을 온 피부로 절감하면서부터입니다. 자신의 죽음을 절감하면서 머리로 믿어 오던 예수님과 비로소 바른 관계가 정립되었습니다. 왜 우리는 언젠가 반드시 죽어야만 합니까? 우리는 모두 죄인이고, 죄의 형벌은 사망이기 때문입니다. 그렇다면 우리는 가만히 앉아서 죽음의 밥이 되어야 합니까? 그럴 수는 없습니다. 우리의 죗값을 대신 치르시기 위해 십자가의 제물로 돌아가셨다가 죽음을 깨뜨리고 부활하신 예수 그리스도를 우리의 주인으로 모셔야 합니다. 오늘 본문을 통해 바울이 증언한 것처럼 우리를 위해 반드시 죽으셔야만 했고, 우리를 위해 죽은 자 가운데서 반드시 다시 사셔야만 했던 '그 예수만 곧 그리스도'시요, 그분 안에서만 죽음을 넘어 영원한 생명의 구원을 얻을 수 있기 때문입니다. 그 청년이 이처럼 주님의 사랑과 은혜를 날마다 마음속 깊이 느끼고 묵상하고 각인하면서 살아간다면, 본인이 의식하지 못하더라도 그 청년의 삶은 결과적으로 주님의 은혜에 대한 감사의 삶으로 이어지지 않겠습니까?

우리는 '새신자반'을 공부하면서 '속죄', '구속'을 의미하는 영어 단어 'atonement'에 대해 생각해 본 적이 있었습니다. 그 단어는 '…에'를 의미하는 전치사 'at', '하나'를 뜻하는 'one', 그리고 상태를 뜻하는 접미어 'ment', 이렇게 세 단어가 합쳐진 합성어로서, 문자적으로 '한 상태에 있다'는 의미라고 했습니다. 즉 주님으로부터 속죄함을 받았다는 것은 주님과 한 상태에 있다는 말입니다. 대체 무슨 의미입니까? 주님께서 나를 위해 십자가에서 당하신 죽음의 고난과 동일한 상태에 나 자신이 거한다는 의미입니다. 내가 받아야 할 죄의 형벌을 대신 받으시기 위하여 십자가에서 사지가 못박혀 돌아가신 주님의 아픔과 내가 정녕 한 상태를 이룬다면, 언젠가 썩어 문드러질 나의 손발을 계속 죄의 도구로 사용할 수 있겠습니까? 결코 그럴 수 없지 않겠습니까? 주님의 은혜에 깊이 감사하면서 주님의 죽음과 한 상태를 이루어 나의 옛사람은 죽고, 주님의 부활과 한 상태를 이루어 새로운 삶을 시작하지 않을 수 없지 않겠습니까? 다시 말해 나를 위해 반드시 죽으셔야만 했고, 나를 위해 반드시 다시 사셔야만 했던 그 예수 곧 그리스도를 내 인생의 주인으로 모실 수밖에 없지 않겠습니까? 그래서 예수 그리스도의 죽음과 한 상태로 연합하여 그의 옛사람이 죽고, 예수 그리스도의 부활과 한 상태로 연합하여 새로운 피조물로 거듭난 바울은 이렇게 고백하였습니다.

> 내가 그리스도와 함께 십자가에 못박혔나니 그런즉 이제는 내가 사는 것이 아니요 오직 내 안에 그리스도께서 사시는 것이라 이제 내가 육체 가운데 사는 것은 나를 사랑하사 나를 위하여 자기 자신을 버리신 하나님의 아들을 믿는 믿음 안에서 사는 것이라(갈 2:20).

예수 그리스도의 십자가 사랑을 마음속 깊이 느끼고 묵상하고 각인하는 감사의 고백인 동시에, 오직 예수 그리스도만을 주인으로 모시고 주님만을 위해 살겠다는 결단의 고백입니다. 그렇다면 주님을 주인으로 모시고 산다는 것은 무슨 의미입니까? 두말할 것도 없이 주님만 드러내는 삶을 사는 것입니다.

건강한 사람의 정상적인 숨은 소리가 나지 않습니다. 입술을 모아 숨을 세게 몰아내면 바람이 됩니다. 그때도 바람이 입술을 스치는 소리만 날 뿐 바람 자체에는 소리가 없습니다. 태풍이 윙윙거리는 소리를 내어도 그것은 나무나 건물과 부딪치는 소리요 태풍 자체의 소리인 것은 아닙니다. 그러나 소리 없는 숨 바람은 피리를 통해 소리로 살아납니다. 소리 없는 숨 바람이 피리를 통해 사람이 두 귀로 분명히 들을 수 있고, 사람의 폐부 깊은 곳까지 스며드는 아름다운 소리로 살아나는 것입니다. 피리 소리는 귀에 들리기만 하는 것이 아니라, 아름다운 음률로 눈에 보이기까지 합니다. 들리지 않고 보이지 않는 숨 바람이 피리를 통해 아름다운 소리와 음률로 들리고 또 보이는 것입니다.

우리 주님께서는 시간과 공간을 초월하신 영으로 우리와 함께하십니다. 주님의 영—'프뉴마πνεῦμα'는 주님의 '숨'이요, 주님의 '바람'입니다. 주님의 '영', 주님의 '숨', 주님의 '바람'은 보이지도 들리지도 않습니다. 우리가 그 주님을 주인으로 모시고 살면서 그분만 드러나게 한다는 것은, 그분의 피리가 되는 것입니다. 그분의 사랑이 들리고 보이게끔 그분의 피리가 되는 것입니다. 그분의 생명이 보이고 들리게끔 그분의 피리가 되는 것입니다. 그분의 말씀이 보이고 들리게끔 그분의 피리가 되는 것입니다. 2천 년 전 바울은 로마제국을 위한 주님의 피리였습니다. 주님께서는 그 피리를 통해 당신의 사랑과 생명과 진리를 마음껏 연주하셨습니다. 그리고 그 청아한 피리 소리에 의해 로마제국이 정화되었습니다.

죄로 인해 죽을 수밖에 없는 우리를 대신하여 반드시 죽으셔야만 했고, 우리를 영원히 살리시기 위해 죽은 자 가운데서 반드시 다시 사셔야만 했던 십자가의 그 예수님이 곧 하나님의 독생자이신 그리스도이심을 믿으십니까? 그렇다면 우리에게 주어진 상황이 어떤 상황이든 바로 그 상황 속에서 하나님의 영이시요, 영원한 숨결이시요, 만물을 소생시키는 생명의 바람이신 주님의 피리가 되십시다. 주님께서 우리를 통해 마음껏 연주하실 수 있도록 우리 자신을 주님께 온전히 드리십시다. 우리의 삶 자체가 주님을 향한 최상의 감사 예물이 될 것이요, 우리의 일 년 열두 달 365일이 매일 감사 주일이 될 것입니다.

오늘 감사 주일을 맞아 우리가 주님께 감사해야 할 내용을 마음속 깊이 느끼고, 묵상하고, 각인하게 해주셔서 감사합니다. 언젠가 반드시 나를 찾아올 나의 죽음을 직시함으로, 생명의 구주이신 예수님과 바른 관계를 정립하게 해주십시오. 죄로 인해 죽을 수밖에 없는 나를 위해 반드시 십자가의 죽음을 당하셔야만 했고, 나를 영원히 살리시기 위해 죽은 자 가운데서 반드시 다시 사셔야만 했던 예수님께서, 곧 하나님의 독생자이신 그리스도이심을 감사드립니다. 그 주님께서 언제 어디서나 나와 함께해 주심도 감사드립니다.

주님의 그 은혜에 감사드리면서 나의 삶을 감사의 예물로 드립니다. 하나님의 영이시요, 영원한 숨결이시요, 만물을 소생케 하는 생명의 바람이신 주님의 피리로 나를 마음껏 사용하고 연주해 주십시오. 나의 삶을 통해 주님의 말씀이 보이고 들리게 해주십시오. 나의 언행을 통해 주님의 사랑이 보이고 들리게 해주십시오. 나의 일거수일투족을 통해 주님의 생명이 보이고 들리게 해주십시오. 그리하여 비록 무화과나무가 무성하지 못하며, 포도나무에 열매가 없으며, 감람나무에 소출이 없으며, 외양간에 소가 없을지라도, 주님의 청아한 피리 소리가 되어 이 세상을 정화시키는 나의 삶이, 나의 영원한 기쁨이자 행복이 되게 해주십시오. 아멘.

3. 바울과 실라를 따르나 대림절 첫째 주일

사도행전 17장 1-9절

그들이 암비볼리와 아볼로니아로 다녀가 데살로니가에 이르니 거기 유대인의
회당이 있는지라 바울이 자기의 관례대로 그들에게로 들어가서 세 안식일에 성
경을 가지고 강론하며 뜻을 풀어 그리스도가 해를 받고 죽은 자 가운데서 다시
살아나야 할 것을 증언하고 이르되 내가 너희에게 전하는 이 예수가 곧 그리스
도라 하니 그중의 어떤 사람 곧 경건한 헬라인의 큰 무리와 적지 않은 귀부인도
권함을 받고 **바울과 실라를 따르나** 그러나 유대인들은 시기하여 저자의 어떤 불
량한 사람들을 데리고 떼를 지어 성을 소동하게 하여 야손의 집에 침입하여 그
들을 백성에게 끌어내려고 찾았으나 발견하지 못하매 야손과 몇 형제들을 끌고
읍장들 앞에 가서 소리 질러 이르되 천하를 어지럽게 하던 이 사람들이 여기도
이르매 야손이 그들을 맞아들였도다 이 사람들이 다 가이사의 명을 거역하여
말하되 다른 임금 곧 예수라 하는 이가 있다 하더이다 하니 무리와 읍장들이 이
말을 듣고 소동하여 야손과 그 나머지 사람들에게 보석금을 받고 놓아주니라

실라 그리고 디모데와 함께 빌립보를 출발한 바울은 암비볼리와 아볼로

니아를 거쳐, 빌립보에서 서남쪽으로 164킬로미터 떨어진 데살로니가로 갔습니다. 데살로니가에는 빌립보와는 달리 적지 않은 유대인들이 살고 있었습니다. 바울은 평소의 습관대로 유대인 회당을 찾아가, 세 안식일에 걸쳐 그곳에 있는 사람들에게 예수 그리스도의 복음을 전했습니다. 바울이 전한 복음의 핵심은 지난 시간에 살펴본 것처럼 '반드시 죽으셔야만 했고, 또 죽은 자 가운데서 반드시 다시 사셔야만 했던 이 예수가 곧 그리스도'라는 것이었습니다. 인간의 죗값을 대신 치러 주시기 위해 반드시 죽으셔야만 했고, 인간에게 영원한 생명의 길을 열어 주시기 위해 죽은 자 가운데서 반드시 다시 사셔야만 했던 그 예수님이 아니고는 이 세상 그 누구도 그리스도, 다시 말해 메시아인 구원자일 수 없다는 의미였습니다.

> 그중의 어떤 사람 곧 경건한 헬라인의 큰 무리와 적지 않은 귀부인도 권함을 받고 바울과 실라를 따르나(4절).

데살로니가의 유대인 회당에도 유대인만 모여 있는 것은 아니었습니다. "경건한 헬라인의 큰 무리", 즉 유대교로 개종한 많은 헬라인들과 적잖은 귀부인들도 있었습니다. 데살로니가의 유력한 지도자들의 부인으로 상류층에 속한 그 귀부인들 역시 유대교로 개종한 헬라인들이었습니다. 그들이 모두 권함을 받고 바울과 실라를 따랐습니다. 우리말 '권함을 받고'로 번역된 헬라어 동사 '페이도πείθω'는 '설득하다', '믿다', '확신하다'라는 의미의 동사로서, 원문에는 이 동사가 수동태로 기록되어 있습니다. 많은 헬라인들과 귀부인들이 바울의 설교를 듣고 예수 그리스도를 믿게 되었다는 말입니다. 그리고 그들은 지체 없이 바울과 실라를 따랐습니다. 이것은 그들이 인간 바울과 실라의 추종자가 되었다는 뜻이 아니라, 바울과 실라의 삶에 합류했다는 뜻입니다. 바꾸어 말하면 그들은 예수 그리스도를 좇는 바울과 실라의 삶에 자신들의 삶을 일치시켰습니다.

당시 데살로니가는 로마제국의 속주 마게도냐의 행정수도였습니다. 행정 수도였다는 것은 그 도시에 로마 총독이 거주한다는 말이요, 로마 총독이 거주한다는 것은 지배 계층이 그 도시에 몰려 있었다는 의미입니다. 게다 가 데살로니가는 로마제국의 주된 세금을 면죄받는 자유도시였습니다. 예 나 지금이나 세금이 면죄되는 도시는 사람들을 끌어당기는 마력을 지니고 있습니다. 2천 년 전 데살로니가에도 더 많은 돈을 벌려는 상인들이 각지에 서 몰려들었습니다. 그 결과 데살로니가는 경제적인 부요가 넘치는, 명실상 부한 마게도냐 제1의 도시였습니다. 데살로니가의 부요함이 얼마나 컸던지, 로마제국의 키케로는 발칸반도의 데살로니가를 가리켜 "우리 영토의 심장" 이라 부를 정도였습니다.

그 부요하고도 거대한 도시 데살로니가에 나타난 바울 일행의 행색은 어 떠했겠습니까? 그들은 값비싼 옷을 입은 부요한 상인들이 아니었습니다. 여 행길에 나선 여유로운 관광객들도 아니었습니다. 그들은 멀리 아시아 대륙 에서 건너온 가난한 전도자들이었습니다. 제대로 갈아입을 형편도 아니었 던 그들의 옷은 남루하기 짝이 없었을 것입니다. 더욱이 바울과 실라는 빌 립보에서 맨몸으로 심한 태형을 당하지 않았습니까? 살이 터지고 찢어진 상 처투성이의 몸으로 빌립보에서 164킬로미터나 떨어진 데살로니가까지 걸어 왔으니, 그들의 몸이 성할 리가 없었습니다. 그 성치도 않은 몸으로 초라한 행색의 바울이 부요한 데살로니가 사람들에게 전한 복음의 핵심은 또 무엇 이었습니까? 예수 그리스도를 믿기만 하면 무병장수하고, 더 크게 출세하 여 자자손손 부귀영화를 누린다는 것이었습니까? 아니었습니다. 인간을 위 해 반드시 죽으셔야만 했고, 또 인간을 위해 죽은 자 가운데서 반드시 살아나셔야만 했던 예수님만 그리스도― 메시아인 구원자시라는 것이었습니다.

이처럼 바울이 전한 복음의 핵심, 그리고 예수 그리스도를 좇는 바울과 실라의 초라한 행색과 성치 않은 몸 상태는, 이 세상에서 그리스도인으로 살아간다는 것이 결코 녹록하지 않음을 여실히 입증해 주고 있었습니다. 적어도 외형적으로만 놓고 본다면 바울과 실라는, 데살로니가의 헬라인이나 특히 상류층 귀부인들이 상종할 만한 대상이 전혀 아니었습니다. 그럼에도 그들은 바울의 설교를 듣고 예수 그리스도를 믿음으로 영접했을 뿐 아니라, 예수 그리스도를 좇는 바울과 실라의 삶에 거리낌 없이 합류하였습니다.

바울에게 예수님은 인간을 살리시기 위해, 아니 바울 자신을 살리시기 위해 예수님 당신이 죽으셔야만 했던 분이셨습니다. 바울은 본문 3절에서 예수님의 죽으심을 '해를 받으신' 것으로 표현하였습니다. 예수님께서는 인간을, 아니 바울 자신을 살리시기 위해 죽음의 해를 받으시는 것조차 아랑곳하지 않으셨던 것입니다. 그러므로 바울에게 예수 그리스도를 좇는다는 것은 예수 그리스도를 본받아, 예수 그리스도의 뜻을 위해 자신이 받아야 할 해가 있다면 기꺼이 감수하는 것을 의미했습니다. 그래서 바울은 이 이후 고린도에서 데살로니가의 교인들에게 써 보낸 편지인 데살로니가전서에서 이렇게 증언했습니다.

형제들아 우리가 너희 가운데 들어간 것이 헛되지 않은 줄을 너희가 친히 아나니 너희가 아는 바와 같이 우리가 먼저 빌립보에서 고난과 능욕을 당하였으나 우리 하나님을 힘입어 많은 싸움 중에 하나님의 복음을 너희에게 전하였노라(살전 2:1-2).

바울이 빌립보에서 한 여인을 구해 주지 않았습니까? 더러운 귀신에 사로 잡힌 채 악덕 고용주들에게 착취당하는 가련한 여인이었습니다. 바울이 그 가련한 여인을 더러운 귀신의 손에서 구해 줄 때, 그 일로 인해 사람들로부터 박수갈채를 받으리라 기대했습니까? 오히려 그 반대였습니다. 바울은 그 여인을 통해 막대한 돈을 벌던 악덕 고용주들의 농간으로 반드시 고난과 능욕을 당할 것을 잘 알고 있었습니다. 그러나 그는 고난과 능욕을 피하지 않았습니다. 자신이 해를 받음으로 그 가련한 여인이 예수 그리스도 안에서 구원받을 수 있다면, 그것이 곧 주님의 뜻임을 믿었기 때문입니다. 데살로니가에서도 마찬가지였습니다. 데살로니가의 모든 사람이 바울 일행을 환영한 것은 아니었습니다. 다음 시간에 살펴보겠지만 데살로니가에도 바울 일행을 해치려는 사람들이 많이 있었습니다. 그럼에도 바울은 방금 확인한 것처럼 '하나님을 힘입어 많은 싸움 중에 하나님의 복음을 너희에게 전하였다'고 데살로니가 교인들에게 직접 밝혔습니다.

바울의 설교를 듣고 예수 그리스도를 영접한 데살로니가의 경건한 헬라인들과 귀부인들은, 바로 그와 같은 바울과 실라의 삶에 합류하였습니다. 길이요 진리요 생명이신 예수 그리스도를 좇기 위해 이 세상에서 받아야 할 해가 있다면 자신들도 기꺼이 감수하겠다는 공개적인 선포였습니다. 이런 면에서 그들은 비시디아 안디옥의 유력자들 및 귀부인들과는 근본적으로 달랐습니다. 비시디아 안디옥의 유력자들과 귀부인들은 유대인들의 거짓 모함에 선동당해 바울 일행을 박해하여 아예 그 도시에서 추방해 버리고 말았습니다. 그들에게는 바울이 전하는 예수 그리스도를 좇기 위해 스스로 해를 감수한다는 것은 상상도 할 수 없는 일이었습니다. 그들이 세상에서는 귀인이요 귀부인으로 불렸을망정 하나님 앞에서는 천인 중의 천인이었습니다. 세상에서는 소유가 많거나 직책이 높으면 귀인 혹은 귀부인으로 불립니다. 그러나 하나님 앞에서는 주님의 증인으로 살기 위해 이 세상에서 당해야 할 해를 기꺼이 감수할 줄 아는 사람이 귀인이요, 귀부인입니다. 바울 일행의 초라한 행색과 성치 못한 몸 상태, 그리고 바울이 전하는 복음의 핵심을 자신들의 두 눈과 두 귀로 똑똑히 보고 듣고서도 그들의 삶에 지체 없이 합류한 본문 속 헬라인들과 귀부인들이야말로 하나님 앞에서 진정한 귀인이요, 귀부인이었습니다.

왜 예수 그리스도를 믿는 사람은 이 세상에서 해를 당해야 합니까? 그리스도인이 된다는 것은 자기중심적으로 살던 사람이 주님의 말씀을 좇아 사는 것입니다. 자기 사익을 위해 수단과 방법을 가리지 않던 사람이 공익을 지키면서 정직하게 살아가는 것이요, 이기적인 삶을 살던 사람이 예수 그리스도 안에서 이타적인 삶을 사는 것입니다. 그러므로 그리스도인이 된다는 것은, 그리스도인이 되는 순간부터 그 이전 삶과 비교하여 기꺼이 해를 감수하는 것입니다. 옛날 박해 시절의 바울과 실라처럼 육체적인 위해를 당하지는 않는다 할지라도, 어느 순간부터 정직하게 살기 위해서는 그 이전에 비해 줄어든 소득을 감수해야 하고, 남을 배려하는 이타적인 삶을 살기 위해서는 자기 편한 대로 살던 삶의 불편을 받아들여야만 합니다. 따라서 예수 그리스도를 믿는다면서도 예전에 비해 손해를 보거나 불편한 삶을 감수하려 하지는 않는다면, 그 사람은 주일에 교회를 찾는 종교인일 수는 있어도 예수 그리스도를 믿고 좇는 신자일 수는 없습니다. 그런 종교인을 통해서는 예수 그리스도의 생명의 역사는 일어나지 않습니다. 우리를 살리시기 위해 반드시 죽음의 해를 당하셔야만 했던 예수 그리스도의 생명은, 그 생명을 좇기 위하여 자발적인 손해와 불편을 기꺼이 감수하려는 신자의 삶을 통해 역사하는 법입니다.

지난주 미국 라구나힐스연합감리교회 창립 15주년 기념 집회에 참석했다가, 식당을 경영하는 50대의 여성 성도님을 만났습니다. 그분은 인터넷을 통해 우리 교회 예배에 참여하는 분이었습니다. 그분은 그리스도인으로 살아가기로 결심한 이후부터 남편과 더불어 자신의 일터인 식당에서 두 가지를 실천하고 있었습니다. 첫째는, 미국의 법에 따라 정직하게 세금을 납부하는 것입니다. 그분 역시 예전에는, 미국에서 자영업을 하는 많은 한인들이 그렇게 하듯 온전한 세금을 납부하지 않았습니다. 둘째는, 자신의 식당에서 일하는 아르바이트 학생들에게 자신의 식당이 첫 직장인 만큼, 그 청년들에게 선한 그리스도인의 본을 보이기 위해 그들을 진심으로 섬기는 것입니다. 탈세하던 사람이 온전한 세금을 납부하는 것은, 당사자의 주관적인 입장에서 보자면, 예전의 소득에 비해 경제적인 손해를 자발적으로 감수하는 것입니다. 업소의 아르바이트 학생을 단순히 아르바이트생으로 대하지 않고 지성으로 섬기는 것은 스스로 불편을 감수하는 것입니다. 그러나 참된 그리스도인으로 살아가기 위해 그렇듯 자발적 손해와 불편을 감수하고 있는 그 성도님 부부야말로 하나님 보시기에 귀인이요, 귀부인임에 틀림없습니다. 그분들을 살리시기 위해 반드시 죽음의 해를 당하셔야만 했던 주님의 생명이 어떻게 그분들의 삶을 통해 역사하지 않겠습니까?

작년 11월 초에 결혼하여 올 10월 중순에 첫아들을 얻은 30대 초반의 청년 가장이 지난 11월 초 결혼 1주년을 맞아 제게 편지를 보내왔습니다. 그 내용 중 일부분을 당사자의 허락을 받아 읽어 드리겠습니다.

아이의 출산을 앞두고 저희 부부는 하나님께서 허락하신 아이와의 관계 맺기에 대한 몇 가지 결정을 했습니다. 첫 결정은 출산 방법이었습니다. 아내가 자신은 건강하니 병원이 아닌 조산원에서 아이를 낳자 했습니다.

혹시나 하는 불안한 마음이 있었지만 하나님께서 여자를 창조하실 때 출산의 과정 또한 계획하신 분이란 걸 믿었습니다. 모유만 먹이자 한 것도 창조에 대한 믿음의 연속선상에서 결정한 것입니다. 또 천 기저귀를 사용하기로 했습니다. 하나님께서 우리에게 청지기 사명을 맡기실 때 그 범위는 말씀으로 창조하신 자연을 포함하는 것으로 믿습니다. 펄프 사용량 증가에 따라 급속도로 줄어 가는 제3세계의 녹지를 지키는 것 또한 청지기의 사명이라 믿고 있습니다. 저희 부부의 이런 결심은 다른 이들, 특히 육아 선배들의 지지를 받지 못합니다. '생각은 좋지만 아직 겪어 보지 않아 그렇게 말은 할 수 있다', '편한 길을 두고 왜 굳이 어렵게 살려 하느냐'라는 식입니다. 이분들께 저희 부부의 다짐을 증명해 보이는 길은 결국 저희의 삶이겠지요. 그래서 저희 부부는 더욱 열심히 잘 살려고 노력합니다.

의료진 중심의 병원보다 하나님께서 맺어 주신 산모와 신생아의 관계를 더 중시하는 조산원에서 아이를 낳아 모유로만 키우고, 제3세계의 녹지를 지키는 청지기의 사명을 다하기 위해 천 기저귀를 사용하는 것은 자발적인 불편을 감수하는 것입니다. 한국 최고의 직장에 다니는 엘리트이면서도 예수 그리스도를 좇기 위해 자발적인 불편을 기꺼이 감수하는 이 젊은 청년 부부의 모습 속에서 참된 그리스도인상을 발견하게 되는 것은, 비단 저만의 느낌은 아닐 것입니다.

하나님께서 노아에게 축구장보다 더 큰 방주를 지을 것을 명령하셨습니다. 그것은 하나님을 위함이 아니라, 노아를 위한 명령이었습니다. 만약 노아가 하나님의 명령을 따르지 않는다면, 망하는 쪽은 노아 자신이지 하나님이 아닙니다. 노아는 하나님께서 예고하신 홍수의 심판 속에서 자신이 살기 위해 하나님의 명령을 다 준행하였습니다. 우리가 하나님의 말씀대로 살지 않아도 하나님께는 아무 피해가 없습니다. 그러나 하나님의 말씀대로 살지 않으면 우리 자신은 공동묘지에서 한 줌의 흙으로 영원히 망하고 맙니다. 우리가 하나님의 말씀을 좇는 것은 바로 우리 자신이 살기 위함입니다. '사명자반' 제7강을 통해 이 내용의 강의를 들은 50대의 남성 성도님이 보내온 글의 일부를, 역시 당사자의 허락하에 읽어 드리겠습니다.

> 신앙생활은 나를 위해 하는 것이라고…… 그러기에 하나님의 명령을 다 준행하기 위해서는 하나님의 말씀을 다 들어야지, 내가 좋아하는 말만 들으려 해서는 안 된다는 목사님의 말씀에 제 아내와의 관계가 오버랩 되었습니다. 때때로 아내가 제게 이런저런 권유를 해주면 간섭한다는 생각이 들어 저는 잘 듣지 않았습니다. 그러나 목사님의 말씀을 들으면서, 아내가 하는 얘기도 모두 '나 잘되라'는 얘기이므로 저를 위해 다 들어야 한다는 깨달음이 들었습니다. 그리고 그동안 아내의 말을 듣지 않았던 것이 제 아집이요, 고집이요, 교만 자체였다는 생각도 들었습니다. 이 중요한 사실을 왜 이제야, 이 나이가 되어서야 깨달았는지 후회가 됩니다. 30대에 이런 사실을 깨달았다면 제 인격이 훨씬 더 성숙해져 있을 텐데……. 그러나 지금부터라도 아내와 새로운 모습으로 살아갈 것을 굳게 다짐해 봅니다.

그동안 자기 편한 대로 아내의 말에 귀를 막고 살던 50대의 남편이 이제부터 아내의 말에 귀 기울이고 살기 위해서는, 지금까지와는 달리 아내와의 관계에서 자발적인 불편을 감수해야 합니다. 그러나 그 자발적인 불편의 감수로 인해 그 남편은 비로소, 아내와 더불어 예수 그리스도 안에서 진정으로 한 몸을 이루는 참된 부부 됨의 행복을 누리지 않겠습니까?

중요한 사실은 그리스도인이 예수 그리스도를 좇기 위해 자발적인 손해와 불편을 감수하면서부터 자기 문제, 자기 집착에서 벗어나는 진정한 자유인이 될 수 있다는 것입니다. 30대 초반의 여성 청년으로부터 받은 편지도 그분의 허락하에 읽어 드리겠습니다.

기나긴 유학을 마치고 돌아와 심한 우울증에 빠져 있을 때 '성숙자반' 강의를 통해 하나님을 만났습니다. 항상 제 곁에는 계시지 않고 제게는 불행만 주신다고 생각했던 하나님. 그러나 하나님께서는 제 삶 가운데 분명히 살아 계셨습니다. 저는 믿지 않는 가정에서 첫 번째 믿음의 사람이 되었습니다. 저의 기도와 제 삶의 변화된 모습을 통해, 불화로 일그러진 우리 가정이 하나님 안에서 사랑과 온기로 가득 찬 가정으로 회복될 수 있도록 기도해 주십시오. 저는 중도에서 중단된 학업으로 인해 하나님을 원망했습니다. 그러나 '성숙자반'과 '사명자반' 강의를 들으면서 학업보다 더 중요한, 복음대로 살게 하시기 위해 하나님께서 저를 한국으로 오게 하신 것을 깨달았을 때, 저의 증오와 원망은 감사함으로 바뀌었습니다. 부드럽고도 온화한 주님의 복음을 전해 주셔서 제가 죽지 않고 살게 되었습니다. '성숙자반'과 '사명자반' 강의를 들은 7개월간의 기간은 천국과 같은 시간이었습니다. 감사합니다.

복음대로 사는 삶은 앞에서 설명드린 것처럼, 자기중심적인 삶을 살던 사람이 예수 그리스도를 좇기 위해 자발적인 손해와 불편을 감수하는 삶입니다. 그러나 그 청년은 복음대로 살기 시작하면서 유학 중단으로 인한 우울증에서 벗어났습니다. 유학 중단으로 비롯된 증오와 원망은 도리어 감사함으로 바뀌었습니다. 한마디로 자기 문제, 자기 집착에서 벗어나는 자유인이 되었습니다. 어떻게 그것이 가능할 수 있었겠습니까? 복음대로 살기 위해 자발적인 손해와 불편을 감수하는 그 청년의 심령 속에서, 그 청년을 대신하여 반드시 죽음의 해를 당하셔야만 했고, 또 그 청년을 살리시기 위해 죽은 자 가운데서 반드시 다시 사셔야만 했던 예수 그리스도의 생명이 역사하셨기 때문입니다. 오직 예수 그리스도의 생명 속에서만 우리는 모든 형태의 자기 속박으로부터 자유로울 수 있습니다. 주님께서 갈라디아서 5장 13절을 통해 우리에게 "너희가 자유를 위하여 부르심을 입었으나 그러나 그 자유로 육체의 기회를 삼지 말고 오직 사랑으로 서로 종노릇하라"고 명령하시는 이유가 여기에 있습니다. 우리가 예수 그리스도를 좇아 서로 사랑하기 위해 자발적인 손해와 불편을 감수할 때 예수 그리스도의 생명이 우리의 심령 속에 넘치고, 그 생명 속에서만 우리는 더 이상 자기의 노예로 속박당하지 않는 진정한 자유인으로 살 수 있습니다. 그래서 예수 그리스도를 좇아 자발적인 손해와 불편을 감수하는 삶은 결코 손해와 불편으로 끝나지 않습니다. 그것은 우리의 심령 속에서 역사하시는 예수 그리스도의 생명 속에서 진정한 자유인으로 살아갈 수 있는 유일한 은총의 길입니다.

오늘은 주님의 성탄을 기리고 다시 오심을 대망하는 대림절 첫째 주일입니다. 예수 그리스도께서 우리의 죗값을 대신 치러 주시기 위해 반드시 죽음의 해를 당하셔야만 했고, 또 우리를 영원히 살리시기 위해 반드시 죽은 자 가운데서 다시 사셔야만 하셨음을 정녕 믿으십니까? 그렇다면 교회에 다니는 종교인으로만 만족하지 말고, 예수 그리스도를 좇아 자발적인 손해와 불편을 감수하는 참된 신자로 살아가십시다. 우리가 이 세상에서 아무리 보잘것없는 존재라 할지라도 우리의 심령 속에서 역사하시는 주님의 생명을 힘입어 진정한 자유인으로 살아가는 우리를, 하나님께서는 틀림없이 이 시대의 귀인이요 귀부인이라 인정해 주실 것입니다.

죄와 사망의 덫으로부터 우리를 구원하시기 위해 임마누엘 하나님이신 예수님께서 이 땅에 와주셨음을 감사드립니다. 죽을 수밖에 없는 우리를 대신하여 예수님께서 반드시 죽으셔야만 했고, 우리를 영원히 살리시기 위해 죽은 자 가운데서 반드시 다시 사셔야만 하셨음을 감사드립니다. 그리고 예수님 안에서 하나님의 자녀로 구원받게 해주셔서 감사드립니다. 그 예수님을 머리로만 알고 교회에 다니기만 하는 종교인으로 만족하던 어리석음을 더 이상 범치 않게 해주십시오. 예수님의 탄생을 기리는 대림절 첫째 주일을 맞아, 예수님을 좇아 살기 위해 자발적인 손해와 불편을 기꺼이 감수할 줄 아는 참된 신자로 살아가게 해주십시오. 그와 같은 우리의 심령 속에 차고 넘치는 주님의 생명을 힘입어 자기 욕망, 자기 이기심, 자기 문제, 자기 집착, 모든 형태의 자기 속박으로부터 벗어나는 진정한 자유인이 되게 해주십시오. 바울처럼 누군가를 위해 종노릇하기 위해 자발적인 손해와 불편을 기꺼이 감수하는 자유인으로 살아가는, 참생명의 묘미를 날마다 누리게 해주십시오. 그리하여 우리가 이 세상에서는 비록 보잘것없는 존재라 할지라도, 하나님 앞에서는 귀인이요 귀부인이라 인정받게 해주십시오. 아멘.

4. 유대인들은 시기하여 대림절 둘째 주일

사도행전 17장 1-9절

그들이 암비볼리와 아볼로니아로 다녀가 데살로니가에 이르니 거기 유대인의 회당이 있는지라 바울이 자기의 관례대로 그들에게로 들어가서 세 안식일에 성경을 가지고 강론하며 뜻을 풀어 그리스도가 해를 받고 죽은 자 가운데서 다시 살아나야 할 것을 증언하고 이르되 내가 너희에게 전하는 이 예수가 곧 그리스도라 하니 그중의 어떤 사람 곧 경건한 헬라인의 큰 무리와 적지 않은 귀부인도 권함을 받고 바울과 실라를 따르나 그러나 **유대인들은 시기하여** 저자의 어떤 불량한 사람들을 데리고 떼를 지어 성을 소동하게 하여 야손의 집에 침입하여 그들을 백성에게 끌어내려고 찾았으나 발견하지 못하매 야손과 몇 형제들을 끌고 읍장들 앞에 가서 소리 질러 이르되 천하를 어지럽게 하던 이 사람들이 여기도 이르매 야손이 그들을 맞아들였도다 이 사람들이 다 가이사의 명을 거역하여 말하되 다른 임금 곧 예수라 하는 이가 있다 하더이다 하니 무리와 읍장들이 이 말을 듣고 소동하여 야손과 그 나머지 사람들에게 보석금을 받고 놓아주니라

'사랑장'으로 널리 알려져 있는 고린도전서 13장은 긍정문과 부정문을 병

용하여 사랑을 정의하고 있습니다. 이를테면 '사랑은 …하는 것이다'라는 식의 긍정문과, '사랑은 …하지 않는다'는 식의 부정문입니다. 이 시간에 우리가 주목하고자 하는 것은 '사랑은 …하지 않는다'는 식의 부정적 정의입니다.

사도행전 13장 44-52절을 살펴볼 때 간략하게 말씀드렸고 또 '성숙자반'을 통해 배운 것처럼, 사랑의 첫 번째 부정적 정의는 '사랑은 시기하지 않는다'는 것입니다. 사랑을 깨뜨리는 출발점이자 동기는 언제나 '시기'입니다. 시기는 그릇된 경쟁의식과 결부되어, 결과적으로 상대적인 우월감이나 열등감에 빠지게 하는 비극을 초래합니다. 고린도서의 수신자인 고린도의 교인들이 그러했습니다. 성령 하나님의 은사가 하나님께서 거저 주시는 선물임을 망각하고, 마치 자기 능력이나 노력으로 얻은 것처럼 서로 시기하며 자기 은사가 더 크다고 내세웠습니다. 그래서 자기보다 더 큰 은사를 받은 것 같은 사람 앞에서는 열등감으로 비굴해지고, 반대의 경우에는 우월감에 사로잡혀 우쭐거렸습니다. 그러니 그들 사이에 사랑이 가능할 리가 없었습니다. 경쟁의식 자체는 나쁘지 않습니다. 선의의 경쟁에는 서로의 잠재력을 계발해 주는 순기능이 있습니다. 문제는 그릇된 경쟁의식입니다. 그릇된 경쟁은 반드시 열등감 혹은 우월감을 초래하기에 늘 시기가 따르기 마련입니다. 치열하게 경쟁하지만 결과를 받아들이고 서로 상대를 인정하는 것이 사랑이요, 믿음의 행위입니다.

둘째, '사랑은 자랑하지 않습니다'. '자랑하다'라는 의미의 헬라어 '페르페류오마이περπερεύομαι'는 '허풍선'을 뜻하는 '페르페로스περπερος'에서 유래한 단어입니다. 즉 자랑은 허풍선처럼 과장하는 것입니다. 자랑은 사람들이 자기를 칭찬해 주기를 열망하는 마음에서 비롯됩니다. 그래서 자기 우월성을 과시하거나 반대로 자신의 열등감을 감추기 위해 사람들은 자신의 능력이나 행위를 과장합니다. 내가 나의 능력이나 행위를 자랑하고 과장하는 한,

나와 관련된 사람들은 나를 돋보이게 하는 수단에 지나지 않기에 사랑은 불가합니다. 중요한 것은 시기하면 반드시 자신의 능력이나 행위를 자랑하고 과장하게 되어 있다는 것입니다.

셋째, '사랑은 교만하지 않습니다'. '교만하다'라는 의미의 헬라어 '휘시오오$\phi\upsilon\sigma\iota\acute{o}\omega$'는 '부풀다', '부풀리게 하다'라는 뜻입니다. 방금 자랑은 자신의 능력이나 행위를 과장하는 것이라 했는데, 자기 능력이나 행위를 계속 과장하다 보면 아예 자기 자신을 부풀리게 됩니다. 이것이 교만입니다. 교만은 실제의 자기보다 자신을 훨씬 더 높은 사람으로 착각하는 것입니다. 다시 말해 자신이 앉아야 할 자리보다 훨씬 높은 자리에 자신을 앉히는 것입니다. 그 부풀려진 허상의 자리에 앉아서는 누구도 사랑할 수 없습니다. 사랑은 상대에게 자신을 맞추어 주는 것인데, 교만의 자리에 앉으면 상대가 자기에게 맞추어 주기를 일방적으로 요구하게 됩니다. 그 상태에서 사랑은 불가능합니다.

넷째, '사랑은 무례히 행치 않습니다'. '무례하다'라는 의미의 헬라어 '아스케모네오$\dot{\alpha}\sigma\chi\eta\mu\omega\nu\acute{\epsilon}\omega$'는, 상대방에게 돌아가야 할 명예와 존경을 인정하지 않는 것을 의미합니다. 상대를 이치에 합당하게 대우해 주지 않는 것입니다. 자신이 제일 크다는 교만 때문입니다. 이를테면 마땅히 상대를 칭찬해야 할 때 칭찬하지 않습니다. 상대가 그 일을 해낸 것은 자신이 도와주었기 때문이고, 상대가 높은 자리에 오른 것도 자신이 밀어주었기 때문이라는 착각으로 인함입니다. 이처럼 모든 것을 자기중심으로 평가하기에 상대에게 돌아가야 할 존경과 명예를 인정하지 않는 것입니다. 사랑은 수고한 사람에게 '정말 수고하셨습니다', 감사를 표해야 할 대상에게 '진심으로 감사합니다' 하고 사리에 합당한 존경과 명예를 돌려 드리는 것입니다.

다섯째, '사랑은 자기의 유익을 구하지 않습니다'. 여기에서 '자기의 유익'을 자칫 경제적인 유익만으로 오해하기 쉽습니다. 그러나 헬라어 '타 헤아우테스 ἑαυτῆς'는 '자기의 것'이라는 의미입니다. 나에게 속한 모든 것 즉 나의 감정과 나의 기분, 나의 몫 등 무엇이든지 나의 것만을 일방적으로 구하지 않는 것이 사랑입니다. 사랑이 없으면 내 몫만 생각하고, 내 기분과 내 감정만 중요합니다. 헬라어 '제테오ζητέω'는 '힘써 구하다'라는 의미입니다. 사랑이 없으면 자기 것만 집요하게 구합니다. 이 세상 사람은 그 누구도 안중에 없이, 자기만 기분 좋고 배부르면 되는 지극히 이기적이고도 독선적인 인간이 됩니다. 사랑은 그 반대라는 것입니다.

여섯째, '사랑은 성내지 않습니다'. 여기서 말하는 '성'은 우리가 일상생활 속에서 낼 수 있는 성이나 화가 아닙니다. 헬라어 '파록쉬노παροξύνω'는 '발작적인 분노'를 뜻합니다. 영어로 '발작'을 '패록시즘paroxysm'이라 하는데, 헬라어 '파록쉬노'에서 유래한 것입니다. 자기 것에만 집착하는 사람은 자기 것에 해가 미친다고 여겨지면 발작적으로 분노합니다. 사랑에는 그런 내성이 없습니다. '파록쉬노'는 본래 '날카롭게 하다'라는 의미입니다. 그러므로 발작적으로 분노한다는 것은, 자기 자신에게뿐 아니라 타인에게 스스로 날카로운 흉기가 되는 것을 의미합니다. 자신도 해치고 타인도 해치는 것입니다. 사소한 말다툼을 하다가 흉기로 상대를 죽였다는 식의 기사를 접하면, '아무리 그래도 그렇지 어떻게 이런 일이 가능할까' 하고 선뜻 납득이 되지 않습니다. 그러나 자기만 중요하게 여기는 사람이 발작적으로 분노하여 스스로 흉기가 되면 얼마든지 가능한 일입니다.

그렇다면 하나님을 믿는 그리스도인들은 어떤 경우에도 화를 내어서는 안 되는 것입니까? 그렇지는 않습니다. 정직한 분노도 있고, 의로운 화도 있습니다. 살아가면서 여러 가지 이유로 화를 낼 일이 많이 있을 수 있습니다. 이와 관련하여 성경은 이렇게 권면하고 있습니다.

분을 내어도 죄를 짓지 말며 해가 지도록 분을 품지 말고 마귀에게 틈을 주지 말라(엡 4:26-27).

성경은 우리가 화를 낼 수 있음을 인정합니다. 다만 화를 내어도 '죄를 짓지 말라'고 권면합니다. 자기 자신을 흉기로 만들지 말라는 것입니다. 또 '해가 지도록 분을 품지 말라'고 권면합니다. 아침에 화를 내었는데 잠자리에 들 때까지 계속 분노에 사로잡혀 있다면, 그 사람은 하루 종일 하나님을 한 번도 우러러보지 않았음을 의미합니다. 한 번이라도 주님을 생각하며 주님의 말씀으로 자기를 추슬렀다면, 적어도 잠자리에 들 때까지 분노의 노예 상태로 있지는 않을 것입니다. 그리고 화를 내어도 '마귀에게 틈을 주지 말라'고 권면합니다. 아침에 화를 낸 사람이 잠자리에 들기까지 분노에 사로잡혀 있다면, 그 사람은 이미 마귀에게 틈을 준 것입니다. 하루 종일 분노에 사로잡혀 사느라 사람들과의 관계를 바르게 맺었을 리가 없기 때문입니다.

일곱째, '사랑은 악한 것을 생각하지 않습니다'. '생각하다'라는 헬라어 '로기조마이λογίζομαι'는 '계산하다', '숙고하다'는 뜻입니다. 악은 한마디로 '공동선共同善'을 해치는 것입니다. 누군가가 공동선을 해치는 악을 심사숙고하고 그 방법을 계산한다면, 그 사람은 자기 자신만 아는 독선적인 인간이기 때문입니다. 사랑은 모든 사람의 행복과 이익을 위한 공동선을 추구하는 것이기에, 공동선을 해치는 악을 생각할 수 없습니다. 그러므로 우리가 사랑의 삶을 살기 위해서는 항상 공동선을 생각해야 합니다. 나로 인해 얼마나 많은 사람이 행복해하고 유익을 누리고 있는지, 나도 모르게 누군가의 행복과 이익을 침해하고 있는 것은 아닌지를 생각해야 합니다.

마지막으로, '사랑은 불의를 기뻐하지 않습니다'. 누군가가 불의를 기뻐하는 이유는 단순합니다. 불의를 저지르면 저지를수록 자기에게 더 유익하다고 여기기 때문입니다. 불의를 저지를 경우 죽음과 같은 고통과 손해를 입게 된다면 이 세상 누구도 불의를 저지르지 않을 것입니다. 세상에서는 많은 사람들이 불의를 통해 더 큰 유익을 누리지만, 하나님께서는 마지막 날 그 모든 것을 반드시 헤아리실 것입니다. 사랑은 모두를 생각하는 힘과 능력이기에, 설령 자기에게 유익해 보인다고 해도 불의를 기뻐할 수는 없습니다.

이상 살펴본 부정문을 통한 사랑의 정의는 그 전개되는 순서가 중요합니다. 사람이 시기하면 자신을 과시하기 위해 반드시 자신의 능력과 행위를 과장하기 마련이고, 자기 능력과 행위를 과장하면 자신을 부풀려 실제의 자기 자리보다 더 높은 곳에 올리는 교만에 빠집니다. 교만하면 누군가에게 마땅히 돌아가야 할 존경과 명예를 부정하고, 결과적으로 자기의 것만을 추구하는 독선적인 인간이 됩니다. 그런 사람은 자기의 것이 부정당하거나 침해당하면 발작적으로 분노하면서 즉각 남을 해치는 흉기가 됩니다. 그래서 끝내는 공동선을 해치는 악을 자행하고, 자신의 유익을 위해서라면 불의를 저지르고서도 오히려 기뻐합니다.

이처럼 사랑에 관한 한, 인간관계의 모든 문제는 시기로부터 시작합니다. '시기하다'라는 동사 '젤로오ζηλόω'는 '열심', '열정'을 뜻하는 명사 '젤로스ζῆλος'에서 파생되었습니다. 매사에 열심이 없는 사람은 시기하지도 않습니다. 자기 일에 열정이 없는 사람도 시기하지 않습니다. 그러므로 우리는 우리의 열심을 경계해야 합니다. 내가 교회 일이나 다른 무슨 일에 열심을 내고 있다면, 그 열심과 열정이 어디에서 비롯된 것인지, 누구를 위한 열심인지, 나의 열심인지 하나님의 열심인지 헤아려 보아야 합니다. 그렇지 않을 경우 우리가 열심을 낼수록 우리의 열심은 반드시 후유증을 초래합니다. 그래서 바울은 다음과 같이 고백하였습니다.

내가 하나님의 열심으로 너희를 위하여 열심을 내노니 내가 너희를 정결한 처녀로 한 남편인 그리스도께 드리려고 중매함이로다(고후 11:2).

바울은 정결한 처녀 총각이 정혼하듯이 고린도 교인들을 주님 앞에서 정결한 그리스도인으로 세우기 위해 자신이 최선을 다하였음을 밝히면서, '내가 하나님의 열심으로 너희를 위하여 열심을 낸다'고 고백했습니다. 바울은 주어진 소명을 위해 열심으로 일하되 자신의 열심으로 일하지 않았습니다. 바울은 하나님의 열심으로 일했습니다. 하나님은 생명이요 사랑이십니다. 그러므로 하나님의 열심은 생명의 열심이요 사랑의 열심입니다. 그 열심은 열심을 낼수록 사람을 더욱 견고하게 살리고 세워 줍니다. 그러나 인간의 열심은 그 반대입니다. 인간은 이기적인 존재여서 자신의 열심을 내면 낼수록 누군가를 시기하기 마련이고, 그때의 시기는 반드시 앞에서 살펴본 것과 같은 부정적인 내용의 순서로 전개됩니다.

우리가 잘 아는 바와 같이 '사랑장'인 고린도전서 13장은 바울에 의해 기록되었습니다. 바울은 대체 사랑의 반대 개념은 미움이 아니라 시기임을 어떻게 알았겠습니까? 바울은 또 인간의 시기는 방금 살펴본 것과 같은 부정적인 내용의 순서로 전개된다는 것을 어떻게 그렇듯 정확하게 파악할 수 있었겠습니까? 그것은 바울이 몇 차례에 걸친 체험을 통해 직접 터득한 결과였습니다.

데살로니가를 방문한 바울은 평소의 습관대로 그곳에 있는 유대인 회당을 찾아가, 세 안식일에 걸쳐 예수 그리스도의 복음을 전했습니다. 바울이 전한 복음의 핵심은 '인간의 죗값을 대신 치르시기 위하여 반드시 죽음의 해를 당하셔야만 했고, 또 인간을 영원히 살리시기 위해 죽은 자 가운데서 반드시 다시 사셔야만 했던 예수님만 그리스도, 곧 구원자이신 메시아'라는 것이었습니다. 바울에게 그 예수님을 믿는다는 것은 지난 시간에 말씀드린 것처럼 바울 자신을 살리시기 위해 반드시 죽음의 해를 당하셔야만 했던 예수님을 본받아, 예수 그리스도의 뜻을 위하여 이 세상에서 자신이 당해야 할 손해와 불편이 있다면 기꺼이 감수하는 것이었습니다. 놀랍게도 바울의 그 설교를 듣고 '경건한 헬라인의 큰 무리와 적지 않은 귀부인들'이 주님을 영접하고 주님을 좇는 바울의 삶에 합류하였습니다. 그것은 길이요 진리요 생명이신 예수 그리스도를 좇기 위해 이 세상에서 자신들도 당해야 할 손해와 불편이 있다면 자신들 역시 기꺼이 감수하며 살겠다는 공개적인 선포였습니다. 헬라 신화가 판을 치는 우상의 도시인 데살로니가에서 그와 같은 생명의 역사가 일어났다는 것은 기적과도 같은 일이었습니다. 적어도 하나님을 알고 믿는 사람이라면, 바울과 함께 하나님을 찬양하면서 더불어 축하하고 기뻐할 일이었습니다. 그러나 바울 앞에 전개된 상황은 정반대였습니다.

> 그러나 유대인들은 시기하여 저자의 어떤 불량한 사람들을 데리고 떼를 지어 성을 소동하게 하여 야손의 집에 침입하여 그들을 백성에게 끌어내려고 찾았으나(5절).

일단의 유대인들은 주님께서 베푸신 생명의 역사를 기뻐하기는커녕 도리어 그로 인해 바울을 시기했습니다. 그들은 바울이 전한 설교 내용에 시비를 걸면서 바울의 주장이 틀렸다고 공박한 것이 아니었습니다. 그들은 단지 바울의 설교를 통해 일어난 결과로 인해 바울을 시기하였습니다. 그것은 그 유대인들이 유대인 회당의 지도자 그룹에 속한 유대인들이었음을 의미합니다. 자신들의 설교를 통해서는 단 한 번도 일어나지 않았던 생명의 역사가 뜨내기에 불과한 바울을 통해 일어났음을 그들의 자존심이 용납할 수 없었던 것입니다. 바울을 시기한 그들이 뜨내기 바울보다 우월하다는 것을 과시하기 위해 이 이후 자신들의 능력과 행위를 얼마나 과장했겠습니까? 그들이 바울을 시기했다는 것은, 자신들을 뜨내기에 지나지 않는 바울 위에 올려 두는 교만에 빠져 있었음을 의미합니다. 교만에 빠진 그들이 바울에게 응당 돌려야 할 존경과 명예를 생각조차 하지 않았음은 두말할 나위도 없었습니다. 도리어 그들은 뜨내기 바울로 인해 자신들의 종교적 권위가 훼손되었다는 피해의식으로 발작적인 분노에 사로잡혀 흉기로 돌변하고 말았습니다. 소위 종교 지도자들인 그들은 불량배들을 동원하여 떼를 지어 소동을 피우면서, 바울 일행을 끌어내기 위해 바울 일행이 묵고 있던 야손의 집을 덮쳤습니다.

> 발견하지 못하매 야손과 몇 형제들을 끌고 읍장들 앞에 가서 소리 질러 이르되 천하를 어지럽게 하던 이 사람들이 여기도 이르매 야손이 그들을 맞아들였도다 이 사람들이 다 가이사의 명을 거역하여 말하되 다른 임금 곧 예수라 하는 이가 있다 하더이다 하니(6-7절).

마침 바울 일행이 야손의 집에 없자, 유대인들은 집주인 야손과 그 집에 모여 있던 믿음의 몇 형제들을 붙잡아 그 도시의 통치자들 앞으로 개 끌듯 끌고 갔습니다. 그리고 다음 시간에 상세하게 살펴보겠습니다만, 천하를 어지럽게 하고 로마 황제를 거역하는 불순한 바울 일행을 맞아들였다는 거짓 모함으로, 야손과 복음을 막 영접한 데살로니가의 믿음의 형제들을 고발하였습니다. 13절에 의하면 바울 일행이 데살로니가에서 베뢰아로 피신하자 본문의 유대인들은 그곳까지 찾아가서 바울 일행을 해치기 위해 소동을 벌였습니다. 열심도 그런 열심이 없었습니다. 이처럼 바울을 시기한 유대인들은 그들이 시기한 바울을 제거하기 위하여 악을 숙고하고, 열심을 다해 불의를 저지르기를 서슴지 않았습니다.

그 한심한 인간들은 하나님을 알지 못하는 이방인들이 아니었습니다. 하나님을 누구보다도 잘 알고 누구보다도 잘 믿는다고 자부하던 유대인들, 그중에서도 유대교 지도자들이었습니다. 그러나 그들이 다른 사람도 아닌 주님의 증인인 사도 바울을 시기했을 때 그들은 하나님과 전혀 무관한, 하나님 앞에서 열심을 다해 바울을 해치려는 사악한 흉기로 전락하고 말았습니다. 이것은 바울이 데살로니가의 유대인들에게 처음 당한 일이 아니었습니다. 비시디아 안디옥에서도, 이고니온에서도, 루스드라에서도, 바울을 시기한 유대인들은 마치 약속이라도 한 듯 열심을 다해 바울에게 똑같은 악을 자행하였습니다.

이상과 같은 사실은 우리에게 중요한 교훈을 던져 주고 있습니다. 우리가 주님을 믿는 그리스도인이라 할지라도 사람을 시기하면, 우리 역시 주님과 무관한 불의한 흉기로 전락하고 만다는 것입니다. 어떤 이유에서든, 혹 지금 누군가를 시기하고 있는 것은 아닙니까? 만약 그렇다면 사람과의 관계에서 자신의 언행이 단지 정도의 차이만 있을 뿐, 본문 속 유대인들과 근본적으로는 아무 차이가 없지 않겠습니까?

오늘은 주님의 성탄을 기리고 다시 오심을 대망하는 대림절 둘째 주일입니다. 주님을 믿는 그리스도인으로서 우리가 주님의 성탄을 기리고 그분의 재림을 대망하는 최선의 길은, 주님께서 우리의 심령 속에 마음껏 거하시게끔 우리의 심령을 주님을 위한 외양간으로 내어 드리는 것입니다. 그러나 우리가 본문 속 유대인들처럼 누군가를 시기하는 흉기로 살아간다면 어떻게 우리의 심령이 주님을 위한 외양간으로 일구어질 수 있겠습니까? 본문 속 유대인들은 회당에서 바울로부터 똑같은 복음을 전해 들었지만, 바울에 대한 시기로 인해 그들의 심령이 주님의 외양간으로 일구어질 수는 없었습니다.

누군가를 시기하면 자신의 능력과 행위를 과장하면서 자기를 부풀려 자기 자신을 상대 위에 올려놓게 된다고 했습니다. 그것은 상대를 인정하려 하지 않기 때문입니다. 상대가 나보다 잘났음을, 상대의 능력이 나보다 뛰어남을, 상대의 업적이 나보다 월등함을 인정하기 싫은 것입니다. 바로 그것이 교만이요, 시기와 교만이 불가분의 관계에 있는 이유가 여기에 있습니다. 그러므로 시기의 반대개념인 사랑은 '겸손'과 동의어입니다. 사랑은 상대를 겸손하게 인정하는 것입니다. 상대가 나보다 잘났음을, 상대의 능력이 나보다 뛰어남을, 상대의 업적이 나보다 월등함을 인정하는 것입니다. 이것은 상대적인 열등감이나 박탈감을 의미하지 않습니다. 이것이야말로 참된 그리스도인만 행할 수 있는 진정한 사랑의 행위입니다. 그래서 참된 그리스도인만 상대에게 마땅히 돌려야 할 존경과 명예를 진심으로 돌려줄 수 있습니다. 사람을 대신하여 반드시 죽으시고 또 사람을 살리려 죽은 자 가운데서 반드시 다시 살아나시기 위해 이 땅에 오신 예수님께서, 그와 같은 참된 그리스도인의 심령을 어찌 당신을 위한 영원한 외양간으로 삼지 않으시겠습니까?

악과 불의와는 피 흘리기까지 맞서 싸우십시다. 그러나 악과 불의의 문제가 아니라면, 상대가 누구든 그의 잘남과 능력과 업적을 겸손하게 인정해 줄 줄 아는 참된 그리스도인으로 살아가십시다. 어떤 경우에도 나의 편협함이나 열등감으로 사람을 시기하는 본문 속의 어리석은 유대인들이 되지 마십시다. 그때 우리의 심령은 날마다 성탄의 생명과 기쁨이 넘치는 주님의 외양간이 될 것입니다. 이런 의미에서 시기가 사랑을 깨뜨리는 출발점이라면, 시기하던 사람이 주님 안에서 더 이상 시기하지 않는 것은, 바로 자기 자신을 치유하고 보호하는 자기 사랑의 첫걸음입니다.

우리가 육체를 입고 이 땅에 사는 기간은 결코 영원하지 않습니다. 그렇기에 우리의 코끝에서 호흡이 멈추는 순간 일말의 후회도 없게끔, 살아 있는 동안 매사에 열심을 다해 살아가기를 원합니다. 이기적인 우리 자신의 열심이 아니라, 사랑과 생명이신 하나님의 열심으로 열심을 다하여 삶으로, 우리의 열심이 어떤 경우에도 시기로 끝나지 않게 해주십시오. 혹 그동안 우리가 누군가를 시기하여 그를 향한 우리의 언행이 오늘 본문 속의 유대인들처럼 흉기와 같았다면, 우리의 교만함과 어리석음과 사악함을 회개하오니 용서해 주십시오.

사람을 시기하는 것이 사랑을 깨뜨리는 출발점이라면, 시기하지 않는 것은 우리 자신을 치유하고 보호하는 자기 사랑의 첫걸음임을 언제나 잊지 않게 해주십시오. 상대방이 누구든 그 사람의 잘남과 능력과 업적을 주님 안에서 겸손하게 인정해 주는 참된 사랑의 사람이 되게 해주셔서, 우리의 심령이 날마다 주님의 성탄으로 충만한 주님의 외양간이 되게 해주십시오. 그리하여 '사랑은 시기하지 않으며, 사랑은 자랑하지 않으며, 사랑은 교만하지 않으며, 사랑은 무례히 행치 않으며, 사랑은 자기의 유익을 구하지 않으며, 사랑은 성내지 않으며, 사랑은 악한 것을 생각하지 않으며, 사랑은 불의를 기뻐하지 않음'을 이 세상을 향해 우리의 삶으로 증언하게 해주십시오. 아멘.

5. 야손이 맞아들였도다 대림절 셋째 주일

사도행전 17장 1-9절

그들이 암비볼리와 아볼로니아로 다녀가 데살로니가에 이르니 거기 유대인의 회
당이 있는지라 바울이 자기의 관례대로 그들에게로 들어가서 세 안식일에 성경
을 가지고 강론하며 뜻을 풀어 그리스도가 해를 받고 죽은 자 가운데서 다시 살
아나야 할 것을 증언하고 이르되 내가 너희에게 전하는 이 예수가 곧 그리스도
라 하니 그중의 어떤 사람 곧 경건한 헬라인의 큰 무리와 적지 않은 귀부인도 권
함을 받고 바울과 실라를 따르나 그러나 유대인들은 시기하여 저자의 어떤 불
량한 사람들을 데리고 떼를 지어 성을 소동하게 하여 야손의 집에 침입하여 그
들을 백성에게 끌어내려고 찾았으나 발견하지 못하매 야손과 몇 형제들을 끌고
읍장들 앞에 가서 소리 질러 이르되 천하를 어지럽게 하던 이 사람들이 여기도
이르매 **야손이 그들을 맞아들였도다** 이 사람들이 다 가이사의 명을 거역하여
말하되 다른 임금 곧 예수라 하는 이가 있다 하더이다 하니 무리와 읍장들이 이
말을 듣고 소동하여 야손과 그 나머지 사람들에게 보석금을 받고 놓아주니라

빌립보를 출발한 바울 일행은 암비볼리와 아볼로니아를 거쳐 마게도냐의

행정수도인 데살로니가로 갔습니다. 아볼로니아에서 데살로니가로 가기 위해서는 말라리아가 창궐하는 늪지대를 거쳐 가파른 언덕길을 올라가야만 합니다. 가쁜 숨을 내몰아 쉬면서 그 언덕 위에 서면 아래쪽으로는 데살로니가 만灣이 내려다보이고, 정면으로는 저 멀리 정상이 만년설로 뒤덮여 있는 거대한 산이 우뚝 솟아 있습니다. 그리스에서 가장 높은, 해발 2,917미터의 올림포스 산입니다. 2천 년 전 올림포스 산은 헬라 신화에 등장하는 신들의 거처로 유명했습니다. 헬라 신화의 최고 신인 제우스의 왕좌 역시 그 산속에 있는 것으로 알려져 있었습니다. 이처럼 당시의 사람들은 헬라 신화 속의 신들이 실제로 올림포스 산속에 산다고 굳게 믿고 있었습니다. 이방 땅 다소에서 태어나 당시 지중해 세계 공용어인 헬라어를 모국어로 구사했던 바울 역시 헬라 신화와 올림포스 산에 대해 잘 알고 있었습니다. 그러나 아시아 대륙에 살던 바울이 유럽 대륙의 발칸반도에 있는 올림포스 산을 자신의 눈으로 직접 목격한 것은, 본문 속에서 아볼로니아를 거쳐 데살로니가로 갈 때가 처음이었을 것입니다. 그때 바울이 데살로니가 시가지가 내려다보이는 언덕 위에서, 저 멀리 우뚝 솟아 있는 올림포스 산을 바라보면서 무엇을 생각하고 또 느꼈겠습니까? 하나님께서 창조하신 아름다운 산을, 인간에 의해 만들어진 신의 거처로 믿고 숭상하는 어리석고 무지한 인간들을 생각하면서 얼마나 마음이 아팠겠습니까? 그런 만큼 언덕 아래에 펼쳐져 있는 데살로니가의 사람들에게 더 큰 책임감과 사명감을 느끼지 않았겠습니까?

데살로니가에 도착한 바울은 평소의 습관대로 유대인 회당을 찾아가, 세 안식일에 걸쳐 예수 그리스도의 복음을 전했습니다. 바울이 전한 복음의 핵심은, 인간을 대신하여 반드시 죽으셔야만 했고 또 인간을 살리시기 위해 죽은 자 가운데서 반드시 다시 사셔야만 했던 예수님만 그리스도, 곧 구원자인 메시아시라는 것이었습니다. 놀랍게도 바울의 그 설교를 듣고 '경건한 헬라인의 큰 무리와 적지 않은 귀부인'이 주님을 영접하고 그리스도인이 되었습니다. 올림포스 산이 지척에 있기에 어느 도시보다도 헬라 신화가 더욱 판을 치던 우상의 도시 데살로니가에서 그와 같은 구원의 역사가 일어났다는 것은 기적과도 같은 일이었습니다. 그러나 바울의 설교를 들었다고 모든 사람들이 다 주님을 영접한 것은 아니었습니다.

> 그러나 유대인들은 시기하여 저자의 어떤 불량한 사람들을 데리고 떼를 지어 성을 소동하게 하여 야손의 집에 침입하여 그들을 백성에게 끌어내려고 찾았으나(5절).

지난 시간에 살펴본 것처럼 일단의 유대인들은 바울의 설교를 듣고서도, 그의 설교를 통해 일어난 결과로 인해 도리어 바울을 시기하였습니다. 그들의 시기는 바울이 고린도전서 13장에서 밝힌 사랑의 부정적 정의의 순서에 따라 전개되었습니다. 그들은 불량배들을 동원하여 소동을 일으키며 바울 일행을 붙잡아 끌어내기 위해 야손의 집을 덮쳤습니다. 왜 하필이면 그들이 야손의 집을 덮쳤겠습니까?

> 발견하지 못하매 야손과 몇 형제들을 끌고 읍장들 앞에 가서 소리 질러 이르되 천하를 어지럽게 하던 이 사람들이 여기도 이르매 야손이 그들을 맞아들였도다 이 사람들이 다 가이사의 명을 거역하여 말하되 다른 임금 곧 예수라 하는 이가 있다 하더이다 하니(6-7절).

바울을 시기한 유대인들은 불량배들과 함께 야손의 집을 덮쳤지만 그 시간에 바울 일행을 발견하지 못하자, 집주인인 야손과 마침 그 집에 있던 믿음의 몇 형제들을 붙잡아 그 도시의 통치자들 앞으로 개 끌듯 끌고 가 거짓 모함으로 고발했습니다. 그 거짓 모함의 내용에 대해서는 다음 시간에 상세히 살펴보도록 하겠습니다. 이 시간에 우리가 주목하고자 하는 것은 그들의 거짓 모함 속에 내포되어 있는 진실입니다. 즉 야손이 바울 일행을 자기 집으로 맞아들였다는 것입니다. 그것은 진실이었고, 바울을 시기한 유대인들이 바울 일행을 붙잡아 끌어내기 위해 야손의 집을 덮친 이유가 거기에 있었습니다.

바울은 데살로니가 출신이 아니었습니다. 데살로니가 인근 사람도 아니었습니다. 바울은 아시아 대륙에서 태어나, 아시아 대륙에서 성장하여, 아시아 대륙에서 살던 사람이었습니다. 그 바울이 아시아 대륙에서 에게 해를 넘어 유럽 대륙으로 진출한 것은 그의 계획이나 의지로 인함이 아니었습니다. 그것은 전적으로 성령 하나님의 섭리였습니다. 2차 전도 여행을 시작한 바울이 아시아 대륙의 드로아에서 자신의 도움을 요청하는 마게도냐 사람의 환상을 주님의 뜻으로 받아들이고 일행과 함께 유럽 대륙으로 건너간 것입니다. 그래서 먼저 마게도냐의 주요 도시 빌립보에서 복음을 전한 다음, 암비볼리와 아볼로니아를 거쳐 마게도냐의 행정수도인 데살로니가를 찾아갔습니다. 이처럼 사전 계획 없이 진출한 유럽 대륙에서 바울 일행은 뜨내기와 같았습니다. 며칠씩 길을 걸어야 하는 여행 중에는 밤에 노숙하는 것이 다반사였고, 목적지에 도착해서도 누군가가 호의를 베풀어 숙소를 제공해 주지 않으면, 노자가 넉넉할 리 없는 바울 일행은 편한 잠자리를 구할 수도 없었습니다. 그러나 데살로니가에 도착한 바울 일행을 감사하게도 야손이라는 사람이 자기 집으로 맞아들였습니다.

본문은 야손의 나이나 직업, 가족 사항이나 출신 배경에 대해 그 어떤 정보도 제공해 주지 않습니다. 그런 것은 조금도 중요하지 않기 때문입니다. 중요한 사실은 야손 역시 바울의 설교를 통해 주님을 영접한 그리스도인이었다는 것입니다. 그렇지 않고서야 그가 바울 일행을 자기 집으로 맞아들였을 리가 없습니다. 우리말 '맞아들이다'로 번역된 헬라어 동사 '휘포데코마이$\acute{\upsilon}\pi o\delta\acute{\epsilon}\chi o\mu\alpha\iota$'는 '영접하다', '환대하다'라는 의미입니다. 건성으로나 형식적으로가 아니라, 야손이 바울 일행을 자기 손님으로 기꺼이 맞아들였다는 말입니다. 바울 일행은 바울에 실라와 디모데를 합쳐 남자 장정 세 명이었습니다. 야손이 그 남자 장정 세 명에게 하루 혹은 이틀만 자기 집을 숙소로 제공한 것이 아니었습니다. 바울은 데살로니가의 유대인 회당에서 세 안식일에 걸쳐 예수 그리스도의 복음을 전하였습니다. 이를테면 바울이 데살로니가에서 최소한 3주간을 머문 셈입니다. 그러나 대부분의 학자들은 바울 일행이 데살로니가에서 수개월 동안 체류한 것으로 판단하고 있습니다. 생각해 보십시오. 남자 장정 세 명을 수주간에서 수개월 동안 자기 집에서 묵게 한다는 것은 결코 쉬운 일이 아닙니다. 그럼에도 데살로니가의 야손은 아시아 대륙에서 건너온 뜨내기와 같은 바울 일행을 위해 기꺼이 자기 집을 제공했습니다.

2천 년 전 초대교회가 인류의 역사를 새롭게 할 수 있었던 것은 베드로, 요한, 바울과 같은 위대한 사도들이 있었기 때문입니다. 그러나 그들 역시 우리와 똑같이 유한한 인간이었음을 감안하면, 어찌 그들의 힘만으로 역사가 새로워질 수 있었겠습니까? 본문의 야손처럼, 이름도 없고 빛도 없이 자신의 자리에서 사도들을 도와 주님의 뜻을 실천한 수많은 그리스도인들이 있었기에 가능한 일이었습니다.

바울은 고린도전서 15장 10절을 통해 '내가 나 된 것은 하나님의 은혜로 된 것이라' 고백했습니다. 예수 그리스도를 부정하고 교회를 짓밟던 폭도였던 자신이 주님의 증인으로 살게 된 것은 전적으로 주님의 은혜 덕분이라는 고백입니다. 바울이 언급한 주님의 은혜는 대체 바울에게 어떻게 임했습니까? 매일 하늘에서 뚝뚝 떨어져 내리거나, 반대로 땅에서 불쑥불쑥 솟아올랐습니까? 아니었습니다. 바울에게 임한 주님의 은혜는 언제나 사람을 통해 임했습니다.

다메섹 도상에서 주님의 빛에 사로잡힌 바울은 그만 시력을 상실하고 말았습니다. 한순간에 시력을 상실한 바울은 다메섹에 입성해서도 식음을 전폐한 채 아무것도 할 수 없었습니다. 그때 주님께서 동원하신 사람이 아나니아였습니다. 그리스도인이었던 아나니아는 바울이 얼마나 반그리스도적인 인물인지 잘 알고 있었습니다. 그는 처음에는 주님께 이의를 제기했지만 마침내 주님의 명령에 순종하여 바울을 찾아가 그의 머리에 손을 얹고 기도해 주었습니다. 그와 동시에 바울은 눈에서 비늘 같은 것이 벗어지면서 시력을 다시 회복할 수 있었습니다. 다메섹의 그리스도인들을 체포하기 위하여 다메섹을 찾았던 바울이 그리스도인으로 거듭나 다메섹에서 예수 그리스도의 복음을 전하기 시작하자, 이번에는 다메섹의 유대교인들이 바울을 배교자로 간주하여 죽이려 했습니다. 그들이 바울을 죽이기 위하여 군사를 매수하여 밤낮으로 성문을 지키자, 다메섹의 그리스도인들은 목숨을 걸고 한밤중에 바울을 광주리에 담아 성 위에서 달아 내려 피신시켰습니다.

예루살렘으로 올라간 바울은 그곳의 그리스도인들과 동역하기를 원했지만, 교회를 짓밟던 그의 전력을 잘 알고 있는 예루살렘의 그리스도인들은 그를 받아 주지 않았습니다. 그의 회심의 진정성을 믿을 수 없기 때문이었습니다. 그때 바울이 주님의 은혜 속에서 진정한 그리스도인이 되었음을 보증해준 사람이 바나바였고, 바나바 덕분에 바울은 예루살렘 교회의 일원이 되어 사도들과 교제할 수 있었습니다. 예루살렘의 유대교인들 역시 바울을 죽이려 하자, 예루살렘의 그리스도인들이 바울을 보호하기 위해 예루살렘에서 약 100킬로미터 떨어진 가이사랴까지 바울과 동행하여 그곳에서 바울을 그의 고향 다소로 보냈습니다. 그 이후 젊은 바울은 고향 다소에서 무려 13년 동안이나 칩거해야만 했습니다.

13년이 지났을 때, 당시 수리아 안디옥교회의 목회자로 부임한 바나바가 안디옥에서 약 175킬로미터나 떨어진 바울의 고향 다소까지 직접 찾아가 바울을 자신의 동역자로 영입하였습니다. 그때까지 교회 목회 경력이라고는 전무했던 바울을 안디옥교회의 공동 목회자로 세워 준 것입니다. 성령 하나님의 지시에 따라 안디옥교회가 1차 전도 여행팀을 파송할 때 바나바와 바울 그리고 수행원 마가로 이루어진 전도팀의 우두머리는 바나바였습니다. 그러나 1차 전도 여행 도중에 두 가지 사건이 일어났습니다. 첫째는 수행원이었던 마가가 전도팀을 무단이탈하여 집으로 되돌아가 버린 것이었고, 둘째는 전도팀의 우두머리가 바나바에서 바울로 교체된 것이었습니다. 교회 목회에 관한 한 바나바의 능력이 바울보다 앞섰지만, 막상 전도 현장에 나서자 바울의 능력이 더 두드러졌던 것입니다. 어제까지 우두머리였던 사람이 하루아침에 팀원이었던 사람을 우두머리로 섬긴다는 것은 쉬운 일이 아닙니다. 그러나 바나바는 수행원 마가도 없는 상황 속에서 1차 전도 여행이 끝나기까지 자신이 영입하고 자신의 팀원이었던 바울을 우두머리로 섬겼습니다. 그 결과 최소한 1년 이상에서 최대 2년이 소요된 것으로 추정되는 1차 전도 여행을 통해 바울은 전도자로서 확고한 지도력을 확립할 수 있었습니다. 1차 전도 여행 중 바울이 방문한 도시마다 바울의 설교를 통해 주님을 영접하고 바울과 바나바를 도운 그리스도인들이 있었기에, 그들이 1차 전도 여행을 성공적으로 마칠 수 있었음은 두말할 나위도 없습니다.

2차 전도 여행을 앞두고 바울은 마가를 대동하는 문제를 놓고 바나바와 결별했습니다. 1차 전도 여행 때 무책임하게 중도에서 전도팀을 무단이탈한 마가를 바나바는 다시 대동하기를 원했지만, 바울은 그렇듯 무책임한 청년을 또다시 대동할 수는 없다고 판단했기 때문입니다. 그때 바나바와 결별한 바울이 2차 전도 여행을 시작할 수 있게끔 바울과 동행한 사람이 예루살렘 교회 출신의 실라였습니다. 루스드라에서는 젊은 청년 디모데가 바울 일행에 합류했습니다. 도보로 전도 여행을 다녀야 하는 바울에게 청년 디모데의 합류는 더없이 큰 힘이 되었을 것입니다. 드로아에서는 의사 누가가 또 바울의 일행에 합류하였습니다. 의사 누가는 말년의 바울이 로마의 지하 감옥에 갇혔다가 순교하기까지 바울 곁을 지키면서 바울의 주치의가 되었습니다. 그뿐만이 아니었습니다. 누가는 고등학문 습득을 통해 연마한 그의 수려한 문장으로 바울의 일거수일투족을 우리가 지니고 있는 사도행전 속에 모두 기록하였습니다.

드로아에서 자신의 도움을 요청하는 마게도냐 사람의 환상을 본 바울이 일행과 함께 에게 해를 건너 유럽 대륙 마게도냐의 주요 도시 빌립보를 찾아갔을 때는 또 무슨 일이 있었습니까? 유대인 회당이 없는 빌립보에서 안식일을 맞은 바울 일행은 기도할 곳을 찾기 위해 성문 밖 시냇가로 나갔다가, 마침 그곳에 앉아 있는 여인들을 만났습니다. 그 절호의 기회를 그냥 지나쳐 버릴 바울이 아니었습니다. 바울은 그 여인들에게 복음을 전했고, 여인들 가운데 루디아가 복음을 받아들였습니다. 루디아는 자기 집안 식구들과 함께 주님을 영접하고 바울로부터 세례를 받았습니다. 그리고 바울에게 빌립보에 체류하는 동안 자기 집에서 기거하기를 청했지만 바울은 사양하였습니다. 루디아의 호의는 고마웠지만, 바울이 자신의 일행과 함께 여인의 집에서 묵는다는 것이 여러모로 편치 않았을 것이기 때문입니다. 그렇다고 루디아가 포기한 것은 아니었습니다. 자신을 정녕 그리스도인으로 인정한다면 반드시 자기 집에서 유숙하라는 루디아의 강권에 따라, 바울과 실라 그리고 디모데와 누가로 이루어진 바울 일행 네 명은 빌립보에서 체류하는 동안 루디아의 집에서 유숙하였습니다. 바울이 더러운 귀신에 사로잡힌 채 악덕 고용주들에게 착취당하던 가련한 여인을 구해 주었을 때, 바울과 실라는 악덕 고용주들의 거짓 모함으로 심한 태형을 당하고 빌립보의 지하 감옥에 수감되었습니다. 하지만 그 억울한 투옥 사건을 통해 그 감옥의 간수와 그의 가족들이 바울로부터 복음을 영접하고 세례 받은 그리스도인이 되었습니다. 그리고 루디아와 그녀의 가족들, 빌립보 감옥의 간수와 그의 가족들이 한데 어우러져 그 유명한 빌립보 교회를 이루었습니다.

바울은 빌립보를 떠나면서 초신자들인 빌립보 교인들을 위하여 일행 가운데 누가를 빌립보에 한시적으로 머물게 하고, 실라 그리고 디모데와 함께 데살로니가로 갔습니다. 데살로니가에서는 이미 확인한 것처럼, 야손이라는 사람이 바울 일행을 자기 집으로 맞아들였습니다. 그러나 바울은 그 이후 고린도에서 데살로니가 교인들에게 써 보낸 편지인 데살로니가전서 2장 9절을 통해 다음과 같이 증언하고 있습니다.

> 형제들아 우리의 수고와 애쓴 것을 너희가 기억하리니 너희 아무에게도 폐를 끼치지 아니하려고 밤낮으로 일하면서 너희에게 하나님의 복음을 전하였노라.

바울은 일행과 함께 야손의 집에서 유숙하긴 했지만, 주님을 막 영접한 야손과 그곳의 그리스도인들에게 경제적인 부담을 주지 않기 위해 자기 손으로 돈을 벌어 필요한 경비를 조달하면서 복음을 전했습니다. 그러나 객지에서 그것은 용이한 일이 아니었습니다. 바울은 그때의 상황과 관련하여 빌립보 교인들에게 쓴 편지에서 다음과 같이 밝히고 있습니다.

> 데살로니가에 있을 때에도 너희가 한 번뿐 아니라 두 번이나 나의 쓸 것을 보내었도다(빌 4:16).

데살로니가에서 자비량으로 전도 활동을 하고 있는 바울 일행의 소식을 전해 들은 루디아와 감옥 간수를 포함한 빌립보의 교인들이 두 번씩이나 헌금을 모아 바울에게 보낸 것이었습니다. 빌립보서 4장 15절에 의하면, 마게도냐에서 전도 활동을 마친 바울이 마게도냐 지역을 벗어나 아가야 지역으로 향할 때에도 빌립보의 교인들은 또다시 바울에게 헌금을 보내었습니다.

사도행전 9장에서 주님으로부터 구원의 은총을 입은 바울이 오늘의 본문에서 데살로니가를 방문하기까지는 약 20년이 소요되었습니다. 그 20년 동안 지금까지 살펴본 것처럼, 바울이 어느 곳으로 가든 바울이 예상치도 않았던 사람들이 항상 바울을 도왔습니다. 바울을 도왔던 그 수많은 사람이 없었던들, 2천 년 전 지중해 세계를 누비고 다니는 위대한 전도자 바울은 존재할 수 없었을 것입니다. 본문 이후도 마찬가지였습니다. 바울이 로마에서 참수형을 당해 죽을 때까지 바울 곁에는 항상 바울을 돕는 사람이 있었고, 그들의 도움으로 바울은 우리가 성경을 통해 아는 것과 같은 위대한 사도 바울이 될 수 있었습니다. 다메섹 도상에서 주님의 부르심을 받은 이후 로마에서 순교하기까지 바울을 도왔던 그 수많은 사람들은 두말할 필요도 없이, 주님께서 바울을 위해 동원하시어 바울에게 붙여 주신 주님의 은총의 손길이었습니다. 그 사실을 누구보다도 잘 아는 바울이었기에 그는, '내가 나 된 것은 하나님의 은혜로 된 것이라'고 고백하지 않을 수 없었습니다.

이상과 같은 바울의 이야기는 바울만의 이야기가 아닙니다. 바울의 이야기가 우리의 가슴에 절절하게 와 닿는 것은, 그의 이야기가 바로 우리 자신의 이야기이기도 하기 때문입니다. 우리가 이 땅에 태어난 이래 오늘 그리스도인으로 이 자리에 앉아 있기까지 우리의 지난 삶을 되돌아보십시다. 되돌아보면 되돌아볼수록 우리 각자의 지나온 삶이 바울의 삶과 똑같지 않습니까? 주님을 알지도 못하던 우리를 부르시고 오늘 이 자리에 그리스도인으로 앉히시기까지, 주님께서 우리 각자를 위해 얼마나 많은 사람들을 동원하셨습니까? 전혀 예상치도 않았던 사람들로 하여금 우리에게 도움의 손길을 내밀게 하신 적은 또 얼마나 많았습니까? 주님께서 우리 각자를 위해 동원하시고 붙여 주셨던 그 많은 사람들이 없었더라면, 우리는 결코 오늘 이런 모습의 그리스도인으로 이 자리에 앉아 있지는 못할 것입니다.

오늘은 우리를 대신하여 반드시 죽으시고, 또 우리를 살리시려 죽은 자 가운데서 반드시 다시 사시기 위해 2천 년 전 이 땅에 오셨던 주님의 성탄을 기리고 그분의 재림을 대망하는 대림절 셋째 주일입니다. 오늘부터 시작되는 이 한 주간이 주님을 위한 진정한 대림절이 되기 원한다면, 이 한 주간 동안 우리 모두, 그동안 주님께서 우리 각자를 위해 동원하셨던 그 수많은 사람들, 이를테면 우리를 위한 아나니아, 바나바, 마가, 실라, 디모데, 누가, 루디아, 야손과 같은 분들을 한 분씩 기억해 보십시다. 이름은 기억할 수 없지만, 언젠가 우리 인생의 외진 길목에서 아무 대가도 바라지 않고 우리에게 도움의 손길을 내밀어 주었던 분들의 얼굴을 한 분씩 떠올려 보십시다. 그렇게 하면 우리 역시 바울처럼 '내가 나 된 것은 하나님의 은혜로 된 것이라' 고백하면서, 주님께 감사의 기도와 찬양을 드리지 않을 수 없을 것입니다. 그와 동시에 역시 바울처럼 우리의 삶을 주님을 위해 기꺼이 내어 드리게 될 것입니다. 수많은 사람들을 동원하셔서 오늘의 우리를 있게 하신 주님의 은혜의 손길이 거미줄처럼 얽혀 있는 우리의 지난 삶을 되돌아보면 볼수록, 주님께 우리의 삶을 내어 드리는 것보다 더 아름다운 삶이 없음을 확인할 수밖에 없기 때문입니다. 그때 이 한 주간은 얼마나 의미 있는 대림절로 얽어지겠습니까?

다메섹 도상에서 주님의 부르심을 받은 바울이 데살로니가에서 예기치 않았던 야손의 영접을 받기까지 약 20년에 걸친 그의 삶 속에서, 나 자신의 지난 삶을 되돌아보게 해주심을 감사합니다. 나는 바울처럼 반그리스도적인 패륜아였습니다. 그렇지만 주님께서는 바울에게 그러하셨던 것처럼, 지난 세월 동안 내게도 수없이 많은 사람들을 동원하셔서 오늘 이런 모습의 그리스도인으로 나를 가꾸어 주셨습니다.

주님의 성탄을 기리고 다시 오심을 대망하는 대림절 셋째 주일을 맞이하여, 주님께서 그동안 나를 위해 동원해 주셨던 그 많은 사람들을 한 분씩 기억해 봅니다. 나의 육적 성장과 지적 성장을 도와주었던 분들, 내 영혼의 비늘을 벗겨 주었던 분들, 내가 그리스도인으로 바른 삶을 살 수 있게끔 이끌어 주었던 분들, 나를 위해 궂은일도 마다하지 않았던 분들, 뜻하지 않게 경제적인 도움을 주었던 분들, 이름은 기억나지 않지만 언젠가 내 인생의 외진 길목에서 삶에 지친 나의 손을 가만히 잡아 주었던 분들. 헤아릴 수조차 없는 그 많은 분들이 아니었던들 나는 오늘 결코, 이런 모습으로 존재하지는 못할 것입니다. 그래서 나 역시 바울처럼 '내가 나 된 것은 하나님의 은혜로 된 것이라'고 고백하면서 나의 삶을, 나의 손과 발을, 나의 미래를, 주님께 온전히 내어 드리지 않을 수 없습니다. 부디 받아 주셔서, 나의 삶이 대림절을 위한 최상의 예물이 되게 해주십시오. 아멘.

6. 보석금을 받고 대림절 넷째 주일

사도행전 17장 1-9절

그들이 암비볼리와 아볼로니아로 다녀가 데살로니가에 이르니 거기 유대인의 회
당이 있는지라 바울이 자기의 관례대로 그들에게로 들어가서 세 안식일에 성경
을 가지고 강론하며 뜻을 풀어 그리스도가 해를 받고 죽은 자 가운데서 다시 살
아나야 할 것을 증언하고 이르되 내가 너희에게 전하는 이 예수가 곧 그리스도
라 하니 그중의 어떤 사람 곧 경건한 헬라인의 큰 무리와 적지 않은 귀부인도 권
함을 받고 바울과 실라를 따르나 그러나 유대인들은 시기하여 저자의 어떤 불
량한 사람들을 데리고 떼를 지어 성을 소동하게 하여 야손의 집에 침입하여 그
들을 백성에게 끌어내려고 찾았으나 발견하지 못하매 야손과 몇 형제들을 끌고
읍장들 앞에 가서 소리 질러 이르되 천하를 어지럽게 하던 이 사람들이 여기도
이르매 야손이 그들을 맞아들였도다 이 사람들이 다 가이사의 명을 거역하여
말하되 다른 임금 곧 예수라 하는 이가 있다 하더이다 하니 무리와 읍장들이 이
말을 듣고 소동하여 야손과 그 나머지 사람들에게 **보석금을 받고** 놓아주니라

바울은 고린도에서 데살로니가의 교인들에게 써 보낸 편지인 데살로니가

후서 3장 2절에서, "믿음은 모든 사람의 것이 아니니라"고 증언하였습니다. 하나님의 말씀을 들었다고 해서 모두 하나님을 믿는 것도 아니요, 하나님을 알고 믿노라 스스로 고백한다고 해서 하나님을 다 믿는 것도 아니라는 말입니다. 그것은 바울이 데살로니가에서 자신의 경험으로 직접 확인한 사실이었습니다.

마게도냐의 행정수도인 데살로니가를 찾은 바울은 평소의 습관대로 그곳에 있는 유대인 회당을 찾아가, 세 안식일에 걸쳐 예수 그리스도의 복음을 전했습니다. 바울이 전한 복음의 핵심은 인간의 죗값을 대신 치르시기 위해 반드시 죽으셔야만 했고, 또 인간을 영원히 살리시기 위해 죽은 자 가운데서 반드시 다시 사셔야만 했던 예수님만 그리스도, 곧 구원자인 메시아시라는 것이었습니다. 놀랍게도 바울의 그 설교를 듣고 '경건한 헬라인의 큰 무리와 적지 않은 귀부인들'이 주님을 영접하고 그리스도인이 되었습니다. 당시 헬라 신화에 등장하는 신들의 거처로 알려져 있던 올림포스 산이 지척에 있기에, 어느 도시보다도 헬라 신화가 더욱 판을 치던 우상의 도시 데살로니가에서 그와 같은 구원의 역사가 일어났다는 것은 기적과도 같은 일이었습니다. 그러나 같은 날, 같은 시간, 같은 장소에서, 다 같이 바울의 설교를 들었다고 해서 모두 주님을 믿는 그리스도인이 된 것은 아니었습니다. 바울의 증언처럼 믿음은 모든 사람의 것이 아니었습니다.

> 그러나 유대인들은 시기하여 저자의 어떤 불량한 사람들을 데리고 떼를 지어 성을 소동하게 하여 야손의 집에 침입하여 그들을 백성에게 끌어내려고 찾았으나(5절).

문제는 일단의 유대인들이었습니다. 그들은 하나님을 알지 못하는 이방인들이 아니었습니다. 하나님의 선민임을 자처하면서 누구보다도 하나님을 더 잘 알고 더 잘 믿는다는 자부심을 지녔던 유대인들이었습니다. 하지만 그들은 바울의 설교를 듣고서도 오히려 바울에 대한 불타는 시기심에 사로잡히고 말았습니다. 그리고 그들의 시기심은 바울이 고린도전서 13장에서 밝힌 사랑의 부정적 순서에 따라 전개되었습니다. 그들은 "저자의 어떤 불량한 사람들"을 동원하였습니다. '저자'는 시장이라는 말입니다. 그러나 우리말 '저자'로 번역된 헬라어 '아고라이오스 ἀγοραῖος'는 '아고라 ἀγορά'의 형용사형으로서, 아고라는 시장뿐 아니라 공공기관도 자리 잡고 있고 또 재판이나 대중 집회도 열리던, 한 도시의 중심지 역할을 하는 중앙광장이었습니다. 그러므로 유대인들이 아고라에서 동원한 불량배들이란, 요즈음 말로 표현하면 당시 데살로니가의 아고라를 장악하고 있던 조직폭력배들이었습니다. 유대인들은 자신들이 동원한 조폭들과 함께 떼를 지어 시가지를 누비며 소동을 일으켰습니다. 공포 분위기를 조성하여 그 누구도 자신들이 하려는 일을 제지하지 못하게 하기 위함이었습니다. 그리고 그들은 조폭들과 함께 야손의 집을 덮쳤습니다. 지난 시간에 살펴본 것처럼, 야손이 자기 집을 바울 일행의 유숙지로 제공했기에 바울 일행을 붙잡아 끌어내기 위함이었습니다.

문제의 유대인들은 바울의 설교를 듣고 바울의 설교 내용에 이의를 제기하며 신학 논쟁을 벌이려 하지 않았습니다. 그들은 바울의 설교 내용과는 상관없이, 단지 바울의 설교가 수반한 결과로 인해 바울을 시기하였습니다. 그것은 2주 전에 말씀드린 것처럼, 그들이 유대인 회당의 지도자 그룹에 속한 유대인들이었음을 의미합니다. 자신들의 설교를 통해서는 단 한 번도 일어나지 않았던 많은 사람들의 회심이 뜨내기인 바울의 설교를 통해 일어난 것을 그들의 자존심이 용납하지 않았습니다. 바울로 인해 자신들의 종교적 권위가 훼손되었다는 피해의식에 사로잡힌 그들이 한 짓이라고는 고작 조폭들을 동원하여 폭력으로 바울을 제거하려는 것이었습니다.

사람들이 자기 목적을 달성하기 위해 폭력을 동원하는 것은 인류의 역사만큼이나 오래된 일입니다. 그러나 본문 속 유대인들이 한심한 것은, 그들은 누구보다도 폭력 추방에 앞장서야 할 종교인이면서도 너무나도 쉽게 폭력을 동원했다는 데 있습니다. 2천 년 전 데살로니가에서 하나님을 믿는 유대인들에 의해 자행된 폭력 행사는, 실은 2천 년이 지난 오늘날에도 어렵지 않게 볼 수 있습니다. 분란이 일어난 교회에서, 혹은 교단총회에서 폭력이 난무하기 시작한 것은 어제오늘 일이 아닙니다. 예전에는 종교인의 폭력 하면 으레 각목을 휘두르며 패싸움을 벌이는 불교 승려들을 연상했는데, 오늘날에는 폭력이 기독교의 단골 메뉴가 되었습니다. 2천 년의 세월이 흘러도, 믿음은 모든 사람의 것이 아니라는 하나님의 말씀은 조금도 변하지 않았습니다.

6-7절을 보시겠습니다.

> 발견하지 못하매 야손과 몇 형제들을 끌고 읍장들 앞에 가서 소리 질러 이르되 천하를 어지럽게 하던 이 사람들이 여기도 이르매 야손이 그들을 맞아들였도다 이 사람들이 다 가이사의 명을 거역하여 말하되 다른 임금 곧 예수라 하는 이가 있다 하더이다 하니.

바울을 시기한 유대인들이 조폭들을 이끌고 야손의 집을 덮친 시각에 마침 바울 일행은 그 집에 없었습니다. 유대인들은 집주인 야손과 그 시각에 그 집에 있던 믿음의 몇 형제들을 붙잡아 그 도시의 통치자들 앞으로 개 끌듯 끌고 갔습니다. 그리고 큰 목소리로 야손을 고발했습니다. 야손이 천하를 어지럽게 하던 바울 일행을 자기 집으로 맞아들였다는 고발이었습니다.

우리말 '천하'로 번역된 헬라어 '오이쿠메네οἰκουμένη'는 본래 '세상' 혹은 '사람이 거주하는 땅'을 의미하는 명사입니다. 헬라 시대에는 이 단어가 지리적 용어로 사용되어 사람이 살지 않거나 살 수 없는 땅과 구별하여, 사람이 살고 있거나 살 수 있는 땅을 의미했습니다. 또 야만인들이 살고 있는 지역과 비교하여 헬라 문화권에 속한 지역을 일컫는 용어로도 사용되었습니다. 그러나 로마제국 시대에 접어들면서 이 단어는 정치적 의미로 사용되어, 로마제국의 통치와 명령이 미치는 지역 전체를 뜻하게 되었습니다. 다시 말해 로마제국 시대의 '오이쿠메네'는 로마제국 전체를 의미하는 단어였습니다. 또 우리말 '어지럽게 하다'로 번역된 헬라어 동사 '아나스타토오ἀναστατόω'는 '전복하다', '뒤집어엎다'라는 뜻을 지니고 있습니다. 그러므로 유대인들이 바울 일행을 가리켜 '천하를 어지럽게 하던' 사람들이었다고 말한 것은, 바울 일행이 로마제국을 전복하려던 정치범들이라는 의미였습니다.

유대인들이 사용한 이 수법은 이미 우리에게 낯익은 수법입니다. 바울은 빌립보에서 더러운 귀신에 사로잡힌 채 악덕 고용주들에게 착취당하던 가련한 여인을 귀신의 손에서 구해 주었습니다. 그때 그 여인을 통해서는 더 이상 돈을 벌 수 없게 된 악덕 고용주들 역시 바울과 실라를 붙잡아 빌립보의 집정관들에게 개 끌듯 끌고 가 거짓 모함으로 고발했습니다.

> 이 사람들이 유대인인데 우리 성을 심히 요란하게 하여 로마 사람인 우리가 받지도 못하고 행하지도 못할 풍속을 전한다 하거늘(행 16:20하-21).

우리말 '풍속'으로 번역된 헬라어 '에도스'는 '습관이나 법에 의해 정해진 관례, 제도, 규정'을 의미합니다. 로마제국의 퇴역 군인들이 대거 정착한 빌립보의 시민들은, 로마제국의 수도 로마에서 유대인들이 일으킨 폭동과 관련하여 유대인들에 대한 반감을 지니고 있었습니다. 귀신 들린 여인을 고용했던 사람들은 유대인인 바울과 실라에 대한 빌립보 시민들의 반감을 부추기면서, 바울과 실라가 빌립보를 심히 혼란하게 할 뿐 아니라 로마제국의 관례와 제도와 규정을 허물어뜨리려 한다는 거짓 모함으로 고발했습니다. 한마디로 말해 바울과 실라에게 정치적인 올가미를 씌운 것입니다.

빌립보의 악덕 고용주들이 바울과 실라에게 거짓 모함으로 정치적 올가미를 씌운 것은 바울로 인해 불의한 수입을 더 이상 올리지 못하게 되었기 때문이요, 데살로니가의 유대인들이 조폭을 동원하는 것도 모자라 거짓 모함을 하면서까지 바울을 정치범으로 몬 것은 바울에 대한 시기심 때문이었습니다. 이렇듯 폭력은 언제나 거짓을 동반합니다. 진실은 어떤 경우에도 폭력을 의지하지 않습니다. 진실은 아무리 약해 보여도 이 세상의 그 어떤 폭력보다 더 강한 힘을 지니고 있기 때문입니다. 그러나 폭력은 거짓을 위장하기 위한 기만술이기에 폭력과 거짓은 늘 함께 짝을 이루지만, 본래 거짓은 없는 것이기에 폭력은 아무리 강해 보여도 그것이 지키려던 거짓과 함께 한순간에 허물어지고 맙니다. 그 사실을 깨닫지 못한 채 자신의 목적을 이루기 위해 폭력과 거짓을 서슴없이 동원했다는 의미에서 빌립보의 악덕 고용주들과 데살로니가의 종교인인 유대인들 사이에는 아무런 차이가 없습니다. 아니, 데살로니가의 종교인인 유대인들이 빌립보의 악덕 고용주들보다 훨씬 더 질이 나빴습니다.

데살로니가의 유대인들은 한술 더 떠서, 바울 일행이 모두 가이사의 명령을 거역하고 예수라 하는 다른 임금을 섬긴다고도 고발했습니다. 가이사, 다시 말해 로마 황제의 명령을 거역하는 것만으로도 당시에는 중죄인에 해당했습니다. 더욱이 로마 황제가 아니라 예수라는 다른 임금을 섬긴다면 바울 일행은 능지처참해야 할 반역 죄인들인 셈이었습니다. 그러나 그것은 전혀 사실이 아니었습니다. 바울은 우주를 통치하시고 인류의 역사를 주관하시는 하나님 나라의 왕이신 예수님을 믿었지, 예수님을 로마제국의 왕으로 믿었던 것이 아닙니다. 그러나 바울 일행을 로마 황제에 대한 반역 죄인으로 모함한 데살로니가 유대인들의 수법 역시 우리에게는 낯설지 않습니다. 예루살렘의 유대교 지도자들이 예수님을 '유대인의 왕'을 참칭한 반역 죄인으로 몰아 십자가에 못박아 죽인 수법과 동일한 수법이었습니다. 이런 의미에서 예루살렘의 유대교 지도자들과 데살로니가의 종교인인 유대인들은 다 똑같이 교활한 정치꾼들이었습니다.

'정치인'과 '정치꾼'은 동일한 말이 아닙니다. 정치인이 정치를 통해 나라와 국민을 섬기는 전문인이라면, 정치꾼은 자기 자신의 사익을 위해 정치를 이용하는 모리배를 뜻합니다. 언제 어디서나 정치꾼들이 문제입니다. 정치계에서 정치꾼들이 설치는 한 정치는 절대로 후진성에서 탈피할 수 없습니다. 종교계 역시 마찬가지입니다. 1500년의 역사를 이어 오던 중세 로마 가톨릭 교회가 몰락한 것은 종교적 기득권과 사욕에 혈안이 된 정치꾼 사제들 때문이었습니다. 1500년의 아름다운 역사를 지닌 한국 불교에 먹칠을 하는 사람들도 외부인이 아니라 사익을 좇는 정치꾼 승려들입니다. 한국 개신교가 세상으로부터 개독교로 모독당하도록 결정적 역할을 하고 있는 사람들 역시 교권에 눈먼 정치꾼 목사들임은 두말할 나위가 없습니다.

교활한 정치꾼 유대인들이 조폭들까지 동원하여 바울 일행을 로마 황제를 거역하는 반역 죄인으로 고발했다면, 그 반역 죄인들에게 자기 집을 제공해 준 야손과 그 집에 있던 형제들 역시 무사할 수는 없지 않겠습니까?

무리와 읍장들이 이 말을 듣고 소동하여 야손과 그 나머지 사람들에게 보석금을 받고 놓아주니라(8-9절).

정치꾼 유대인들의 거짓 모함에 데살로니가의 시민들과 통치자들 사이에 일대 소란이 일어났습니다. 로마제국을 전복하려는 반역 죄인들이 데살로니가에 나타났다는데, 그 말을 들은 어느 누가 가만히 있겠습니까? 비시디아 안디옥, 이고니온, 루스드라, 빌립보에서 그러했듯이, 데살로니가의 시민들과 통치자들도 거짓 모함꾼들에게 간단하게 선동당하고 말았습니다. 데살로니가의 통치자들은 외지인이자 뜨내기인 바울 일행의 소재를 파악할 수 없자, 바울 일행으로 인해 더 이상 문제가 발생하지 않도록 조치를 취했습니다. 즉 바울 일행에게 자기 집을 제공해 주었던 야손과 그의 집에 있던 몇 형제들로부터 보석금을 받고 그들을 풀어 준 것으로 한글 성경이 전하고 있습니다. 그러나 우리말 '보석금'이라 번역된 헬라어 '히카노스ίκανός'는 반드시 돈을 의미하지 않습니다. '충분한 양' 혹은 '적합한 질'을 의미하는 그 단어가 본문에서는 보석금이 아니라, 일종의 '서약서' 혹은 '각서'의 의미로 사용되었습니다. 이를테면 반역 죄인인 바울과는 다시는 상종하지 않겠고, 만약 바울이 다시 나타난다면 즉각 신고하겠으며, 만약 이 서약을 어길 경우 어떤 형벌도 달게 받겠다는 식의 서약서입니다. 그렇지 않고서는 반역 죄인인 바울과 내통했다는 죄목으로 고발당한 야손과 몇 형제들이 단지 보석금을 납부하는 것만으로 석방될 수는 없었을 것입니다.

조폭들을 동원한 정치꾼 유대인들에게 붙잡혀 통치자들 앞으로 개 끌리듯 끌려가 거짓 모함으로 고발당한 야손과 믿음의 몇 형제들은, 바울로부터 이제 막 복음을 영접한 초신자들이었습니다. 그들은 갑자기 그들에게 덮친 뜻밖의 정치적 모함을 자력으로 이겨 낼 만한 신앙인이 아직 아니었습니다. 그들은 정치적 모함으로부터 풀려나기 위해서는, 어쩔 수 없이 자신들의 생살여탈권生殺與奪權을 쥐고 있는 통치자들이 불러 주는 대로 바울과 상종치 않겠다는 식의 서약서를 써줄 수밖에 없었습니다. 결국 조폭까지 동원한 정치꾼 유대인들의 큰 목소리가 이긴 셈이었습니다. 적어도 외견상으로는 그러했습니다. 그러나 그것은 사실이 아니었습니다.

10절에 의하면, 바울로부터 복음을 영접한 데살로니가의 믿음의 형제들은 그날 밤 바울 일행을 데살로니가에서 베뢰아로 피신시켰습니다. 바울을 피신시킨 믿음의 형제들이, 낮에 유대인들에게 잡혀갔다가 바울과 상종치 않겠다는 서약서를 쓰고 풀려난 믿음의 형제들인지는 확실치 않습니다. 그러나 분명한 사실은, 낮에 서약서를 썼던 몇 형제들이 그때까지 데살로니가에서 머물고 있던 바울 일행을 자신들의 서약과는 달리 신고하지 않았다는 것입니다. 그들이 쓴 서약서는 그들의 진심이 아니었기 때문입니다. 바울 일행이 떠난 뒤에도 정치꾼 유대인들은 믿음의 형제들을 괴롭혔습니다. 그 소식을 접한 바울은 데살로니가의 교인들에 대한 안타까움으로 데살로니가를 다시 방문하고 싶었지만, 사탄이 자기를 막았다고 데살로니가전서 2장 18절에서 밝히고 있습니다. 바울이 언급한 사탄은 두말할 것도 없이 야손과 믿음의 형제들에게 서약서를 쓰게 한 정치꾼 유대인들과 그들에게 선동당한 통치자들이었습니다. 만약 바울이 데살로니가에 다시 간다면 서약서를 쓴 야손과 몇 형제들이 곤경에 빠지게 될 것이 뻔했기에, 바울은 자신의 데살로니가 재방문 계획을 접어야만 했습니다. 그 대신 데살로니가전서 3장 2절에 의하면, 바울은 아덴에서 디모데를 다시 데살로니가로 보냈습니다. 자기를 대신하여 데살로니가 교인들의 믿음을 북돋아 주게 하기 위함이었습니다. 바울 자신은 데살로니가 교인들에게 두 번씩이나 편지를 보내어 그들의 믿음을 격려해 주었습니다. 그리고 바울은 데살로니가 교인들을 다음과 같이 자랑했습니다.

또 너희는 많은 환난 가운데서 성령의 기쁨으로 말씀을 받아 우리와 주를 본받은 자가 되었으니 그러므로 너희가 마게도냐와 아가야에 있는 모든 믿는 자의 본이 되었느니라 주의 말씀이 너희에게로부터 마게도냐와 아가야에만 들릴 뿐 아니라 하나님을 향하는 너희 믿음의 소문이 각처에 퍼졌으므로 우리는 아무 말도 할 것이 없노라(살전 1:6-8).

환난 가운데서도 믿음을 지킨 데살로니가 교인들은 마게도냐와 아가야 지역에서 마침내 모든 그리스도인들의 본이 되었고, 그들의 아름다운 믿음의 소문은 사방으로 퍼져 나갔습니다. 그뿐이 아닙니다. 바울은 로마의 교인들에게 써 보낸 편지인 로마서 16장 21절에서 "나의 동역자 디모데와 나의 친척 누기오와 야손과 소시바더가 너희에게 문안하느니라"고 밝혔습니다. 즉 바울과 함께 로마의 교인들에게 문안하는 사람 가운데 바울의 친척 야손이라는 사람도 있습니다. 우리말 '친척'이라고 번역된 헬라어 '쉥게네스συγγενής'는 '동족'이라는 뜻도 지니고 있습니다. 성경 속의 바울이 개인적인 혈연관계에 연연한 적이 없었다는 의미에서 바울이 언급한 '쉥게네스'는 '동족'이라는 의미로 사용되었음이 분명합니다. 바울은 로마서 16장 21절에서 야손의 이름을 언급하면서도 그 야손이 데살로니가의 야손이라고 명시하지는 않았습니다. 그러나 바울이 자신을 대신하여 데살로니가에 다시 보내었던 디모데의 이름과 함께 야손을 언급함으로써, 그 야손이 데살로니가의 야손임을 시사해 주고 있습니다.

야손 역시 유대인이었습니다. 그러나 그는 바울로부터 복음을 영접하고 바울 일행에게 숙소를 제공했다는 죄 아닌 죄목으로 조폭을 동원한 정치꾼 유대인들에게 끌려가 데살로니가의 통치자들 앞에서 바울과 상종치 않겠다는 서약서를 써야만 했습니다. 그 이후에도 그는 같은 동족인 유대인들로부터 계속 핍박을 받아야만 했습니다. 그러나 바울이 자신을 대신하여 보내 준 디모데의 신앙 도움 속에서, 바울이 직접 두 번씩이나 써 보내 준 편지를 힘입어, 야손은 유대인 정치꾼들의 훼방 속에서도 어느덧 바울을 돕는 믿음의 용장으로 우뚝 서게 된 것입니다.

야손과 믿음의 몇 형제들이 바울을 상종치 않겠다는 서약서를 쓰고서야 풀려날 때, 외견상으로는 조폭까지 동원하여 그 모든 거짓 모함극을 연출한, 목소리 큰 정치꾼 유대인들이 승리한 것 같았습니다. 그러나 그들은 승리자가 아니었습니다. 최후의 승리자는 야손과 데살로니가의 믿음의 형제들, 그리고 바울 일행이었습니다. 아니 그들이 믿었던 복음의 승리요, 복음의 주체이신 예수 그리스도의 승리였습니다. 바울을 시기하여 폭력과 거짓을 거리낌 없이 동원한 데살로니가의 정치꾼 유대인들이 믿음은 모든 사람의 것이 아님을 스스로 증명해 주었다면, 야손과 데살로니가의 교인들 역시 정반대의 의미로 믿음은 모든 사람의 것이 아님을 스스로 입증한 진정한 그리스도인들이었습니다.

오늘은 우리를 위하여 2천 년 전 이 땅에 오셨던 주님의 성탄을 기리고 다시 오심을 대망하는 대림절 넷째 주일입니다. 2천 년 전 주님께서 종교 정치꾼들의 모함으로 십자가에 못박혀 죽으셨고, 사도 바울 역시 종교 정치꾼들의 박해 속에서 살아야 했다면, 주님 다시 오시는 날까지 정치꾼들의 기세는 꺾이지 않을 것입니다. 정치계에서, 경제계에서, 교육계에서, 문화예술계에서, 종교계에서, 이제껏 그래 왔던 것처럼 앞으로도, 국가와 민족과 인류는 안중에도 없이 자신의 기득권과 사익을 좇는 정치꾼들이 판을 칠 것입니다. 그리고 폭력과 거짓마저 불사하는 그들의 큰 목소리가 언제나 이기는 것처럼 보일 것입니다. 그러나 속지 마십시다. 그것은 승리가 아니라, 믿음은 모든 사람의 것이 아님을 스스로 입증하는 자해 행위일 뿐입니다.

무력해 보여도, 더딘 것처럼 보여도, 최후의 승자는 언제나 온 중심을 다해 예수 그리스도를 좇는 사람들입니다. 왠지 아십니까? 종교 정치꾼들의 모함으로 십자가에 못박혀 돌아가셨던 예수님께서 사흘째 되는 날, 죽음을 깨뜨리고 죽은 자 가운데서 다시 사셨기 때문입니다. 그러므로 이 세상의 그 어떤 정치꾼도, 그 어떤 폭력과 거짓도 예수 그리스도에게는, 예수 그리스도를 믿는 그리스도인에게는 절대로 이길 수 없습니다. 그래서 정치꾼의 농간으로 참수형을 당한 바울도, 십자가에 거꾸로 못박혀 죽은 베드로도, 일제 치하에서 옥사한 주기철 목사님도, 종국적으로는 모두 영원한 승리자가 되었습니다.

세상의 큰 목소리에 현혹되지 마십시다. 언제 어디서나 나라와 민족과 인류를 위해, 믿음은 모든 사람의 것이 아님을 자신의 삶으로 입증하는 예수님의 참된 제자로 살아가십시다. 주님께서 우리에게 반드시 최후의 승리를 안겨 주실 것이요, 우리가 비록 보잘것없어도 주님께서는 우리를 이 어둔 세상 밝히는 성탄의 빛으로 사용하실 것입니다.

2천 년 전 예수님께서 종교 정치꾼들의 모함으로 십자가에 못박혀 돌아가셨기에, 주님 다시 오시는 날까지 사회 각계각층에는 자신의 기득권과 사익만을 좇는 정치꾼들이 판을 칠 것이요, 폭력과 거짓도 사라지지 않을 것입니다. 그러나 종교 정치꾼들의 모함으로 돌아가셨던 예수님께서 죽음을 깨뜨리고 부활하심으로, 비록 무력해 보이고 더뎌 보여도 예수님을 좇는 사람만이 최후의 영원한 승자가 될 수 있음을 직접 증명해 주셔서 감사합니다.

자기 사익을 좇는 정치꾼들의 목소리가 아무리 커도, 폭력과 거짓이 아무리 위력적으로 보여도, 현혹되거나 속지 않는 지혜와 용기를 내려 주십시오. 언제 어디서나 이 나라와 민족 그리고 인류를 위해 예수님을 본받아 삶으로 '믿음은 모든 사람의 것이 아님'을 우리 스스로 입증하게 해주시고, 그와 같은 우리의 삶이 이 어둔 세상 밝히는 성탄의 빛이 되게 해주십시오.

주님, 제18대 대통령 선거가 끝났습니다. 새로운 대통령으로 선출된 당선인이 51.6퍼센트의 지지자뿐 아니라 48퍼센트의 반대자들 목소리에도 진정으로 귀 기울이는, 온 국민을 위한 대통령이 되게 해주십시오. 자신의 당선으로 인해 허탈감과 상실감에 빠져 있는 분들의 심정을 이해하고 그 까닭을 헤아려 해소하는, 화합의 지도자가 되게 해주십시오. 정치인과 정치꾼을 분별하는 혜안을 주시고, 나라와 민족과 인류의 평화에 필요한 인사라면 반대자일망정 십고초려해서라도 중용하는, 큰 그릇이 되게 해주십시오. 무엇보다도 사람이 사람을 존중하는 따뜻한 사회를 일구기 위해 자신을 던지게 해주셔서, 이 땅에 한 맺힌 가슴을 안고 사는 수많은 사람들의 한을 풀어 주는, 주님의 손길이 되게 해주십시오. 아멘.

7. 밤에 형제들이 곧 송년 주일

사도행전 17장 10-15절

밤에 형제들이 곧 바울과 실라를 베뢰아로 보내니 그들이 이르러 유대인의 회당에 들어가니라 베뢰아에 있는 사람들은 데살로니가에 있는 사람들보다 더 너그러워서 간절한 마음으로 말씀을 받고 이것이 그러한가 하여 날마다 성경을 상고하므로 그중에 믿는 사람이 많고 또 헬라의 귀부인과 남자가 적지 아니하나 데살로니가에 있는 유대인들은 바울이 하나님의 말씀을 베뢰아에서도 전하는 줄을 알고 거기도 가서 무리를 움직여 소동하게 하거늘 형제들이 곧 바울을 내보내어 바다까지 가게 하되 실라와 디모데는 아직 거기 머물더라 바울을 인도하는 사람들이 그를 데리고 아덴까지 이르러 그에게서 실라와 디모데를 자기에게로 속히 오게 하라는 명령을 받고 떠나니라

오늘은 송년 주일입니다. 돌이켜 볼수록 형편없는 미물일 뿐인데도 우리를 버리시지 않고, 지난 1년 동안도 우리와 함께하시며 우리를 인도해 주신 삼위일체 하나님께 먼저 감사와 찬양의 박수를 올려 드리십시다. 그리고 우

리가 은혜롭게 예배드릴 수 있게끔 보이는 곳에서, 보이지 않는 곳에서, 지난 1년 동안 수고하고 애쓴 모든 교우님들께도 감사의 박수를 드리십시다.

아시는 것처럼 주님 태어나신 성탄일인 12월 25일 전 4주간을 대림절이라 부릅니다. 대림절은 우리를 위해 이 땅에 오신 주님의 성탄을 기리고 주님의 재림을 대망하는 절기입니다. 이와 관련하여 한 성도님이 제게 물었습니다. 주님께서 당신의 영으로 이미 우리와 함께하고 계시는데, 우리가 주님의 재림을 또다시 기다려야 하는 이유가 무엇이냐는 것이었습니다. 참 좋은 질문이었습니다. 저는 그 성도님께 "그리스도인이 대망하는 주님의 재림은 인간 역사의 종말을 뜻합니다" 하고 대답해 드렸습니다. 마태복음 28장 20절에 의하면, 부활하신 주님께서 "볼지어다 내가 세상 끝 날까지 너희와 항상 함께 있으리라"는 약속을 남기고 승천하셨습니다. 그리고 오순절에 주님의 영이신 성령님께서 강림하시어 우리와 함께하심으로 주님께서 당신의 약속을 지키셨습니다. 따라서 주님의 재림은 단순히 우리와 함께하시기 위함이 아닙니다.

주님께서 요한계시록 22장 13절을 통해 "나는 알파와 오메가요, 처음과 마지막이요, 시작과 마침이라"고 말씀하셨습니다. 성경이 우리에게 일깨워주는 역사관은 불교처럼, 시작도 없고 끝도 없이 생성과 소멸의 윤회가 한없이 반복되는 순환 구조가 아닙니다. 성경의 역사관은 알파에서 오메가로, 처음에서 마지막으로, 시작에서 마침으로 나아가는 직선 구조입니다. 즉 하나님께서 천지를 창조하시고, 예수 그리스도의 십자가를 통해 타락한 인류 구원을 성취하시고, 인류의 역사를 섭리하시다가, 마침내 주님의 재림과 함께 역사는 종말을 고하고 새 하늘과 새 땅으로 이루어지는 영원한 하나님의 나라가 완성되는 것입니다. 그리스도인이 주님의 재림을 대망하고, 또 대망해야 하는 이유가 여기에 있습니다.

사람들은 종말이라고 하면 역사의 종말, 우주적 종말만을 연상합니다. 그러나 또 하나의 종말이 있다고 했습니다. 우리 각자의 개인적인 종말, 다시 말해 '죽음'입니다. 우주적 종말이든 개인적 종말이든, 종말에는 두 가지 공통점이 있습니다. 첫 번째 공통점은, 종말은 심판의 날이라는 것입니다.

> 한 번 죽는 것은 사람에게 정해진 것이요 그 후에는 심판이 있으리니
> (히 9:27).

이 세상의 모든 인간은 예외 없이 죽기 마련이고, 그 후에는 반드시 하나님의 심판대 앞에 서야만 합니다. 하나님의 심판은 하나님을 부인하고 믿지 않던 사람에게는 영원한 멸망을 의미하지만, 하나님을 믿는 그리스도인에게는 '하나님의 셈하심', '하나님의 상 주심'이라고 했습니다. 하나님께서는 우리에게 맡겨 주신 시간과 재능과 물질을 무엇을 위하여 어떻게 사용했는지 반드시 셈하십니다. 그리고 당신의 헤아리심에 따라 포상하십니다. 하나님의 상은 고린도전서 9장 25절의 증언처럼 '썩을 승리자의 관이 아니라 썩지 않는 영원한 상'입니다.

우주적 종말이든 개인적 종말이든 종말의 두 번째 공통점은, 종말은 어느 날 예고도 없이 불현듯 찾아온다는 것입니다. 종말의 날을 아는 사람은 아무도 없습니다. 성경은 수차례에 걸쳐 그날이 '한밤중에 도둑같이' 올 것임을 강조하고 있습니다. 도둑이 몇 날 몇 시에 올 줄 안다면 이 세상에서 도둑맞을 사람이 어디에 있겠습니까? 알지 못하기에 도둑맞는 것입니다. 이처럼 우주적인 종말 날도, 개인적인 죽음의 날도, 그 누구도 알지 못합니다. 알지 못하기에 개인적인 종말인 죽음만 하더라도 거의 모든 사람들이 아무 준비 없이 어느 날 갑자기 그날을 맞습니다.

제 경험에 비추어 보건대, 교인 수의 많고 적음에 상관없이 담임목회의 부담감은 동일합니다. 제가 1998년부터 2001년까지 만 3년 동안 섬겼던 제네바한인교회는 아주 작은 교회였지만 담임목회의 부담감은 조금도 가볍지 않았습니다. 제가 귀국한 뒤엔 현재 우리 교회 선임목사인 정한조 목사님이 만6년 동안 제네바한인교회를 담임목회하면서 아주 수고가 많았습니다. 그리고 정 목사님 후임자였던 유경호 목사님은 원래 강골이 아닌 데다 3년간 그 교회를 담임목회하느라 체력적인 손실이 컸습니다. 그 이후 제대로 쉬지도 못한 상태에서 만 2년간 우리 교회 청년교구를 목회하다 보니 건강에 이상신호가 왔습니다. 그래서 지난 12월 6일부터 1년 동안 휴무하기로 한 유 목사님이 휴무 첫날에 제게 메일을 보내왔습니다. 그 내용 중 일부를 당사자의 동의하에 읽어 드리겠습니다.

어젯밤 구역장 성경공부를 마치고 저의 공식적인 업무를 끝내고 귀가한 뒤, 오늘 미처 다하지 못한 일을 마무리하기 위해 교회로 향했습니다. 공식적인 업무를 마쳤음에도 오늘 다시 교회로 향한 것은, 제가 떠난 뒤에 그 일을 이어서 하실 분이, 제가 못 다한 일로 인해 하지 않아도 될 수고를 하실 일이 없었으면 좋겠다는 마음에서였습니다. 밀린 구역보고서를 정리하고, 2013년도 구역장과 권찰 선임 건을 대략적으로 마무리 짓고, 이렇게 동역자들과 목사님께 메일을 쓰다 보니 문득 이런 생각이 듭니다. '언젠가 이 세상을 떠나 하나님께로 갈 그때에도 이와 같을까'라는 생각 말입니다. 그러나 그때에는 주어진 삶 이후에 다시 사무실로 되돌아와 못 다한 일을 처리하는 것이 불가능할 것이기에, 평소에 더더욱 잘 살아야겠다는 다짐을 해봅니다.

자의든 타의든 자기 업무에서 떠나는 사람은 업무를 정리하고 후임자를 위해 인수인계를 말끔하게 마무리할 수 있습니다. 이처럼 인간 각자의 그날도 미리 예고되어 있다면, 누구든 하나님의 심판대 앞에 거리낌 없이 설 수 있도록 만반의 준비를 갖출 것입니다. 그러나 그날은 예고도 없이 어느 순간 불현듯 닥치기에, 대부분의 사람들은 아무 준비도 없이 가슴을 치는 후회와 탄식 속에서 그날을 맞습니다. 그와 같은 비극을 피하려면 날마다 그날을 대비하면서, 유경호 목사님의 글처럼 평소에 바르고도 잘 사는 수밖에 없습니다.

　이런 의미에서 365일마다 한 해가 끝나고 또 다른 해가 시작되게 하신 것은, 그때마다 우리의 삶을 새롭게 곧추세워 주시려는 하나님의 크나큰 은총이 아닐 수 없습니다. 12월 31일에 지는 해와 1월 1일에 떠오르는 해는 각각 다른 두 해가 아닙니다. 지구의 자전으로 인해 지는 해와 떠오르는 해로 구별되어 보일 뿐, 하늘의 해는 본래 하나뿐입니다. 해가 하나밖에 없으니 12월 31일의 해와 1월 1일의 해도 똑같은 해입니다. 그런데도 사람들은 12월 31일이면 한 해가 끝났다 하고, 1월 1일이면 새해가 시작되었다고 말합니다. 만약 지금처럼 365일마다 한 해가 끝나고 또 새롭게 시작되는 시간상의 매듭이 없다면 어떻게 되겠습니까? 사람들은 세월이 어떻게 흘러가는지, 자신의 연수가 얼마나 지나갔는지 자각하지도 못하지 않겠습니까? 살아 있는 동안 자신의 생을 성찰하고 바르게 추스를 기회도 갖지 못하지 않겠습니까? 그러다가 불현듯 그날을 맞아 가슴을 치는 후회와 한탄 속에서 이 땅을 떠나고 말 것입니다. 그러나 365일마다 한 해의 매듭이 지어지기에 한 해가 끝나는 이맘때쯤이면 사람들은 자신의 삶을 되돌아보면서, 자기 자신을 다시 한번 곧추세우는 것으로 새해를 맞게 됩니다. 그렇기에 언젠가 그날을 맞이할 그리스도인에게 매해 돌아오는 연말은 하나님의 심판대 앞에 서는 자신의 종말을 준비하는 예행연습 기간, 혹은 특별훈련 기간이라 할 수 있습니다.

올해 우리 교회의 표어는 '내 상이 무엇이냐'였습니다. 바울은 고린도전서 9장 18절에서 "내 상이 무엇이냐"고 반문한 뒤, 이 땅에서 자신의 상은 주님과 복음을 위해 자신이 응당 누릴 수 있는 권리를 다 쓰지 않는 것이라고 자답하였습니다. 바울은 이 세상에서 주님을 위하여 포기하면 포기할수록 그날 하나님 나라에서 하나님으로부터 더 큰 상을 받게 될 것임을 알고 있었습니다. 하나님의 심판, 하나님의 셈하심과 상 주심을 믿었기 때문입니다. 주님의 부르심을 받은 이후 바울의 삶을 한마디로 정리한다면 날마다 그날을 대비하는 삶이었습니다.

이제 올해의 송년 주일을 맞아 우리 각자의 지난 1년을 되돌아보십시다. 우리는 지난 1년 동안 하나님의 나라에서 받을 상을 얼마나 소망했습니까? 그 상을 소망하지 않았다면, 지난 1년 동안 세상의 부귀영화를 우상으로 섬기느라 하나님을 등진 적이 더 많았음이 분명합니다. 올 1년 동안 우리의 삶이 매일 그날을 대비하는 삶이었습니까? 아니었다면, 만약 오늘 밤이 그날이라면 우리는 가슴을 치는 후회와 탄식 속에서 이 땅을 떠나지 않겠습니까? 이런 상태로는 이틀 후 2013년도 달력으로 교체해도 새해이기는커녕 묵은해의 연장일 수밖에 없지 않겠습니까? 이 송년 주일에 하나님의 상을 사모하고 그날을 대비하는 마음으로 우리 자신을 곧추세울 때, 2013년 1월 1일은 진정한 새해의 시작이 되지 않겠습니까?

금년 1월 1일 신년 예배 시간에 말씀드린 것처럼, 사도 바울은 사도행전 24장 25절에서 믿음의 요체를 '의', '절제', '심판'이라고 했습니다. '의'는 하나님과 바른 관계를 뜻합니다. '절제'는 하지 말아야 할 것을 하지 않는 것이요, '심판'은 앞에서 말씀드린 것처럼 그리스도인에게는 하나님의 셈하심, 하나님의 상 주심입니다. 그리스도인치고 믿음의 요체가 '의', '절제', '심판'인지 알지 못하는 사람은 드뭅니다. 그럼에도 그 요체를 삶 속에서 구현하는 그리스도인들도 흔치 않습니다. 그 이유는 믿음의 요체는 '의', '절제', '심판'이지만, 믿음의 진행은 그 역순으로 이루어짐을 알지 못하기 때문이라고 했습니다. 믿음은 반드시 하나님의 심판, 다시 말해 하나님의 셈하심과 상 주심을 믿는 것으로부터 시작합니다. 하나님의 심판을 믿는 사람만 그날에 대비하여, 자기 삶 속에서 끊어 낼 것을 미련 없이 끊어 내고 포기할 것을 기꺼이 포기할 수 있습니다. 하나님의 심판을 믿는 사람만 그날에 대비하여, 뿌려야 할 씨를 울더라도 뿌릴 수 있습니다. 하나님의 심판을 믿는 사람만 그날에 대비하여, 결과적으로 하나님과 바른 관계를 이룰 수 있습니다. 학교에 아무리 많은 학생이 다녀도 시험을 의식하는 학생만 놀고 싶은 마음을 버리고 공부에 열중할 수 있고, 결과적으로 좋은 결과를 얻게 되는 것과 같은 이치입니다.

이처럼 바울은 늘 하나님의 셈하심과 상 주심을 바라보면서 그날을 대비하며 살았기에, 날마다 자신을 쳐 복종시키는 가운데 자기 소명의 삶에 최선을 다할 수 있었습니다. 오늘 본문 역시 그와 같은 바울의 진면목을 잘 보여 주고 있습니다. 데살로니가를 방문한 바울은 평소의 습관대로 유대인 회당을 찾아가, 세 안식일에 걸쳐 예수 그리스도의 복음을 전했습니다. 바울의 설교를 듣고 '경건한 헬라인의 큰 무리와 적지 않은 귀부인들'이 주님을 영접하고 그리스도인이 되었습니다. 그러나 그로 인해 바울을 시기한 유대인들은 아고라의 조폭들을 동원하여 바울 일행을 붙잡아 끌어내기 위해 그들이 유숙하던 야손의 집을 덮쳤습니다. 하지만 그 시각에 바울 일행은 야손의 집에 없었습니다. 유대인들은 바울 일행 대신 집주인 야손과 마침 그 집에 있던 믿음의 몇 형제들을 붙잡아 데살로니가의 통치자들 앞으로 개 끌듯 끌고 갔습니다. 그리고 로마제국을 전복시키려 했고 로마 황제가 아닌 예수라는 왕을 섬기는 반역죄인 바울 일행을 맞아들였다는 거짓 모함으로 그들을 고발했습니다. 이에 통치자들은 지난 시간에 말씀드린 것처럼, 바울과 다시는 상종치 않겠고 만약 바울이 다시 나타나면 반드시 신고하겠다는 식의 서약서를 받고서야 그들을 석방시켜 주었습니다. 그리고 오늘의 본문 10절 상반절은 이렇게 시작됩니다.

> 밤에 형제들이 곧 바울과 실라를 베뢰아로 보내니.

밤이 되기까지 바울 일행은 데살로니가를 떠나지 않고 데살로니가 어딘가에 있었습니다. 바울을 시기한 유대인들이 바울 일행을 붙잡기 위해 조폭들을 동원하자, 믿음의 형제들 가운데 누군가가 그 사실을 알고 바울 일행을 어딘가로 피신시켰음이 분명합니다. 유대인들의 거짓 모함으로 고발당한 야손과 그 집에 있던 몇 형제들은 비록 통치자들의 강압에 의해 바울이 다시 나타나면 반드시 신고하겠다는 식의 서약서를 쓰긴 했지만, 그들 가운데 누구도 밤이 이르도록 데살로니가에 그대로 있던 바울을 신고하지 않았습니다. 그들이 쓴 서약서는 그들의 진심이 아니었기 때문입니다. 오히려 데살로니가의 믿음의 형제들은 한마음으로 '밤에', '곧' 바울 일행을 베뢰아로 피신시켰습니다. '밤에' 그리고 '곧'이라는 두 단어는 그 순간의 상황이 얼마나 급박했었는지를 실감 나게 전해 줍니다. 그날 낮에 바울을 시기한 유대인들이 바울 일행을 붙잡기 위해 조폭들까지 동원하여 시가지를 누비고 다녔으니, 그 밤에 피신하는 사람들이나 그들을 피신시키는 사람들이나 모두 절박한 심정이었을 것임은 충분히 짐작할 수 있습니다. 바울 일행이 피신한 베뢰아는 데살로니가에서 서남쪽으로 80킬로미터 떨어진 지점에 위치해 있었습니다. 걸어서 약 사흘 길인 셈이었습니다.

그들이 이르러 유대인의 회당에 들어가니라(10절 하).

사흘 길을 걸어 급박하게 베뢰아로 피신한 바울은 베뢰아에 도착해서도 유대인 회당부터 찾았습니다. 역시 평소의 습관대로 그곳에 있는 사람들에게 복음을 전하기 위함이었습니다. 다음 시간에 상세하게 살펴보겠습니다만, 베뢰아에서도 많은 사람들이 바울로부터 복음을 영접하고 그리스도인이 되었습니다. 그러나 얼마 지나지 않아 그곳에서도 소동이 일어났습니다.

데살로니가에 있는 유대인들은 바울이 하나님의 말씀을 베뢰아에서도 전하는 줄을 알고 거기도 가서 무리를 움직여 소동하게 하거늘(13절).

베뢰아는 데살로니가에서 80킬로미터 떨어진 곳이라고 했습니다. 데살로니가에서 바울을 놓친 유대인들은 바울이 베뢰아에 나타나 복음을 전하고 있다는 소문을 접하자 베뢰아까지 직접 찾아갔습니다. 그리고 바울을 해치기 위하여 베뢰아 사람들을 선동하여 소동을 일으켰습니다. 그 유대인들의 기세가 얼마나 험악하고 살기등등했던지 본문 14절은 '형제들이 곧 바울을 내보내어 바다까지 가게 하였음'을 전해 주고 있습니다. 베뢰아의 상황도 급박했음을 전하기 위해 본문은 데살로니가에서처럼 '곧'이라는 단어를 다시 사용하였습니다. 베뢰아의 믿음의 형제들은 바울을 '곧', '바다'로 보냈습니다. '바다'는 항구를 의미합니다. 그리고 믿음의 형제들은 항구에서 바울과 함께 배를 타고 로마제국의 속주 아가야의 아덴까지 동행하였습니다. 자신들이 바울과 끝까지 동행하지 않고서는 안심이 되지 않을 정도로 상황이 급박했던 것입니다. 그리고 앞으로 살펴보겠지만, 바울은 그렇듯 급박하게 피신한 아덴에서도 계속하여 복음을 전했습니다.

아시아 대륙 드로아에서 마게도냐 사람의 환상을 보고 유럽 대륙 마게도냐로 건너간 바울은 마게도냐의 세 성—빌립보, 데살로니가, 베뢰아에서 단지 예수 그리스도의 증인으로 복음을 전한다는 이유만으로 태형과 투옥 당하거나, 급박하게 쫓겨 다니는 힘겨운 삶을 살아야만 했습니다. 그러나 바울은 그 이후에도 자신의 호흡이 있는 동안 자기 소명의 길을 포기하지 않고 끝까지 달려갔습니다. 그는 하나님의 심판, 하나님의 셈하심, 하나님의 상 주심을 믿었기에, 하나님께서는 날마다 그날을 대비하는 그의 삶이 그 어떤 난관도 믿음으로 극복하게 해주셨습니다. 그와 같은 바울의 삶이 어찌 예수 그리스도 안에서 날마다 새날, 새해로 엮어지지 않았겠습니까? 그가 시간과 공간을 초월하여 모든 그리스도인의 영원한 믿음의 표상으로 우뚝 서게 된 것은, 날마다 그날을 대비하며 살았던 그의 삶의 결과였습니다.

1835년 미국인 데이비드 넬슨D. Nelson은 목사의 신분이면서 부모로부터 물려받은 재산이 많았습니다. 그는 미국 중부에 엄청난 규모의 농장과 많은 노예들을 소유하고 있었습니다. 그러나 어느 날 노예제도 반대자의 연설을 듣고 그는 목사와 그리스도인으로서 신앙 양심의 가책을 느꼈습니다. 그는 하나님 앞에서 자신의 잘못을 회개하고, 노예를 통한 진수성찬보다 노예 없는 감자와 소금만의 식탁을 선택하겠다고 선언하였습니다. 그는 자신의 선언을 실천하기 위하여 노예들을 풀어 주고 농장도 처분했습니다. 그러나 신앙 양심을 따른 그의 선언과 실천은 주위 사람들의 환영을 받기는커녕, 오히려 많은 노예들을 소유하고 있던 이웃 농장주들의 공분을 샀습니다. 이웃 농장주들은 떼를 지어 넬슨을 죽이려 했고, 넬슨은 어쩔 수 없이 모든 것을 버려두고 도피해야만 했습니다. 그는 사흘 낮밤 숲과 늪지대를 헤치고 나아간 끝에 미시시피 강둑에 이르렀습니다. 미시시피 강만 건너면 자신을 맞아 줄 사랑하는 친구 집이 있었습니다. 그러나 자신을 죽이려는 농장 주들이 그곳까지 추격해 온 것을 알고는 밤이 될 때까지 숲 속에 엎드린 채 숨어 있어야만 했습니다. 엎드린 몸으로 고개를 들면 강둑 아래로 흘러가는 미시시피의 급류가 내려다보였습니다. 그리고 강 건너편에는 저 멀리 자신을 맞아 줄 사랑하는 친구의 집도 아련하게 보였습니다. 그때 넬슨의 영혼 깊은 곳에서 솟아오르는 영감이 있었습니다. 그는 호주머니에서 수첩을 꺼내어 시를 쓰기 시작했습니다. 오늘날 우리가 즐겨 부르는 찬송가 485장의 가사가 된 시였습니다.

세월이 흘러가는데
이 나그네 된 나는
괴로운 세월 가는 것
막을 길 아주 없네
저 요단 강가 섰는데
내 친구 건너가네
저 건너편에 빛난 곳
내 눈에 환하도다

저 뵈는 하늘 집에서
날 오라 하실 때에
등 예비하라 하신 말
나 항상 순종하네
저 요단 강가 섰는데
내 친구 건너가네

저 건너편에 빛난 곳

내 눈에 환하도다

넬슨이 추격자들을 피해 숲 속에 숨어 엎드려 있는 강둑은 자신이 살고 있는 이 세상이었습니다. 강둑 아래로 흘러가는 미시시피 강은 요단강, 다시 말해 어느 날엔가 자신이 맞아야 할 죽음이었습니다. 그리고 자신을 맞아 줄 친구의 집이 있는 강 건너편은 자신이 반드시 가야 할, 하나님이 계시는 하나님의 나라였습니다. 그래서 넬슨은 요단강 건너 하나님의 나라에 먼저 입성한 믿음의 형제자매들을 생각하면서, 자기 역시 하나님의 나라에 입성할 그날을 대비하며 살겠다고 결단의 시를 쓴 것입니다. 그 결단이 변하지 않았다면, 그 이후 그의 삶이 예수 그리스도 안에서 날마다 새롭게 빚어지고 엮어지지 않았겠습니까?

오늘 우리는 2012년의 강둑 끝에 서 있습니다. 이틀 후부터 시작되는 2013년이 2012년의 강둑 이쪽이 아니라, 강 건너 저편에서 명실상부한 새해로 엮어지기를 원하십니까? 그렇다면 우리 모두 하나님의 나라와 하나님의 심판을 믿으십시다. 하나님의 셈하심, 하나님의 상 주심을 믿으십시다. 어느 날 불현듯 찾아올 그날을 날마다 대비하는 삶을 사십시다. 그때 하나님께서 친히 우리의 2013년을 새해로 엮어 주실 것입니다. 잊지 마십시다. 새 시간 새날은 결코, 아래나 옆으로부터 오지 않습니다. 새 시간 새날은 오직 위로부터, 하나님으로부터만 주어집니다.

올해 송년 주일을 맞아, 2012년의 강둑 끝에 서서 지난 1년을 되돌아봅니다. 금년 초 '내 상이 무엇이냐'는 표어와 함께 하나님의 나라, 하나님의 셈하심, 하나님의 상 주심을 바라보며 살겠다는 다짐과 함께 올해를 시작했지만, 세상의 것들을 섬기느라 주님을 등졌을 때가 더 많은 부끄러운 삶을 살았습니다. 그럼에도 우리를 버리시지 않고 오늘 송년 주일을 허락하셔서, 우리의 그릇된 삶을 성찰하고 주님 안에서 우리 자신을 다시 한번 곧추세울 수 있도록 은혜를 베풀어 주셔서 감사합니다.

우리 각자의 그날이 단 1초의 멈춤도 없이, 지금 이 순간에도 시시각각 우리에게 다가오고 있음을 직시하게 해주십시오. 어느 순간 불현듯 찾아올 그날을 대비하지 않으면, 우리의 생이 탄식과 후회 속에서 끝날 수밖에 없음을 잊지 말게 해주십시오. 바울처럼 하나님의 나라와 하나님의 심판을 믿고, 하나님의 셈하심과 하나님의 상 주심을 바라보면서, 우리의 삶이 날마다 그날을 대비하는 삶이 되게 해주십시오. 그리하여 이틀 후부터 시작되는 2013년이 묵은해의 연장이 아니라, 주님 안에서 날마다 새날 새해로 엮어지게 해주십시오. 그와 같은 우리의 삶이 이 시대를 맑히는, 주님의 정화제가 되게 해주십시오. 아멘.

8. 날마다 상고하므로 신년 주일

사도행전 17장 10-15절

밤에 형제들이 곧 바울과 실라를 베뢰아로 보내니 그들이 이르러 유대인의 회당
에 들어가니라 베뢰아에 있는 사람들은 데살로니가에 있는 사람들보다 더 너그
러워서 간절한 마음으로 말씀을 받고 이것이 그러한가 하여 **날마다** 성경을 **상고
하므로** 그중에 믿는 사람이 많고 또 헬라의 귀부인과 남자가 적지 아니하나 데
살로니가에 있는 유대인들은 바울이 하나님의 말씀을 베뢰아에서도 전하는 줄
을 알고 거기도 가서 무리를 움직여 소동하게 하거늘 형제들이 곧 바울을 내보
내어 바다까지 가게 하되 실라와 디모데는 아직 거기 머물더라 바울을 인도하
는 사람들이 그를 데리고 아덴까지 이르러 그에게서 실라와 디모데를 자기에게
로 속히 오게 하라는 명령을 받고 떠나니라

우리 각자는 매일 똑같은 길이의 시간을 맞고 있습니다. 살아 있는 모든
사람들에게 하루의 길이가 24시간임에는 예외가 없습니다. 그러나 우리 각
자가 매일 맞는 시간의 길이가 다 동일하다고 해서 그 시간의 의미와 질마저

동일한 것은 아닙니다. 어떤 사람이 맞는 시간은 날마다 새 시간으로 엮어지는가 하면, 어떤 사람의 시간은 시간이 갈수록 도리어 더 무의미하고 더 무가치한 시간으로 엮어지기도 합니다. 대체 그 차이는 어디에서 유래하는 것입니까? 지구의 자전으로 하루라는 시간이, 그리고 태양 주위를 도는 지구의 공전에 의해 1년이라는 시간이 구별되지 않습니까? 따라서 시간은 늘 동일할 뿐 시간 그 자체에 새 시간, 헌 시간이 따로 있는 것은 아닙니다. 시간은 전적으로 시간을 맞는 사람에 의해 시간의 의미와 질이 판가름 나는 법입니다. 그러므로 사람이 변하지 않는다면 그 사람이 맞는 시간의 의미도 새로워질 리가 만무하지 않겠습니까? 반대로 사람이 새사람이 되면 그가 맞는 시간도 절로 새로워지지 않겠습니까? 새사람이 되는 것은 성형수술하는 것이 아닙니다. 새사람이 되는 것은 마음이 새로워지는 것입니다. 마음이 새로워진다는 것은 생각이 새로워지는 것입니다. 새 마음은 새 생각의 바탕이고, 새 생각은 새 마음의 결과입니다. 생각이 새로워지면 언행도 새로워집니다. 그리고 언행이 새로워지면 결과적으로 그 사람이 맞는 시간이 그의 삶속에서 새 시간, 새날, 새해로 엮어지지 않을 수 없습니다.

하나님께서 당신이 창조하신 최초의 인간인 아담과 하와를 살게 하셨던 에덴동산은 그리스도인이 이 땅에 구현해야 할 하나님 나라의 모형입니다. '새신자반'을 통해 배웠듯이, 우리가 에덴동산이라 부르는 '동산'을 히브리어 원전은 '간ָן'으로 표기하고 있습니다. 이 단어는 '동산'이라는 의미보다는 '정원'이라는 의미입니다. 그러나 정원은 정원이되 그냥 정원이 아닙니다. '간'은 '울타리를 치다'라는 의미의 동사 '가난ָנַן'의 명사형입니다. 따라서 '간'은 울타리가 쳐진 정원을 의미합니다.

아담과 하와의 범죄로 인해 상실한 에덴, 그리스도인인 우리의 삶 속에서 반드시 회복해야 할 에덴은 울타리가 쳐진 곳입니다. 울타리는 무엇으로부터 무엇을 격려하기 위해, 혹은 보호하기 위해 치는 것입니다. 하나님을 믿는 그리스도인인 우리가 우리 삶 속에서 에덴을 회복하기 위해 울타리를 쳐야 한다면, 그 울타리는 무엇을 차단하고 무엇으로부터 우리 자신을 보호하기 위한 울타리이겠습니까? 두말할 것도 없이 세속적인 사고방식입니다. 세속적인 사고방식을 차단하지 않고서는, 하나님을 믿는다면서도 자신의 뜻이 이루어지지 않을 경우 하나님의 독생자인 예수 그리스도를 십자가에 못박아 죽인 유대인, 다시 말해 습관적인 종교인으로 살 수밖에 없습니다. 그렇게 살아서는 설령 아방궁에서 산다 해도 그 사람의 심령 속에 에덴이 회복될 수는 없습니다. 그러나 유한한 세상의 것들을 섬기던 사람이 예수 그리스도 안에서 마음을 바꿔 먹고 생각이 새로워진다면, 그 사람이 비록 환난 속에 있더라도 그는 실은 하나님의 나라에 있는 것과 같습니다. 세속적인 사고방식에 울타리를 친 그의 심령 속에 이미 에덴이 회복되었기 때문입니다.

바울은 고린도후서 5장 17절을 통해 다음과 같이 선언했습니다.

그런즉 누구든지 그리스도 안에 있으면 새로운 피조물이라 이전 것은 지나갔으니 보라 새것이 되었도다.

그리스도인은 죄로 인해 죽을 수밖에 없는 죄인이 예수 그리스도의 십자가 보혈 속에서 하나님의 자녀로, 새로운 피조물로 거듭난 사람입니다. 그렇다면 새로운 피조물로 거듭남의 증거는 무엇이겠습니까? 새로운 마음에서 비롯되는 새로운 생각입니다. 새로운 생각 없이는 새로운 피조물의 언행이 수반될 도리가 없습니다. 그래서 골로새서 3장 2절은 우리에게 "위의 것을 생각하고 땅의 것을 생각하지 말라"고 명령합니다. 이 땅을 압도하는 세속적 사고방식에 울타리를 치고 오직 위에 계신 하나님과, 하나님의 말씀과, 하나님의 섭리를 생각하라는 명령입니다. 그 사람이 예수 그리스도 안에서 언행이 새로워지는 새로운 피조물로 살 수 있고, 그 사람의 시간이 예수 그리스도 안에서 날마다 새 시간, 새날, 새해로 엮어질 수 있기 때문입니다. 이것이 지난 1월 1일 신년 0시 예배 시간에 말씀드린 것처럼, 우리가 새해를 맞아 올해 우리 교회 표어를 마태복음 6장 28절에 근거하여 "생각하여 보라"로 정한 이유입니다.

믿음에는 조건이 수반되지 않습니다. 조건을 거는 것은 거래이지 믿음이 아닙니다. 그러므로 믿음은 하나님께 내 삶의 우선순위를 먼저 드리는 것입니다. 왜 하나님께 삶의 우선순위를 먼저 드려야 합니까? 하나님께서 나를 창조하셨기 때문입니다. 나를 창조하셨기에 나의 체질을 나보다 더 잘 아시고, 내게 있어야 할 것을 나보다 더 정확하게 아십니다. 그 하나님의 말씀에 따라 내 삶의 우선순위를 먼저 하나님께 드리는 한, 하나님께서 내 삶을 영원토록 책임져 주실 것임은 너무나도 당연하지 않겠습니까? 믿음의 이치가 이렇게 자명하건만 대부분의 경우 우리는 하나님께 삶의 우선순위를 드리지 못하고 자기에게 두느라, 하나님을 믿는다면서도 매일 염려와 근심과 불안과 초조 속에서 살아가고 있습니다. 그와 같이 어리석은 삶을 살고 있는 우리를 향해 주님께서 하늘의 새가 어떻게 생존하는지, 아이의 키가 어떻게 자라는지, 들의 꽃이 어떻게 피는지 '생각하여 보라'고 명령하셨습니다.

헬라어 동사 '카타만다노καταμανθάνω'는 '배우다', '관찰하다', '숙고하다'라는 의미의 동사라고 했습니다. 공중을 나는 새들에게서 한번 배워 보십시오. 새들이 봄이면 자기 먹을 씨를 뿌립니까? 가을이면 추수하여 1년 먹을 양식을 창고에 모아들입니까? 전혀 아닙니다. 그럼에도 새들은 하나님의 섭리 속에서 자연을 노래하며 살아갑니다. 인간의 신체를 한번 관찰해 보십시오. 자식의 키가 부모의 염려로 자랍니까? 부모의 염려로는 자식의 키를 1밀리미터도 자라나게 할 수 없습니다. 염려로는 자기 생명을 스스로 단축시키는 것 이외에 이 세상에서 할 수 있는 것이라곤 아무것도 없습니다. 그러나 끼니를 제대로 때우지 못하는 가난한 집 아이라도 하나님께서는 얼마든지 자라게 하십니다.

들의 꽃이 어떻게 피고 자라는지 한번 생각하여 보십시오. 꽃이 아름다운 물감을 구하러 다니느라 수고하거나, 직접 길쌈하기 위해 애쓰는 것을 본적이 있습니까? 꽃은 마음대로 날아다니는 새들과는 달리 제자리에 가만히 있으면서도 꽃을 피우지 않습니까? 그렇게 피는 꽃이라고 꽃이 볼품없습니까? 오히려 그 반대입니다. 부귀영화의 상징인 솔로몬의 옷이 아무리 화려하다 해도, 생명을 지니지 못한 옷이 눈부신 생명을 머금은 꽃의 아름다움을 당할 수는 없습니다. 하지만 꽃이 천년만년 피어 있는 것은 아닙니다. 오늘 눈부시게 피었다가 내일이면 시들어 아궁이에 던져지는 들풀도 하나님께서 그렇듯 아름답게 입히신다면, 그 하나님께서 당신의 독생자까지 포기하실 정도로 사랑하신 당신의 자녀들이야 두말해 무엇하겠습니까?

이처럼 천지를 창조하신 하나님을 생각하면, 하나님께서 우리에게 주신 하나님의 말씀을 생각하면, 자연의 이치와 인간의 역사를 통한 하나님의 섭리를 생각하면, 우리는 삶의 우선순위를 자기에게 두느라 근심과 염려와 불안에서 벗어나지 못하는 이방인의 삶에서 탈피하여, 하나님께 삶의 우선순위를 드리는 참된 그리스도인으로 살지 않을 수 없습니다. 다시 말해 세상의 것들을 삶의 목적으로 삼던 세속적인 사고방식에 울타리를 치고, 위의 것을 구하는 새로운 생각으로 에덴을 지향하는 새로운 피조물의 삶을 추구하지 않을 수 없습니다. 그때부터 우리의 시간이 새 시간, 새날, 새해로 엮어짐은 두말할 나위도 없습니다.

바울을 시기한 데살로니가의 유대인들은 바울 일행을 붙잡아 끌어내기 위해, 아고라의 조폭들까지 동원하여 바울 일행이 머물던 야손의 집을 덮쳤습니다. 그러나 그 시각에 바울 일행은 그 집에 없었습니다. 유대인들은 바울 일행 대신 집주인 야손과 마침 그 집에 있던 믿음의 몇 형제들을 붙잡아 통치자들 앞으로 개 끌듯이 끌고 가 거짓 모함으로 고발하였습니다. 통치자들은 야손과 믿음의 몇 형제들에게 다시는 바울과 상종하지 않겠으며, 바울이 다시 나타날 경우 반드시 신고하겠다는 식의 서약서를 받고서야 그들을 풀어 주었습니다. 밤이 되자마자 데살로니가의 믿음의 형제들은 바울 일행을 급히 베뢰아로 피신시켰습니다. 날이 밝으면 바울 일행이 무슨 봉변을 당할지 알 수 없었기 때문입니다. 지난 시간에 말씀드린 것처럼 베뢰아는 데살로니가에서 서남쪽으로 80킬로미터 떨어진 지점에 위치해 있었습니다. 걸어서 대략 사흘 길인 셈이었습니다.

> 밤에 형제들이 곧 바울과 실라를 베뢰아로 보내니 그들이 이르러 유대인의 회당에 들어가니라(10절).

믿음의 형제들의 도움으로 밤에 급박하게 데살로니가를 빠져나온 바울 일행이 사흘 길을 걸어 베뢰아에 도착한 때는 아직 낮이었습니다. 바울은 휴식을 취하기도 전에 곧장 그곳에 있는 유대인 회당을 찾아갔습니다. 평소의 습관대로 회당에 모여 있는 사람들에게 복음을 전하기 위함이었습니다.

> 베뢰아에 있는 사람들은 데살로니가에 있는 사람들보다 더 너그러워서 간절한 마음으로 말씀을 받고 이것이 그러한가 하여 날마다 성경을 상고하므로(11절).

바울이 만난 베뢰아 사람들은 데살로니가 사람들보다 더 너그러웠습니다. 우리말 '너그럽다'로 번역된 헬라어 '유네게스εὐγενὴς'는 본문에서 '고결하다'라는 의미로 사용된 형용사입니다. 바울이 회당에서 만난 사람들은 평소에도 고결한 성품과 생각을 지닌 사람들이었습니다. 그들은 바울이 전하는 복음을 건성으로 듣지 않았습니다. 그들은 복음의 말씀을 간절한 마음으로 받았습니다. 그들은 진리에 대하여 그렇듯 자발적 열성을 지니고 있을 정도로 고결한 심령의 소유자들이었습니다. 그들은 바울이 전하는 복음의 말씀을 간절한 마음으로 받는 것으로 그치지 않았습니다. 그들은 "이것이 그러한가 하여 날마다 성경을 상고"하였습니다. 바울의 설교를 듣고 그의 설교 내용이 과연 성경 내용에 부합하는지 혹 어긋나는 것은 아닌지, 자신들이 직접 확인하기 위하여 날마다 성경을 상고한 것입니다.

'상고詳考하다'라는 말은 '상세하게 고찰하다'라는 의미로, 무엇을 상세하고도 깊이 생각하고 연구하는 행동을 묘사하는 단어입니다. 그들이 상고한 성경은, 당시는 신약성경이 쓰여지기 전이었으므로 물론 구약성경이었습니다. 그들은 바울이 전하는 예수—인간의 죗값을 대신 치르기 위해 반드시 죽어야만 했고 또 인간을 영원히 살리려 죽은 자 가운데서 반드시 다시 살아나야만했다는 나사렛 예수가 과연 구약성경이 예언한 메시아인지 확인하기 위하여 날마다 성경을 상고했습니다. 로마 황제의 황궁이 아니라 외양간 구유에서 태어나 로마제국 변방 중의 변방인 갈릴리 빈민들과 어울려 살았던 나사렛 예수가 구약성경이 증언하는 여호와 하나님의 독생자가 맞는지 확인하려 날마다 성경을 상고한 것입니다.

우리말 '상고하다'로 번역된 헬라어 동사 '아나크리노ἀνακρίνω'는 '탐색하다', '심사하다', '심문하다', '조사하다'라는 의미입니다. 그 어떤 단어든 깊은 생각이 수반되지 않고서는 현실화될 수 없는 단어들입니다. 그들이 날마다 성경을 그렇듯 깊이 생각한 것은 단순히 성경에 대한 지적 호기심이나 신학적 흥미를 충족시키기 위함이 아니었습니다.

> 그중에 믿는 사람이 많고 또 헬라의 귀부인과 남자가 적지 아니하나
> (12절).

그들이 성경을 날마다 깊이 생각한 것은 구약성경이 전하는 하나님의 말씀을, 구약성경의 바탕 위에서 바울이 전하는 예수 그리스도의 복음을 믿기 위함이었습니다. 하나님의 말씀을 좇아, 예수 그리스도의 복음을 좇아 살기 위함이었습니다. 바울의 설교를 듣고 주님을 믿기 시작한 사람들이 모두 평소 유대인 회당에 회집하던 베뢰아의 유대인들만이었던 것은 아니었습니다. 데살로니가에서처럼 베뢰아에서도 주님을 영접한 사람 가운데에는 유대교로 개종한 헬라인들과 귀부인들도 적지 않았습니다. 바울이 전하는 복음을 듣지 않았으면 모르려니와 바울의 설교를 듣고 성경을 깊이 생각하면 할수록, 그들은 바울이 전한 예수 그리스도 안에서 당신을 계시하신 삼위일체 하나님을 믿지 않을 수 없었습니다. 그들이 그동안 지녀 왔던 세속적 사고방식에 울타리를 치고, 삶의 우선순위를 위에 계신 하나님께 두지 않을 수 없었던 것입니다. 그렇다면 날마다 하나님의 말씀을 깊이 생각하면서 새로운 피조물로 살아가는 그들의 시간이 매일 새 시간, 새날, 새해로 엮어지지 않았겠습니까? 그들의 심령 속에 이 세상 그 무엇도 흔들 수 없는 에덴이 날로 회복되어 가지 않았겠습니까? 그것은 그들이 날마다 성경을 상고하는 삶, 하나님 앞에서 날마다 생각하는 삶을 살았기에 가능한 일이었습니다. 생각 없이 살아서는 결코 누릴 수 없는 하나님의 은총이었습니다.

오늘은 2013년 들어 처음 맞는 신년 주일입니다. 그러나 생각해 보십시오. 우리가 2013년을 새해라 부르기만 하면 2013년이 절로 새해가 되는 것입니까? 하나님께서 이사야 55장 6-9절을 통해 다음과 같이 말씀하셨습니다.

> 너희는 여호와를 만날 만한 때에 찾으라 가까이 계실 때에 그를 부르라 악인은 그의 길을, 불의한 자는 그의 생각을 버리고 여호와께로 돌아오라 그리하면 그가 긍휼히 여기시리라 우리 하나님께로 돌아오라 그가 너 그렇게 용서하시리라 이는 내 생각이 너희의 생각과 다르며 내 길은 너희의 길과 다름이니라 여호와의 말씀이니라 이는 하늘이 땅보다 높음같이 내 길은 너희의 길보다 높으며 내 생각은 너희의 생각보다 높음이니라.

생각해 보십시오. 하나님의 생각과 하나님의 길, 다시 말해 하나님께서 당신의 생각을 구현하시는 방법이 나의 생각 그리고 나의 길과 똑같다면, 과연 그런 하나님이 전능한 창조주이실 수 있겠으며 우리가 그런 하나님을 믿어야 할 이유가 있겠습니까? 그럼에도 천지를 창조하신 하나님의 생각과 길을 바늘구멍보다 더 작은 내 생각과 길 속에 가두어 두어서는, 올 1년 동안 우리가 우리 삶의 우선순위를 과연 하나님께 먼저 드릴 수 있겠습니까?

> 너희는 유혹의 육신을 따라 썩어져 가는 구습을 따르는 옛사람을 벗어 버리고 오직 너희의 심령이 새롭게 되어 하나님을 따라 의와 진리의 거룩함으로 지으심을 받은 새사람을 입으라(엡 4:22-24).

그리스도인이 된다는 것은 지금까지 살아온 옛사람을 벗어던지고, 예수 그리스도 안에서 새로운 마음으로 새사람을 입는 것입니다. 그러나 생각해 보십시오. 내가 구습을 좇던 옛사람의 세속적 사고방식에 울타리를 치지 않고서야, 어떻게 올 1년 동안 나의 심령 속에 에덴이 회복되는 새사람을 입을 수 있겠습니까?

> 이스라엘아 네 하나님 여호와께서 네게 요구하시는 것이 무엇이냐 곧 네 하나님 여호와를 경외하여 그의 모든 도를 행하고 그를 사랑하며 마음을 다하고 뜻을 다하여 네 하나님 여호와를 섬기고 내가 오늘 네 행복을 위하여 네게 명하는 여호와의 명령과 규례를 지킬 것이 아니냐(신 10:12-13).

하나님께서 당신의 말씀대로 살 것을 우리에게 요구하심은 하나님 당신을 위하심이 아니라, 바로 우리 자신의 행복을 위함입니다. 생각해 보십시오. 우리를 창조하신 하나님께서 우리가 인생을 어떻게 행복하게 꾸려 갈 수 있는지 일깨워 주시기 위해 인생 사용설명서로 우리에게 주신 하나님의 말씀 이외에, 우리 인생을 행복하게 엮어 갈 수 있는 길이 또 있을 수 있겠습니까? 그렇다면 생각해 보십시오. 올 1년 동안 내가 하나님의 말씀대로 살지 않고서야 과연 내 인생이, 내 가정이 행복을 누릴 수 있겠습니까?

> 스스로 속이지 말라 하나님은 업신여김을 받지 아니하시나니 사람이 무엇으로 심든지 그대로 거두리라 자기의 육체를 위하여 심는 자는 육체로부터 썩어질 것을 거두고 성령을 위하여 심는 자는 성령으로부터 영생을 거두리라(갈 6:7-8).

생각해 보십시오. 배를 출항시키지도 않은 선주가 매일 항구에 나와 자기 배가 돌아오기를 기다린다면 그 사람은 정신 나간 사람 아니겠습니까? 씨를 뿌리지도 않은 농부가 가을 추수를 학수고대한다면 그 농부도 온전치 못한 사람 아니겠습니까? 그러므로 생각해 보십시오. 육체의 욕망을 좇아 사느라 진리의 씨를 뿌리지도 않고 올 한 해 동안 자신의 삶 속에서 영원한 진리의 열매가 거두어지기 원한다면, 그 사람은 자신을 속이는 사람이요 하나님을 업신여기는 사람임이 분명하지 않겠습니까?

사랑하는 교우 여러분!

결코 잊지 마십시다. 2013년은 다시는 되풀이되지 않습니다. 2013년은 우리 생애에서 처음 맞는 해인 동시에 마지막 맞는 해이기도 합니다. 우리 평생 단 한 번뿐인 2013년을, 올해가 끝나는 12월 말에 후회와 탄식 속에서 막을 내리기 원하는 사람은 아무도 없을 것입니다. 그렇다면 우리 모두 '생각하여 보라'는 주님의 명령에 순종하여 천지를 창조하신 삼위일체 하나님을 생각하고, 하나님께서 인생 사용설명서로 우리에게 주신 하나님의 말씀을 생각하고, 자연의 이치와 인간의 역사를 통한 하나님의 섭리를 생각하는, 생각하는 그리스도인으로 올 한 해를 살아가십시다. 바울 사도는 디모데후서 2장 7절을 통해 이렇게 증언하였습니다.

내가 말하는 것을 생각해 보라 주께서 범사에 네게 총명을 주시리라.

"내가 말하는 것"이란 바울이 전한 주님의 복음을 의미합니다. 주님의 복음을 생각하면서 살면, 주님께서 범사에 주님의 총명으로 채워 주신다는 것입니다. 삼위일체 하나님이신 주님께서 당신을, 당신의 말씀을, 당신의 섭리를 생각하는 사람들에게 당신의 총명으로 채워 주시는 것은 주님께서 살아 계시고, 또 우리와 함께하고 계시기 때문입니다. 그렇다면 올 1년 동안 날마다 주님을 생각하며 사는 우리의 삶이 주님 주시는 주님의 총명 속에서 얼마나 아름다운 새 시간, 새날, 새해로 엮어지겠습니까? 우리의 능력으로는 불가능하지만, 주님께서 우리와 함께하시기에 가능합니다.

우리 평생 처음 맞는 해인 동시에 마지막 맞는 해인 2013년이 시작되었습니다. 그동안 생각 없이 사느라 매해 연말 후회 속에서 그해를 마감했던 어리석음을 올해는 되풀이하지 않게끔, 올 1년 동안 주님의 명령에 따라 날마다 생각하는 그리스도인으로 살게 해주십시오. 천지를 창조하신 삼위일체 하나님을 생각하고, 하나님의 말씀을 생각하며, 자연의 이치와 인간의 역사를 통한 하나님의 섭리를 생각하며 살게 해주십시오. 전능하신 하나님의 생각과 길은, 유한한 나의 생각 그리고 길과는 결코 같을 수 없음을, 날마다 생각하며 살게 해주십시오. 세상 것들을 섬기던 옛사람의 세속적 사고방식에 울타리를 치지 않고는, 내 마음속에 에덴이 회복되는 새사람을 입을 수 없음을, 날마다 생각하며 살게 해주십시오. 인생 사용설명서인 하나님의 말씀을 좇지 않고서는 내 인생이, 내 가정이, 절대로 행복할 수 없음을, 날마다 생각하며 살게 해주십시오. 심은 대로 거두는 법이기에 진리의 씨를 뿌리지 않고서는, 올해도 내가 영원한 진리의 열매를 거두는 새로운 피조물일 수는 없음을, 날마다 생각하며 살게 해주십시오. 내가 하나님과, 하나님의 말씀과, 하나님의 섭리를 날마다 생각하며 사는 한, 주님께서 반드시 주님의 총명으로 나를 채워 주실 것임을, 날마다 생각하며 살게 해주십시오. 날마다 생각하며 살아가는 우리의 매 순간이 주님 안에서 새 시간, 새날, 새해로 엮어지게 해주시고, 그와 같은 우리의 삶을 통해 우리의 가정과 일터, 그리고 교회와 사회가 날로 새로워지게 해주십시오. 아멘.

9. 아덴까지 이르러

사도행전 17장 10-15절

밤에 형제들이 곧 바울과 실라를 베뢰아로 보내니 그들이 이르러 유대인의 회당에 들어가니라 베뢰아에 있는 사람들은 데살로니가에 있는 사람들보다 더 너그러워서 간절한 마음으로 말씀을 받고 이것이 그러한가 하여 날마다 성경을 상고하므로 그중에 믿는 사람이 많고 또 헬라의 귀부인과 남자가 적지 아니하나 데살로니가에 있는 유대인들은 바울이 하나님의 말씀을 베뢰아에서도 전하는 줄을 알고 거기도 가서 무리를 움직여 소동하게 하거늘 형제들이 곧 바울을 내보내어 바다까지 가게 하되 실라와 디모데는 아직 거기 머물더라 바울을 인도하는 사람들이 그를 데리고 **아덴까지 이르러** 그에게서 실라와 디모데를 자기에게로 속히 오게 하라는 명령을 받고 떠나니라

바울을 시기한 데살로니가의 유대인들은 바울을 해치기 위해 아고라의 조폭들까지 동원하여 시가지를 누비고 다니면서 난리를 피웠습니다. 믿음의 형제들의 도움으로 한밤중에 급박하게 데살로니가를 빠져나온 바울 일

행은, 사흘 길을 걸어 데살로니가에서 80킬로미터 떨어진 베뢰아에 도착하였습니다. 바울은 베뢰아에 도착하자마자 평소의 습관대로 유대인 회당을 찾아가 그곳에 있는 사람들에게 예수 그리스도의 복음을 전했습니다. 바울이 유대인 회당에서 만난 베뢰아 사람들은 데살로니가 사람들보다 더 고결한 생각과 심령을 지니고 있었습니다. 그들은 바울이 전하는 복음을 간절한 마음으로 받아들였습니다. 그리고 그들은 그들이 지니고 있는 구약성경을 날마다 깊이 생각하였습니다. 바울이 전하는 나사렛 예수가, 과연 구약성경이 예언하는 메시아가 맞는지 직접 확인하기 위함이었습니다. 그 결과 많은 사람들이 주님을 영접하고 그리스도인이 되었습니다. 그들은 바울의 설교와 성경을 깊이 생각하면 할수록, 바울이 전한 예수 그리스도 안에서 당신을 계시해 주신 삼위일체 하나님을 믿지 않을 수 없었습니다. 주님을 영접한 사람들 가운데에는 베뢰아의 유대인들 외에도 헬라인과 귀부인들도 적지 않았습니다.

주님께서 요한복음 8장 12절을 통해 "나는 세상의 빛"이라 말씀하셨습니다. 주님께서 빛이라 하심은 이 세상이 어둠이란 말입니다. 빛과 어둠은 서로 상극이기에 빛이 임하면 어둠은 어떤 형태로든 저항하기 마련입니다. 바울 일행이 베뢰아에 이르기까지 베뢰아는 어둠의 세상이었습니다. 왜 그곳엔들 학문이 없고, 예술이 없고, 문화가 없고, 유행이 없고, 밤에 등불이 없었겠습니까? 그러나 하나님 보시기에 베뢰아는 칠흑 같은 암흑천지였습니다. 그 베뢰아에 바울이 나타난 것은 바울을 통해 주님의 빛이 임하신 것을 의미합니다. 그렇다면 베뢰아에서도 당연히 어둠의 저항이 있지 않았겠습니까? 문제는 저항하는 어둠의 역할을 누가 했느냐는 것입니다.

데살로니가에 있는 유대인들은 바울이 하나님의 말씀을 베뢰아에서도 전하는 줄을 알고 거기도 가서 무리를 움직여 소동하게 하거늘(13절).

바울이 베뢰아에 나타나 예수 그리스도의 복음을 전한다는 소식이 데살로니가의 유대인들에게 전해졌습니다. 베뢰아는 데살로니가의 옆집이거나 옆 동네가 아닙니다. 데살로니가에서 80킬로미터 떨어진, 걸어서 약 사흘 길이라고 했습니다. 그 옛날 전화가 있었습니까? 인터넷을 통해 실시간으로 정보를 접할 수 있었던 것도 아니지 않습니까? 그럼에도 사흘 길이나 떨어져 있는 데살로니가의 유대인들이 바울의 베뢰아 출현을 어떻게 알았겠습니까? 아시아 대륙에서 살던 바울이 어떤 과정을 거쳐 유럽 대륙의 베뢰아에까지 이르게 되었는지 바울로부터 전해 들은 베뢰아의 유대인들 가운데 누군가가, 사흘 길이나 떨어져 있는 데살로니가의 유대인들을 직접 찾아가 그 사실을 알려 주었기 때문일 것입니다.

데살로니가의 유대인들이 어떤 사람들입니까? 바울을 시기하여 바울을 해치려 조폭까지 동원한 사람들 아닙니까? 바울 일행이 로마제국을 뒤집어 엎으려던 정치적 불순분자라 모함하면서, 바울 일행에게 집을 제공해 주었던 야손과 그의 집에 있던 믿음의 몇 형제들을 끌고 가 고발한 사람들 아닙니까? 그 데살로니가의 유대인들은 베뢰아에 나타난 바울의 소식을 접하자마자 다시 분노에 사로잡혔습니다. 그들은 떼를 지어 80킬로미터나 떨어진 베뢰아를 단숨에 찾아갔습니다. 그리고 "무리를 움직여 소동하게" 하였습니다. 베뢰아 시민들을 선동하여 소동이 일어나게 한 것입니다. 데살로니가에서처럼 바울 일행을, 로마제국을 전복시키려는 정치적 불순분자로 모함한 것이었습니다.

이제 본문의 정황을 좀더 깊이 생각해 보십시다. 어둠이던 베뢰아에 바울을 통해 주님의 빛이 임하셨습니다. 바울이 베뢰아에서 예수 그리스도의 복음을 전한 것은 바울을 통해 예수 그리스도의 빛이 전해진 것을 의미합니다. 그 빛을 전해 받은 사람들은 그 빛이 과연 구약성경이 전하는 그 영원한 빛인지 확인하기 위하여 성경을 날마다 깊이 생각하였습니다. 그리고 많은 유대인들과 적지 않은 헬라인 및 귀부인들이 예수 그리스도를 구주로 영접하고 그리스도인이 되었습니다. 그 자신들이 예수 그리스도의 빛을 밝히는 등불이 된 것입니다. 캄캄하던 베뢰아의 어둠 속에 예수 그리스도의 빛이 임하고, 그 빛을 받아 밝히는 많은 등불들이 생겨났습니다. 캄캄하던 베뢰아가 그만큼 밝아진 것입니다. 얼마나 감동적인 광경입니까?

그러나 바울의 설교를 들은 베뢰아의 유대인 중 한 명은 데살로니가로 향했습니다. 데살로니가는 이웃 마을이 아니었습니다. 걸어서 사흘 길이나 되는 먼 곳이었습니다. 그가 그 먼 데살로니가를 찾아간 이유는 단 하나, 바울을 해치려는 데살로니가의 유대인들에게 바울의 베뢰아 출현을 알리기 위함이었습니다. 그 사람이 그 일에 얼마나 사명감을 느꼈으면 사흘 길을 멀다 않고 단숨에 찾아갔겠습니까? 그러나 그는 가장 중요하고도 근본적인 것을 생각하지 않았습니다. 그는 지금 자신이 행하고 있는 일로 스스로 빛에 대항하는 어둠이고 있음을 전혀 생각지 않는 어리석은 인간이었습니다.

바울이 베뢰아에서 예수 그리스도의 복음을 전한다는 소식을 접한 데살로니가의 유대인들도 사흘 길을 걸어 베뢰아를 즉각 찾아갔습니다. 그들은 베뢰아 시민들 가운데 헬라인들에게는 바울을 정치적인 불순분자로, 유대인들에게는 유대교를 배신한 배교자로 모함하면서 베뢰아의 시민들을 선동하여 소동케 했습니다. 그들은 그들이 시기한 바울을 제거하려는 일에 그토록 열심이었습니다. 그러나 그들 역시 생각 없는 사람들이기는 매한가지였습니다. 그들은 자신들이 아예 빛을 말살하려는 어둠의 괴수가 되어 있음을 조금도 생각하지 않는 자기 무지 속에 갇혀 있었습니다.

작년에 한국 프로야구는 700만 관중을 동원하면서 많은 화제를 낳았습니다. 그중의 하나가 시즌 막판에 넥센 히어로즈팀이 신임 감독으로 염경엽 작전·주루코치를 임명한 것입니다. 올해 45세인 염경엽 신임 감독은 선수 시절에 스타플레이어가 아니었습니다. 현역 은퇴 이후에는 프런트로 일하다가 2007년부터 코치 생활을 시작했지만 지도자로서도 크게 두각을 나타내지는 못했습니다. 그러나 2011년 12월 넥센 히어로즈의 작전·주루코치로 자리를 옮긴 뒤 작년에 팀을 팀 도루 1위에 올려놓은 공로를 인정받아 신임 감독이 되었습니다. 그가 감독으로 선임되었을 때 의외라고 생각하는 사람들이 더 많았던 것은 빛을 보지 못한 그의 과거 경력과 무관하지 않습니다.

그러나 올해 초 모 스포츠 기자는 염경엽 감독이 결국 감독으로서 성공할 것을 예상하면서, 성공할 수밖에 없는 이유를 역설적이게도 그가 선수 시절 타자로서는 실패한 1할대 타자였다는 데서 찾았습니다. 염 감독은 1991년 태평양 돌핀스에 입단하여 2000년 현대 유니콘스에서 은퇴할 때까지 10년 동안 통산 타율 0.195를 기록했습니다. 가장 좋았던 기록은 1998년 현대 시절에 수립한 타율 0.265였습니다. 반면에 10시즌 중 6시즌의 타율이 1할대였고, 특히 1996년과 1997년경에는 타율이 0이었습니다. 현역 시절 수비와 주루 센스는 뛰어나다는 평가를 받았지만 타율은 이처럼 항상 바닥이었습니다. 그러나 그에게 타격 소질이 없는 것은 아니었습니다. 소질이 애당초 없다면 어떻게 프로야구 선수가 될 수 있었겠습니까? 고려대학 재학 시절에는 팀의 4번 타자를 맡는 등 분명히 타격 소질을 지니고 있었습니다. 이와 관련하여 염 감독은 "재능을 믿고 프로에서 최선을 다하지 않았다"고 술회했습니다. 그렇다고 훈련을 열심히 하지 않은 것은 아닙니다. 매일 천 개가 넘는 스윙을 하면서 구슬땀을 흘렸습니다. 그러나 1할대밖에 못 치니까 코치들마다 염 선수에게 각각 다른 주문을 했고, 염 선수는 조금이라도 잘 치기 위해 코치들의 말에 따라 계속 타격 자세를 바꾸었습니다. 악순환의 연속이었습니다. 하루도 허투루 보낸 날이 없었지만, 생각이 수반되지 않은 전혀 주체적이지 못한 훈련이었습니다. 염 감독은 당시를 회상하며 "훈련도 생각 없이 하면 노동"이라고 말했습니다.

노동은 신성한 것입니다. 노동의 가치와 의미는 그 누구도 무시하거나 폄하할 수 없습니다. 염 감독이 '노동'을 언급한 것은 그 의미를 폄하하려 함이 아니라, 아무 생각 없이 훈련하면 훈련은 백해무익한 자기 소모에 지나지 않음을 강조하기 위함이었습니다. 그렇지 않습니까? 야구 선수가 하루에 방망이를 천 번씩 휘둘러도 왜 휘두르는지, 무엇을 보완해야 하는지, 무엇을 극대화해야 하는지, 아무 생각 없이 휘두른다면 자기 체력 소모 외에 무슨 유익이 있겠습니까? 훈련의 궁극적인 목적은 첫 단계는 몸이 반사적으로 반응하게 하기 위함이고, 마지막 단계는 몸이 생각대로 움직이게 하기 위함입니다. 생각하지 않고서는 아마추어가 될 수는 있지만 빛나는 프로가 될 수는 없습니다. 따라서 생각이 잘못되었거나 아예 생각이 없다면 그 훈련은 백해무익할 뿐입니다. 염 감독은 선수 시절 이렇듯 매일 구슬땀을 흘리면서도 생각 없이 훈련했기에 프로 선수로서 빛을 보지 못했습니다. 그러므로 염 감독이 자기 경험을 바탕 삼아 선수 개개인에게 각자의 단점이 무엇이며, 무엇을 보완해야 하고, 무엇을 극대화해야 할 것인지를 매번 생각하게 하면서 훈련에 임하게 할 것이기에 결국 프로야구 감독으로서 성공할 것이라는 그 스포츠 기자의 주장은 상당한 설득력을 지니고 있습니다.

그러나 따지고 보면 자기 선수들에게 각자의 장단점을 생각하게 해주지 않는 감독이 어디에 있겠습니까? 따라서 감독이 선수에게 아무리 생각할 것을 주문해도 정작 선수가 매일 생각하면서 훈련에 임하는가, 무슨 생각을 하며 훈련에 임하는가는, 결국 전적으로 선수 개개인에게 달린 문제입니다. 하나님과 인간의 관계도 마찬가지입니다. 하나님께서 인간에게 생각하며 살게끔 생각의 거울인 하나님의 말씀을 주셔도, 결국 생각하며 사는 것은 인간 개개인의 몫입니다.

바울이 베뢰아에 나타났음을 사흘 길을 걸어 데살로니가에 전한 베뢰아 사람도, 그 말을 듣고 역시 사흘 길을 걸어 베뢰아를 찾아가 바울을 해치려 베뢰아 시민들을 선동한 데살로니가 사람들도, 모두 하나님의 선민임을 자처하던 유대인들이었습니다. 그들은 모두 태어날 때부터 유대교인으로 태어났고, 어릴 때부터 엄격한 유대교 율법의 훈련과 전통 속에서 살았습니다. 유대인들의 종교적 훈련과 전통에 대한 열성은 이 세상 어느 민족도 뒤따를 수 없었습니다. 그러나 그들은 바울로부터 똑같은 설교를 듣고서도 베뢰아의 그리스도인들처럼 바울이 전하는 예수가 과연 구약성경이 예언한 메시아가 맞는지 확인하기 위해 삼위일체 하나님에 대해, 하나님의 말씀에 대해, 하나님의 섭리에 대해 조금도 생각하려 하지 않았습니다. 그 결과 그들의 종교적 훈련과 전통에 대한 열심은, 오히려 자신들이 주님의 빛에 맞서는 어둠일 뿐임을 스스로 입증하는 자해 행위로 드러났습니다.

그들이 바울을 해치기 위해 베뢰아 시민들을 선동한 결과는 14절이 밝혀 주고 있습니다.

형제들이 곧 바울을 내보내어 바다까지 가게 하되 실라와 디모데는 아직 거기 머물더라.

데살로니가의 유대인들은 바울을 해치려고 이미 데살로니가에서 시민들을 선동한 적이 있는 유경험자들이었습니다. 그들은 어떻게 하면 대중을 손 쉽게 선동할 수 있는지 익히 알고 있었습니다. 그리고 베뢰아의 시민들 역시 간단하게 그들의 선동에 넘어가고 말았습니다. 그 분위기가 얼마나 험악했 던지 바울로부터 주님을 영접한 베뢰아의 형제들은 급히 바울을 바다로 내 보냈습니다. 2주 전에 말씀드린 것처럼 '바다'는 '항구', 즉 베뢰아의 외항外港 을 의미합니다. 베뢰아의 형제들이 바울을 급히 항구로 보냈다고 해서 바울 홀로 가게 한 것은 아니었습니다.

> 바울을 인도하는 사람들이 그를 데리고 아덴까지 이르러 그에게서 실라 와 디모데를 자기에게로 속히 오게 하라는 명령을 받고 떠나니라(15절).

베뢰아의 믿음의 형제들 가운데 몇 명이 바울을 항구로 인도해 갔을 뿐 아니라, 항구에서 바울과 함께 배를 타고 아덴까지 직접 동행하였습니다. 베 뢰아에서 아덴은 무려 320여 킬로미터나 떨어져 있었습니다. 그 먼 곳까지 동행한 것입니다. 베뢰아를 덮친 데살로니가의 유대인들이 얼마나 살기등등 했던지, 자신들이 바울과 목적지까지 동행하지 않고서는 안심할 수 없었던 것입니다. 그때 바울이 왜 자신의 일행인 실라와 디모데는 베뢰아에 그대로 머물게 했는지, 그리고 아덴에 도착한 뒤엔 베뢰아로 되돌아가는 믿음의 형 제들에게 왜 실라와 디모데를 아덴으로 속히 오게 해달라고 부탁했는지에 대해서는 다음 시간에 상세하게 살펴보겠습니다.

중요한 사실은 이때 바울이 마게도냐 땅을 넘어 자신의 계획에도 없던 아 가야 땅으로 건너갔다는 사실입니다. 베뢰아의 형제들이 바울을 항구까지 인도하는 것으로 그치지 않고 함께 배를 타고 아덴까지 동행했다는 것은 그 때의 상황이 얼마나 다급했었는지를 웅변해 주고 있습니다. 그 다급한 상황에서 항구에 다다른 그들은 어느 배의 행선지가 어디냐를 따질 형편이 아니었습니다. 그들의 급선무는 항구에서 가장 빨리 출항하는 배를 타는 것이었습니다. 바울을 해치려 베뢰아를 덮친 데살로니가의 유대인들이 항구까지 바울을 추격해 오지 않는다는 보장이 없었기 때문입니다. 더욱이 당시의 선박들은 거의 부정기선이었습니다. 정해진 출발 시간이 별도로 있는 것이 아니라, 승객과 화물이 다 차야 배가 출항하는 식이었습니다. 바울과 베뢰아의 형제들이 다급하게 항구에 도착했을 때 마침 출항 직전의 배가 있었고, 생각할 겨를도 없이 그 배에 오르고 보니 로마제국의 속주 아가야의 아덴으로 향하는 배였음을 알 수 있습니다.

이미 우리가 알고 있는 것처럼 아시아 대륙의 바울이 에게 해를 건너 유럽 대륙을 찾아간 것은, 아시아 대륙의 드로아에서 본 마게도냐 사람의 환상 때문이었습니다. '마게도냐로 건너와서 우리를 도우라'고 요청하는 마게도냐 사람의 환상을 주님의 인도하심으로 받아들인 바울은 일행과 함께 지체 없이 배를 타고 로마제국의 속주 마게도냐를 찾아갔습니다. 그 마게도냐가 유럽 대륙을 찾아간 바울의 본래 목적지였습니다. 그때 바울은 1차 전도 여행 중에 방문했던, 오늘날 터키 대륙의 여러 도시들을 재방문한 이후였습니다. 따라서 바울은 목적지인 마게도냐에서 전도 활동을 마치면 필경 거기에서 2차 전도 여행을 매듭짓고 자신의 본거지인 아시아 대륙의 수리아 안디옥으로 귀환했을 것입니다. 그러나 바울이 베뢰아에 나타났다는 소식을 접하고 바울을 해치기 위해 베뢰아를 덮친 데살로니가 유대인들의 악행 탓에, 바울은 생각지도 않았던 아가야의 아덴으로 진출하게 되었습니다. 그러나 유럽 대륙에서 이런 일은 이번이 처음이 아니었습니다.

마게도냐로 건너간 바울이 제일 먼저 찾아간 곳은 마게도냐의 주요 도시 빌립보였습니다. 바울은 빌립보 성문 밖 시냇가에서 만난 루디아에게 복음을 전했고, 루디아는 그녀의 가족들과 함께 주님을 영접하고 세례를 받음으로 유럽 대륙 최초의 세례 교인이 되었습니다. 그 이후 바울은 귀신 들린 여인을 착취하던 악덕 고용주들의 거짓 모함으로 심한 태형을 당하고 빌립보의 지하 감옥에 투옥되었습니다. 그러나 그 억울한 투옥 사건으로 인해 빌립보 감옥의 간수와 그의 가족들이 바울로부터 주님을 영접하고 세례 교인이 되었으며, 루디아의 가족들과 함께 그 유명한 빌립보 교회를 이루게 되었습니다. 빌립보를 떠난 바울은 마게도냐의 행정수도 데살로니가를 찾아갔고, 그곳에서도 많은 사람들이 바울을 통해 주님을 영접하였습니다. 그러나 바울을 시기한 유대인들이 바울을 해치기 위해 조폭들까지 동원하자 믿음의 형제들이 한밤중에 바울을 급히 베뢰아로 피신시켰습니다. 그 덕분에 베뢰아에서도 많은 사람들이 바울로부터 복음을 영접할 수 있었습니다. 그리고 데살로니가의 유대인들이 바울을 해치려 베뢰아를 덮침으로써 바울은 뜻하지 않게 마게도냐 땅을 넘어 아가야 땅의 아덴으로 갔고, 바울이 아덴으로 갔기에 그곳에도 복음이 전해질 수 있었습니다. 그리고 바울이 아가야 땅인 아덴으로 갔기에 그는 아가야의 또 다른 주요 도시인 고린도를 찾아갈 수 있었고, 바울이 고린도를 찾아갔기에 그 이후에 그가 고린도 교인들에게 써 보낸 편지인 고린도전후서가 신약성경의 일부가 될 수 있었고, 12주 전에 말씀드린 것처럼 바울이 고린도를 찾아갔기에 그의 심장 속에 로마제국의 심장인 수도 로마에 대한 전도의 사명감이 싹틀 수 있었습니다.

이처럼 바울은 계속되는 박해와 모함과 고난 속에서 이 땅에 진리의 빛을 확산시키려는 주님의 뜻을 이루어 갈 수 있었습니다. 바울이 악을 행하거나 불의한 인간이어서 늘 박해당하고 모함받고 고난을 겪은 것이 아니었습니다. 오히려 그 반대였습니다. 오직 주님께 자신의 생을 맡겼기 때문이었습니다. 그러나 바울은 단 한 번도, '당신께 내 삶을 맡겨 드린 결과가 고작 이것입니까?' 하고 주님께 원망을 터뜨린 적이 없었습니다. 그는 생각하는 그리스도인이었기 때문입니다. 자신이 당하는 그 모든 상황을 통해 주님께서는 당신이 구원하시려는 당신의 백성을 정확하게 구원해 내시고, 이 땅의 역사 속에 당신의 뜻을 한 치의 오차도 없이 이루고 계심을 알았던 것입니다. 그래서 그는 모진 박해와, 어처구니없는 모함과, 뼈를 깎는 고난 속에서도, 항상 기뻐하며 범사에 감사할 수 있었습니다. 보잘것없는 자신을 통해 주님의 신묘막측한 구원의 섭리가 이루어짐을 생각하면 할수록, 자신이 주님의 도구로 쓰임 받는 것보다 더 기쁘고 더 감사한 일은 있을 수 없었습니다.

이 모든 사실을 알고 거슬러 올라가 보면, 바울이 아가야 땅인 아덴으로 건너가지 않을 수 없게끔 바울을 마게도냐 땅에서 몰아낸 데살로니가의 유대인들 역시 결과적으로 주님의 뜻을 이루는 데 기여한 셈이 됩니다. 그러나 바울과 그들 사이에는 근본적인 차이가 있었습니다. 바울이 주님의 선한 도구로 쓰임 받았다면, 데살로니가의 유대인들은 악한 도구였습니다. 그리고 그 차이는 생각의 여부, 즉 생각하며 사느냐 아니면 생각 없이 사느냐의 차이였습니다. 우리가 아무리 하나님을 믿는다고 고백해도 우리가 생각하는 그리스도인으로 살지 않으면, 우리의 종교적 훈련이 열심이면 열심일수록 그 열심은 도리어 우리의 영성을 해칠 것이요, 주님의 빛에 맞서 이 세상의 어둠을 더욱 가중시킬 것입니다. 그 결과 우리는 데살로니가의 유대인들처럼 우리도 모르게 누군가를 해치는 악한 도구로 살 수밖에 없을 것입니다.

우리 모두 올해 우리 교회의 표어처럼 주님의 명령에 순종하여 천지를 창조하신 삼위일체 하나님을 생각하고, 하나님께서 우리에게 생각의 거울로 주신 하나님의 말씀을 생각하고, 자연의 이치와 인간의 역사를 통한 하나님의 섭리를 생각하는, 생각하는 그리스도인으로 살아가십시다. 우리 앞에 어떤 상황이 전개되어도 우리는 항상 기뻐하며 범사에 감사하는 삶을 살 수 있을 것입니다. 날마다 생각하며 살아가는 우리를, 주님께서 이 시대를 위한 당신의 선한 도구로 반드시 사용해 주실 것이기 때문입니다.

야구 선수가 아무리 고된 훈련을 반복해도 자신이 훈련을 통해 무엇을 고치고, 무엇을 보완하고, 무엇을 키워야 하는지 생각하지 않는다면, 그 훈련은 무모한 자기 소모에 지나지 않습니다. 우리가 하나님을 믿는다면서도 삼위일체 하나님을, 하나님의 말씀을, 하나님의 섭리를 생각하지 않는다면, 우리의 종교적 열성이 뜨거울수록 우리는 도리어 주님의 빛에 맞서 이 세상의 어둠을 가중시킬 것이요, 우리의 종교적 훈련은 우리의 영성을 파괴하는 자해 행위가 될 것이요, 우리의 삶은 누군가를 해치는 악한 도구로 사용될 뿐임을 일깨워 주셔서 감사합니다.

생각 없는 박해자로 살기보다는, 생각할 줄 아는 수난자로 살게 해주십시오. 올 1년 동안 천지를 창조하신 삼위일체 하나님을 생각하고, 하나님께서 생각의 거울로 주신 하나님의 말씀을 생각하고, 자연의 이치와 인간의 역사를 통한 하나님의 섭리를 생각하는 것이 우리의 습관이 되게 해주십시오. 비록 우리 앞에 전혀 뜻밖의 상황이 전개된다 할지라도, 그 상황 속에서도 우리를 주님의 선한 도구로 사용하셔서 한 치의 오차도 없이 주님의 뜻을 이루고 계시는 주님으로 인해 항상 기뻐하며, 범사에 감사하며 살게 해주십시오. 그와 같은 우리의 삶을 통해 주님의 빛이, 한 사람이라도 더 많은 사람의 심령 속으로 스며들게 해주십시오. 아멘.

10. 실라와 디모데를

사도행전 17장 10-15절

밤에 형제들이 곧 바울과 실라를 베뢰아로 보내니 그들이 이르러 유대인의 회당에 들어가니라 베뢰아에 있는 사람들은 데살로니가에 있는 사람들보다 더 너그러워서 간절한 마음으로 말씀을 받고 이것이 그러한가 하여 날마다 성경을 상고하므로 그중에 믿는 사람이 많고 또 헬라의 귀부인과 남자가 적지 아니하나 데살로니가에 있는 유대인들은 바울이 하나님의 말씀을 베뢰아에서도 전하는 줄을 알고 거기도 가서 무리를 움직여 소동하게 하거늘 형제들이 곧 바울을 내보내어 바다까지 가게 하되 실라와 디모데는 아직 거기 머물더라 바울을 인도하는 사람들이 그를 데리고 아덴까지 이르러 그에게서 **실라와 디모데를** 자기에게로 속히 오게 하라는 명령을 받고 떠나니라

하나님께서 노아 시대의 타락한 인간을 홍수로 심판하셨습니다. 땅 위의 모든 인간을 홍수로 다 쓸어버리신 것입니다. 그 심판의 와중에서 노아 가족만 살아남을 수 있었던 것은, 하나님께서 노아로 하여금 미리 방주를 지

어 홍수의 심판에 대비하게 하셨기 때문입니다. 노아 600세 되던 해 2월 10일에 방주 속에 들어간 노아 가족은 이듬해 2월 27일에 방주에서 나오기까지 1년 17일 동안 방주 속에서 생활함으로써, 무서운 홍수의 심판으로부터 살아남을 수 있었습니다. 그래서 사람들은 노아의 방주를 가리켜 '구원의 방주'라고 부릅니다. 창세기 6장 14절에 히브리어로 '테바חָבַה'로 표기되어 있는 그 방주는 길이가 137.4미터, 너비가 22.9미터, 높이가 13.7미터에 달하는 거대한 규모였습니다. 그래서 사람들은 '테바'―'구원의 방주'라고 하면 일단 축구장보다도 더 큰 규모를 연상합니다. 그러나 반드시 규모가 커야만 구원의 방주가 되는 것은 아닙니다.

이스라엘 백성이 이집트에서 노예로 전락했을 때의 일입니다. 이집트의 파라오는 이스라엘 여인이 사내아이를 낳으면 반드시 나일 강에 던져 죽이라는 무서운 명령을 내렸습니다. 그러나 젊은 아므람과 요게벳 부부는 아들을 낳자 세 달 동안 숨겨서 키웠습니다. 더 이상 아이를 숨길 수 없게 되자, 그 부부는 갈대로 상자를 엮어 역청과 나무 진으로 방수 처리한 뒤에 아이를 그 속에 넣었습니다. 그리고 그 갈대 상자를 나일 강 갈대 사이에 내려놓았습니다. 잠시 후 파라오의 딸 이집트의 공주가 목욕하러 나일 강에 나왔다가 갈대 상자를 발견했고, 그 속에 있던 아이는 공주의 양자가 되었습니다. 공주는 '물에서 건져 내었다'는 의미로 아이에게 '모세'라는 이름을 지어 주었습니다. 후에 이스라엘 백성을 이집트의 노예살이에서 해방시키는 위대한 지도자가 된 바로 그 모세였습니다.

출애굽기 2장 3절은 모세의 부모가 세 달 된 모세를 살리기 위해 모세를 그 속에 넣고 나일 강 갈대 사이에 내려 두었던 갈대 상자를 히브리어로 '테바'로 기록하고 있습니다. 노아의 방주를 일컫는 '테바'와 똑같은 '테바'입니다. 축구장보다 더 큰 노아의 방주에 비한다면, 겨우 세 달 된 아이를 위한 갈대 상자는 감히 방주라고 부르는 것이 민망할 정도입니다. 그렇지만 성경상으로는 둘 다 똑같은 '테바'입니다. '사명자반'에서 배운 것처럼 '구원의 방주'―'테바'의 특징은 재질이나 크기에 있는 것이 아니라, 자체 동력이 없다는 것입니다. 노아의 방주에도, 모세의 갈대 상자에도 자체 동력이 없었습니다. 그 방주나 상자 속에 들어 있는 사람이 진로나 방향이나 속도를 결정할 수 없었다는 말입니다. 동서남북 어디로 가든, 어떤 속도로 나아가든, 어디에서 멈추든, 그것은 철저하게 하나님의 결정 사항이었습니다. 이처럼 하나님만 동력으로 삼았을 때 노아의 방주와 모세의 갈대 상자가 외형상으로는 결코 동일할 수 없었지만, 본질적으로는 둘 다 하나님에 의한 '테바'―'구원의 방주'가 될 수 있었습니다.

이것은 단순히 나무로 건조된 선박이나 갈대로 엮어진 상자에만 국한된 이야기가 아닙니다. 우리가 우리 인생의 동력을 누구로 삼느냐에 따라 우리의 소유나 직책이나 명성에 상관없이 우리의 인생이 구원의 방주가 될 수도 있고, 반대로 난파선이 될 수도 있습니다. 세 달 된 모세가 들어 있는 상자는 작고 보잘것없는 갈대 상자에 지나지 않았지만, 하나님을 동력으로 삼았던 그 갈대 상자는 노아의 방주와 똑같은 '테바'―'구원의 방주'였습니다. 하나님께서는, 이스라엘 여인이 사내아이를 낳으면 반드시 나일 강에 던져 죽이라는 엄명을 내린 파라오의 딸을 도구 삼아 나일 강의 갈대 상자에서 모세를 건져 올리셔서 이집트 공주의 양자가 되게 하셨습니다. 그러나 이집트 왕궁에서 제왕 교육을 받은 모세는 자기 스스로 자기 인생의 동력이 되려 하다가 하루아침에 미디안 광야의 양치기로 좌초하고 말았습니다. 그는 미디안 광야에서 중요한 사실을 터득했습니다. 하나님만 자기 인생의 동력이 되실 수 있다는 것입니다. 그리고 그 광야에서 하나님만 자기 인생의 동력으로 삼았을 때, 세상의 소망이 끊어진 것처럼 보였던 팔십 노인 모세의 인생은 '테바'―'구원의 방주'로 승화되었습니다. 자기 홀로 구원받는 작은 갈대 상자가 아니라, 모세 한 사람으로 인해 온 이스라엘 백성이 이집트의 노예살이에서 해방되는, 노아의 방주보다 더 거대한 구원의 방주였습니다.

바울의 인생 역시 마찬가지였습니다. 자기 스스로 자기 인생의 동력이 되었을 때, 유대 사회에서 출세 가도를 걷던 그의 인생은 다메섹 도상에서 한 순간에 난파하고 말았습니다. 그러나 그가 삼위일체 하나님을 자기 인생의 동력으로 삼으면서부터, 난파했던 그의 인생은 수많은 사람을 살리는 '테바'―'구원의 방주'로 승화되었습니다. 하나님을 동력으로 삼는 테바가 된다는 것, 하나님께 자기 생을 전적으로 의탁하는 구원의 방주로 살아간다는 것은 흔히 오해하듯 아무 생각 없이 살아가는 것을 의미하지 않습니다. 하나님께서는 우리를 무뇌無腦의, 로봇과 같은 단순한 기계장치로 만드신 것이 아닙니다. 하나님께서는 우리에게 인격과 이성과 지성을 주셨습니다. 그러므로 그리스도인이 하나님을 동력으로 삼는 테바로 살아간다는 것은 누구보다도 더 깊이 생각하며 사는 것을 의미합니다. 생각하지 않고서는 하나님의 뜻을 바르게 분별하고 해석하는 것 자체가 불가능하기 때문입니다.

바울은 3차 전도 여행 중에 자신이 마지막 생을 던져야 할 곳이 예루살렘을 거친 후 로마제국의 심장인 수도 로마임을 깨달았습니다. 그는 에베소의 장로들을 밀레도로 불러 마지막 고별사를 남겼습니다. 살아생전 다시는 그들을 만날 수 없을 것이기 때문이었습니다. 그리고 바울은 자신의 미래와 관련하여 다음과 같이 증언했습니다.

> 보라 이제 나는 성령에 매여 예루살렘으로 가는데 거기서 무슨 일을 당할는지 알지 못하노라(행 20:22).

바울은 자신의 상태를 '성령에 매였다'고 표현했습니다. 오직 삼위일체 하나님만을 자신의 동력으로 삼고 성령님의 인도하심에 자신의 삶을 온전히 맡긴 태도로 살아간다는 의미입니다. 그 상태에서 바울은 성령님께서 자신을 먼저 예루살렘으로 인도하신다는 사실을 분명히 알고 있었습니다. 그러나 그곳에서 일어날 세세한 일까지는 알지 못하고 있었습니다. 하지만 성령님께서 바울의 앞날과 관련하여 명료하게 일러 주신 내용도 있었습니다.

> 오직 성령이 각 성에서 내게 증언하여 결박과 환난이 나를 기다린다 하시나(행 20:23).

바울이 앞으로 어디로 가든지 가는 곳마다 결박과 환난이 기다릴 것이라는 내용이었습니다. 그것은 사람이 일러 준 말이 아니었습니다. 바울이 자기 인생의 동력으로 삼은 성령님의 예고였습니다. 만약 우리가 치밀한 계획하에 새로운 인생길을 가려는데, 성령님께서 그 길을 가면 반드시 환난과 결박을 당하리라고 위험을 예고하신다면 우리는 어떻게 하겠습니까? 이미 말씀드린 적이 있듯이 만약 저라면, 저는 하나님께 감사드리고 절대로 그 길을 가지 않을 것입니다. 저는 성령님의 위험 예고를, 저를 사랑하셔서 제 길을 막으시기 위한 은총이라고 해석할 것이기 때문입니다. 아마도 그리스도인들 가운데 99.9퍼센트는 그렇게 해석할 것입니다. 그러나 바울의 해석은 달랐습니다.

> 내가 달려갈 길과 주 예수께 받은 사명 곧 하나님의 은혜의 복음을 증언하는 일을 마치려 함에는 나의 생명조차 조금도 귀한 것으로 여기지 아니하노라(행 20:24).

바울은 자신의 앞길에 비록 결박과 환난이 기다릴지라도 그 길이 주님의 복음을 전하는 길이라면, 자기 생명조차 조금도 귀한 것으로 여기지 않고 반드시 그 길을 가리라고 천명했습니다. 바울은 성령님께서 자신이 가려는 길에 대해 위험을 예고해 주신 것은 그 길을 막으시려는 것이 아니라, 그럼에도 불구하고 반드시 가야 한다는 성령님의 명령으로 해석한 것입니다. '바울아, 지금부터 네가 가고자 하는 길은 결코 편안함과 안락함이 보장된 길이 아니다. 이제부터 너는 가는 곳마다 환난당하고 투옥당할 것이다. 그러나 나는 네가 나를 위하여 이 길을 끝까지 완주할 것을 믿는다.' 성령님의 위험 예고를 그렇게 해석한 바울은 그 믿음으로 환난과 결박이 기다리는 예루살렘으로 올라갔고, 예루살렘에서 유대교인들의 고발로 투옥당한 바울은 가이사랴의 감옥으로 이송되었다가, 죄수의 신분으로 로마제국의 수도 로마로 호송되었습니다. 그리고 그 바울에 의해 로마제국의 역사가 새로워졌습니다. 비록 죄수의 신분이었을망정 삼위일체 하나님만을 동력으로 삼은 바울의 인생이 수많은 사람을 살리는 '테바'—'구원의 방주'로 승화된 것이었습니다. 다시 말해 성령님께서 믿으셨던 대로 바울이 해낸 것이었습니다. 바울이 바른 생각으로 성령님의 뜻을 바르게 해석하고 분별했기에 가능할 수 있었던 일이었습니다.

바울이 1차 전도 여행 중 루스드라에서 선천성 하반신마비자를 예수 그리스도의 이름으로 일으켜 세웠습니다. 그 광경을 목격한 많은 사람들이 바울로부터 복음을 영접하고 그리스도인이 되었습니다. 그러나 비시디아 안디옥과 이고니온의 유대인들이 바울을 해치기 위해 루스드라를 덮쳤습니다. 그들은 루스드라 사람들을 선동하여 바울에게 돌세례를 퍼부었습니다. 얼마나 돌세례가 심했던지, 피투성이가 되어 쓰러진 바울을 현장에 있던 사람들이 죽은 것으로 생각하고 질질 끌고 나가 성 밖에 내버릴 정도였습니다. 그러나 바울은 죽지 않고 다시 일어났습니다. 그렇다면 바울은 주님의 인도하심을 좇아 다음 전도지인 더베로 가면 될 일이었습니다. 그러나 바울이 한 일은, 피투성이의 몸으로 방금 죽음의 돌세례를 당한 루스드라 성 안으로 다시 들어간 것이었습니다. 자신을 죽이려 했던 비시디아 안디옥과 이고니온의 유대인들이 아직 있을지도 모를 성 안으로 목숨을 걸고 다시 들어간 것입니다. 루스드라 사람들에게 복음을 전한 바울이 외지의 사람들에게 돌세례를 당하고 종적을 감추어 버린다면, 바울로부터 주님을 영접한 루스드라의 초신자들이 믿음을 지키기 어렵지 않겠습니까? 바울은 그들에게 예수 그리스도의 복음은 아무리 짓밟아도 결코 짓밟히지 않음을 확인시켜 주기 위해 피투성이의 몸으로 목숨을 걸고 루스드라 성 안으로 먼저 들어간 것이었습니다. 바울은 그것이 주님의 뜻이라고 믿었던 것입니다.

이처럼 바울은 주님을 자기 인생의 동력으로 삼은 테바였기에 매사에 주님의 뜻을 생각하되, 그의 생각은 '사람'을 떠난 적이 없었습니다. 그가 믿는 주님의 뜻은 언제나 사람을 위한 뜻이었기 때문이었습니다. 바울에게 사람과 무관한 주님의 뜻은 있을 수 없었습니다. 따라서 바울이 주님을 위해 자신의 생명조차 귀한 것으로 여기지 않는다는 것은, 주님께서 사랑하시는 사람들을 위해 자신이 할 수 있는 모든 것을 다하는 것을 의미했습니다. 오늘의 본문 역시 이와 같은 바울의 진면목을 보여 주고 있습니다.

아시아 대륙의 바울이 유럽 대륙의 마게도냐로 진출한 것은 아시아 대륙 드로아에서 본 마게도냐 사람의 환상 때문이었습니다. 마게도냐 사람이 바울에게 '마게도냐로 건너와 우리를 도우라'고 요청하는 환상을 바울이 마게도냐로 가라는 주님의 명령으로 해석한 것입니다. 그러나 로마제국의 속주인 마게도냐의 빌립보, 데살로니가, 베뢰아에서 복음을 전한 바울은 마게도냐를 넘어, 전혀 계획에도 없던 로마제국의 또 다른 속주인 아가야의 아덴까지 진출하게 되었습니다. 유럽 대륙에서 바울의 2차 전도 여정이 그렇게 진행된 데는 바울을 시기하여 해치려 한 데살로니가의 유대인들이 결정적인 역할을 하였습니다. 지난 시간에 말씀드린 것처럼, 주님께서 데살로니가의 사악한 유대인들을 도구로 사용하셔서 바울의 발걸음을 아가야의 아덴까지 인도하신 것이었습니다. 그렇다면 바울은 주님의 인도하심을 좇아 아가야 땅으로 건너간 이상 마게도냐에 대해서는 더 이상 생각하지 않아도 될 것 같습니다. 그러나 바울은 그렇게 하지 않았습니다.

우리가 잘 알고 있는 것처럼 마게도냐로 진출한 바울은 마게도냐의 주요 도시 빌립보를 거쳐 행정수도 데살로니가로 갔습니다. 바울을 시기한 데살로니가의 유대인들은 바울을 해치기 위해 아고라의 조폭들을 동원했습니다. 그들은 바울을 찾지 못하자, 바울 일행에게 자기 집을 제공해 준 야손과 그 집에 있던 믿음의 형제들을 통치자들 앞으로 끌고 가 거짓 모함으로 고발했습니다. 통치자들은 그들로부터, 바울과는 다시는 상종치 않으며 만약 바울이 다시 나타나면 반드시 신고한다는 식의 서약서를 받고서야 그들을 풀어 주었습니다. 바울로부터 복음을 영접한 데살로니가의 믿음의 형제들은 한밤중에 바울 일행을 데살로니가에서 사흘 길인 베뢰아로 피신시켰습니다. 그러나 바울이 베뢰아에서 복음을 전한다는 소식을 접한 데살로니가의 유대인들은 바울을 해치기 위해 사흘 길을 걸어 베뢰아를 덮쳤고, 그들이 얼마나 살기등등했던지 베뢰아의 믿음의 형제들은 바울을 데리고 급히 항구로 나갔습니다. 바로 그 상황을 전해 주는 본문 14절의 증언은 다음과 같습니다.

형제들이 곧 바울을 내보내어 바다까지 가게 하되 실라와 디모데는 아직 거기 머물더라.

이상하게도 그 급박한 상황 속에서 바울은 자신의 일행인 실라와 디모데는 그대로 베뢰아에 남아 있게 했습니다.

바울을 인도하는 사람들이 그를 데리고 아덴까지 이르러 그에게서 실라와 디모데를 자기에게로 속히 오게 하라는 명령을 받고 떠나니라(15절).

바울을 데리고 항구로 나간 베뢰아의 믿음의 형제들은 아무래도 마음이 놓이지 않아, 마침 아덴으로 출항 직전인 배에 바울과 함께 승선하여 320킬로미터나 떨어진 아가야의 아덴까지 바울을 직접 데려다주었습니다. 그리고 베뢰아로 되돌아가는 믿음의 형제들에게 바울은 베뢰아에 남겨 둔 실라와 디모데를 속히 아덴으로 오게 해달라고 부탁했습니다.

바울이 베뢰아에서 아덴으로 피신할 때 실라와 디모데를 동행하지 않고 그들을 베뢰아에 그대로 머물게 한 이유가 무엇이겠습니까? 데살로니가전서 3장 2절에 의하면 아덴으로 오라는 바울의 전갈을 받은 실라와 디모데가 아덴의 바울에게 이르자, 바울은 디모데를 이번에는 데살로니가로 되돌려 보냈습니다. 그리고 사도행전 18장 5절은 실라와 디모데가 마게도냐에서 고린도로 내려가 바울과 재합류하였음을 전해 주고 있습니다. 즉 바울은 아덴에서 실라도 마게도냐의 빌립보 혹은 베뢰아로 다시 보낸 것이었습니다. 바울이 베뢰아에서 피신하면서 실라와 디모데를 베뢰아에 그대로 머물게 한 것은 자신이 떠난 뒤에 마게도냐의 상황이 어떻게 전개되는지 확인하기 위함이었던 것입니다. 베뢰아에서 아덴은 320킬로미터라고 했습니다. 당시 선박으로는 대략 나흘 길이었습니다. 바울이 믿음의 형제들과 베뢰아에서 아덴에 이르는 데 나흘, 베뢰아의 형제들이 베뢰아로 돌아가는 데 나흘, 바울의 전갈을 전해 들은 실라와 디모데가 아덴의 바울을 찾아가는 데 또다시 나흘이 필요했습니다. 아덴에 도착한 바울이 실라와 디모데를 다시 만나기 위해서는 최소한 8일을 기다려야만 했습니다. 그 기간 동안 바울은 처음 찾아간 객지에서 홀로 숙식을 해결하는 불편함을 감수해야 하면서도 마게도냐의 그리스도인들을 위해 실라와 디모데를 베뢰아에 남겨 둔 것이었습니다.

바울을 해치려 한 사람들은 데살로니가의 유대인들이었습니다. 그들은 바울을 해치려고 베뢰아까지 덮쳤다가 그곳에서도 바울을 놓치고 빈손으로 데살로니가로 되돌아가야만 했습니다. 그런 만큼 그들은 바울로부터 복음을 영접한 데살로니가의 그리스도인들에 대해 적개심을 품고 있었습니다. 그대로 두었다가는 그 유대인들의 박해에, 이제 주님을 막 영접한 데살로니가 초신자들의 믿음이 흔들릴 것이 뻔했습니다. 그렇게 될 경우 빌립보와 베뢰아의 초신자들도 안심할 수 없었습니다. 그 모든 상황을 실라와 디모데로부터 전해 들은 바울은 데살로니가전서 2장 18절에 의하면, 두 번씩이나 자신이 직접 데살로니가를 재방문할 생각을 했습니다. 그러나 자신이 데살로니가를 재방문한다면, 바울과는 다시는 상종치 않겠고 바울이 다시 나타나면 반드시 신고하겠다는 식의 서약서를 쓴 그곳 믿음의 형제들을 곤경에 빠뜨릴 것이 분명했습니다. 그래서 바울은 자기 대신 디모데를 데살로니가로 다시 보냈습니다. 그리고 실라를 베뢰아 혹은 빌립보로 다시 가게 했습니다. 아니면 실라로 하여금 두 도시를 모두 재방문케 했는지도 모릅니다. 마게도냐 초신자들의 믿음을 굳건하게 세워 주기 위함이었습니다.

주님을 자신의 동력으로 삼은 바울이 주님의 인도하심을 좇아 아가야 땅의 아덴으로 건너간 이상, 이미 떠나온 마게도냐에 대해서는 더 이상 신경을 쓰지 않아도 바울을 비난할 사람은 아무도 없었습니다. 그러나 바울은 자신으로부터 주님을 영접한 마게도냐 사람들을 위해 자신이 할 수 있는 일을 다했습니다. 바울이 빌립보 교인들과 데살로니가 교인들에게 편지를 써 보낸 것 역시 마게도냐의 그리스도인들에 대한 책임을 다하기 위함이었습니다. 바울은 그것이 주님의 뜻이라고 생각하고 또 믿었던 것입니다. 그와 같은 바울의 인생이 가는 곳마다 뭇사람을 살리고 세우는 '테바'—'구원의 방주'가 된 것은 조금도 이상한 일이 아니었습니다.

마게도냐가 배출한 인물 가운데 역사적으로 가장 유명한 인물은 마게도냐 왕 빌립 2세와 그의 아들 알렉산더 대왕입니다. 본문 속에서 바울이 방문했던 베뢰아 근처에서 1977년 빌립 2세의 무덤이 발견되었습니다. 신장 160센티미터의 해골에는 칼에 찔린 흔적이 남아 있었습니다. 호위병에게 암살당한 흔적이었습니다. 스스로 자기 인생의 동력이 되었던 빌립 2세는 승승장구하는 듯하다가 최측근의 칼에 찔려 허무하게 좌초하고 말았습니다. 빌립 2세가 암살당한 후 알렉산더 대왕이라 불리는, 그의 아들 알렉산더 3세가 왕위를 이어받았습니다. 알렉산더 대왕은 자기 아버지를 암살한 배후가 자기 자신이라는 혐의로부터 평생 자유롭지 못했습니다. 그는 발칸반도에서부터 시작하여 소아시아반도, 이집트, 팔레스타인, 바벨론, 페르시아를 거쳐 인도의 서북부에 이르기까지 불과 10여 년 만에 거대한 헬라제국을 세웠습니다. 그러나 그 역시 자기 자신을 인생 동력으로 삼았다가 33세의 나이에 바벨론에서 난파선이 되어 객사하고 말았습니다. 알렉산더 대왕은 데살로니가에서 약 38킬로미터 떨어진 펠라에서 태어났습니다. 그래서 2300년이 지난 오늘날까지도 데살로니가 사람들은 알렉산더 대왕이 자기 지역 출신이라는 자부심을 지니고 있습니다. 현재 그리스에서 아테네에 이어 두 번째로 큰 도시인 데살로니가를 찾아가면 해안가에, 말을 타고 있는 알렉산더 대왕의 동상이 그가 정복했던 동방을 향해 외로이 서 있습니다. 묘하게도 그 동상 맞은편에는, 헬라제국이 망한 뒤에 로마제국을 거쳐 그 땅을 정복했던 오스만 터키 시대의 감옥의 일부인 화이트타워가 자리 잡고 있습니다. 정복자 알렉산더 대왕의 땅을 정복한 오스만 터키의 감옥 화이트타워 맞은편에 세워져 있는 그의 동상은, 자신을 인생 동력으로 삼은 인생이 얼마나 허무한지를 쓸쓸하게 웅변해 주고 있습니다.

1492년 스페인과 포르투갈에서 추방당한 유대인들 가운데 약 1만 명이 데살로니가로 이주하였습니다. 그 이후 다섯 세기 동안 데살로니가는 지중해에서 유대인들이 가장 많이 거주하는 주요 도시였습니다. 그러나 1943년 데살로니가에 거주하던 4만 5천 명의 유대인들이 전원 아우슈비츠 수용소로 강제 이송되면서, 오랜 역사를 지니고 있던 데살로니가의 유대인 사회는 완전히 와해되고 말았습니다.

헬라어로 고등교육을 받은 바울 역시 알렉산더 대왕 부자父子에 관한 전설적인 이야기를 잘 알고 있었을 것입니다. 그러나 바울은 빌립 2세와 알렉산더 대왕의 본거지였던 마게도냐를 누비고 다니면서도, 단 한 번도 그 두 사람을 자기 인생의 사표師表로 삼은 적이 없었습니다. 스스로 자기 인생의 동력이 되는 사람의 삶이 얼마나 허망하게 끝나는지 잘 알고 있었기 때문입니다. 바울은 복음을 전하다가 말년에 로마에서 참수형을 당해 비참하게 죽었습니다. 그래서 바울의 인생 역시 허무하게 좌초하고 말았습니까? 결코 아닙니다. 그는 자기 인생의 동력으로 삼았던, 부활하신 예수 그리스도 안에서 영원히 살아 있습니다. 그의 행적과 글은 시간과 공간을 초월하여 지금까지도 수많은 사람을 살리고 있습니다. 주님의 뜻이 사람을 살리는 데 있음을 생각하며 살았던 그의 인생이 주님 안에서 영원한 '테바'—'구원의 방주'로 승화되었기 때문입니다.

공동묘지에서 한 줌의 흙으로 끝나 버릴 자기 자신을 인생 동력으로 삼는 어리석음을 더 이상 범치 마십시다. 오직 영원하신 주님만을 우리 인생의 동력으로 삼으십시다. 주님의 뜻이 늘 사람에게 있음을 잊지 마십시다. 주님의 뜻을 생각한다면 날마다 사람을 생각하십시다. 이 세상에 태어나 호흡이 멎을 때까지 단 한 사람의 인생도 예수 그리스도 안에서 바로 세워 주지 못한다면, 우리가 어찌 그리스도인이라 할 수 있겠습니까? 그러나 우리가 살아생전 단 한 사람의 인생이라도 주님 안에서 바로 세워 줄 수 있다면, 우리가 비록 갈대 상자처럼 보잘것없는 존재라 할지라도, 우리의 인생은 결코 좌초하지 않는 영원한 '테바'—'구원의 방주'로 승화될 것입니다.

바울이 스스로 자기 인생의 동력이 되었을 때, 유대 사회에서 출세 가도를 달리던 그의 인생은 다메섹 도상에서 처참한 난파선이 되고 말았습니다. 그러나 주님을 자기 인생의 동력으로 삼으면서부터 난파했던 그의 인생은 테바로 승화되었습니다. 그는 자기 인생의 동력이신 주님의 뜻은 사람에게 있음을 언제나 잊지 않았습니다. 주님께서 사랑하시는 사람을 살리고 세우는 생각과 삶으로 일관했던 그의 인생은, 2천 년이 지난 오늘날까지도 시간과 공간을 초월한 영원한 '구원의 방주'로 우뚝 서 있습니다. 우리의 인생이 완전히 좌초하기 전에, 스스로 자기 인생의 동력이 되려는 어리석음을 일깨워 주셔서 감사합니다.

스스로 인생의 동력이 되느라 그동안 귀한 인생을 허망하게 탕진해 온 우리의 어리석음을 용서해 주십시오. 이제부터 오직 주님만을 우리 인생의 동력으로 삼는 참된 그리스도인이 되게 해주십시오. 주님의 뜻은 언제나 사람에게 있음을 늘 생각하며 살게 해주십시오. 우리가 무슨 일을 하든 그 궁극적인 목적이 사람을 살리고 책임지기 위함임을 잊지 않게 해주십시오. 그리하여 우리가 갈대 상자처럼 보잘것없는 존재라 할지라도, 우리로 인해 이 시대를 위한 출애굽과 사도행전의 역사가 일어나는 영원한 '테바'—'구원의 방주'가 되게 해주십시오. 아멘.

11. 마음에 격분하여

사도행전 17장 16-18절

바울이 아덴에서 그들을 기다리다가 그 성에 우상이 가득한 것을 보고 **마음에 격분하여** 회당에서는 유대인과 경건한 사람들과 또 장터에서는 날마다 만나는 사람들과 변론하니 어떤 에피쿠로스와 스토아 철학자들도 바울과 쟁론할새 어떤 사람은 이르되 이 말쟁이가 무슨 말을 하고자 하느냐 하고 어떤 사람은 이르되 이방 신들을 전하는 사람인가 보다 하니 이는 바울이 예수와 부활을 전하기 때문이러라

데살로니가의 유대인들은 바울이 베뢰아에 나타나 복음을 전한다는 소식을 접하자 사흘 길을 걸어 베뢰아를 덮쳤습니다. 바울을 해치기 위함이었습니다. 그들의 기세가 얼마나 살기등등했던지 베뢰아의 믿음의 형제들 가운데 몇 사람이 급히 바울을 항구로 피신시켰습니다. 바울은 그 급박한 상황 속에서도 자신의 일행인 실라와 디모데는 베뢰아에 그대로 머물게 했습니다. 자신이 떠난 뒤에 빌립보, 데살로니가, 베뢰아, 즉 마게도냐의 초신자

들에게 어떤 상황이 전개되는지 확인하기 위함이었습니다. 베뢰아의 믿음의 형제들은 바울을 항구로 피신시켰지만 그래도 마음이 놓이지 않았습니다. 데살로니가의 유대인들이 항구까지 추격해 올지도 모를 일이었기 때문입니다. 그들은 마침 아가야의 아덴으로 막 출항하려는 배에 바울과 함께 승선하여 바울을 아예 아덴까지 데려다주었습니다. 베뢰아에서 아덴까지 320킬로미터였습니다.

320킬로미터라면 당시 선박으로는 대략 나흘 길이었습니다. 그 나흘 동안 배 위에서 바울이 무슨 생각을 했겠습니까? 유럽 대륙 마게도냐를 목적지로 삼아 에게 해를 건너 유럽 대륙으로 진출했던 자신이 전혀 예상치도 않았던 아가야의 아덴행 배에 승선하고 있음을 생각하면서, 주님의 오묘한 섭리와 신비로운 인도하심을 새삼스럽게 느끼지 않았겠습니까? 그런 만큼 주님께 자기 삶을 더욱더 의탁하리라 더욱 굳게 결단하지 않았겠습니까? 어릴 때부터 헬라어로 고등교육을 받았던 바울은 헬라의 문화에 익숙했습니다. 그리고 헬라 철학과 문학에도 밝았습니다. 다음 시간에 살펴보겠지만 바울은 아덴에서 철학자들과 당당하게 논쟁을 벌일 정도였습니다. 또 바울은 헬라어로 신약성경 4분의 1 이상을 홀로 기록하였습니다. 그 모든 문장은 그의 문학적 재능이 얼마나 뛰어난지를 입증해 주고 있습니다. 그 바울이 아덴행 배에 승선해 있습니다. 아덴으로 향하는 그의 가슴이 설레었을 것이 분명합니다.

헬라어 원문에 '아데나이Ἀθῆναι'로 기록되어 있는 본문의 아덴은 오늘날 우리가 '아테네'라고 부르는 도시입니다. 아테네라는 도시의 이름은 그리스 신화 속에서 지혜와 전쟁의 여신인 '아테나'에서 유래되었습니다. 아테나 여신을 수호신으로 삼은 도시라는 의미입니다. 바울이 2천 년 전 아테네를 방문할 때의 아테네 역시 로마제국의 지배하에 있었습니다. 따라서 옛날 아테네가 스파르타와 함께 그리스의 맹주 역할을 하던 시절, 그러니까 최전성기의 영광은 이미 사라진 뒤였습니다. 그러나 아테네는 위대한 철학자 소크라테스, 플라톤, 아리스토텔레스의 본거지였습니다. 아테네는 '역사의 아버지'로 추앙받으며 페르시아 전쟁사를 다룬 《역사》의 저자 헤로도토스, 《펠로폰네소스 전쟁사》를 쓴 투키디데스도 배출하였습니다. 아테네는 연극의 발상지답게 3대 비극 시인인 아이스킬로스, 소포클레스, 에우리피데스, 그리고 희극 시인 아리스토파네스의 활동 무대였습니다. 그 유명한 파르테논신전을 설계한 건축가 익티노스, 파르테논신전과 제우스신전을 조각한 페이디아스 역시 아테네 시민이었습니다. 그들의 작품과 사상과 예술은 수세기를 지나 바울 시대에도 많은 사람들에게 지대한 영향을 미치고 있었습니다. 로마제국의 식민지로 전락한 아테네가 비록 정치적인 영향력은 상실했지만, 문학·철학·문화·예술적인 명성은 여전히 지니고 있었습니다. 2천 년 전 로마제국의 지성인들에게 아테네는 평생에 한 번은 가보고 싶어 할 정도로 동경하는 도시였습니다. 그 아테네를 헬라어로 교육받은 지성인 바울이 찾아가고 있습니다.

바울이 탄 배가 이윽고 아테네에 도착했습니다. 바울의 눈에 가장 먼저 띈 것은 저 멀리 우뚝 솟은 아크로폴리스의, 아테나 여신을 위한 파르테논신전이었을 것입니다. 1458년 아테네를 정복한 오스만 터키는 그 이후 파르테논신전 내부 일부를 화약고로 사용하였습니다. 1687년 9월 26일 오스만 터키와 베네치아의 전투 중, 베네치아군의 포격으로 파르테논신전의 화약고가 폭발하면서 신전의 내부가 파괴되고 지붕이 내려앉고 말았습니다. 그 이후 지진으로 심하게 훼손되기도 했습니다. 그래서 오늘날 파르테논신전은 기둥과 기둥 위의 들보만 남아 있습니다. 그러나 직경 1.9미터에 높이

10.4미터에 달하는 46개의 기둥과 그 위의 들보만으로도 보는 사람들은 압도당하고 맙니다. 따라서 2천 년 전 동서 30.9미터, 남북 69.54미터에 이르는 거대한 파르테논신전이 완전한 모습을 지니고 있을 때는 그 위용이 얼마나 장엄했을는지 충분히 짐작할 수 있습니다. 아테네에 도착한 바울은 자신을 내려 주고 베뢰아로 되돌아가는 베뢰아의 형제들에게, 베뢰아에 머물고 있는 실라와 디모데로 하여금 속히 자기에게 오게 해달라고 부탁한 뒤에 그들과 작별하였습니다.

그리고 본문 16절이 다음과 같이 증언하고 있습니다.

> 바울이 아덴에서 그들을 기다리다가 그 성에 우상이 가득한 것을 보고 마음에 격분하여.

베뢰아에서 아테네는 배로 나흘 길이라 했습니다. 바울을 아테네에 데려다준 베뢰아의 형제들이 베뢰아로 돌아가는 데 나흘, 그들로부터 아테네로 속히 오라는 전갈을 전해 받은 실라와 디모데가 아테네의 바울에게 이르기까지는 또다시 나흘이 필요합니다. 그러므로 아테네에 도착한 바울이 아테네에서 실라와 디모데를 다시 만나기 위해서는 최소한 8일을 기다려야만 했습니다. 바울은 그들을 기다리면서 소문으로만 듣던 아테네를 직접 둘러보았습니다. 그때에도 아테네는 오늘날처럼 많은 관광객들로 붐볐을 것입니다. 아크로폴리스, 다시 말해 아테네에서 가장 높은 언덕 광장 위에는 아테나 여신을 위한 파르테논신전만 있는 것이 아니었습니다. 아크로폴리스에는 파르테논신전 외에도 프로필라이아, 아테나니케신전, 아테나 여신의 옥외 조각상, 에레크테이온신전, 아테나제단이 있었습니다.

아크로폴리스 남쪽 기슭에는 아테네가 연극의 발상지임을 증명하듯, 최대

1만 7천 명의 관객을 수용할 수 있는 디오니소스극장이 웅대하게 자리 잡고 있었습니다. 아크로폴리스 아래로는 동남쪽에 제우스신전이 있었습니다. 기둥만 무려 104개로 이루어진 제우스신전은 당시 그리스에서 가장 큰 신전이었습니다. 주전 6세기 아테네의 참주僭主 페이시스트라토스에 의해 착공된 제우스신전은, 여덟 세기가 지난 주후 2세기 로마제국 하드리아누스 황제에 의해 완공되었습니다. 따라서 본문 속에서 아테네를 방문한 바울은 104개의 기둥으로 이루어진 제우스신전의 거대한 형태는 볼 수 있었을 것입니다. 아테네에는 그 외에도 크고 작은 여러 신전들이 있었고, 아고라는 말할 것도 없고 곳곳에 온갖 신상神像들과 제단들이 세워져 있었습니다. 그처럼 웅대한 신전들과 신상들 그리고 제단들이 즐비한 신들의 도시 아테네에서, 고작 빈민 목수 출신인 나사렛 예수를 믿는 바울은 스스로 위축될 수도 있지 않았겠습니까? 그러나 바울은 오히려 그 반대였습니다. 바울은 문화와 철학과 예술과 문학의 도시로 알려진 아테네가 실은 그 어느 도시보다 더 심한 우상의 도시에 지나지 않음을 확인하고서 "마음에 격분"하였습니다.

우리말 '격분하다'로 번역된 헬라어 '파록쉬노'는 신약성경에서 오늘의 본문과 고린도전서 13장 5절, 이렇게 단 두 번만 사용된 단어입니다. 7주 전에 살펴본 것처럼 '사랑장'인 고린도전서 13장은 사랑의 부정적 정의를 설명하는 가운데, '사랑은 성내지 않는다'고 증언하면서 동사 파록쉬노를 사용하였습니다. 이때 파록쉬노는 '발작적인 분노'를 뜻한다고 했습니다. 영어로 '발작'을 '패럭시즘paroxysm'이라 하는데, 바로 헬라어 동사 파록쉬노에서 유래한 것입니다. 사랑과 무관하게 사는 사람은 자기 것에만 집착합니다. 그래서 자기 것이 조금이라도 침해당한다고 여겨지는 즉시 발작적으로 분노하면서 상대를 해치는 날카로운 흉기가 됩니다. 사랑에는 그런 부정적인 내성이 없다는 것입니다.

오늘 본문에서 바울이 아테네가 그 어떤 도시보다 더 심한 우상의 도시인 것을 알고 파록쉬노 했다는 것은 한글 성경의 표현대로 '격분'—격렬하게 분노했다는 의미입니다. 한글 성경에는 바울이 '마음에 격분'하였다고 번역되어 있습니다. 그러나 헬라어 원문에는 '바울의 속에 있는 그의 영이 격분했다'고 기록되어 있습니다. 즉 분노의 주체가 바울의 영이었습니다. 바울의 격분은 인간적이거나 육체적인 격분이 아니었습니다. 그의 격분은 영적인 격노였습니다. 바울의 영은 그저 타락한 인간의 영이 아니었습니다. 바울의 영은 예수 그리스도 안에서 새롭게 거듭난 영이었습니다. 다시 말해 바울과 함께하고 계시는 성령님 안에서 성령님과 소통하는 영이었습니다. 따라서 바울의 영적 격분은 성령님 안에서 느낀 의로운 격분이었습니다.

본래 구약성경은 히브리어와 아람어로 기록되어 있습니다. 그러나 이스라엘 멸망과 함께 지중해 세계로 흩어진 디아스포라 유대인들의 후예들은 당시 지중해 세계의 공용어이던 헬라어를 모국어로 사용했기에, 히브리어와 아람어로 기록된 구약성경을 읽을 수 없었습니다. 그들의 요구에 따라 주전 3세기 중엽부터 약 100년에 걸쳐 이집트의 알렉산드리아에서 최초로 헬라어로 번역된 구약성경을 '70인역 성경'이라 부릅니다. 번역 작업에 72명의 학자가 참여했다는 전승에서 유래된 명칭입니다. 그 최초의 헬라어 번역판 구약성경인 70인역 성경 속에 파록쉬노라는 단어가 여러 차례 등장합니다.

그들이 또 브올의 바알과 연합하여 죽은 자에게 제사한 음식을 먹어서 그 행위로 주를 격노하게 함으로써 재앙이 그들 중에 크게 유행하였도다 (시 106:28-29).

이것은 구약성경 민수기 25장의 사건에 관한 내용입니다. 하나님의 은혜로 이집트의 노예살이에서 해방된 이스라엘 백성은 싯딤에서 모압 여인들과 음행을 저지르면서 그들의 우상 바알브올을 숭배하였습니다. 그로 인해 하나님께서 격노하셨습니다. 70인역 성경은 하나님께서 격노하신 것을 파록쉬노라고 번역하였습니다.

> 내가 그 두 돌판을 내 두 손으로 들어 던져 너희의 목전에서 깨뜨렸노라 그리고 내가 전과 같이 사십 주 사십 야를 여호와 앞에 엎드려서 떡도 먹지 아니하고 물도 마시지 아니하였으니 이는 너희가 여호와의 목전에 악을 행하여 그를 격노하게 하여 크게 죄를 지었음이라(신 9:17-18).

이스라엘 백성을 인도하여 출애굽한 모세가 시내산에서 하나님으로부터 십계명이 기록된 두 돌판을 받아 내려오니, 이스라엘 백성은 금송아지를 만들고 그 금송아지를 일컬어 하나님이라며 광란의 축제를 벌이고 있었습니다. 그때에도 하나님께서 격노하셨고, 70인역 성경은 역시 파록쉬노라고 번역했습니다.

> 사마리아여 네 송아지는 버려졌느니라 내 진노가 무리를 향하여 타오르나니 그들이 어느 때에야 무죄하겠느냐(호 8:5).

이스라엘이 남왕국과 북왕국으로 분열된 뒤 북왕국 백성이 하나님 대신 금송아지를 섬겼을 때 하나님의 진노가 불타올랐고, 70인역 성경은 이 구절에서도 동사 파록쉬노를 사용했습니다.

이처럼 70인역 성경은 하나님의 백성이 세상의 헛된 우상을 섬길 때 그로 인한 하나님의 격노를 일관되게 파록쉬노로 번역하고 있습니다. 그러므로 본문 속에서 우상의 도시인 아테네를 보고 바울의 영이 느낀 격분의 원천은, 바울 속에 임재해 계시는 성령 하나님이셨음을 알 수 있습니다. 헬라어 원문에 파록쉬노가 미완료과거형으로 기록되어 있습니다. 바울이 아테네를 보자마자 즉시 격분한 것이 아니라, 아테네 곳곳에 즐비한 신전들과 신상들 및 제단들을 차례로 둘러보는 가운데 바울 속에서 계속 영적 분노가 차오르다가 마침내 불타게 된 것이었습니다.

그래서 바울이 무엇을 했는지에 대해서는 다음 시간에 살펴보기로 하겠습니다. 오늘 이 시간에 우리가 함께 생각해 보고자 하는 것은, 그 어느 곳보다 더 심한 우상의 도시인 아테네에서 만약 바울이 영적 격분을 느끼지 않았더라면 어떻게 되었겠냐는 것입니다. 고대 그리스 도시에는 도시마다 높은 언덕의 아크로폴리스가 있었습니다. 그중에서도 아테네의 아크로폴리스가 가장 유명한 것은 파르테논신전 때문입니다. 오늘날 기둥만 남아 있는 파르테논신전이 유네스코 지정 세계문화유산 제1호인 동시에 유네스코의 심벌마크가 될 정도로, 2천 년 전 파르테논신전은 역사상 가장 뛰어나고 완벽한 건축물이었습니다. 파르테논신전 안에는 금과 상아로 만들어진 거대한 아테나 여신상이 서 있었는데, 그 높이가 무려 12미터나 되었습니다. 기둥이 104개로 이루어진 제우스신전은 그리스에서 가장 큰 신전이며, 디오니소스극장은 관객 1만 7천 명을 수용할 수 있다고 했습니다. 게다가 아테네는 예술의 도시였습니다. 아테네의 크고 작은 신전들, 신상들과 제단들은 모두 아름다운 예술품들이었습니다. 만약 바울이 그 속에서 영적 격분을 느끼지 않았더라면, 바울은 그 도시의 웅대함과 아름다움에 한편으로는 감탄하면서 또 한편으로는 주눅 들지 않았겠습니까? 그와 동시에 거대하고 아름다운 신전들과 신상들이 즐비한 아테네에서, 고작 빈민 목수 출신인 나사렛 예수가 보잘것없이 여겨지지 않았겠습니까? 나사렛 예수가 보잘것없이 여겨지는 만큼, 그 예수를 믿는 자기 자신은 더더욱 초라하게 여겨지지 않았겠습니까? 빈민 목수 출신 나사렛 예수 때문에 빌립보에서 심한 태형과 투옥을 당하고, 데살로니가에서는 조폭까지 동원하여 자신을 해치려 한 유대인들을 피해 급히 베뢰아로 피신했다가, 또다시 아테네로 피신해야만 했던 자신에 대해 회의가 들지 않았겠습니까?

그러나 바울이 그 웅대하고 아름다운 예술의 도시 아테네에서 감탄하거나 주눅 들지 않고, 오히려 온 도시가 우상화되어 있음으로 인해 영적 격분을 느꼈다는 것은, 빈민 목수 출신 나사렛 예수에 대한 바울의 믿음이 그만큼 확고하였음을 의미합니다. 바꾸어 말하면 아테네에서 눈에 보이는 것들이 아무리 화려하고 웅대하다 할지라도 그것들이 결코 바울의 목적이 될 수 없었음을 의미했습니다. 이런 의미에서 믿음은 세상의 모든 불신행위, 악, 불의에 대해 영적 격분을 느끼는 것입니다. 그것이 믿음의 특성입니다.

예수님께서 예루살렘성전에 들어가셨을 때 거룩해야 할 하나님의 성전이 돈을 우상으로 섬기는 종교 장사꾼들에 의해 강도의 소굴로 전락해 있었습니다. 그래서 예수님께서 어떻게 하셨습니까? 돈을 우상으로 섬기는 종교 장사꾼들의 악행을 사랑으로 용서해 주시고 그들의 허물을 덮어 주셨습니까? 아니었습니다. 예수님께서 그들에게 격노하셨습니다. 예수님께서는 종교 장사꾼들을 성전에서 쫓아내시고, 그것도 모자라 그들의 좌판과 의자를 둘러엎으시기까지 하셨습니다. 또 예수님께서 자기 스스로 의인이라 철석같이 믿던 바리새인들과 서기관들, 이를테면 자기라는 우상 숭배자들을 어떻게 대하셨습니까? 예수님께서 당신의 사랑으로 그들을 다 품어 주셨습니까? 그것도 아니었습니다. 예수님께서는 마태복음 23장에서만도 여섯 번이나 '너희에게 화가 있을 것이다'라고 그들을 저주하셨습니다. 그리고 이중인 격자들인 그들을 '독사의 새끼들'이라고 부르셨습니다. 자기라는 우상 숭배 자로 살아가는 그들에 대해 예수님께서 격노하신 것이었습니다. 이처럼 예수님께서는 어떤 우상이든 우상을 섬기는 사람들에 대해 격노하셨습니다. 하나님의 자녀가 어떤 우상이든 우상을 섬긴다는 것은 하나님께서 주신 단한 번의 기회밖에 없는 생명, 천하보다 더 귀한 자기 생명을 어이없이 갉아먹는 가장 어리석은 짓이기 때문입니다.

이제 우리가 살고 있는 이 세상을 한번 둘러보십시다. 온통 '돈'이라는 우상이 판을 치고 있지 않습니까? 돈 앞에서는 윤리도, 인간관계도, 핏줄도, 정의도 모두 해체되지 않습니까? 이와 같은 세상에 대해 영적 격분을 느끼지 않는다면 하나님을 믿는 우리 역시 돈 많은 사람 앞에서는 주눅 들고, 돈을 위해서라면 수단과 방법을 가리지 않는 물신주의자일 수밖에 없지 않겠습니까? 어디 그뿐입니까? 이 세상은 '권력'이라는 우상, '성공'이라는 우상, '성性'이라는 우상, '술'이라는 우상, '자기'라는 우상 등 온갖 우상 천지입니다. 이 세상이 온통 2천 년 전 바울이 보았던 우상의 도시, 본문 속 아테네와 같습니다. 그러므로 사람들이 저마다 하나씩, 아니 몇 개씩의 우상을 섬기며 사는 오늘날의 아테네에 대해 그리스도인인 우리가 영적 격분을 느끼지 않는다면, 결국 우리 역시 몇 개의 우상을 동시에 부둥켜안고 살아가는 우상숭배자일 뿐이지 않겠습니까? 더욱이 하나님께서는 공의의 하나님이십니다. 우리가 이 세상의 온갖 부정부패와 불의에 대해 영적 격분을 느끼지 못한다면, 우리가 어떻게 이 세상에 하나님의 공의를 세우는 의로운 그리스도인으로 살아갈 수 있겠습니까? 이런 의미에서 그리스도인이 온갖 우상과 부정부패가 판을 치는 이 세상에 대해 영적 격분을 느끼는 것은, 본문의 바울처럼 그 영혼이 주님 앞에 싱싱하게 살아 있다는 증거입니다. 성경의 위인들은 모두 이 세상에 대해 영적 격분을 느낀 사람들이었습니다.

이 세상이 아무리 화려하고 웅장해 보여도 이 세상은 우상으로 가득 찬 아테네일 뿐, 결코 우리 삶의 목적일 수는 없습니다. 우리 모두 온갖 우상이 판을 치는 이 세상에 대해 영적 격분을 느낄 줄 아는 이 시대의 바울이 되십시다. 이 세상에 대해 영적 격분을 느낄 줄 아는 사람만, 이 현란한 아테네 속에서도 빈민 목수 출신 나사렛 예수의 제자로 당당하게 살아갈 수 있습니다. 이 세상에 대해 영적 격분을 느낄 줄 아는 사람만, 보이는 아테네 너머 보이지 않는 영원을 좇을 수 있습니다. 이 세상에 대해 영적 격분을 느낄 줄 아는 사람을 통해 주님의 뜻이 이루어지는 이유가 바로 여기에 있습니다.

우리가 살고 있는 이 세상은 돈이라는 우상, 권력이라는 우상, 성공이라는 우상, 성이라는 우상, 술이라는 우상, 자기라는 우상 등, 온갖 우상이 판을 치고 있는 21세기의 아테네임을 깨닫게 해주셔서 감사합니다. 이 우상의 도시 아테네 속에서 영적 격분을 느낄 줄 아는 이 시대의 바울이 되게 해주십시오. 그리하여 비록 우리의 주머니가 비어 있다 할지라도 주눅 들거나 비굴함이 없이, 빈민 목수 출신 나사렛 예수님의 제자로 당당하게 살아가게 해주십시오. 우상의 도시 아테네 속에서 영적 격분을 느낄 줄 앎으로, 우리의 영혼이 주님 앞에서 늘 싱싱하게 살아 있게 해주십시오. 우상의 도시 아테네 속에서 영적 격분을 느낄 줄 앎으로, 이 세상에 하나님의 공의를 바르게 세우는 의로운 그리스도인으로 살아가게 해주십시오. 우상의 도시 아테네 속에서 영적 격분을 느낄 줄 앎으로, 세상의 보이는 것 너머 보이지 않는 영원을 날마다 좇게 해주십시오. 우상의 도시 아테네 속에서 영적 격분을 느낄 줄 앎으로, 우리의 삶이 이 세상에 주님의 뜻을 이루는 주님의 통로가 되게 해주십시오. 우상의 도시 아테네 속에서 영적 격분을 느낄 줄 아는 우리로 인해 이 세상이 날로 새로워지게 해주십시오. 아멘.

12. 예수와 부활을

12. 예수와 부활을 사순절 첫째 주일

사도행전 17장 16-18절

바울이 아덴에서 그들을 기다리다가 그 성에 우상이 가득한 것을 보고 마음
에 격분하여 회당에서는 유대인과 경건한 사람들과 또 장터에서는 날마다 만
나는 사람들과 변론하니 어떤 에피쿠로스와 스토아 철학자들도 바울과 쟁론할
새 어떤 사람은 이르되 이 말쟁이가 무슨 말을 하고자 하느냐 하고 어떤 사람
은 이르되 이방 신들을 전하는 사람인가 보다 하니 이는 바울이 **예수와 부활**
을 전하기 때문이러라

아테네에 도착한 바울은, 자신이 베뢰아에 남겨 두고 온 실라와 디모데가
아테네에 이르기를 기다리면서 아테네를 직접 둘러보았습니다. 철학, 문학,
예술, 역사의 도시로 알려진 아테네는 실은 그 어느 도시보다 더 심한 우상
의 도시였습니다. 온 도시가 크고 작은 신전들, 신상들, 제단들로 가득 차
있었습니다. 그로 인해 바울은 격분했습니다. 바울의 격분은 아테네의 부정
부패 혹은 악과 불의에 대한 격분이 아니었습니다. 고작 쇠붙이나 돌조각에

지나지 않는 우상을 섬기는 아테네 시민들의 영적 무지에 대한 거룩한 영적 격분이었습니다. 그래서 격분한 바울이 어떻게 했습니까? 망치를 들고 아크로폴리스의 파르테논신전으로 뛰어가 신전 기둥을 부수고, 그것도 모자라 신전 안으로 들어가 금과 상아로 만들어진 높이 12미터의 아테나 여신상을 깨뜨리면서 주 예수를 믿으라고 소리쳤습니까? 아니면 붉은 물감통을 들고 다니면서 곳곳에 세워져 있는 신상들에 일일이 ✕표를 했습니까? 또 공사가 한창 진행 중인, 그리스에서 가장 큰 규모의 제우스신전 주위를 돌면서 소위 '땅 밟기'를 시도했습니까? 바울은 그 정도로 사려 깊지 않은 사람이 아니었습니다.

지난 시간에 말씀드린 것처럼, 이스라엘 백성을 인도하여 출애굽한 모세가 시내산에서 하나님으로부터 십계명을 받고 내려와 보니, 이스라엘 백성은 금송아지를 만들어 놓고 그것이 하나님이라며 광란의 축제를 벌이고 있었습니다. 그 광경에 격분한 모세는 그들이 만든 금송아지를 불살라 깨뜨려 가루로 만들어 버리고 말았습니다. 가나안 땅에 입성하여 정착한 이스라엘 백성은 농경생활을 하면서 틈만 나면 가나안 원주민들이 섬기던 우상을 만들어 섬겼습니다. 자신들이 믿던 여호와 하나님은 광야 유목민의 신이므로 농사를 통해 풍성한 수확을 얻기 위해서는 농민의 신을 믿어야 한다는 영적 무지로 인함이었습니다. 그러나 하나님에 대한 확고한 믿음을 지니고 있던 지도자들은 이스라엘 백성이 만든 우상들과 제단들을 파괴하곤 했습니다. 모세가 이스라엘 백성이 빚은 금송아지를 깨뜨려 가루로 만든 것은 이스라엘 백성이 하나님께서 특별히 선택하신 하나님의 선민이었기 때문이요, 경건한 이스라엘 지도자들이 백성이 만든 우상들과 제단들을 파괴한 것은 그들이 살고 있는 땅이 하나님께서 당신의 선민에게 허락하신 언약의 땅이었던 까닭이었습니다. 그리고 역사상 성경시대의 이스라엘은 정교일치政敎一致

체제이기도 했습니다. 그래서 우상을 훼파毁破하고 제단을 허무는 것이 가나안 땅과 이스라엘 백성 사이에서는 얼마든지 허용되었습니다.

그러나 바울이 격분한 곳은 가나안 땅이 아닌 이방 도시 아테네였고, 바울의 격분의 대상은 하나님의 선민인 이스라엘 백성이 아닌 이방인인 아테네 시민들이었습니다. 그곳에서 그곳 사람들에게 격분한 바울은 대체 무엇을 하였습니까?

> 회당에서는 유대인과 경건한 사람들과 또 장터에서는 날마다 만나는 사람들과 변론하니(17절).

바울은 회당과 장터에서 날마다 만나는 사람들과 변론했습니다. 우리말 '변론하다'로 번역된 헬라어 '디알레고마이διαλέγομαι'는 '토론하다'라는 의미와 함께 '연설하다', '강론하다', '설교하다'라는 의미를 지니고 있습니다. 본문이 언급한 '회당'은 물론 '유대인 회당'이었습니다. 아테네의 유대인 회당에도 유대교인인 유대인들과 경건한 사람들, 다시 말해 유대교로 개종한 이방인들이 있었습니다. 유대인 회당은 본래 하나님의 말씀을 배우는 곳이었습니다. 그러므로 바울이 회당을 찾아가 그곳에 모인 사람들에게 하나님의 말씀을 설교하고 또 함께 토론한 것은 지극히 자연스러운 일이었습니다. 그리고 '장터'는 '아고라'였습니다. 당시 아고라는 물건을 사고파는 시장 기능뿐 아니라 집회와 재판 기능, 그리고 자유토론 기능까지 가능한 공개 광장이라고 했습니다. 그곳에서는 어떤 주제에 관해서든 항상 자유토론이 가능했으므로, 바울이 그곳에서 하나님의 말씀을 강론하고 함께 논쟁한 것은 조금도 이상한 일이 아니었습니다.

18절의 증언입니다.

어떤 에피쿠로스와 스토아 철학자들도 바울과 쟁론할새 어떤 사람은 이
르되 이 말쟁이가 무슨 말을 하고자 하느냐 하고 어떤 사람은 이르되 이
방 신들을 전하는 사람인가 보다 하니 이는 바울이 예수와 부활을 전하
기 때문이러라.

바울이 회당과 장터에서 설교하고 토론한 내용의 핵심은 '예수와 부활'이
었습니다. 바울의 설교를 듣고 바울과 논쟁을 벌인 사람 가운데는 에피쿠로
스와 스토아 철학자들도 있었습니다. 주전 4세기 에피쿠로스에 의해 시작
된 에피쿠로스주의는 쾌락이 인간이 추구할 수 있는 최고선이라 표방함으
로써, 에피쿠로스주의자는 쾌락주의자와 동의어가 되었습니다. 그러나 그
쾌락은 육욕적인 것을 의미하지 않았습니다. 에피쿠로스주의자들이 주장한
쾌락은 모든 고통, 미신적인 공포, 죽음에 대한 염려에서 벗어난 마음의 평
정, 다시 말해 아타락시아ataraxia를 의미했습니다. 그들은 신의 존재를 부
인하지는 않았지만, 신이 인간의 삶에 간섭하지는 않는다는 입장을 취했습
니다. 그들은 혹 죽을지도 모를 내일을 위해 오늘을 살라고 가르쳤습니다.
그 반면에 동일한 시기에 제논에 의해 창시된 스토아주의는 인간의 이성을
절대시하면서 금욕주의, 자연과의 조화로운 삶, 그리고 만민형제주의를 내
세웠습니다. 그들의 신관神觀은 경배 대상으로서의 창조주를 부정하는 범
신관이었습니다.

바울과 논쟁을 벌이던 에피쿠로스와 스토아 철학자들 가운데 어떤 사람
은 바울을 '말쟁이'라고 비웃었습니다. 우리말 '말쟁이'로 번역된 헬라어 '스
페르몰로고스σπερμολόγος'는 본래 시장에서 음식 찌꺼기를 줍거나 마차에서

떨어지는 물건을 주워 연명하는 사람을 일컫는 용어입니다. 바울과 논쟁하던 어떤 사람이 바울을 이 경멸적인 용어로 불렀다는 것은, 바울을 주워 담은 지식의 쓰레기만 늘어놓는 형편없는 인간으로 평가절하했음을 의미했습니다. 바울이 전하는 예수와 부활을 그 자신이 이해하지 못한 탓이었습니다. 또 어떤 사람은 바울을 가리켜 복수형을 사용하여 '이방 신들'을 전하는 사람이라 여겼습니다. 바울이 우상의 도시 아테네에서 처음으로 예수를 전한 만큼, 아테네 사람들이 그를 이방 신을 전하는 사람으로 여기는 것은 당연한 일입니다. 그러나 본문 속 어떤 사람은 왜 바울을 단수형 '이방 신'이 아닌, 복수형 '이방 신들'을 전하는 사람으로 여겼겠습니까? '예수'를 헬라어로 '이에수스'Ἰησοῦς로 표기합니다. 또 '부활'은 헬라어로 '아나스타시스 ἀνάστασις'입니다. 바울과 논쟁하던 그 어떤 사람은 우상의 도시 아테네 시민답게 바울이 말한 '이에수스'뿐만 아니라, 당시 일상생활 속에서 거의 사용하지 않던 단어 '아나스타시스' 역시 신의 이름이라고 생각했습니다. 그래서 바울을 가리켜 복수형으로 "이방 신들을 전하는 사람인가 보다" 하고 말한 것이었습니다.

쾌락주의를 추구하는 에피쿠로스주의자든, 자기 이성을 절대시하는 스토아주의자든, 아테네 시민이라면 자신이 의식하든 않든 상관없이 모두 하나 혹은 하나 이상씩의 우상을 섬기는 우상숭배자들이었습니다. 금속이나 나무 혹은 돌로 만들어진 우상이 아무리 예술적인 아름다움을 지녔다 해도, 우상의 특징이자 공통점은 생명이 없는 무생물에 지나지 않는다는 것입니다. 바울이 그 우상의 도시 아테네에서 예수와 부활을 전한 것은 무생물인 우상을 숭배하는 아테네 시민들의 심령 속에, 인간의 죗값을 대신 치르시기 위해 십자가의 제물로 돌아가셨다가 사흘째 되는 날 죽음을 깨뜨리고 부활하신 예수님의 참생명, 영원한 생명을 심어 주기 위함이었습니다.

아테네가 그 어느 도시보다 더 심한 우상의 도시임을 확인한 바울의 격분은 신전의 훼파나 신상의 훼손으로 나타나지 않았습니다. 우상은 망치로 부수고 깨뜨린다고 사라지지 않습니다. 우상의 출처가 금속이나 나무 혹은 돌이 아니라, 바로 인간의 마음이기 때문입니다. 금속이나 나무 혹은 돌로 이런 형상의 우상을 만들어 이렇게 숭배하면 이런 복이 내게 임하리라고 믿는 인간 마음속의 생각이 우상을 만듭니다. 우상이 인간의 손끝에서 빚어지기 전에 마음속에서 먼저 만들어지는 것입니다. 그러므로 눈에 보이는 우상을 아무리 없애도 그 사람 마음속의 우상이 그대로 남아 있다면, 그 사람은 여전히 우상숭배자일 뿐입니다.

바울은 세상에 태어난 이래 단 한 번도 자기 손으로 우상을 만든 적이 없었습니다. 철저한 유대교 신자였던 바울은 적어도 외형상으로는 우상과는 전혀 무관한 사람이었습니다. 그러나 그는 실제로는 무서운 우상숭배자였습니다. 그는 자기 마음으로 하나님의 우상을 스스로 만들어 부둥켜안고 있었습니다. 하나님께서는 눈에 보이지 않는, 시간과 공간을 초월하는 영이십니다. 따라서 육체를 지니고 시간과 공간의 지배 속에 있는 인간이 영이신 하나님을 바르게 알기 위해서는 부단히 자기 자신을 부인하지 않으면 안 됩니다. 그러나 바울은 하나님은 이런 분이시라고 스스로 단정한 하나님의 우상을 지니고 있었습니다. 그는 하나님의 이름으로 하나님의 독생자인 예수님을 부정하고, 하나님의 이름으로 하나님의 교회 짓밟기를 천직으로 삼았습니다. 그는 그것이 하나님의 뜻이라고 믿어 의심치 않았습니다. 그러나 그것은 하나님의 뜻이 아니라, 바울 자신이 만든 하나님의 우상의 뜻이었습니다. 다시 말해 하나님을 빙자한 바울 자신의 뜻이었습니다. 바울이 하나님은 이런 분이시라고 단정하여 자기 마음으로 하나님의 우상을 만들었다는 것은, 바울 자신이 하나님을 창조할 정도로 하나님보다 더 높은 자리에 앉아 있었음을 의미했습니다. 결국 바울은 자기라는 우상을 신봉하는 우상숭배자에 지나지 않았습니다. 자기 손으로 눈에 보이는 우상을 만드는 사람은 역설적이게도 자신이 우상숭배자임을 쉽게 알 수 있습니다. 그러나 바울은 자기 손으로 우상을 만든 적이 없었기에, 자기라는 우상 숭배자이면서도 그 사실을 전혀 자각지 못했습니다. 참으로 심각한 문제였습니다.

그러나 그 심각한 문제는 바울이 부활하신 예수님의 생명을 접하면서 해결되었습니다. 부활하신 예수님을 만난 바울에게는 시력의 상실과 회복이 있었고, 그 와중에 바울의 눈에서 비늘 같은 것이 벗어졌음을 사도행전 9장 18절이 밝혀 주고 있습니다. 바울이 자기라는 우물에 갇혀 자기라는 우상 숭배자로 살아갈 때, 눈에 비늘을 뒤집어쓴 바울은 자기 자신과 세상을 바르게 보지 못하는 것은 말할 것도 없고, 영이신 하나님은 더더욱 볼 수 없었습니다. 그러나 부활하신 예수님의 생명 속에서 비늘 벗은 눈을 얻은 바울은 비로소 하나님의 말씀 속에서 하나님을 바르게 볼 수 있었을 뿐 아니라, 자기 자신도 바르게 볼 수 있었습니다. 바울이 그동안 신줏단지처럼 부둥켜 쥐고 살았던 모든 것을 미련 없이 배설물처럼 버릴 수 있었던 것은, 고작 공동묘지에서 한 줌의 흙으로 끝나 버릴 자기 자신을 우상으로 숭배해 온 지난 인생이 얼마나 어리석고 무가치한 삶이었는지, 비늘 벗은 눈으로 똑바로 볼 수 있었던 덕분이었습니다. 그 이후에 바울은 마음으로도 우상을 만든 적이 없었습니다. 오히려 예수 그리스도 안에서 바울이 날마다 죽고, 날마다 자기를 쳐서 복종시키기까지 자기 부인의 삶으로 일관한 것은, 부활하신 예수 그리스도의 생명 속에서 사는 삶보다 더 귀한 삶이 없음을 확인한 까닭이었습니다.

바울이 우상의 도시 아테네 시민들에게 전한 설교의 핵심이 예수와 부활이었던 이유가 여기에 있습니다. 그들이 부활하신 예수님의 생명을 접하기만 하면, 그 생명의 능력을 체험하기만 하면, 그 부활의 생명에 의해 그들의 눈에서 비늘이 벗겨지기만 하면, 그들 역시 자기 숭배의 어리석은 삶을 배설물처럼 버리고, 예수님의 부활의 생명 속에서 그 생명을 좇아 살 것이기 때문이었습니다.

하나님께서는 죄로 인해 죽을 수밖에 없는 인간을 구원하시기 위해 당신의 독생자를 십자가의 제물 삼으시기까지 인간을 사랑하셨습니다. 그러나 인간의 죗값을 대신 치르기 위한 제물로 돌아가신 하나님의 독생자 예수님께서 죽음을 깨뜨리고 부활치 못하셨더라면, 그분이 아무리 돌아가셨어도 우리에게 참되고도 영원한 생명의 기회가 주어질 수는 없었을 것입니다. 그러므로 인간에 대한 하나님의 가장 큰 사랑은 예수님의 부활이었습니다. 예수님께서 부활하심으로써 인간은 비로소 죽음으로 끝날 수밖에 없는 자기라는 우상 숭배의 삶에서 탈피하여, 비늘 벗은 눈으로 삼위일체 하나님을 바라보며 참생명의 삶, 영원한 생명의 삶을 살게 되었습니다. 예수님의 부활이 인간에 대한 하나님의 가장 큰 사랑임을 믿는다면, 지금부터 우리는 언젠가 공동묘지에서 끝나 버릴 우리의 생명이 아니라 부활하신 예수님의 생명을 좇아야 합니다. 우리가 그 생명을 좇기 전까지는, 우리는 회심 이전의 바울처럼 자신과 주위 사람들을 동시에 해치는 흉기로 살아갈 수밖에 없습니다. 예수님의 생명을 좇지 않는 우리는 결국 어떤 모양이든 생명 없는 우상숭배자에 지나지 않을 것이기 때문입니다.

이제 한 교우님의 고백을 직접 들어 보기로 하겠습니다.

안녕하십니까? 저는 606구역의 최경아 집사입니다.

하나님께서는 저에게 고2가 되는 아들과 중3이 되는 딸, 이렇게 두 명의 자녀를 주셨습니다. 자녀를 키우는 일은 저에게 늘 힘겹게 느껴지는 일이었습니다. 그러나 자녀를 키우면서 비로소 무릎을 꿇게 되고, 잡고 있던 운전대를 조금씩 주님께 내어 드리게 되었습니다. 저는 피아니스트로 키워지느라 어렸을 때부터 피아노에 매달려 레슨과 콩쿠르, 반복되는 실기 시험으로 늘 순위 매김을 신경 쓰며 경쟁 속에서 자랐습니다. 피아노로 하나님께 영광을 돌려야 한다는 뜻도 모를 말과 어머님의 극진한 보호와 관심 속에서, 음악 공부를 하다 만 15세라는 어린 나이에 유학을 떠났습니다. 그 후 13년 만에 귀국하여 결혼하고, 교수도 되고, 건강한 아들과 딸도 출산했습니다. 마음먹고 노력하면 안 되는 게 없구나 생각하며 살았습니다. 저는 우리 아이들도 뭐든지 잘하고 뛰어날 것이라는 데에 의심 한 점 갖지 않았습니다.

그런데 결혼 후 육아를 하게 되면서부터는 삶이 기대했던 것 같지 않았습니다. 도대체 학교는 왜 맨날맨날 가야 하냐고 아침마다 물어보는 큰아이와 저는 성향이 너무 달라 자꾸 다그치고 야단치기 일쑤였고, 엄마 품이 그리워 피아노방 앞에서 엄마를 기다리다 잠든 딸아이를 보면 마음이 아팠습니다. 애들은 낳으면 저절로 큰다는 말은 대체 누가 한 말인지 저절로 되는 것은 하나도 없었고, 모든 일을 힘겹게 끌고 가지 않으면 제자리에 가 있는 것이 없었습니다.

그러던 어느 날, 초등학교 3학년이던 아들이 자기는 괜히 태어났나 보다며 태어나지 않았으면 좋았을 걸 그랬다면서 저를 바라볼 때, 저는 크게 충격을 받았습니다. 그것이 계기가 되어 부모교육 과정 2년을 울면서 다니며 내가 얼마나 내 틀에 아이를 맞추려 했는지, 뭐든 엄마 뜻에 따라야 했던 아이가 얼마나 힘들었을지 느끼기 시작했습니다. 그리고 엄마인 나 역시 얼마나 인정받기 위해 필사적으로 애를 쓰며 자라 왔던가, 그걸 똑같이 아이에게 강요해 왔다는 걸 알게 되었습니다. 성취해야 했던 것들 때문에 배우지 못한 값진 것들과 사람들에게서 하찮게 여겼던 여성성이나 모성애, 너그러움, 여유, 이런 것들이 양육과 가정에 있어서 얼마나 중요한 것인지 깨닫게 되었습니다. 늘 시간에 쫓기며 완벽을 추구했지만 내 전공 외에는 얼마나 아는 게 없는지도 절감하게 되었습니다. 이젠 내가 아이들을 위해 뭘 해야 하는지 새롭게 생각해 보아야 했습니다. 저는 그때부터 무릎을 꿇기 시작했습니다. 내가 내 자녀라고 생각하고 아이들을 내 뜻대로 기도 없이 키워 왔던 것을 회개하며, 성공을 향한 욕심으로가 아닌 무릎 꿇음으로 아이들을 키우게 해달라고 기도했습니다. 아이들에게도 진심으로 사과하고 같이 앉아서 말씀을 보기 시작했습니다. 저는 말씀을 읽고 주일예배가 거듭될수록, 우리 아이들이 학교 성적보다는 하나님에 대한 확고한 믿음만 있으면 어디서 무엇을 하든 걱정할 것이 없다고 생각되었습니다. 아이들이 어디를 가건, 그것이 광야나 물 없는 사막일지라도 주님이 함께하신다면 오히려 황제의 도시보다 더 안전하다는 생각이 들었습니다. 그러면서 왜 이런 걸 아이들이 어렸을 때 생각하지 못했는지 안타까운 마음이 들었습니다. 세상적인 가치관으로 남들이 부러워하는 삶을 위해 매진하다가 결국 똑같은 삶을 자녀들에게 물려주고, 죽기 전에는 좀더 주님과 가까이 살지 못했던 것을 후회하며 세상을 떠나지 않도록 삶의 방향을 바꿔야겠다고 생각했습니다. 다행히 주님께서는 같은 생각을 갖고 무릎 꿇는 기도 친구들도 허락해 주셨습니다. 그러나 제 주변에는 고생하지 말고 애는 하나만 낳든가, 아니면 요즘 세상은 애 없이 전문적인 일 하면서 재미나게 사는 것도 좋다고 조언하는 부모님도 제법 많이 있습니다. 저도 예전에는 둘 이상을 키우면서 인생을 아이 키우는 일에 다 소비할 수 없다는 이기적인 생각을 갖고 있었습니다. 그러나 아이 양육을 통해서야 겸손을 배우고 비로소 주님께 무릎을 꿇게 된 이제는 자녀를 키우는 일이 얼마나 복되고 값진 일인지, 자녀를 주님께서 이끄시는 걸 궁금함과 기대로 바라보는 것이 얼마나 설레는지, 자녀를 위해 기도하는 시간이 얼마나 귀한 시간인지 경험하면서, 아이들과 같이 주님 안에서 자라고 있습니다. 내 욕심대로가 아닌 하나님께서 키우시는 걸 알게 된 지금, 늦었지만 만약 삼십대로 돌아갈 수 있다면 이재철 목사님처럼 넷은 낳아서 키우고 싶다는 생각도 듭니다.

한동안 저는, 저를 피아니스트로만 열심히 키우셨던 어머니를 원망했습니다. 그런데 어머니는 제가 원망의 말을 쏟아놓을 때마다 늘 미안하다고 하셨습니다. 어머님은 당신의 최선을 다하셨던 것이었지만, 믿지 않는 사람들과 똑같이 경쟁 사회 속에서 자식을 그렇게 키운 걸 너무 잘못했다며 다시 키운다면 정말 기도와 믿음으로만 키울 텐데 하고 말씀하십니다. 이제 저는 자녀 양육의 무거운 짐을 주님께 더욱 맡기려고 합니다. 그리고 자녀를 주셔서 키울 수 있도록 허락해 주신 하나님께 감사드립니다. 자녀들을 통해서 저도 같이 자라게 해주시는 하나님께 감사드립니다. 저는 여전히 미숙하지만 아이들은 좀더 미리 주님께 순종하고 쓰임 받을 수 있는 도구가 되기를 기도합니다. 어떤 모습의 도구일지는 주님만이 아시겠지요. 감사합니다.

최경아 집사님은 하나님을 믿는 그리스도인이지만, 그러나 자신이 의식하지도 못하는 가운데 오랫동안 자신의 능력으로 무엇이든 할 수 있다는 자기라는 우상 숭배자로 살았습니다. 자신을 숭배한 삶의 피해는 최 집사님 자신에게만 돌아간 것이 아니었습니다. 그 피해는 고스란히 자녀들의 몫이기도 했습니다. 그러나 최 집사님이 삼위일체 하나님을 온전히 신뢰하기 시작하면서 집사님의 눈에 덮여 있던 비늘이 벗어졌습니다. 그리고 얻은 것은 자기 능력으로는 아무것도 할 수 없다는, 하나님 앞에서의 자기 발견이었습니다. 최 집사님은 집에서도 하나님의 말씀을 보고 묵상하며 지내고 있습니다. 하나님의 말씀이 육신을 입고 이 땅에 오신 분이 예수님 아니십니까? 하나님의 말씀이 곧 부활하신 예수님의 참생명이요, 영원한 생명이신 것입니다. 최 집사님이 부활하신 예수님의 생명 속에서 살기 시작하면서 아이들과의 관계도 회복되었습니다. 죽음을 깨뜨리심으로 우리에게 참되고도 영원한 생명의 길을 주신 예수님의 부활이 우리에 대한 가장 큰 사랑의 선물이라면, 최 집사님은 그 큰 사랑의 선물을 가족들과 함께 누리는 지혜로운 그리스도인이 되었습니다.

인간에 대한 하나님의 가장 큰 선물인 예수님의 부활은 거저 주어진 것이 아닙니다. 예수님의 사지가 십자가에 못박히는 죽음의 고난을 통해 주어졌습니다. 그러므로 예수님을 믿는 우리 각자가 지금 어떤 삶을 살고 있느냐에 따라 예수님의 십자가 고난이 우리 삶 속에서 생명의 의미를 지닐 수도 있고, 아무 의미를 지니지 못할 수도 있습니다.

오늘은 우리를 위한 예수님의 십자가 고난을 묵상하면서 예수님의 부활을 기리는 사순절 첫 번째 주일입니다. 우리 모두 주님을 믿는 그리스도인이면서도 자기라는 우상 숭배자로 사느라, 자신과 주위 사람을 동시에 해치는 흉기로 살아온 우리의 어리석음을 회개하십시다. 이제부터 이미 우리에게 임해 계신 예수님의 부활의 생명 속에서 비늘 벗은 눈으로 하나님과, 세상과, 자기 자신을 똑바로 직시하십시다. 그리고 부활의 생명이신 하나님의 말씀 속에서 부활의 생명을 힘입어 부활의 삶을 살아가십시다. 결코 잊지 마십시다. 내가 사랑해야 할 사람을 가장 확실하게 사랑하는 길은 하나밖에 없습니다. 내가 부활하신 예수님의 생명으로 부활의 삶을 사는 것입니다.

나는 내 손으로 어떤 형태의 우상도 만든 적이 없었습니다. 그러나 내 마음속에는 온갖 우상들로 가득 차 있습니다. 그 모든 우상들의 출처가 바로 나 자신이기에, 결국 나는 '나'라는 우상을 섬기는 우상숭배자에 지나지 않았습니다. 그래서 나 자신은 말할 것도 없고 주위 사람들마저 해치는 흉기로 살면서도, 그 사실을 전혀 자각지 못했습니다. 주님의 고난을 묵상하고 부활을 기리는 사순절 첫 번째 주일을 맞이하여 나의 어리석음을 회개하오니 용서해 주십시오.

이미 부활의 생명으로 내게 임해 계시는 주님의 생명 속에서 비늘 벗은 눈으로 하나님과, 세상과, 나 자신을 언제나 직시하게 해주십시오. 공동묘지에서 한 줌의 흙으로 끝나 버릴 나 자신을 숭배하거나, 언젠가 소멸해 버릴 이 세상을 삶의 목적으로 삼는 어리석음을 다시는 범치 않게 해주십시오. 부활의 생명이신 주님의 말씀 속에서 날마다 죽고 나를 쳐 복종시킴으로, 날마다 부활의 생명 속에서 참된 생명의 삶을 살아가게 해주십시오. 부활의 생명 속에서 내가 사랑해야 할 사람들과의 관계가 회복되고 정립되게 해주셔서, 나로 인해 내 주위 사람들이 행복을 누리게 해주십시오. 예수님의 부활이 인간에 대한 하나님의 가장 큰 사랑의 선물이듯이, 내가 부활의 삶을 사는 것이 내 주위 사람들에 대한 가장 큰 사랑임을 잊지 말게 해주십시오. 아멘.

13. 알지 못하는 신 사순절 둘째 주일

사도행전 17장 19-23절

그를 붙들어 아레오바고로 가며 말하기를 네가 말하는 이 새로운 가르침이 무엇인지 우리가 알 수 있겠느냐 네가 어떤 이상한 것을 우리 귀에 들려주니 그 무슨 뜻인지 알고자 하노라 하니 모든 아덴 사람과 거기서 나그네 된 외국인들이 가장 새로운 것을 말하고 듣는 것 이외에는 달리 시간을 쓰지 않음이더라 바울이 아레오바고 가운데 서서 말하되 아덴 사람들아 너희를 보니 범사에 종교심이 많도다 내가 두루 다니며 너희가 위하는 것들을 보다가 **알지 못하는 신**에게라고 새긴 단도 보았으니 그런즉 너희가 알지 못하고 위하는 그것을 내가 너희에게 알게 하리라

아테네에 도착한 바울은 자신의 동역자인 실라와 디모데가 베뢰아에서 오기를 기다리면서 홀로 아테네를 둘러보았습니다. 아테네는 크고 작은 신전들, 온갖 신상들과 제단들로 가득 찬, 그 어느 도시보다 더 심한 우상의 도시였습니다. 고작 쇠붙이와 돌조각에 지나지 않는 생명 없는 우상의 노예로

살아가는 아테네 사람들의 영적 무지에 격분한 바울은 안식일에는 유대인 회당에서, 평일에는 아고라에서 '예수와 부활'에 대하여 전하고, 또 사람들과 함께 토론하였습니다. 아테네 사람들에게 '예수'는 생전 처음 들어 보는 이름이었고, '부활' 역시 일상생활 속에서 거의 사용하지 않는 생경한 단어였습니다. 바울의 설교를 듣고 바울과 논쟁을 벌이던 사람들 가운데는 에피쿠로스와 스토아 철학자들도 있었습니다. 그들 중에서 바울이 전하는 '예수와 부활'을 이해할 수 없었던 어떤 사람은 바울을 '말쟁이'라고 경멸하였습니다. 또 어떤 사람은 바울이 언급한 '예수'와 '부활', 즉 '이에수스'와 '아나스타시스'를 모두 신의 이름으로 오인하고, 바울을 복수의 '이방 신들'을 전하는 사람으로 오해하기도 했습니다.

그 이후에 있었던 일에 대한 19절 상반절의 증언입니다.

그를 붙들어 아레오바고로 가며 말하기를.

헬라어 원문에는 동사 '붙들어', '가며', '말하기를'이 모두 3인칭 복수형으로 기록되어 있습니다. 아고라에서 바울과 논쟁을 벌이던 철학자들이 바울을 붙들어 '아레오바고'로 간 것이었습니다. 아레오바고는 아크로폴리스 북서쪽에 위치한 넓은 바위언덕 이름입니다. 온통 대리석으로 이루어져 있는 아레오바고 정상의 표면은, 그동안 얼마나 많은 사람들이 그곳을 찾았는지 마치 유리처럼 매끄럽게 닳아 있습니다. 상당히 넓은 아레오바고 정상에서는 파르테논신전이 자리 잡고 있는 아크로폴리스가 올려다보이고, 그 맞은편 아래쪽으로는 바울이 에피쿠로스와 스토아 철학자들과 논쟁을 벌였던 아고라가 내려다보입니다. 2천 년 전 본문 속의 바울은 아레오바고에서 아래로 아고라 주위의 온갖 신전들, 심지어는 대장장이를 위한 신전과 도박꾼을 위한 신전도 내려다보았을 것입니다.

아레오바고는 아테네 초창기에는 귀족회의가 열리는 곳으로 유명했습니다. 그래서 아레오바고는 곧 '회의'를 의미하기도 했습니다. 그 이후 정치적 상황에 따라 아레오바고 회의가 부침浮沈을 거듭하기는 했지만, 아테네가 로마제국에 정복당하기까지 아레오바고에서는 늘 크고 작은 회의가 열렸습니다. 본래 아레오바고는 '아레스의 언덕'이라는 의미입니다. 아레스는 헬라 신화 속에 등장하는 전쟁의 신이었습니다. 아테나가 전쟁의 여신이라면, 아레스는 전쟁의 남신이었습니다. 어느 날 아레스의 딸 알키페가 포세이돈의 아들 할리로티오스에게 겁탈당하자, 격노한 아레스는 할리로티오스를 죽여버리고 말았습니다. 그리고 자신의 살인 행위에 대하여 아테네의 바위언덕에서 올림포스 신들의 재판을 받아야 했습니다. 그 신화의 토대 위에서 아레스가 재판을 받은 그 바위언덕은, '아레스'의 이름에 언덕을 뜻하는 헬라어 '파고스πάγος'를 붙여 아레오바고라 불리게 되었습니다. 그 이후 아레오바고는 재판 장소로 사용되면서 '법정'을 의미하기도 했습니다. 트로이전쟁에서 승리하고 돌아온 아가멤논 왕을 살해한 왕비와 왕비의 정부에게 복수한 아가멤논 왕의 딸이 재판을 받은 곳도 아레오바고였고, 소크라테스 역시 아레오바고에서 재판을 받은 것으로 알려지고 있습니다. 그러나 본문 속 철학자들이 바울을 붙잡아 아레오바고로 간 것은 아레오바고에서 바울을 심문하고 재판하려 함이 아니었습니다.

네가 말하는 이 새로운 가르침이 무엇인지 우리가 알 수 있겠느냐 네가 어떤 이상한 것을 우리 귀에 들려주니 그 무슨 뜻인지 알고자 하노라 하니 (19하-20절).

본문 속의 철학자들에게 '예수와 부활'은 모두 처음 듣는 말이었습니다. '예수'는 처음 듣는 신의 이름이라니 그렇다 치더라도, 생경한 '부활'은 그들에게 이상하게 들릴 수밖에 없었습니다. 한 사람이 죽었다가 다시 살아났다는 것, 그 한 사람이 죽음으로 모든 사람의 죄가 사함을 받고, 그 한 사람이 부활함으로 모든 사람이 영생을 받게 되었다는 것은 도저히 이해할 수 없는, 상식적으로나 논리적으로 받아들이기 어려운 내용이었습니다. 그래서 그들은 '예수와 부활'에 대하여 바울로부터 좀더 자세하게 듣기 위해 바울을 아레오바고로 데리고 간 것이었습니다. 사람들로 북적거리는 아고라보다는, 아무래도 독립 공간인 아레오바고가 그런 목적으로는 안성맞춤이었습니다. 오늘날 아레오바고를 찾아가 보면 정상 한가운데에, 바로 그 자리에서 바울이 하나님의 말씀을 전했음을 나타내는 표시석이 부착되어 있습니다. 그리고 아레오바고 정상으로 올라가는 정면 계단 오른쪽에는 바울이 아레오바고에서 설교한 내용인, 오늘의 본문 22절부터 31절까지가 새겨진 동판이 붙어 있습니다.

바울과 논쟁을 벌이던 철학자들이 바울이 전한 '예수와 부활'에 대해 좀더 자세하게 듣기 위해 바울을 아레오바고로 데리고 갔다고 해서, 그들이 바울이 전하는 복음을 믿기 위함이었던 것은 아니었습니다.

　　모든 아덴 사람과 거기서 나그네 된 외국인들이 가장 새로운 것을 말하고 듣는 것 이외에는 달리 시간을 쓰지 않음이더라(21절).

2천 년 전 아테네 사람들의 가장 크고 주된 관심사는 보다 새로운 이론이나 학설 혹은 주장을 듣고 논쟁하는 것이었습니다. 이것은 결코 과장된 이야기가 아니었습니다. 《펠레폰네소스 전쟁사》를 쓴 위대한 역사가 투키디데스는 그의 책 속에, 주전 5세기 아테네의 정치가 클레온이 아테네 사람들에게 "너희들은 새로운 것이라고 하면 금방 속아 넘어가는 인간들이구나" 하고 비난하였다는 기록을 남겼습니다. 또 주전 4세기 아테네의 웅변가 데모스테네스는 마게도냐의 빌립 2세가 아테네의 실권을 장악하여 아테네에 위협이 닥쳤는데도 아테네 사람들이 힘을 합쳐 외세에 대항하려 하기보다는, 오히려 그 상황 속에서도 뭔가 새로운 것을 탐닉하기만 하는 그들의 그릇된 태도를 질타하였습니다. 2천 년 전 본문 속에서 바울이 아테네를 방문했을 때도 마찬가지였습니다. 아테네 사람들은 바울이 전하는 '예수와 부활'이 그들의 이성이나 상식으로는 도저히 받아들일 수 없는 이상한 내용이었지만, 그것이 지금까지는 한 번도 들어 본 적이 없는 새로운 내용이라는 이유만으로 좀더 자세히 듣기 원했습니다. 한마디로 새것에 대한 그들의 지적 호기심, 지적 허영심을 채우기 위함이었습니다. 무엇이든 새롭기만 하면 우리에게 유익하고 또 우리를 바르게 세워 줍니까? 결코 아닙니다. 우리를 바르게 세워 주는 것은 새로운 것이 아니라, 언제나 참된 것입니다.

> 바울이 아레오바고 가운데 서서 말하되 아덴 사람들아 너희를 보니 범사에 종교심이 많도다(22절).

이윽고 바울이 아레오바고 정상 한가운데 서서 설교하기 시작했습니다. 바울이 아레오바고에서 행한 설교의 첫마디는, '너희를 보니 범사에 종교심이 많다'는 것이었습니다. 이 구절을 헬라어 원문에 보다 가깝게 번역하면, '내가 보니 여러분은 모든 면에서 더욱 종교적입니다'가 됩니다. 즉 바울은 비교급을 사용하여 '여러분은 더욱 종교적'이라고 말한 것입니다. 그렇지 않습니까? 아테네는 온 도시가 크고 작은 신전들, 신상들, 제단들로 가득 찬, 그 어느 도시보다 더 심한 우상의 도시였습니다. 그것은 결과적으로 아테네 사람들이 다른 도시 사람들보다 더욱 종교적이고, 더욱 종교심이 컸기에 가능한 일이었습니다. 그러므로 바울이 아테네 사람들에게 '여러분은 모든 면에서 더욱 종교적이다'라고 말한 것은 빈말이 아니었습니다.

그러나 다른 사람보다 더 종교적이고 다른 사람에 비하여 종교심이 더 크다고 해서, 그 종교심이 당사자를 바르게 세워 주는 것도 아닙니다. 어떤 종교를 믿는 사람이든, 사람의 종교심에는 아무 차이가 없습니다. 자신이 믿는 대상에 대해 좀더 열성을 다하고자 하는 인간의 종교적 마음과 자세는 다 동일하다는 말입니다. 그러므로 종교의 참됨 여부는 인간의 종교심으로 드러나는 것이 아니라, 인간이 경배하는 대상에 의해 판가름 나는 법입니다. 아테네 사람들은 그 어느 도시 사람들보다 더 종교적이고 종교심이 더 커서 그들이 살고 있는 온 도시를 신전들, 신상들, 제단들로 가득 채우고 있었지만, 그들의 경배 대상은 고작 쇠붙이와 돌조각에 불과한 우상들일 뿐이었습니다. 따라서 아테네 사람들이 더욱 종교적이라는 바울의 말은, 실은 그 어느 도시 사람들보다 더 '미신적'이라는 의미였습니다.

그 어느 도시보다 더욱 미신적인 아테네 사람들을 위한 바울의 설교는 다음과 같이 이어졌습니다.

내가 두루 다니며 너희가 위하는 것들을 보다가 알지 못하는 신에게라고 새긴 단도 보았으니 그런즉 너희가 알지 못하고 위하는 그것을 내가 너희에게 알게 하리라(23절).

바울은 아테네 사람들이 경배의 대상으로 삼고 있는 우상들을 둘러보던 중에 "알지 못하는 신에게"라는 글귀가 새겨진 제단도 보았습니다. 어떤 신인지도 알지 못하는 신을 경배하는 제단이었습니다. 우리말 '알지 못하는'으로 번역된 헬라어 '아그노스토스ἄγνωστος'는 신약성경에서 본문에만 유일하게 사용된 단어로서, '불가지론자'를 가리키는 영어 '애그노스틱agnostic'이 바로 이 단어에서 파생되었습니다. 경배의 대상을 알지도 못하고 경배하는 그 희한한 제단이 생기게 된 유래는 이렇습니다. 주전 6세기에 전염병이 아테네를 휩쓸었을 때 아테네의 정치가 솔론의 요청을 받은 구레네 사람 에피메니데스가 전염병으로부터 아테네를 지켜 내었습니다. 에피메니데스는 아테네를 구해 준 신들에게 감사하기 위해 아테네에 세워져 있는 모든 신상들에게 제사했습니다. 그리고 혹 자신이 몰라서 제사하지 못하는 신이 있다면 그 신으로부터 화를 당하지나 않을까 하는 두려움에 '알지 못하는 신'을 위한 제단을 별도로 만들고, 자신이 만든 그 제단에 흰 양과 검은 양을 제물로 바쳐 제사했습니다. 그로부터 600년 후, 본문 속에서 바울이 아테네를 방문했을 때 그 제단이 그대로 있었던 것입니다. 그리고 본문 이후 약 100년이 지난 주후 2세기 그리스의 지리학자 파우사니아스가 아테네를 방문했을 때에도 그 제단이 남아 있었고, 아테네 사람들은 여전히 그 제단에 제사했다는 기록이 남아 있습니다.

지난 시간에 우상은 사람의 손끝에서 빚어지기 전에 사람의 마음속에서 먼저 빚어진다고 말씀드렸습니다. 사람의 마음속 생각이 온갖 종류의 신들, 앞에서 언급한 것처럼 대장장이의 신과 도박꾼의 신까지 만들어 내고, 그 생각이 신의 형상까지 만들어 냅니다. 그런 방식으로 수많은 신과 신상들을 만들어 내고서도, 혹 생각이 못 미쳐 만들지 못한 신이 있을까 두려운 마음에 '알지 못하는 신'을 위한 제단까지 만들었다면, 그 제단이야말로 인간이 얼마나 미신적일 수 있는지를 보여 주는 표본과도 같았습니다. 바울이 전하는 '예수와 부활'에 대하여 좀더 상세하게 듣기 위해 바울을 아레오바고까지 데리고 간 사람들은 아테네의 떠돌이들이 아니었습니다. 그들은 모두 내로라하는 에피쿠로스와 스토아 철학자들이었습니다. 그렇다면 바울은 그들에게 '알지 못하는 신'을 위한 제단을 언급하면서, 이러고도 너희들이 정신 멀쩡한 사람일 수 있느냐고 질타함이 마땅할 것 같습니다.

그러나 바울은 그렇게 하지 않았습니다. 오히려 바울은 "너희가 알지 못하고 위하는 그것을 내가 너희에게 알게 하리라"고 말했습니다. 헬라어 직설법 동사는 주어의 성과 수에 따라 동사의 어미가 변하므로 헬라어에서 일반적으로 주어는 생략됩니다. 동사의 어미만으로도 주어의 인칭을 충분히 알 수 있기 때문입니다. 따라서 헬라어에서 특별히 주어를 사용할 때는 해당 주어를 강조하기 위함이라고 했습니다. 헬라어 원문에 의하면 바울은 본문에서, 너희가 알지 못하는 그것을 '내가' 너희에게 알게 하리라고, 바울 자신을 나타내는 1인칭 주어를 특별히 사용하였습니다. 대체 무엇을 강조하기 위함이었겠습니까? '예수와 부활'을 전하는 바울의 설교를 들은 철학자들 중에 바울을, 무슨 의미인지 알지도 못하고 주워 담은 지식의 쓰레기를 나열하는 '말쟁이'로 경멸한 사람이 있지 않았습니까? 다른 사람들도 별반 다르지 않았습니다. 바울을 가리켜 '말쟁이'라고 표현하지만 않았을 뿐이지, 상식과 사리에서 벗어난 이상한 말을 하는 사람으로 간주했습니다. 그렇지만 바울이 언급한 '예수와 부활'이 그동안 그들이 한 번도 들어 본 적이 없는 새로운 이야기였기에, 단지 새것에 대한 그들의 호기심과 지적 허영심을 채우기 위해 바울로부터 더 자세한 설명을 듣기 원했습니다. 바로 그 사람들을 앞에 두고 바울은 1인칭 주어 '내가'를 강조하여 말했습니다. 즉 이런 의미였습니다. '나를 경멸하고 비웃는 여러분은 정작 알지도 못하는 신이 있지요? 여러분이 알지 못하는 그 신을 여러분이 경멸하고 비웃는 내가 알게 해드리겠습니다.' 그리고 다음 시간부터 상세하게 살펴보겠지만, 바울은 천지를 창조하신 삼위일체 하나님에 대해 설교하기 시작했습니다.

지금은 계룡산 기슭에 육군·해군·공군 3군 통합기지인 계룡대가 세워져 있어 많이 달라졌지만, 예전에 계룡산은 국내에서 발흥하는 거의 모든 신흥 종교의 발상지였습니다. 소위 도를 닦는다는 사람들이 대부분 계룡산으로 모여든 탓이었습니다. 계룡산 곳곳에는 그들이 만든 신상들과 신당들이 즐비하였습니다. 그 가운데 알지 못하는 신에게 제사하는 신당이 있었다고 가정하십시다. 그리고 제가 계룡산을 찾아갔다가 그 신당을 보고서, 소위 계룡산 도사들을 만나기 위해 계룡산으로 오르는 사람들을 만나 이렇게 설교했다고 하십시다. '여러분, 저기에 알지 못하는 신에게 제사하는 신당이 있지요. 계룡산 도사들도 저 신이 누구인지 알지 못하고, 여러분은 더더욱 모릅니다. 지금부터 제가 아무도 모르는 저 신에 대해 설명해 드리겠습니다. 저 신은 바로 천지를 창조하신 삼위일체 하나님이십니다.' 이런 설교를 한 저는 어떻게 되겠습니까? 인간에 의해 만들어진 우상의 또 다른 이름인 '알지 못하는 신'을 살아 계신 삼위일체 하나님과 동일시한 저는 교계로부터 하나님을 모독했다는 죄명으로 온갖 비판과 비난을 받지 않겠습니까? 그리고 대부분의 그리스도인들은 저를 향한 그런 비난과 비판을 이상하게 여기지 않을 것입니다. 우리의 믿음이 그만큼 편협하기 때문입니다. 이런 의미에서 바울의 믿음은 우리와는 전혀 달랐습니다.

주전 6세기 아테네를 전염병에서 지켜 낸 에피메니데스가 '알지 못하는 신'을 위한 제단을 만들고 그 제단 앞에 흰 양과 검은 양을 바칠 때, 그 제단은 결코 여호와 하나님을 위한 제단이 아니었습니다. 그 이후 바울이 아테네를 방문하기까지 근 600년 동안 아테네 사람들이 그 제단에서 제사할 때, 그 제사는 절대로 삼위일체 하나님을 위한 제사가 아니었습니다. 그 제단은 누가 뭐래도 인간에 의해 만들어진 '알지 못하는 신'이라는 이름의 우상을 위한 제단이요, 그 앞에서 드려진 모든 제사는 우상을 위한 제사였을 뿐입니다. 그러나 바울은 아테네 사람들에게 그 '알지 못하는 신'을 삼위일체 하나님으로 설명하였습니다. 하나님께서 천지 만물을 창조하셨고 천지 만물이 다 하나님의 것이기에, 바울은 이 세상의 무엇으로도 하나님을 설명할 수 있었던 것입니다. 바울의 믿음은 그 정도로 크고도 넓었습니다.

요한 사도는 요한복음 1장에서 하나님을 말씀, 즉 '로고스Logos'라 증언하였습니다. 그러나 '로고스'는 본래 성경 용어가 아니었습니다. '로고스'는 '말하다'라는 의미의 헬라어 동사 '레고λέγω'의 명사형으로서 그리스 철학에서 우주 만물을 지배하는 원리, 또는 감성pathos과 대립 개념인 분별력이나 이성을 뜻하는 단어였습니다. 요한 사도는 당시 사람들이 잘 이해하고 있던 세상의 용어인 '로고스'를 가져다가 그 '로고스'가 바로 태초에 천지를 창조하신 하나님, 하나님의 말씀이라고 증언한 것입니다. 사도 요한은 바울처럼 정규교육을 받은 적은 단 한 번도 없었지만, 그의 믿음은 바울과 똑같이 크고도 넓었습니다.

근래 어려운 상가교회들이 불교의 불당으로 팔린다는 기사가 보도된 적이 있습니다. 스님들이 상가에 입주해 있는 예배당을 구입하여 옥상의 십자가 탑에 십자가 대신 불교의 상징인 '만卍' 자를 붙이고, 예배당에 불상을 들여다 놓고 불당으로 사용한다는 것입니다. 이에 대해 그 스님들이 불교계로부터 비난이나 비판받았다는 소식은 아직 접한 적이 없습니다. 만약에 그 반대의 경우가 일어난다면 어떻게 되겠습니까? 어느 목사님이 싸게 나온 불당을 인수하여 지붕에 십자가 탑을 세우고 실내에 불상 대신 십자가를 걸고 예배당으로 사용한다면, 그분 역시 곤욕을 치르게 될 것입니다. 한국 그리스도인들에게 하나님은 반드시 그런 것을 가리는 분으로 인식되어 있기 때문입니다.

바울이 본문 속에서 로마제국의 지배하에 있던 아테네를 찾아갔을 때, 아크로폴리스 위에서 위용을 자랑하던 거대한 파르테논신전은 헬라 신화 속의 아테나 여신을 위한 신전이었습니다. 우상 신전이었던 것입니다. 그러나 주후 392년 기독교가 로마제국의 국교가 된 이후 기독교인들은 우상 신전인 파르테논을 파괴하지 않았습니다. 그 속에 있던 신상들을 철거하고 건물 위에 십자가를 세운 뒤에 예배당으로 사용했습니다. 그들은 인간에 의해 만들어진 아테나 여신은 본래부터 존재하지도 않은 허구의 허상일 뿐이기에, 그 건축물을 하나님을 위한 예배 처소로 사용하는 데 아무 거리낌이 없었습니다. 그들 역시 하나님께서 천지 만물을 창조하셨기에 천지 만물이 다 하나님의 것임을 아는, 크고도 넓은 믿음의 소유자들이었습니다. 그래서 1458년 아테네가 오스만 터키에 정복당할 때까지 파르테논은 천 년 이상 하나님을 예배하는 예배당으로 사용되었습니다.

그리스도인들이 믿는 하나님은 삼위일체 하나님 한 분이십니다. 그러나 한 분 하나님을 믿는 한국 개신교는 개교회든, 교단이든, 기관이든, 그동안 끊임없이 분열되어 왔습니다. 한국 개신교인들의 믿음이 편협하기 때문입니다. 한국 개신교회가 세상 사람들로부터 독선적인 이기 집단으로 매도당하는 것 역시 개신교인들의 편협한 믿음과 무관하지 않습니다. 세상 사람들은 하나님이 얼마나 크신 분인지, 하나님의 사랑이 얼마나 넓은지 알지 못합니다. 그들은 하나님을 믿는 우리를 통해 하나님을 간접적으로 알 수 있을 뿐입니다. 만약 우리의 믿음이 편협하다면 세상 사람들에게 하나님이 쪼잔한 하나님으로 투영될 텐데, 우리가 세상 사람들에게 아무리 소리 높여 하나님을 전한다 한들 어느 누가 그런 쪼잔한 하나님을 믿으려 하겠습니까?

오늘은 하나님께서 우리를 구원하시기 위해 십자가의 제물로 삼으셨던 하나님의 독생자―예수님의 고난을 묵상하고 부활을 기리는 사순절 두 번째 주일입니다. 그동안 당신의 독생자를 버리시기까지 우리를 사랑하신 하나님의 영광을 드러내기는커녕, 바늘구멍처럼 좁고 편협한 믿음으로 우주보다 더 크신 하나님을 세상 사람들에게 쪼잔한 하나님으로 투영시켜 온 우리의 어리석음을 회개하십시다. 바울과 요한처럼 크고 넓은 믿음으로, 천지를 창조하시고 만민을 구원하시는 하나님― 우주보다 더 크신 하나님과 하나님의 사랑을 온 세상에 보여 주십시다. 그것이 이 세상을 바르게 세우는 길임은 물론이요, 그 이전에 하나님 앞에서 우리 자신을 바르게 세우는 길입니다.

하나님께서는 우주 만물을 창조하셨기에, 우주 만물보다 더 큰 분이십니다. 이 세상의 어느 것 하나, 하나님의 것이 아닌 것이 없습니다. 무지한 인간이 우상을 만드는 데 사용하는 나무나 돌, 금속도 실은 모두 하나님의 것입니다. 그러므로 우리가 하나님을 전하려고만 하면, 우리는 이 세상의 무엇으로도 하나님을 전할 수 있습니다. 또 죄로 타락한 우리를 구원하시기 위해 당신의 독생자를 십자가의 제물 삼으시기까지, 하나님의 사랑은 한없이 넓으십니다. 그러나 그 크신 하나님과 하나님의 넓은 사랑을 믿는 우리의 믿음은 너무나도 편협했습니다. 우리의 편협한 믿음은 우주보다 더 크신 하나님을 쪼잔한 하나님으로 만들어, 세상 사람들이 하나님께 나아가는 것을 방해하는 걸림돌이 되어 왔습니다. 그 결과 편협한 믿음을 지닌 우리 때문에, 교회는 세상으로부터 조롱의 대상으로 전락해 버렸습니다. 참회의 절기인 사순절 두 번째 주일을 맞아, 이 모든 허물을 회개하오니, 용서하여 주십시오.

아테네에서 '알지 못하는 신'을 위한 제단을 보고, 너희들이 알지 못하는 저 신이 천지를 창조하신 하나님이라고 증언한 바울처럼 크고도 넓은 믿음의 사람이 되게 해주십시오. 삼위일체 하나님을 믿는 우리의 중심은 그 어떤 경우에도 흔들림 없이 확고하되, 우주보다 더 크신 삼위일체 하나님의 증인으로 살아가기에 합당하게끔 우리의 믿음은 날로 크고 넓어지게 해주십시오. 우리의 믿음을 보고 세상 사람들이 하나님께서 얼마나 크신 분인지, 하나님의 사랑이 얼마나 넓은지 알게 해주십시오. 크고 넓은 믿음으로 우리 자신이 먼저 하나님 앞에서 바로 세워져 가게 하시고, 그와 같은 우리로 인해 이 세상이 주님 안에서 날로 통합되고, 화해하고, 화합하게 해주십시오. 아멘.

14. 천지의 주재 사순절 셋째 주일

사도행전 17장 22-25절

바울이 아레오바고 가운데 서서 말하되 아덴 사람들아 너희를 보니 범사에 종교심이 많도다 내가 두루 다니며 너희가 위하는 것들을 보다가 알지 못하는 신에게라고 새긴 단도 보았으니 그런즉 너희가 알지 못하고 위하는 그것을 내가 너희에게 알게 하리라 우주와 그 가운데 있는 만물을 지으신 하나님께서는 **천지의 주재**시니 손으로 지은 전에 계시지 아니하시고 또 무엇이 부족한 것처럼 사람의 손으로 섬김을 받으시는 것이 아니니 이는 만민에게 생명과 호흡과 만물을 친히 주시는 이심이라

아고라에서 바울과 논쟁을 벌이던 철학자들은 바울이 주장하는 '예수와 부활'에 대하여 좀더 상세하게 듣기 위해 바울을 아레오바고로 데리고 갔습니다. 바울이 주장하는 '예수와 부활'은 논리적으로나 상식적으로나 도무지 사리에 닿지 않는 황당한 내용이었지만, 그동안 단 한 번도 들어 본 적이 없는 새로운 내용이었기에 새것에 대한 그들의 지적 호기심과 허영심을 충족

시키기 위함이었습니다. 아레오바고 정상에 선 바울은 아테네에 있는 '알지 못하는 신'을 위한 제단을 언급하는 것으로 설교를 시작했습니다. 주전 6세기 전염병으로부터 아테네를 지켜낸 에피메니데스는 아테네를 구해 준 신들에게 감사하기 위해 아테네에 있는 모든 신상들에게 제사했습니다. 그리고 혹 자신이 몰라서 제사하지 못한 신이 있을 경우 그 신으로부터 화를 당하지 않을까 하는 두려움으로 '알지 못하는 신'을 위한 제단을 만들고, 자신이 만든 그 제단에 흰 양과 검은 양을 바쳐 제사했습니다. 그로부터 600년이 지나 본문 속에서 바울이 아테네를 방문했을 때 그 제단은 그대로 있었고, 사람들은 여전히 그 제단에 제사하고 있었습니다. '알지 못하는 신'은 누가 뭐래도 사람에 의해 만들어진, 또 하나의 우상의 이름에 지나지 않았습니다. 그러나 바울은 아레오바고의 철학자들에게 '너희가 알지 못하고 위하는 그것', 다시 말해 너희가 알지 못하고 경배하는 그 신을 '내가 알게 해주겠다'고 선포했습니다.

> 우주와 그 가운데 있는 만물을 지으신 하나님께서는 천지의 주재시니 손으로 지은 전에 계시지 아니하시고(24절).

헬라 신화 속에는 많은 신들이 등장합니다. 더욱이 2천 년 전 바울이 본문 속에서 아테네를 방문했을 때 아테네 전역에는 약 3만 개의 크고 작은 신들과 신상들이 있었던 것으로 알려지고 있습니다. 그 모든 것들은 사람들에 의해 만들어진 이야기들이거나 빚어진 우상들일 뿐이었습니다. 그러나 바울이 전하는 하나님은 온 우주와 그 가운데 있는 만물을 창조하신 창조주셨습니다. 인간에 의해 피조된 3만 개의 허구의 신들 가운데 하나가 아니라, 인간도 창조하시고 인간이 우상을 빚는 데 사용한 돌과 금속과 나무도 창조하신 유일한 하나님이셨습니다.

바울은 그 하나님을 가리켜 "천지의 주재"시라고 선포했습니다. 우리말 '주재主宰'라고 번역된 헬라어 '퀴리오스κύριος'는 우리가 잘 알고 있는 것처럼 '주인'을 의미합니다. 바울은 아테네 사람들에게 너희들이 알지도 못했고 알 수도 없었던 그 신은 온 우주 만물을 창조하신 하나님이시요, 바로 그 하나님이 천지의 주인이시라고 선포했습니다. 하나님께서 천지의 주인이시라는 것은 천지 만물의 소유권과 통치권을 동시에 갖고 계시다는 의미입니다. 제 주머니 속에 꽂혀 있는 볼펜을 제 마음대로 사용하거나 처분할 수 없다면, 그것이 아무리 제 주머니 속에 있어도 제가 그 볼펜의 주인일 수는 없습니다. 제가 볼펜의 주인이기에 언제든 제 주머니 속에 넣고 다닐 수 있고, 필요할 때마다 사용할 수 있고, 또 제 뜻대로 처분할 수도 있습니다. 하나님께서는 천지 만물을 창조하셨으므로 오직 하나님만 천지 만물의 주인이시고, 하나님께서 주인이시기에 하나님만 온 우주 만물의 소유자이신 동시에 통치자가 되십니다. 그러므로 하나님께서 천지의 주인이시라는 바울의 선포는, 아테네 사람들—너희들에 의해 피조된 신들과 신상들이 아무리 많아도 그것들은 결코 천지의 주인이 될 수 없다는 의미였습니다.

그리고 바울은 계속하여 천지의 주인이신 하나님은 사람이 "손으로 지은 전에 계시지" 않는다고 선포했습니다. 그렇지 않습니까? 온 우주 만물을 창조하셨기에 우주보다 더 크신, 천지의 주인이신 하나님께서 어찌 인간이 만든 건축물 속에 갇혀 계실 수 있겠습니까? 아레오바고에서는 동남쪽으로 아크로폴리스가 올려다보입니다. 그 위에는 아크로폴리스의 입구에 해당하는 프로필라이아, 그 오른쪽으로 아테나니케신전, 그 뒤로 동서 길이 30.9미터 남북 길이 69.54미터에 이르는 거대한 파르테논신전, 그리고 조금 왼쪽 뒤편으론 아테나제단과 에레크테이온신전이 각각 자리 잡고 있습니다. 그 모든 신전들이 한데 어우러져 있는 아테네의 아크로폴리스의 장대함과 웅장함은 보는 사람들을 압도하고도 남았습니다. 웬만한 사람들은 그 아크로폴리스를 바라보는 것만으로도 기가 꺾였을 것입니다. 그러나 바울은 그 웅장한 아크로폴리스가 올려다보이는 아레오바고에서 압도당하기는커녕, 도리어 천지의 주인이신 하나님께서는 사람의 손으로 지은 건축물에 갇혀 계시지 않는다고 선포했습니다. 아크로폴리스와 그 위의 파르테논신전이 아무리 거대하다 한들, 천지의 주인이신 하나님 앞에서는 한낱 먼지보다 더 작을 수밖에 없었습니다.

이제 우리 모두 머릿속으로 오늘 본문의 영상을 그려 보십시다. 아테네의 언덕 위에 바위로 이루어진 아레오바고가 있습니다. 그 아레오바고 정상에 아테네의 철학자들이 앉아 있고, 그들 앞에 바울이 서 있습니다. 아레오바고 오른쪽 위로는 파르테논신전을 비롯한 신전들이 우뚝 솟아 있는 아크로폴리스가 인간을 압도하고 있고, 아레오바고 왼쪽 아래로는 아고라를 중심으로 온갖 신전들, 심지어는 대장장이를 위한 신전과 도박꾼을 위한 신전마저 세워져 있습니다. 그 신전들, 그리고 각 도로변과 가정집에는 무려 3만 개의 크고 작은 신상들이 세워져 있습니다. 아레오바고의 바울은 조금도 위축됨이 없이 한 손으로는 아크로폴리스 위의 신전들을, 나머지 한 손으로는 아레오바고 아래쪽 시가지의 신전들을 가리키면서, 우주와 그 가운데 만물을 지으신 하나님께서는 천지의 주인이시므로 사람이 손으로 지은 건축물 속에 갇혀 계시지 않는다고 당당하게 선포합니다. 바울의 그 모습이야말로 진정한 자유인의 모습이 아닐 수 없습니다.

예수님께서 말씀하셨습니다.

진리를 알지니 진리가 너희를 자유롭게 하리라(요 8:32).

진리는 영원불변의 것이고, 영원은 오직 하나님만의 속성입니다. 따라서 예수님께서 말씀하신 '진리'는 곧 '하나님'이십니다. 하나님을 알면, 하나님과 바른 관계를 맺으면, 이 세상 모든 속박으로부터 자유를 누리게 됩니다. 하나님 이외에는 그 누구도, 그 무엇도, 주인일 수 없음을 알게 되기 때문입니다. 떠돌이 전도자 바울에 비하면 아테네 사람들은 모두 경제적으로 우월한 사람들이었습니다. 그들의 차림새가 바울보다 월등했을 것임은 두말할 나위가 없습니다. 그러나 그들은 스스로 신들과 신상들을 만들고, 자신들이 만든 신들과 신상들에 속박당해 사는 어리석은 사람들이었습니다. 그들에 비하면 떠돌이 전도자 바울의 행색은 남루하기 짝이 없었지만, 천지의 주인이신 하나님을 모시고 사는 그는 이 세상 그 무엇에도 압도당하거나 속박당하지 않는 진정한 자유인이었습니다. 그때 바울은 아테네에서 자신의 동역자인 실라와 디모데가 베뢰아에서 도착하기를 홀로 기다리고 있었습니다. 그때까지 그 큰 도시 아테네에서 하나님을 믿는 그리스도인은 바울 한 명뿐인 셈이었습니다. 바꾸어 말하면 당시 아테네에 아무리 많은 사람이 있었어도, 진정한 자유인은 바울 단 한 사람밖에 없었습니다.

예루살렘성전을 건축한 솔로몬은 바울보다 천 년 전 사람이었습니다. 솔로몬은 예루살렘성전 건축에 필요한 목재는 당시 최고의 품질인 레바논 백향목을 사용했는데, 그 벌목을 위해 동원한 군인의 수가 3만 명이었습니다. 성전 건축에 필요한 석재를 조달하기 위한 채석공은 8만 명, 공사 현장에 투입된 인원은 7만 명이었습니다. 그 많은 기술자들과 인부들을 감독하는 감독관만 3,300명이었습니다. 그 많은 기술자와 인부 그리고 감독을 다 합치면 무려 18만 3,300명이나 되었습니다. 그렇듯 수많은 사람들을 동원하여

장장 7년에 걸쳐 완공한 성전이 그 유명한 예루살렘성전이었습니다. 그러나 그렇게 완공한 예루살렘성전을 하나님께 봉헌하며 솔로몬이 드린 기도 중에 이런 내용이 있습니다.

> 하나님이 참으로 땅에 거하시리이까 하늘과 하늘들의 하늘이라도 주를 용납하지 못하겠거든 하물며 내가 건축한 이 성전이오리이까(왕상 8:27).

거대한 예루살렘성전을 건축한 솔로몬은 그러나 분명하게 알고 있었습니다. 우주보다 더 크신 하나님, 천지의 주인이신 하나님, 무소부재하신 하나님, 하늘과 하늘들의 하늘이라도 온전히 모실 수 없는 크신 하나님께서 자신이 만든 성전 안에 갇혀 계실 분이 아니심을 그는 확실하게 알고 있었습니다. 그럼에도 솔로몬이 심혈을 기울여 예루살렘성전을 건축한 것은 하나님께서 그곳에만 계시리라는 기대나 오해로 인함이 아니라, 성전이라는 예배 공간에서 이루어지는 예배를 통해 이스라엘 백성이 성전 밖 일상생활 속에서 하나님과 동행하는 삶을 살기를 바랐기 때문입니다. 하나님과 이스라엘 백성을 위해 온 국력을 다해 거대한 예루살렘성전을 건축하긴 했지만 자신이 건축한 건축물에 속박당하지 않고, 오직 천지의 주인이신 하나님께만 매어 있었던 당시의 솔로몬 역시 진정한 자유인이었습니다.

그로부터 천 년이 지나 신약시대가 개막되었습니다. 신약시대의 첫 번째 순교자는 예수님의 직계 제자인 사도가 아니라, 예루살렘 교회의 스데반 집사였습니다. 예루살렘의 유대인들이 스데반 집사를 돌로 쳐 죽인 것입니다. 죄목은 설교를 통한 신성모독이었습니다. 사도행전 7장이 전해 주는 스데반의 설교 요지는 한마디로, 하나님께서는 예루살렘성전 안에 갇혀 계시지 않는다는 것이었습니다. 조상 아브라함이 하란에 있을 때 하나님께서는 아브라함을 위해 하란에서 역사하셨고, 요셉이 이집트에 팔려 갔을 때 하나님께서는 요셉을 위해 이집트에서 역사하셨고, 모세가 미디안 광야로 피신하였을 때 하나님께서는 모세를 위해 미디안 광야에서 역사하셨다는 것입니다. 즉 스데반 집사는 무소부재하신 하나님을 설교했습니다. 그러나 너무나도 당연한 스데반의 설교를 들은 유대인들은 스데반 집사를 신성모독이라는 죄목으로 죽여 버리고 말았습니다. 도대체 어떻게 그렇듯 어처구니없는 일이 일어날 수 있었겠습니까?

솔로몬이 예루살렘성전을 봉헌한 이후 세월이 흐르자 유대인들은 예루살렘성전과 하나님을 동일시하기 시작했습니다. 천지의 주인이신 하나님을 인간이 손으로 만든 예루살렘성전 안에 가두어 버린 것입니다. 그 결과 하나님이 계시다고 믿는 예루살렘성전 안에서의 삶과, 상대적으로 하나님이 계시지 않는 것으로 여기는 성전 밖에서의 삶이 일치될 리가 없었습니다. 그들에 의해 예루살렘성전 안에 갇혀 버린 하나님은 실은 천지를 창조하시고 천지의 주인이신 하나님이 아니셨습니다. 예루살렘성전에 갇힌 하나님은 그들의 마음이 빚어낸 하나님의 우상일 뿐이었습니다. 그리고 사람이 손으로 만든 예루살렘성전을 하나님과 동일시하는 만큼, 눈에 보이는 인간의 건축물에 속박당한 그들의 삶은 보이지 않는 하나님과는 점점 더 멀어질 뿐이었습니다. 그 사실을 꿰뚫어 본 스데반 또한 오직 하나님께만 매인 진정한 자유인이었습니다. 그러나 스데반의 설교를 들은 유대인들은 자신들의 잘못을 돌이키기는커녕, 도리어 예루살렘성전 자체를 계속하여 하나님으로 떠받들기 위해 스데반을 돌로 쳐 죽여 버리고 말았습니다. 눈에 보이는 것에 속박당한 부자유인이 진리 안에서 자유를 얻은 자유인을 죽인 것이었습니다.

야곱은 할아버지 아브라함과 아버지 이삭의 신앙을 이어받은, 유대인들의 믿음의 조상입니다. 형 에서와 함께 쌍둥이 형제였던 야곱은 아버지 이삭을 속이고, 형 에서가 받아야 할 장자의 축복을 가로챔으로 형과 원수지간이 되고 말았습니다. 야곱은 자신을 죽이려는 형 에서를 피해, 어머니 리브가의 주선에 따라 어쩔 수 없이 외가가 있는 하란으로 도피해야만 했습니다. 루스 지방을 걷다가 저녁을 맞은 야곱은 허허벌판에서 돌을 베개 삼아 잠을 자야 했습니다. 그동안 부모와 함께 안락한 삶을 살아온 야곱에게는 이루 말할 수 없이 처량한 밤이었습니다. 바로 그날 밤 야곱은 잠을 자다가 꿈에 하나님을 뵈었습니다. 당시 상황을 창세기 28장이 전해 주고 있습니다.

> 야곱이 잠이 깨어 이르되 여호와께서 과연 여기 계시거늘 내가 알지 못하였도다 이에 두려워하여 이르되 두렵도다 이곳이여 이것은 다름 아닌 하나님의 집이요 이는 하늘의 문이로다 하고 야곱이 아침에 일찍이 일어나 베개로 삼았던 돌을 가져다가 기둥으로 세우고 그 위에 기름을 붓고 그곳 이름을 벧엘이라 하였더라(창 28:16-19).

야곱은 잠에서 깨자마자 "여호와께서 과연 여기 계시거늘 내가 알지 못하였도다"라고 고백했습니다. 우주 만물을 창조하시고 천지의 주인이시기에 무소부재하신 하나님께서 허허벌판 위 외톨이 신세가 된 자신과 함께하고 계심을 야곱이 깨달았을 때, 그가 처해 있는 허허벌판의 의미가 전혀 새로워졌습니다. 야곱은 그 벌판을 가리켜 "하나님의 집"이요 "하늘의 문"이라 부르면서, 그 벌판의 이름을 '벧엘'이라 지었습니다. 히브리어로 '벧엘' 역시 '하나님의 집'을 뜻합니다. 그 벌판에는 건물 한 채, 문짝 하나 없었습니다. 그런데도 야곱은 그 벌판을 하나님의 집, 하늘의 문이라고 불렀습니다. 그곳에 천지의 주인이신 하나님이 계시기에 그 벌판도 하나님의 집이었고, 하나님의 집으로 들어가는 문이었습니다. 그날 이후로 야곱은 어디로 가든 실은 천지의 주인이신 하나님의 집에 거하는 셈이었습니다.

유대인들은 그 야곱의 후손들이었습니다. 그들은 하나님을 '우리 조상의 하나님, 아브라함의 하나님, 이삭의 하나님, 야곱의 하나님'이라 불렀습니다. 유대인 공동체를 뜻하는 '이스라엘' 역시 야곱의 새로운 이름이었습니다. 이처럼 유대인들은 그들의 신앙생활에서 야곱과 불가분의 관계를 이루고 있었지만, 야곱이 고백한 '벧엘─하나님의 집'의 의미와 정신을 이어받지는 못했습니다. 그 결과 천지의 주인이신 하나님을 인간이 손으로 만든 예루살렘 성전 안에 가두어 두려다가, 자신들의 잘못을 지적한 스데반을 돌로 쳐 죽여 버리는 어리석음과 무지를 범하고 말았습니다.

마태복음 20장의 '포도원의 품꾼들'은 '천국'에 대한 예수님의 비유의 말씀입니다. 그 비유는 이렇게 시작되고 있습니다.

> 천국은 마치 품꾼을 얻어 포도원에 들여보내려고 이른 아침에 나간 집 주인과 같으니(마 20:1).

거의 대부분의 사람들이 이 구절을 읽고 '천국'을 비유 속의 '포도원', 다시 말해 제한된 특정 공간이라고 이해합니다. 그러나 예수님께서는 그렇게 말씀하시지 않았습니다. 예수님의 말씀을 다시 보시겠습니다.

> 천국은 마치 품꾼을 얻어 포도원에 들여보내려고 이른 아침에 나간 집 주인과 같으니.

예수님께서는 비유 속에서 '천국'을 포도원 주인인 '집주인', 즉 하나님과 동일시하셨습니다. 천국은 흔히 오해하듯이 '포도원'으로 상징되는 특정 공간이 아니라 집주인, 바꾸어 말해 천지의 주인이신 하나님이십니다. 하나님께서 곧 천국이신 것입니다. 어느 곳이든 하나님께서 계시는 곳이 천국입니다. 더 정확하게 말하면 누구든 천지의 주인이신 하나님을 모시고 살면 그 사람의 마음이, 그 사람이 두 발 딛고 서 있는 삶의 현장이 세상의 속박에서 벗어나 천국─하나님의 나라로 일구어집니다. 이런 의미에서 야곱이 허허벌판을 '벧엘─하나님의 집'이라 고백한 것은, 그곳이 바로 '천국─하나님의 나라'라는 의미였습니다. 그 허허벌판도 천지의 주인이신 하나님께 속해 있었기 때문입니다.

이 모든 사실을 바르게 터득한 바울은 우리에게 이렇게 반문합니다.

> 너희는 너희가 하나님의 성전인 것과 하나님의 성령이 너희 안에 계시는 것을 알지 못하느냐(고전 3:16).
> 너희 몸은 너희가 하나님께로부터 받은 바 너희 가운데 계신 성령의 전인 줄을 알지 못하느냐 너희는 너희 자신의 것이 아니라(고전 6:19).

사람이 손으로 지은 건축물은 더 이상 '하나님의 집', '하나님의 성전'이 아닙니다. 눈에 보이는 건축물과는 상관없이 삼위일체 하나님을 주인으로 모신 사람에게는 자기 자신이 하나님의 집이고 하나님의 성전입니다. 그가 자신의 마음에 모신 하나님께서 천지의 주인이시기에, 남녀노소 빈부귀천에 상관없이 바로 그 사람이 하나님의 성전, 하나님의 나라가 됩니다. 야곱이 잠자던 허허벌판이 하나님께서 그곳에 계시기에 하나님의 집, 하늘의 문인 것과 같은 이치입니다. 그래서 바울은 아레오바고에서 아테네의 거대한 신전들에 조금도 압도당하지 않고 오히려 한 손으로는 위쪽으로 아크로폴리스의 신전들을, 또 한 손으로는 아레오바고 아래쪽의 온갖 신전들을 가리키며, 우주 만물을 창조하시고 천지의 주인이신 하나님께서는 사람이 손으로 지은 건축물 속에 갇혀 계시지 않는다고 설파하는 영적 자유를 누릴 수 있었습니다. 그 자신이 하나님의 집, 하나님의 성전으로 일구어져 있었기에 가능한 일이었습니다.

성경이 삼위일체 하나님을 믿는 우리 자신을 하나님의 거룩한 성전으로 규정하므로, 신약시대인 오늘날에는 사람의 손으로 만들어진 건축물을 더이상 성전이라고 부르지 않습니다. 우리가 지금 모여 있는 이 공간은 성전이 아니라 삼위일체 하나님을 예배하는 예배당일 뿐입니다. 그러나 우리가 주일마다 예배당을 찾아 나와 예배를 드려야 하는 이유는 무엇입니까? 하나님께서 이 예배당에 갇혀 계시기 때문입니까? 결코 아닙니다. 매달 한 번씩 열리는 '새가족환영회'에서 저는 반드시, 교회는 주차장이 아니라 주유소라는 설명을 드립니다. 자동차를 운전하는 사람이 주유소를 찾는 것은 그곳에 자동차를 주차하기 위함이 아닙니다. 그곳에서 급유를 받아 자신이 가야 할 곳으로 가기 위함입니다. 만약 누군가가 단지 자동차를 주차할 목적으로 주유소를 찾는다면 그는 번지수를 잘못 찾은 사람입니다. 우리가 주일마다 예배당을 찾는 이유도 동일합니다. 하나님께서 이곳에 갇혀 계시기에 이곳에 천년만년 주차하기 위함이 아니라, 이곳에서 다 함께 드리는 구별된 예배를 통해 영적 급유를 받아 주중 엿새 동안 세상 속에서 우리 각자가 하나님을 모신 성전으로 살아가기 위함입니다.

우리가 주일에 예배당에서 드리는 예배를 통해 영적 급유를 받더라도, 우리에게 본래 자격이 있기에 세상 속에서 하나님의 성전으로 살아가게 된 것은 아닙니다. 우리는 하나님 앞에서 죽을 수밖에 없는 죄인들입니다. 그러나 하나님께서 당신의 독생자 예수님으로 하여금 십자가에서 우리의 죗값을 대신 치르게 하심으로 우리가 천지의 주인이신 하나님의 자녀가 되어 영적 급유를 통해 하나님의 성전으로 살 수 있게 되었고, 우리 삶의 현장이 하나님 나라로 일구어질 수도 있게 되었습니다. 그렇지만 우리 삶의 실상은 어떻습니까? 예수 그리스도의 핏값으로 하나님의 자녀로 구원받았음에도 여전히 눈에 보이는 세상의 것들에 속박당해 사느라 영적 자유를 상실한 채 하나님의 성전, 하나님의 나라와는 동떨어진 삶을 살고 있는 것은 아닙니까? 그렇게 해서야 영적 자유인인 스데반과 바울을 죽인 유대인들과 네로 황제, 그들과 우리 사이에 무슨 차이가 있겠습니까?

우리를 하나님의 성전으로 일구어 주시기 위한 예수님의 고난을 묵상하고 부활을 기리는 사순절 셋째 주일을 맞이하여 우리의 그 모든 어리석음을 회개하십시다. 천지의 주인이신 하나님께서는 이 세상 그 무엇에도 갇혀 계시지 않습니다. 그 하나님만을 주인으로 모시고 그분께만 매여 살아가십시다. 나 자신과 이 세상에 대한 하나님의 통치권과 소유권을 온전히 받아들이십시다. 그때부터 이 세상 모든 것으로부터 자유하는 우리 자신이 하나님의 성전이 될 것이요, 우리가 어디에 있든 그곳이 하나님의 집, 하나님의 나라가 될 것입니다.

하나님께서는 천지를 창조하신 천지의 주인이신데, 나는 하나님을 믿는다면서도 내가 이 세상의 주인이 되려 했습니다. 천지의 주인이신 하나님께서는 무소부재하신데, 나는 하나님을 특정 공간에 가두어 두려 했습니다. 하나님께서 창조하신 온 천지가 다 하나님의 집인데, 나는 하나님의 집을 예배당에 국한시키려 했습니다. 하나님께서는 나를 성전으로 세우시기 위해 당신의 독생자를 십자가의 제물 삼으시기까지 하셨는데, 나는 여전히 하나님의 성전을 벽돌과 나무로만 지으려 하고 있습니다. 하나님의 독생자이신 예수님께서는 이 세상의 모든 것으로부터 자유를 주시기 위해 피 흘려 돌아가셨는데, 나는 아직도 세상의 것들에 속박당한 부자유인으로 살고 있습니다. 하나님께서는 영적 급유를 위한 주유소의 목적으로 주일마다 나를 예배당으로 부르시건만, 나는 단지 종교적 습관을 좇아 예배당을 잠시 주차장으로 이용하다 돌아갈 뿐입니다. 그래서 나는 아테네 사람들과 다른 듯하면서도, 본질적으로는 아무런 차이가 없습니다. 나를 살리기 위해 예수님께서 당하신 고난을 묵상하고 부활을 기리는 사순절 셋째 주일을 맞이하여 이 모든 잘못을 회개하오니, 용서해 주십시오.

하나님께서는 이 세상 무엇에도 갇히는 분이 아니심을 잊지 말게 해주십시오. 우리 모두 천지의 주인이신 하나님만을 우리의 주인으로 모시고, 하나님께만 매여 사는 참된 그리스도인이 되게 해주십시오. 나 자신과 이 세상에 대한 하나님의 소유권과 통치권을 온전히 받아들임으로, 이 세상 그 무엇에도 속박당하지 않는 자유인이 되게 해주십시오. 우리 자신이 예수 그리스도 안에서 하나님의 거룩한 성전이 되며, 어디에 있든 우리가 두 발 딛고 서 있는 곳이 하나님의 집, 하나님의 나라로 일구어지게 해주십시오. 아멘.

15. 무엇이 부족한 것처럼 사순절 넷째 주일

사도행전 17장 22-25절

바울이 아레오바고 가운데 서서 말하되 아덴 사람들아 너희를 보니 범사에 종교심이 많도다 내가 두루 다니며 너희가 위하는 것들을 보다가 알지 못하는 신에게라고 새긴 단도 보았으니 그런즉 너희가 알지 못하고 위하는 그것을 내가 너희에게 알게 하리라 우주와 그 가운데 있는 만물을 지으신 하나님께서는 천지의 주재시니 손으로 지은 전에 계시지 아니하시고 또 **무엇이 부족한 것처럼** 사람의 손으로 섬김을 받으시는 것이 아니니 이는 만민에게 생명과 호흡과 만물을 친히 주시는 이심이라

사도 바울은, 위로는 파르테논신전을 위시한 아크로폴리스의 신전들이 올려다보이고, 아래로는 아고라 주위의 온갖 신전들이 내려다보이는 아레오바고 한가운데 섰습니다. 그는 아테네의 철학자들에게, 아테네에 있는 '알지 못하는 신'을 위한 제단을 언급하는 것으로 설교하기 시작했습니다. 그 동안 아테네 사람들이 알지도 못하고 경배해 온 그 신이 누구인지 바울 자

신이 가르쳐 주겠다는 것이었습니다. 그리고 바울은 '우주와 그 가운데 있는 만물을 지으신 하나님께서는 천지의 주재시니 손으로 지은 전에 계시지 않는다'고 선포했습니다. 창조주시고 온 우주 만물의 주인이신 하나님께서는 우주 만물보다 더 크시기에 고작 인간이 손으로 지은 건축물 속에 갇혀 계시지 않는다는 말이었습니다. 우리는 바울이 이렇게 선포하면서 한 손으로는 아레오바고 위쪽에 있는 아크로폴리스의 신전들을, 나머지 한 손으로는 아레오바고 아래쪽 아고라 주위의 신전들을 가리키는 모습을 연상할 수 있습니다. 이런 의미에서 우상의 도시 아테네 사람들에게 천지를 창조하신 하나님을 증언하기에, 위쪽으로 아크로폴리스의 신전들과 아래쪽으로 시가지의 신전들을 동시에 볼 수 있는 아레오바고 언덕보다 더 좋은 강단은 없었습니다. 하나님께서 창조하신 자연 강단 위에서 바울의 설교는 다음과 같이 이어졌습니다.

또 무엇이 부족한 것처럼 사람의 손으로 섬김을 받으시는 것이 아니니 (25절 상).

아테네 사람들은 신들의 기쁨과 행복을 위해서는 인간의 희생이 필요하다고 생각했습니다. 자신들이 신상들 앞에 풍성한 음식을 바쳐야 신들이 비로소 배부르게 되고, 자신들이 신상들에 아름다운 옷을 입혀야 신들이 아름다운 자태를 지닐 수 있고, 자신들이 신상들에게 돈을 바쳐야 신들의 주머니가 두둑해진다고 생각한 것입니다. 그래서 사람들은 자신의 것들을 아낌없이 신전에 바쳤습니다. 특히 옛날 사람들은 신들의 기쁨과 행복을 위해서라면 사람을, 심지어는 어린아이를 바치는 것도 서슴지 않았습니다. 사람들은 자신들이 바치는 희생 제물로 신들이 기쁨과 행복을 누리고, 그 결과로 자신들이 신들의 재앙을 면하고 복을 받을 수 있다고 믿었던 것입니다.

여기에서 우리는 깊이 생각해 볼 필요가 있습니다. 인간이 음식을 바쳐야 배부르고, 옷을 입혀야 아름다운 자태를 지니고, 돈을 바쳐야 여유로워진다면, 그 신들은 전적으로 인간 의존적인 신들 아니겠습니까? 다시 말해 그 신들은 본래 부족함투성이요, 자기 부족함을 채울 능력도 없음을 스스로 입증하는 것 아니겠습니까? 그 신들의 부족함을 채워 줄 인간들이 없다면 그 신들은 절로 소멸할 수밖에 없지 않겠습니까? 인간이 존재하지 않는 허허벌판에서는 그 신들은 아예 존재할 수도 없지 않겠습니까? 그런데도 그런 신들이 어떻게 지상에 존재할 수 있었습니까? 그런 신들을 만들어 내는 인간들이 있었기 때문입니다. 하지만 인간들에 의해 피조된 신들의 부족함을 채워 줄 인간들이 더 이상 없을 때, 역사상 완전히 소멸되어 버린 신들이 얼마나 많았습니까?

이와 같은 우상의 본질을 꿰뚫어 본 바울은, 하나님께서는 무엇이 부족한 것처럼 사람의 손으로 섬김을 받으시지 않는다고 선포했습니다. 이것은 하나님께서 아예 인간의 경배를 받지 않으신다는 말이 아니라, 우상처럼 인간의 손으로 바쳐지는 것들로 당신의 부족함을 채우기 위해 경배받으시는 분이 아니라는 말입니다. 우리말 '부족하다'라는 의미로 번역된 헬라어 동사 '프로스데오마이προσδέχομαι'는 '더 원하다', '더 요구하다'라는 뜻으로, 신약성경에서 본문에 단 한 번만 사용된 단어입니다. 하나님께서는 '자기 충분성'을 지닌 분이시기에 그 무엇에도 부족함이 없는 분이십니다. 인간에 의해 피조되어 전적으로 인간 의존적인 우상과는 달리, 하나님께서는 당신의 부족분을 채우기 위한 목적으로 인간에게 무엇을 요구하는 분이 아니십니다. 그러므로 하나님께서는 인간이 없는 허허벌판에서도 하나님이시고, 인간을 창조하시기 전에도 하나님이셨습니다. 자기 충분성을 지닌 하나님께서는 태초 이전에도 하나님이셨고, 당신의 충분성으로 태초에 온 우주 만물과 인간을 창조하셨습니다.

그래서 바울은 이렇게 선포하였습니다.

이는 만민에게 생명과 호흡과 만물을 친히 주시는 이심이라(25절 하).

본문의 '주신다'라는 동사는 25절 상반절의 '받지 아니하신다'라는 동사와 대조를 이루고 있습니다. 하나님께서는 인간에 의해 피조된 우상들처럼 당신의 부족함을 채우기 위해 인간의 손으로부터 무엇을 '받지 않으십니다'. 오히려 하나님께서는 생명 없는 우상들이 흉내도 낼 수 없는, 인간에게 생명과 호흡을 '주실' 뿐 아니라 인간에게 필요한 모든 것을 '주시는' 분이십니다. 하나님의 자기 충분성으로 인함입니다. 하나님의 자기 충분성은 당신 홀로 부족함이 없도록 당신 자신만 건사할 정도의 충분성이 아닙니다. 인간을 창조하시고 인간이 필요한 모든 것을 책임지시고도 남는, 다함이 없는 영원한 충분성입니다. 그래서 하나님과 인간 간의 관계에서는 하나님께서 인간에게 의존적이시지 않고, 반대로 인간이 전적으로 하나님께 의존적입니다. 하나님께서 '주시는' 하나님이 아니라 '받기만' 하는 하나님이셨다면 인간은 애당초 존재할 수도 없었을 것입니다. 인간에 의해 만들어지고 인간의 손으로부터 받기만 하는 우상들은 인간에 의해 흥망성쇠가 결정되지만, 하나님의 피조물로서 하나님께서 주시는 것들로 존재하는 인간의 흥망성쇠는 철저하게 하나님께 달려 있습니다.

이처럼 바울은 아테네 사람들이 지니고 있는 종교심의 본질적 문제를 정확하게 파악하고, 그 문제를 그들의 언어와 용어로 설명해 줄 수 있는 영적

통찰력을 지니고 있었습니다. 바로 여기에서 우리는 질문을 제기하지 않을 수 없습니다. 우리가 믿는 하나님께서도 구약시대에 인간의 손으로부터 온갖 제물을 받지 않으셨습니까? 오늘날에도 우리는 우리 손으로 하나님께 헌금을 바치지 않습니까? 그렇다면 하나님과 우상 사이에 대체 무슨 차이가 있을 수 있는가?—라는 질문입니다.

언뜻 타당한 질문처럼 보입니다. '제사의 책'으로 불리는 구약성경 레위기에는 어떤 경우에 어떤 제사를 드려야 하며, 또 각 제사에 어떤 제물들을 하나님께 바쳐야 하는지 상세하게 기록되어 있습니다. 외형적으로만 본다면 인간의 손으로부터 각종 제물을 받는다는 의미에서 하나님과 우상은 똑같아 보입니다. 그러나 그 양자 사이에는 결코 메워질 수 없는 본질적인 간극이 있습니다. 앞에서 말씀드린 것처럼 인간에 의해 만들어진 신들이 인간으로부터 제물을 받는 것은 자기 부족함을 채우기 위함이었습니다. 제물을 바치는 인간들을 위함이 아니라, 인간들을 이용하여 자기 행복과 기쁨을 충족시키기 위함이었습니다. 그러나 하나님께서 인간들에게 제사와 제물을 명령하신 것은 당신을 위함이 아니라, 당신이 사랑하시는 인간들을 위함이셨습니다.

하나님의 법은 "죄의 삯은 사망"(롬 6:23)이라 못박고 있습니다. 모든 죄인은 거룩하신 하나님 앞에서 반드시 죽어야만 합니다. 그래서 인간을 창조하시고 인간에게 생명과 호흡을 주신 하나님께서 범죄한 인간을 살려 주시기 위한 방도가 바로 제사와 제물이었습니다. 구약시대에 범죄한 죄인이 제사를 드릴 때에는 먼저 제물 위에 손을 얹고 안수기도해야만 했습니다. 안수기도는 '죄의 전가轉嫁'를 위한 절차였습니다. '하나님, 제가 하나님의 법을 어기고 이런저런 범죄를 저질렀습니다. 하나님 앞에 죄인은 설 수 없으므로 저는 죽어 마땅합니다. 그러나 하나님의 자비로우심을 구하며 저 대신 이 제물을 바칩니다. 부디 이 제물을 받으시고 이 죄인의 죄를 용서해 주십시오.' 이와 같은 안수기도를 통해 제사드리는 사람의 죄는 제물에게 전가됩니다. 그리고 그 제물이 제사드리는 사람의 죗값을 대신 치르기 위해 제단에 바쳐짐으로써, 제사드린 사람의 범죄는 사함 받게 됩니다. 따라서 하나님께 드려지는 제사와 제물은 하나님 당신의 부족함을 채우시기 위함이 아니라, 당신께서 사랑하시는 인간들의 죄를 용서해 주시기 위함이었습니다. 하나님의 자기 충분성은 이처럼 인간을 죄와 사망에서 구해 내실 정도로 충분했습니다.

그러나 짐승을 제물로 한 제사의 효력은 늘 일회적이었습니다. 제사의 효력이 제한적이었다는 말입니다. 인간을 대신하여 제물로 드려지는 짐승이 불완전하고, 제사를 주관하는 제사장 역시 죄인인 인간인지라 불완전한 까닭이었습니다. 그래서 인간들은 동일한 제사를 계속 반복해야만 했습니다. 마침내 하나님께서는 죄 없는 완전한 제사장으로 하여금 완전무결한 제물로, 인간의 죄를 영원히 씻어 주는 영원한 제사를 드리도록 하셨습니다. 그리고 그 막중한 임무를 당신의 독생자이신 예수님으로 하여금 담당토록 하셨습니다. 하나님에 의해 창조된 피조물 중에는 그 누구도, 그 무엇도, 그 임무를 수행할 수 없기 때문이었습니다. 예수님께서는 성부 하나님의 뜻에 따라, 인간의 죗값을 대신 치르시기 위해 당신 자신을 기꺼이 십자가에 던지셨습니다. 예수님의 십자가 수난에서 부활에 이르기까지의 전 과정은 성자 하나님이신 예수님께서 당신의 몸을 완전한 제물로 내어놓으심과 동시에, 당신 자신이 친히 완전한 제사장이 되셔서 치르신 완전하면서도 영원한 제사였습니다. 그래서 누구든지 예수 그리스도를 믿고 자신의 구주로 영접하면, 예전처럼 짐승을 제물 삼아 날마다 동일한 제사를 반복할 필요 없이, 영원하신 하나님의 자녀로 구원받게 되었습니다. 하나님의 이 모든 구원 사역 역시 하나님의 자기 충분성으로 인해 가능하였음은 물론입니다. 그러므로 인간이 우상에게 제물을 바치는 것과, 하나님께서 인간에게 제사와 제물을 요구하신 것은 본질적으로 같을 수가 없었습니다.

오늘날 그리스도인들이 하나님께 헌금을 바치는 것도 하나님의 부족함을 채워 드리기 위함이 아닙니다. 인간이 헌금을 먼저 바쳐야 하나님께서 비로소 인간을 구원해 주시고, 인간이 단지 더 많은 돈을 바친다고 해서 하나님께서 더 기뻐하시는 것도 아닙니다. 만약 그렇게 생각하는 사람이 있다면 그 사람은 하나님을, 자신이 부족함을 채워 주어야 할 우상으로 여기고 있음을 의미합니다. 생각해 보십시오. 하나님께서는 인간이 창조되기도 전에 영원 전부터 스스로 계실 정도로 모든 것이 충분하시고, 하나님의 사랑 역시 우리가 하나님을 알기도 전에 우리를 죄와 사망의 덫에서 영원히 살려 주시기 위해 당신의 독생자를 제물 삼으실 정도로 충분하신데, 하나님께서 대체 무엇이 부족하셔서 우리 주머니 속의 돈을 노리시겠습니까? 그럼에도 우리가 하나님 앞에 자발적으로 헌금을 바치는 것은, 하나님께서 먼저 베풀어 주신 구원의 은총에 감사드림과 아울러 우리의 모든 것이 하나님께로부터 주어졌음을 고백하면서, 만민을 구원하기 원하시는 하나님의 영원한 생명과 사랑을 이 세상 사람들에게 전하는 도구로 사용하기 위함입니다.

이번 수요 성경공부 시간에 상세하게 살펴볼 예정이지만 하나님께서 99세의 아브라함에게 이렇게 명령하셨습니다.

나는 전능한 하나님이라 너는 내 앞에서 행하여 완전하라(창 17:1하).

99세의 노인 아브라함이라면 모든 면에서 부족한 것투성이 아니겠습니까? 그럼에도 어떻게 흠 없이 완전한 삶을 살 수 있겠습니까? 그러나 하나님께서 아브라함에게 너 홀로, 네 능력으로, 네 재주껏 완전하라고 명령하신 것이 아니었습니다. 하나님께서는 아브라함에게 "너는 내 앞에서 행하여 완전하라"고 명령하셨습니다. 아브라함이 하나님 앞에서 행한다면 하나님의 위치는 아브라함의 뒤가 됩니다. 즉 하나님께서 아브라함에게, 네가 내 앞에서 행하기만 하면 내가 너의 백그라운드가 되어 줄 것인즉 너는 완전하라고 명령하신 것이었습니다. 내가 너의 백그라운드가 되기만 하면 네가 아무리 나이가 많아도, 네가 아무리 부족한 것투성이라도, 네 여건이 세상에서는 더 이상 소망이 없어 보여도, 너는 반드시 완전하게 설 수 있다는 의미였습니다. 대체 하나님께서 누구시기에 그렇듯 인간을 위한 완전한 백그라운드가 되실 수 있는 것입니까? 하나님께서 아브라함에게 말씀하셨습니다. "나는 전능한 하나님이라, 너는 내 앞에서 행하여 완전하라." 하나님께서 '전능'하신 하나님이시기에 99세 노인 아브라함의 완전한 백그라운드가 되실 수 있었습니다. 히브리어는 단어의 접두어와 접미어로 인칭을 나타내므로 일반적으로 인칭대명사는 별도로 사용하지 않습니다. 그럼에도 굳이 인칭대명사를 사용할 때는 헬라어처럼 특별히 강조하기 위함입니다. 하나님께서는 아브라함에게 '나'라는 1인칭 주어를 별도로 사용하셔서 '나는 전능한 하나님이라'고 말씀하셨습니다. 아브라함의 심령 속에 당신께서 전능하심을 깊이 각인시켜 주시기 위함이었습니다.

히브리어 원전에 '전능한 하나님'이 '엘샷다이ְ﮲﮳﮴ ﮵﮶'로 기록되어 있습니다. '하나님'을 가리키는 히브리어 '엘'과 '전능자'를 뜻하는 '샷다이'가 합쳐진 복합어입니다. 그런데 히브리어 '샷다이'는 '전능자'라는 의미와 함께 '충분자'라는 뜻을 지니고 있습니다. 하나님께서 '전능자'이신 것은 하나님께서 '충분자'이시기 때문입니다. 오직 충분자만 전능자가 되실 수 있습니다. 하나님께서는 당신의 능력으로 무無에서 온 우주 만물과 인간을 창조하실 정도로 충분자이십니다. 그래서 하나님께서는 99세 노인 아브라함만의 백그라운드가 아니라, 하나님의 자녀 된 우리 개개인에게도 완벽한 백그라운드가 되어 주십니다. 하나님께서 죄와 사망의 덫으로부터 우리를 영원히 구원해 주시기 위해 당신의 독생자를 십자가의 제물 삼으신 것 역시, 하나님께서 '엘 샷다이'—'충분자'셨기 때문입니다.

그런 하나님이시기에 하나님께서 우리에게 요구하시는 것은 우리 주머니 속의 알량한 물질이 아닙니다. 온 우주 만물을 창조하셨기에 온 우주 만물이 다 하나님의 것인데, 하나님께서 대체 무엇이 부족하셔서 우리의 물질을 목적삼아 우리와 관계를 맺으려 하시겠습니까? 인간에 대한 하나님의 요구 사항은 전혀 다른 것입니다.

> 이스라엘아 네 하나님 여호와께서 네게 요구하시는 것이 무엇이냐 곧 네 하나님 여호와를 경외하여 그의 모든 도를 행하고 그를 사랑하며 마음을 다하고 뜻을 다하여 네 하나님 여호와를 섬기고 내가 오늘 네 행복을 위하여 네게 명하는 여호와의 명령과 규례를 지킬 것이 아니냐(신 10:12–13).

인간에 대한 하나님의 요구 사항은, 인간을 창조하신 하나님께서 인간에게 주신 인생 사용설명서인 하나님의 말씀에 의거하여 행복하게 살라는 것입니다. 하나님께서 인간에게 당신의 말씀을 좇아 살라시는 것은 하나님 당신의 유익을 위함이 아니라, 인간의 유익을 위함입니다. 그 길만이 인간이 진정으로 행복하게 살 수 있는 유일한 길이기 때문입니다. 또 하나님께서는 선지자 미가를 통해 이렇게 말씀하셨습니다.

> 내가 무엇을 가지고 여호와 앞에 나아가며 높으신 하나님께 경배할까 내

가 번제물로 일 년 된 송아지를 가지고 그 앞에 나아갈까 여호와께서 천천의 숫양이나 만만의 강물 같은 기름을 기뻐하실까 내 허물을 위하여 내 맏아들을, 내 영혼의 죄로 말미암아 내 몸의 열매를 드릴까 사람아 주께서 선한 것이 무엇임을 네게 보이셨나니 여호와께서 네게 구하시는 것은 오직 정의를 행하며 인자를 사랑하며 겸손하게 네 하나님과 함께 행하는 것이 아니냐(미 6:6-8).

하나님께서 인간에게 구하시는 것이 하나님 앞에서의 바른 삶인 것은, 바로 그 삶 속에만 결코 후회하지 않을 참된 행복이 있기 때문임은 두말할 나위도 없습니다. 그러므로 하나님께서 가장 싫어하시는 사람은 자신이 지닌 것들로 하나님을 달래고 얼러 조종할 수 있으며, 자신이 원하기만 하면 자신의 물질로 언제든 하나님을 자기편으로 만들 수 있다고 생각하는 사람입니다. 그런 사람들은 하나님을 세상의 것들에 걸신들린 걸인으로 모독하는 사람들이기 때문입니다. 하나님께서는 그런 사람들이 바치는 제물을 기뻐 받으시기는커녕 도리어 그들을 질타하셨습니다.

너희의 무수한 제물이 내게 무엇이 유익하뇨 나는 숫양의 번제와 살진 짐승의 기름에 배불렀고 나는 수송아지나 어린 양이나 숫염소의 피를 기뻐하지 아니하노라 너희가 내 앞에 보이러 오니 이것을 누가 너희에게 요구하였느냐 내 마당만 밟을 뿐이니라 헛된 제물을 다시 가져오지 말라 (사 1:11-13상).

하나님께서 당신의 유익을 위하여 우리가 지닌 것들을 요구하시지 않고, 수준도 맞지 않는 우리에게 당신의 말씀을 주시면서까지 우리가 참된 행복의 삶을 살기를 요구하시고, 당신의 독생자를 제물로 삼으시기까지 우리를 구원하셔서 정의를 구현하고 자비를 행하며 하나님과 동행하는 바른 삶을 살기를 원하시는 것은, 하나님께서는 그 무엇에도 부족함이 없으신 '엘 샷다이'─전능자이신 동시에 충분자시기 때문입니다.

여기에서 우리에게는 또 하나의 질문이 제기됩니다. 하나님께서 우리를 구원해 주시고, 참된 행복을 향한 바른 삶의 길로 인도해 주시고, 우리의 삶이 완전하도록 책임져 주시는 백그라운드 되시기에 충분한 '엘 샷다이'시라면, 그 충분자 하나님을 믿는 우리 삶이 왜 이다지도 부족한 것투성이냐는 질문입니다. 하나님께서 충분자이신 만큼, 그 하나님을 믿는 우리에게도 모든 것이 충분하고도 남음이 있어야 하지 않겠습니까?

이 질문에 대한 해답은 지극히 단순합니다. 우리에게 부족한 것이 있어야, 결핍이 있어야, 부족함이 없으신 충분자─'엘 샷다이' 하나님을 겸손하게 따를 수 있기 때문입니다. 이를테면 우리의 부족함은 부족함이 없는 충분자 하나님과 깊이 교감하는 접촉점으로, 그것이야말로 하나님의 더없이 큰 은혜입니다. 그래서 다윗은 "여호와는 나의 목자시니 내게 부족함이 없으리로다"(시 23:1)라고 고백했습니다. 다윗은 사울 왕의 칼날을 피해 근 10년 동안이나 도피생활을 하고, 아들 압살롬의 쿠데타로 황급히 도망치는 등 그의 인생 자체는 부족함투성이었지만, 그 부족함으로 인해 그는 일평생 겸손하게 부족함이 없으신 충분자 하나님을 자신의 백그라운드로 모실 수 있었습니다. 그러므로 우리 인생의 부족함 그 자체는 문제가 아닙니다. 중요한 것은 그 부족함 속에서도 하나님 앞에서 참된 행복을 향한 바른 삶을 실천해 가는 것입니다. 그때 우리의 백그라운드 되시는 충분자 하나님께서 당신의 부족함 없는 은총으로 우리의 삶을 온전히 세워 주실 것이기 때문입니다.

오늘은 우리를 살리시기 위해 예수님께서 당하신 십자가 죽음의 고난을 묵상하고 부활을 기리는 사순절 넷째 주일입니다. 하나님께서는 우리에게 영원한 구원을 주시기 위해 당신의 독생자를 제물 삼으시기까지 우리에게 부족함 없는 은혜를 베풀어 주셨는데, 우리는 여전히 우리 인생의 부족한 것에 매달려 불평하고 하나님을 원망하느라, 하나님의 정의를 구현하고 자비를 실천하며 겸손히 하나님과 동행하는 삶과는 거리가 멀어도 한참 먼 삶을 살고 있지 않습니까? 그렇게 해서야 우리가 과연 충분자이신 하나님을 믿는다 할 수 있겠으며, 우리가 하나님께서 요구하시는 참된 행복을 향한 바른 삶을 살 수 있겠습니까?

참회의 절기인 사순절 넷째 주일을 맞아, 우리 모두 우리의 믿음 없었음을 회개하십시다. 그리고 우리 인생의 부족한 것이 오히려 하나님의 은혜임을 깨달아 하나님께 감사드리면서, 하나님께서 원하시는 참된 행복을 향한 바른 삶을 추구하십시다. 우리의 백그라운드 되시는 하나님께서 반드시 우리의 삶을 책임져 주실 것입니다. 왜지 아십니까? 우리가 믿는 그분은 부족함이 없으신 '엘 샷다이'—전능자이신 동시에 충분자시기 때문입니다.

하나님께서 내게 요구하시는 것은 하나님의 말씀 속에서 참된 행복의 삶을 사는 것인데, 나는 그동안 하나님께서 내 주머니의 돈에 걸신들린 분으로 오해해 왔습니다. 하나님께서 기뻐하시는 것은 하나님의 정의를 구현하고 자비를 실천하며 겸손하게 하나님과 동행하는 나의 바른 삶인데, 나는 나의 재능이나 물질로 하나님을 달래고 어를 수 있다고 생각해 왔습니다. 하나님께서는 전능하신 분인데, 하나님을 믿는다는 나는 마치 하나님께서 무능한 분인 것처럼 행동해 왔습니다. 하나님께서는 그 무엇에도 부족함이 없는 충분자신데, 그동안 나의 부족한 믿음으로는 부족함 없는 하나님의 은혜를 충분히 누릴 수도 없었습니다. 하나님께서는 죽을 수밖에 없는 죄인인 나에게 영원한 생명을 주시기 위해 당신의 독생자를 제물 삼으시기까지 하셨는데, 나는 여전히 공동묘지에서 마침표를 찍을 삶을 질주하고 있습니다. 그래서 하나님을 믿는다는 나의 삶은 무의미하고 무기력하기만 했습니다. 참회의 절기인 사순절 넷째 주일을 맞이하여 이 모든 잘못을 회개하오니 용서해 주십시오.

우리 인생의 부족함이, 부족함 없는 하나님의 은혜임을 깨닫게 해주셔서 감사합니다. 우리 인생의 부족함으로 인해, 충분자이신 하나님과 늘 바른 관계를 맺게 해주십시오. 우리 인생의 부족함으로 인해, 오직 '엘샷다이'신 하나님만을 내 인생의 백그라운드로 모시게 해주십시오. 우리 인생의 부족함으로 인해, 부족함 없는 하나님의 은혜를 날마다 더욱 깊이 누리게 해주십시오. 그리하여 우리 인생의 부족함 속에서도 참된 행복을 향한 바른 삶을 살게 해주시고, '여호와는 나의 목자시니 내게 부족함이 없으리로다'라는 다윗의 고백이 우리 모두의 고백이 되게 해주십시오. 아멘.

16. 멀리 계시지 아니하도다 <small>사순절 다섯째 주일</small>

사도행전 17장 26-29절

인류의 모든 족속을 한 혈통으로 만드사 온 땅에 살게 하시고 그들의 연대를
정하시며 거주의 경계를 한정하셨으니 이는 사람으로 혹 하나님을 더듬어 찾
아 발견하게 하려 하심이로되 그는 우리 각 사람에게서 **멀리 계시지 아니하도
다** 우리가 그를 힘입어 살며 기동하며 존재하느니라 너희 시인 중 어떤 사람들
의 말과 같이 우리가 그의 소생이라 하니 이와 같이 하나님의 소생이 되었은즉
하나님을 금이나 은이나 돌에다 사람의 기술과 고안으로 새긴 것들과 같이 여
길 것이 아니니라

위로는 파르테논신전을 비롯한 아크로폴리스의 신전들이 올려다보이고,
아래로는 아고라 주위의 온갖 신전들이 내려다보이는 아레오바고 위에 바
울이 섰습니다. 그리고 자신을 그곳으로 데리고 간 아테네의 철학자들에게
바울은, 아테네에 있는 '알지 못하는 신'을 위한 제단을 언급하는 것으로 설
교하기 시작했습니다. 그동안 아테네 사람들이 알지도 못하고 경배해 온 그

신이 누군지 바울 자신이 가르쳐 주겠다는 것이었습니다. 바울은 천지 만물을 창조하신 하나님께서는 천지 만물보다 더 크신 천지 만물의 주인이시기에, 고작 인간이 손으로 지은 건축물 속에 갇혀 계시지 않는다고 선포했습니다. 또 바울은 인간에 의해 피조되어 인간이 손으로 바치는 것들로 자기 부족함을 채우는 우상들과는 달리, '자기 충분성'을 지니신 하나님께서는 이 세상 그 무엇에도 부족함이 없는 분이시요, 오히려 만민에게 생명과 호흡을 주시고 필요한 모든 것을 책임져 주시는 하나님이심을 설파했습니다. 하나님께서 '엘 샷다이', 전능자인 동시에 충분자이시기 때문이었습니다. 그리고 바울의 설교는 26절 상반절로 이어집니다.

  인류의 모든 족속을 한 혈통으로 만드사 온 땅에 살게 하시고.

  당시 사람들은 세상에 퍼져 있는 모든 민족은 각 민족에 따라 각각 다른 생성 기원을 가졌다고 생각했습니다. 당시 아테네 사람들도 마찬가지였습니다. 자신들은 다른 민족들과는 달리 아테네가 위치해 있는 아티카 본토의 흙에서 생겨났기에, 다른 족속이나 민족과는 다르다는 민족적 우월성에 빠져 있었습니다. 그러나 바울은, 하나님께서 인류의 모든 족속을 한 혈통으로 만드사 온 땅에 살게 하셨다고 증언함으로써 그들의 그릇된 생각을 정면으로 반박하였습니다. 하나님께서 온 세상에 퍼져 있는 모든 족속을 한 혈통으로 만드셨다는 것은, 그러므로 온 인류가 모두 한 핏줄을 이어받은 일가친척임을 강조하기 위함이 아니었습니다. 우리말 '한 혈통으로'라고 번역된 헬라어 '엑스 헤노스ἐξ ἑνός'는 오히려 '한 사람으로부터'라는 의미입니다. 바울이 언급한 그 '한 사람'은 물론 하나님께서 창조하신 첫 번째 사람—'아담'입니다. 하나님께서 인류의 모든 족속을 아담 '한 사람으로부터' 만드셨다는 바울의 증언은 세 가지 측면에서 중요한 의미를 지니고 있습니다.

첫째, 온 인류가 모두 아담 한 사람의 후예이므로 이 세상 어느 곳에 사는 어느 족속이든 예외 없이 아담을 창조하신 하나님의 피조물이라는 의미입니다. 다시 말해 인간은 어떤 경우에도 인간 스스로 하나님을 만들어 낼 수 있는 위치에 있지 않다는 것입니다. 둘째, 온 인류가 아담 한 사람의 후예이므로 에덴동산에서의 범죄로 인해 죄 공장으로 전락한 아담 한 사람으로부터 나온 온 인류는 어느 족속 가릴 것 없이, 살인과 강도 짓 같은 범죄를 저지르지 않았다 해도 하나님 앞에서 모두 본질적으로 죄인이라는 의미였습니다. 거룩하신 하나님 앞에서 반드시 죽어야 할 죄인이라는 면에서 아테네 사람 너희들도 예외일 수 없다는 말이었습니다. 셋째, 아담 한 사람으로 말미암아 온 인류가 죽을 수밖에 없는 죄인이 되었으므로, 새로운 아담이신 또 다른 '한 사람' 예수님의 보혈 속에서는 온 인류가 다시 생명을 얻고 영원한 구원을 얻을 수 있다는 의미였습니다. 다음 시간에 살펴보겠지만 아레오바고에서의 바울의 설교가, 인간의 죗값을 대신 치르시기 위해 십자가의 제물로 돌아가셨다가 죽음을 깨뜨리고 부활하신 '한 사람'—예수님에 대한 증언으로 끝나는 이유가 바로 여기에 있습니다.

그들의 연대를 정하시며 거주의 경계를 한정하셨으니(26절 하).

우리말 '연대'로 번역된 헬라어 '카이로스καιρός'는 연대기적 시간을 의미하는 '크로노스κρόνος'와는 달리, 하나님의 섭리에 의해 이루어지는 결정적인 시간을 의미합니다. 그러므로 하나님께서 각 족속의 연대를 정하셨다는 것은 '거주의 경계를 한정하셨다'는 바울의 증언과 함께, 이 세상 모든 족속의 생성과 소멸은 하나님의 개입과 섭리에 의해 이루어진다는 뜻이었습니다.

4주 전에 말씀드렸던 것처럼 2천 년 전 아테네의 철학자들은 에피쿠로스주의자들과 스토아주의자들로 크게 양분되어 있었습니다. 에피쿠로스주의자들은 신의 존재를 부정하지는 않았지만, 신이 인간의 역사와 삶에 개입하지는 않는다고 믿었습니다. 그들에 의하면 만물의 움직임이나 인간의 역사는 우연에 의해 이루어질 뿐이었습니다. 반면에 일체의 자연이 곧 신이며 신은 곧 일체의 자연이라는 범신론을 신봉하던 스토아주의자들은 경배 대상으로서의 창조주를 부정했습니다. 결국 에피쿠로스주의자들이든 스토아주의자들이든, 온 우주 만물과 인간의 역사를 주관하시는 한 분 하나님이 계시다는 것을 인정하지 않기는 매한가지였습니다. 바울은 그와 같은 아테네 철학자들의 잘못된 생각을 지적하면서, 우주 만물과 인간을 창조하신 하나님께서 우주 만물과 인간 역사의 유일하신 주관자이심을 천명한 것이었습니다.

바울의 설교는 27절 상반절에서 다음과 같이 계속되었습니다.

이는 사람으로 혹 하나님을 더듬어 찾아 발견하게 하려 하심이로되.

우리말 '더듬다'로 번역된 헬라어 동사 '프셀랍하오ψηλαφάω'는 '탐구하다', '규명하다', '느끼다'라는 뜻을 동시에 지니고 있습니다. 하나님께서 온 우주 만물과 모든 족속의 역사를 주관하시기에, 누구든지 하나님을 느끼고 발견하려고만 하면 도처에서 하나님을 확인할 수 있습니다. 봄이 가면 여름이 오고, 가을이 끝나면 어김없이 겨울이 찾아오는 계절의 변화를 보십시오. 낮과 밤을 주관하는 해와 달, 밤하늘을 수놓는 수많은 별들과 끝도 없이 펼쳐져 있는 무한대의 우주가 오직 단 하나의 법칙에 의해 움직이고 있지 않습니까? 2천 년 전 당시 아테네 전역에는 인간에 의해 만들어진 신들과 신상들이 약 3만 개 있었다고 했습니다. 만약 온 우주 만물이 3만 개의 신들에 의해 통치된다면, 이 우주는 그 많은 신들의 다툼으로 인한 무질서와 혼돈으로 벌써 파멸하고 말았을 것입니다.

또 어느 나라 어느 민족의 역사이든, 불의가 정의를 영원히 이긴 적이 있었습니까? 그런 일은 인류 역사상 단 한 번도 없었습니다. 어느 곳에서든 불의가 한시적으로 득세한다 할지라도 결국엔 반드시 정의가 승리했습니다. 언제 어디서나 항상 선한 사람이 경시당하고 상대적으로 불이익을 당하는 것 같습니다. 그러나 세월이 지나고 나면 사람들이 존경하는 사람은 결국엔 선인입니다. 사람들은 아프리카와 인도의 재벌들이나 정치인들 이름은 알지 못하지만, 아프리카 원주민들의 아버지였던 슈바이처 박사와 인도 빈민들의 어머니—테레사 수녀는 잊지 않습니다. 그분들은 하나님의 사랑을 자신들의 삶으로 실천한 선인 중의 선인들이었기 때문입니다. 만약 이 세상이 수 만 개의 신들에 의해 분할 통치된다면 수단과 방법을 가리지 않고 자기 영역을 확대하려는 신들의 다툼 속에서 정의는 불의에 압살당하고, 선인은 이 세상 그 어디에도 설 자리가 없을 것입니다. 그러나 우주 만물과 인간을 창조하신 하나님 홀로 온 우주 만물과 인간 역사의 유일한 주관자이시기에, 자연은 태초부터 지금까지 한 분 하나님의 법칙에 따라 한 치의 오차도 없이 정확하게 움직이고 있고, 인간의 역사 속에서 아무리 불의가 기승을 부려도 정의는 반드시 이기고, 홀대당하는 것 같은 선인이 결국엔 뭇사람의 존경의 대상이 됩니다. 이처럼 누구든지 하나님을 느끼고 발견하려고만 하면 도처에서 하나님을 확인할 수 있습니다.

그는 우리 각 사람에게서 멀리 계시지 아니하도다(27절 하).

우리가 단 하나의 법칙에 의해 움직이는 천체의 이동과 계절의 변화를 보고, 또 정의와 선이 반드시 이기는 인간의 역사를 보면서 하나님을 느끼고 확인할 수 있는 것은, 그것들이 단순히 저 하늘 높이 혹은 산 너머나 바다 건너 아득히 멀리 계시는 하나님의 과거의 흔적들이기 때문이 아닙니다. 하나님께서는 결코 우리가 이를 수도 없는 저 멀리, 저 피안彼岸의 세계에 계시는 분이 아니십니다. 삼위일체 하나님께서는 인간의 역사 속으로 침투해 오셔서 언제나 우리 삶의 현장 한가운데, 우리 곁에, 우리와 함께하고 계십니다. 그래서 우리는 언제나 그분을 느끼고, 어디서나 그분을 호흡하고, 도처에서 그분을 뵐 수 있습니다.

이 세상의 모든 종교는 인간이 신을 찾아가야만 합니다. 그리고 자신을 만나 줄지 확실치도 않은 신의 환심을 사기 위한 인간의 치성이 반드시 전제되고 선행되어야만 합니다. 그러나 천지 만물과 인간을 창조하신 하나님께서는 언제나 먼저 인간을 찾아오시는 분이십니다. 사탄의 유혹에 빠져 하나님께서 먹지 말라 금하신 선악과를 범하고 두려움에 떨며 숲 속에 숨어 있는 아담과 하와를, 하나님께서는 나 몰라라 내팽개치시지 않았습니다. "아담아, 네가 어디 있느냐?" 하나님께서 도리어 아담의 이름을 부르시며 먼저 찾아가셨습니다. 그리고 그들이 스스로 만들어 입고 있는, 이내 말라 으스러져 버릴 무화과나뭇잎 치마 대신에, 당신께서 친히 창조하신 짐승을 제물 삼아 얻으신 가죽으로 그들에게 영구적인 가죽옷을 지어 주셨습니다. 그리고 에덴동산 밖에서 그들의 삶을 영위하도록 배려해 주셨습니다. 죄 없는 동생을 쳐 죽인 가인을 하나님께서 영영 외면하시지 않았습니다. 하나님께서는 살인자 가인도 먼저 찾아가셔서 그에게 생명의 표를 주셨습니다. 세상 사람들이 모두 흥청망청 놀고 먹고 마실 때 외로이 방주를 건조한 노아가 인류의 두 번째 시조가 될 수 있었던 것도, 하나님께서 그를 먼저 찾아가 주셨기 때문입니다. 지난 수요 성경공부 시간부터 우리는 아브라함에 대해 다시 공부하기 시작했습니다. 우상의 도시 하란에 살던 아브라함이 약속의 땅—가나안으로 이주했던 것도, 하나님에 대해 무지하던 아브라함이 '엘 샷다이'—전능자이신 동시에 충분자이신 하나님을 알고 믿음으로 끝내 믿음의 조상이 될 수 있었던 것도, 하나님께서 매번 아브라함을 먼저 찾아가 주시고 아브라함과 함께해 주신 덕분이었습니다.

또 하나님께서는 인간에게 당신의 특별계시인 당신의 말씀을 주셨습니다. 당신의 말씀을 통해 인간에게 당신을 더 구체적으로 계시해 주시고 인간과 대화를 나누시기 위함이었습니다. 사람들은 자신과 수준이 맞지 않는 사람과 말을 주고받기를 꺼립니다. 그런 면에서 우리의 수준은 절대로 하나님의 대화 상대가 될 수 없습니다. 그럼에도 하나님께서는 수준도 맞지 않는 우리에게 당신의 특별계시인 말씀을 주셨습니다. 그 덕분에 우리는 자연계시—즉 자연현상과 인간의 역사를 통해 하나님을 피상적으로만 느끼고 확인하는 차원을 뛰어넘어, 하나님의 특별계시인 성경 말씀을 통해 하나님의 뜻과 속성과 의도를 구체적으로 알 수 있습니다. 그뿐이 아닙니다. 성자 하나님께서 인간의 몸을 입고 이 땅에 직접 오심으로써 인간으로 하여금 하나님의 사랑과 자비로우심을 직접 보게 해주셨습니다. 더욱이 성자 하나님이신 예수님께서 인간의 죗값을 대신 치르시기 위해 십자가의 제물로 돌아가셨다가 사흘째 되는 날 죽음을 깨뜨리고 부활하심으로, 죽을 수밖에 없는 죄인인 인간에게 먼저 영원한 생명의 길, 구원의 길을 주셨습니다.

그 예수님께서 지상에서 구원 사역을 마치고 승천하시기 직전 우리에게 남기신 말씀을 마태복음 28장 20절 하반절은 이렇게 전해 주고 있습니다.

볼지어다 내가 세상 끝 날까지 너희와 항상 함께 있으리라.

부활하신 예수님—성자 하나님의 몸은 승천하시지만, 당신의 영으로 이 세상 끝 날까지 우리와 항상 함께하시겠다는 약속의 말씀입니다. 이처럼 인간을 창조하신 삼위일체 하나님께서는 언제나 인간을 먼저 찾아오셨고, 당신의 말씀으로, 당신의 영으로, 언제나 인간과 함께하고 계십니다. 그러므로 바울이 신비로운 하나님의 섭리에 따라 자신의 계획에도 없던 아가야 땅의 아테네로 진출하여 아테네 사람들에게 하나님의 복음을 전한 것은, 하나님께서 바울을 통해 당신의 말씀으로, 당신의 영으로, 우상의 도시 아테네 사람들을 먼저 찾아가셔서 그들과 함께하고 계심을 의미했습니다. 그래서 바울의 설교는 이렇게 이어집니다.

우리가 그를 힘입어 살며 기동하며 존재하느니라(28절 상).

이 구절은 주전 6세기 크레타의 시인 에피메니데스의 4행시 〈크레티카 Cretica〉에 나오는 구절을 바울이 인용한 것입니다. 그 시 속에서 시인은 제우스의 아들 미노스의 입을 빌려 제우스에게 다음과 같이 경의를 표합니다. "왜냐하면 우리가 당신 안에서 살며 움직이고 존재하기 때문입니다." 제우스 덕분에 인간이 살고 움직이고 존재할 수 있다는 것입니다. 그러나 제우스는 인간들에 의해 만들어진 허구의 이야기일 뿐임을 알았던 바울이었기에, 바울은 아테네 사람들이 잘 알고 있는 그 시구를 인용하여 오히려 아테네 사람들에게 하나님을 설명하였습니다. 인간을 창조하신 하나님께서 언제나 인간을 먼저 찾아와 주시고 늘 인간과 함께 계시기에, 인간이 의식하든 못하든 상관없이 인간은 하나님의 은혜 속에서 살고 움직이고 존재한다는 것이었습니다.

> 너희 시인 중 어떤 사람들의 말과 같이 우리가 그의 소생이라 하니 이와
> 같이 하나님의 소생이 되었은즉(28절 하-29절 상).

바울이 여기에서 인용한 "우리가 그의 소생"이라는 표현은, 방금 앞에
서 인용한 에피메니데스의 시보다도 아테네 사람들에게 더 잘 알려진 시
의 내용이었습니다. 주전 3세기 길리기아 시인 아라투스의 시 〈페노메나
Phaenomena〉에, 제우스를 가리켜 '우리가 그의 소생'이라는 표현이 등장합
니다. 그리고 역시 주전 3세기에 활동한 시인 클레안테스의 시 〈제우스 찬가
Hymn to Zeus〉에도 동일한 표현이 나옵니다. 그러나 제우스는 이미 언급한
것처럼 피조된 허구의 존재이므로 바울은 아테네 사람들이 애송하는 그 시
적 표현을 인용하여 우리가 "하나님의 소생", 즉 하나님의 자녀라고 선포한
것이었습니다. 이처럼 바울은 유대 역사와 문화의 좁은 우물에 갇힌 편협한
유대인이 아니라, 헬라 역사와 문화에도 정통한 세계인이었습니다.

> 하나님을 금이나 은이나 돌에다 사람의 기술과 고안으로 새긴 것들과 같
> 이 여길 것이 아니니라(29절 하).

인간을 먼저 찾아오시고 인간과 함께하고 계시는 하나님에 의해 우리가
모두 알게 모르게 하나님의 소생이 되었으므로, 인간이 머리를 짜내어 금속
이나 돌을 이용하여 인간의 기술로 만든 우상들과 하나님을 동일시해서는
안 된다고 바울이 선포한 것입니다. 이것은 이미 바울이 24절에서 언급한,
천지의 주인이신 하나님께서는 고작 인간이 손으로 지은 건축물 속에 갇혀

계시지 않는다는 말의 단순 재반복을 의미하지 않습니다. 바울의 이 선포는, 우리가 하나님에 의해 하나님의 소생이 되었으므로 이제부터 하나님의 소생답게 살아야 한다는 말입니다.

아테네 사람들은 인간들의 기술과 고안으로 만든 신상들을 아름답게 치장하고 그 신상들 앞에 온갖 제물을 바쳐야 자신들이 믿는 신들이 비로소 신적 가치를 지니게 되고, 그 결과로 자기 자신들의 삶도 가치를 지닌다고 생각했습니다. 그러나 곰곰이 생각해 보면 그 가치의 출처는 신들이 아니라, 실은 그 신들을 만든 인간 자신들인 셈이었습니다. 그렇기에 공동묘지에서 한 줌의 흙으로 끝나 버릴 자신들을 출처로 삼은 그 가치는 물거품처럼 허망한 가치일 수밖에 없었습니다. 그러나 인간을 창조하신 하나님께서는 인간을 창조하시기 전부터 창조주 하나님이셨습니다. 인간이 하나님을 아름답게 치장해 드리고 하나님께 진귀한 제물을 바쳐야 하나님께서 신적 가치를 지니게 되고, 그 결과로 인간의 삶이 가치롭게 되는 것이 아닙니다. 인간은 죽을 수밖에 없는 더러운 죄인에 지나지 않지만, 하나님께서 인간을 먼저 찾아오셔서 함께해 주시기에 무가치한 인간이 하나님에 의해 존귀한 하나님의 소생이 되었습니다. 공동묘지에서 허망하게 끝나 버릴 무의미한 인생이 절대적 가치를 지니게 된 것입니다. 인간 가치의 출처가 우상을 섬기던 아테네 사람들처럼 자기 자신이 아니라 하나님이시기에, 그 가치는 영원하고도 절대적인 가치입니다.

그렇다면 하나님에 의해 하나님의 소생이 되고 인생의 절대적인 의미를 지니게 된 인간이 하나님의 소생답게 살아가는 것은 무엇을 의미하겠습니까? 아테네 사람들처럼 자신의 것들로 하나님을 치장하고 채워 드리는 것이 결코 아닙니다. 정반대로 하나님의 것들로 자신을 치장하고 채우는 것입니다. 하나님의 진리와 사랑과 생명으로 자신의 심령을 채우고, 언제 어디서나 하나님의 말씀을 좇아 사는 것입니다. 그 이외에 하나님의 소생답게 사는 길은 이 세상 그 어디에도 없습니다.

2년 전 안식월 기간 중 3개월 동안 일본 오키나와에서 체류했습니다. 오키나와는 일본 규슈 남단으로부터 약 685킬로미터 떨어진 일본 최남단에 위치한 섬으로서, 남북 길이 106킬로미터에 동서 최대 폭이 31킬로미터에 불과한 면적 1208제곱킬로미터의 크지 않은 섬입니다. 그 섬의 북쪽 끝에 '헤도미사키辺戸岬'가 있습니다. '헤도'는 지명이고 '미사키'는 바다 쪽으로 좁고 길게 뻗어 있는 뭍의 끝부분으로, 우리말 '곶' 혹은 '갑'에 해당하는 일본어입니다. 헤도미사키의 절벽 끝에 서면 절벽 왼쪽으로는 필리핀으로 이어지는 동중국해가, 그리고 절벽 오른쪽으로는 일본 본토로 향하는 태평양이 동시에 보입니다. 제가 헤도미사키를 찾아갔던 2011년 4월 1일은 차가운 바람이 매섭게 몰아쳐서인지, 오키나와의 관광명소로 알려진 그 절벽 위에는 아무도 없었습니다. 그 절벽 위에서 동중국해와 태평양을 하염없이 바라보는 제 마음속에 문득 이런 질문이 떠올랐습니다. 내가 만약 이 외딴 헤도미사키에서 태어나 일평생 이 외진 곳에서 살아야 한다 해도, 과연 내 인생에 무슨 가치가 있을 수 있을까? 그 대답은, 그래도 '가치가 있다'는 것이었습니다. 내 존재의 가치는 내게 있는 것이 아니라, 나를 창조하시고 나를 찾아오셔서 나와 함께하고 계시는 하나님으로부터 주어지기 때문입니다. 그러므로 내가 일본 최남단 오키나와 섬의 북쪽 끝 헤도미사키가 아니라 깊은 바닷속 땅 아래에 거할지라도, 내 인생은 나와 함께하고 계시는 하나님으로 인해 절대적인 의미를 지닙니다. 우리가 언제 어디서나 하나님의 소생답게 하나님의 진리와 사랑과 생명으로 우리의 심령을 채우고, 어떤 상황 속에서든 하나님의 말씀을 좇아 살아야 할 까닭이 바로 이것입니다.

오늘은 우리를 먼저 찾아와 주시고, 우리를 하나님의 소생으로 삼아 주시기 위해 성자 하나님이신 예수님께서 당하신 십자가 죽음의 고난을 묵상하고 부활을 기리는 사순절 다섯째 주일입니다. 우리가 비록 가진 것도, 내세울 것도 없는 보잘것없는 존재라 할지라도, 십자가의 보혈로 우리를 살려 주신 예수 그리스도 안에서 영원히 존귀한 하나님의 소생이 되었음을 잊지 마십시다. 우리를 먼저 찾아와 주시고 언제나 우리와 함께하고 계신 삼위일체 하나님에 의해 우리 존재가 절대적 의미를 지니게 되었음을 절대로 망각하지 마십시다. 이제부터 하나님의 소생답게 하나님의 진리와 사랑과 생명으로 우리의 심령을 채우고, 설령 우리의 인생이 태산을 넘어 험한 계곡에 빠진다 해도 오직 하나님의 말씀을 좇아가십시다. 그 말씀이 곧 '엘 솨다이' 하나님이시기에, 충분자이신 하나님께서 반드시 우리의 삶을 책임져 주실 것입니다. 이 사실을 터득한 바울은 그래서 우리에게 다음과 같이 증언하고 있습니다.

"자기 아들을 아끼지 아니하시고 우리 모든 사람을 위하여 내주신 이가 어찌 그 아들과 함께 모든 것을 우리에게 주시지 아니하겠느냐"(롬 8:32).

나는 하나님의 명령을 수도 없이 범한, 죄인 아담이었습니다. 나는 수많은 형제자매들을 때로는 내 마음으로, 때로는 내 말로 살해한, 살인자 가인이었습니다. 나는 우상의 도시 하란에서 세상의 보이는 것들을 신들로 섬기던, 우상숭배자 아브라함이었습니다. 나는 예수 그리스도를 부정하고 진리를 짓밟던, 폭도 바울이었습니다. 아무리 생각해도 나는 하나님 근처에 얼씬거릴 수도 없는, 죄인 중의 괴수였습니다. 그럼에도 하나님께서 '아담아, 네가 어디 있느냐?' 내 이름을 부르시며, 죄인 아담인 나를 먼저 찾아오셨습니다. 살인자 가인인 나에게, 먼저 생명의 표를 주셨습니다. 우상숭배자 아브라함인 나에게, 먼저 하나님의 언약을 주셨습니다. 폭도 바울인 내 눈의 비늘을 벗겨 주시고, 하나님의 도구로 삼아 주셨습니다. 무엇보다도 성자 하나님이신 예수님께서 나의 죗값을 대신 치러 주심으로 존귀한 하나님의 소생이 되게 해주시고, 그것도 모자라 언제나 내 삶 한가운데에서 나와 함께하고 계십니다. 그래서 죽을 수밖에 없던 나의 인생이, 절대적인 가치를 지니게 해주셨습니다.

이것이 가능할 수 있도록 예수님께서 당하신 고난을 묵상하고 부활을 기리는 사순절 다섯째 주일을 맞이하여, 우리 모두 이제부터 하나님의 소생답게 살아가기를 결단합니다. 하나님의 진리와 사랑과 생명으로 우리의 심령을 채워 주십시오. 태산을 넘어 험곡에 빠져도, 오직 하나님의 말씀을 좇아 나아가게 도와주십시오. 그리하여 우리 모두 믿음의 조상 아브라함이 되게 해주시고, '자기 아들을 아끼지 아니하시고 우리 모든 사람을 위하여 내주신 이가 어찌 그 아들과 함께 모든 것을 우리에게 주시지 않겠느냐'고 세상을 향해 우리의 삶으로 증언하는, 이 시대의 바울이 되게 해주십시오. 아멘.

17. 회개하라 고난 주일

사도행전 17장 30-31절
알지 못하던 시대에는 하나님이 간과하셨거니와 이제는 어디든지 사람에게 다 명하사 **회개하라** 하셨으니 이는 정하신 사람으로 하여금 천하를 공의로 심판할 날을 작정하시고 이에 그를 죽은 자 가운데서 다시 살리신 것으로 모든 사람에게 믿을 만한 증거를 주셨음이니라 하니라

세상에 어느 부모가 자기 자식을 폭도들에게 몰매 맞는 자리에 자진하여 내어 주겠습니까? 자식이 몰매를 맞고 오면, 도리어 가해자에게 보복하려 하지 않겠습니까? 폭도들에게 몰매를 맞다가 끝내 죽어야 하는 자리라면, 부모가 몰랐다면 모르되, 안 이상 그런 자리에 자기 자식을 내어 줄 부모는 더더욱 없을 것입니다. 수단과 방법을 가리지 않고 폭도들 몰래 자기 자식을 숨기거나 빼돌릴 것입니다. 그것이 부모의 마음이요 또 인지상정입니다. 그러나 하나님께서는 세상의 부모와 같지 않으셨습니다.

하나님의 독생자이신 예수님께서 체포당하시기 전, 임박한 당신의 십자가

죽음을 예견하시고 한밤중의 겟세마네 동산에서 땀방울에 피가 맺히기까지 처절하게 기도하셨지만, 흑암의 휘장으로 뒤덮인 밤하늘로부터는 단 한 마디의 응답도 없었습니다. 하나님 아버지께서는 독생자의 처절한 기도에 침묵하셨습니다. 죄 없는 예수님께서 로마제국의 총독 빌라도에게 사형선고를 받으시고 폭도와도 같은 로마 군병들에게 살점이 떨어져 나가는 채찍질을 당하실 때에도, 골고다로 끌려가 십자가에 못박히실 때에도, 하나님께서는 침묵하실 뿐 무자비한 폭력에 짓밟히는 당신의 독생자에게 구원의 손을 내밀어 주시지 않았습니다. 그 아버지를 향해 십자가에 못박히신 예수님께서 마침내 절규하셨습니다. "나의 하나님, 나의 하나님, 어찌하여 나를 버리셨나이까?"(마 27:46) 하나님께서 사람들의 고안과 기술에 의해 금속이나 돌로 만들어진, 눈이 있어도 보지 못하고, 귀가 있어도 듣지 못하고, 입이 있어도 말하지 못하는 우상이셨습니까? 결코 아니었습니다. 하나님께서는 십자가에서 죽어 가는 당신의 독생자를 똑똑히 보셨고, 당신의 독생자의 피 맺힌 절규까지 다 들으셨고, "아들아, 내가 여기 있다" 얼마든지 대답하실 수 있었습니다. 그럼에도 하나님께서는 왜 침묵으로 일관하셨습니까? 이 질문에 대한 해답은 본문 속에서 바울이 제시해 주고 있습니다.

위로는 파르테논신전을 비롯한 아크로폴리스의 신전들이 올려다보이고, 아래로는 아고라 주위의 온갖 신전들이 내려다보이는 아레오바고 위에 바울이 섰습니다. 그리고 자신을 그곳으로 데리고 간 아테네의 철학자들에게 바울은, 아테네에 있는 '알지 못하는 신'을 위한 제단을 언급하는 것으로 설교하기 시작했습니다. 그동안 아테네 사람들이 알지도 못하고 경배해 온 그 신이 누군지 바울 자신이 가르쳐 주겠다며 하나님에 대해 설교하기 시작한 것이었습니다. 즉, 천지 만물을 창조하시고 천지 만물의 주인이신 하나님께서는 고작 사람이 손으로 만든 건축물 속에 갇혀 계시지 않는다, 인간에 의해 피조되어 인간이 바치는 것들로 자기 부족함을 채우는 우상들과는 달리 자기 충분성을 지닌 하나님께서는 무엇이 부족하시기는커녕 오히려 인간에게 생명과 호흡 그리고 필요한 모든 것을 주시는 분이시다, 아담 한 사람으로부터 모든 족속 모든 민족이 나오게 하신 하나님께서 온 우주 만물과 인간 역사의 주관자시다, 하나님께서는 멀리 계시지 않고 언제나 인간과 함께하시기에 하나님을 느끼고 발견하려는 사람은 도처에서 하나님을 확인할 수 있다, 그리고 인간을 먼저 찾아와 주시고 인간과 함께해 주시는 하나님에 의해 사람들이 존귀한 하나님의 소생이 되었으므로 이제부터 하나님의 소생답게 살아야 한다는 것이었습니다.

그리고 바울의 설교는 다음과 같이 결론을 맺었습니다.

알지 못하던 시대에는 하나님이 간과하셨거니와(30절 상).

"알지 못하던 시대"는 의미상 23절의 "알지 못하는 신"과 연결됩니다. 하나님께서 천지를 창조하셨고 우주 만물과 인간 역사의 주관자이심을 사람들이 알지 못하던 시대에는, 하나님께서 인간의 우상숭배 행위마저 간과하시면서 자연을 통해 당신을 계시하셨습니다. 여기에서 '간과하셨다'는 것은 하나님께서 인간이 범하는 우상숭배의 죄악을 보지 못하셨다는 말이 아니라, 그 죄악을 보시고서도 그것이 인간의 무지로 인함이기에 허물치 않으셨다는 말입니다.

이제는 어디든지 사람에게 다 명하사 회개하라 하셨으니(30절 하).

그러나 2천 년 전 바울의 시대에는 예전과 모든 상황이 달라졌습니다. 하나님께서 인간을 구원하시기 위해 당신의 독생자이신 예수님을 이 땅에 보내셨고, 예수님께서 십자가의 제물이 되심으로 인간의 죗값을 대신 치르셨고, 하나님의 그 구원의 복음이 온 세상으로 퍼져 나가고 있었습니다. 삼위일체 하나님께서는 더 이상 인간에게 '알지 못하는 신'이 아니셨습니다. '알지 못하는 신'은 이 땅에 오신 예수님을 통해 당신을 만천하에 드러내셨고, 그와 동시에 하나님을 '알지 못하던 시대'도 막을 내렸습니다. 그래서 하나님께서 이제는 어디에서나 모든 사람들에게 명하시기를 회개하라고 하셨다는 것입니다. '회개하다'로 번역된 헬라어 동사 '메타노에오μετανοέω'는 '마음과 태도, 생각을 바꾸다' 혹은 '돌아서다'라는 의미로서, 이제부터는 자기라는 우상 숭배의 어리석은 삶에서 돌아서서 천지 만물의 주인이시고 인간 역사의 주관자이신 삼위일체 하나님을 믿고 섬겨야 한다는 말입니다. 우리 개역개정판 성경에는 하나님께서 "명하사 회개하라 하셨으니"라고 과거형으로 번역되어 있어, 하나님께서 마치 과거에 한 번 회개하라고 명령하셨던 것처럼 보입니다. 그러나 헬라어 원문에는 '명하다'라는 동사 '파랑겔로παραγγέλλω'가 현재형으로 기록되어 있습니다. 하나님께서는 시공을 초월하여 어디에서나 모든 사람들에게 항상 회개하라고 현재형으로 명령하고 계십니다. 이 세상 그 누구도 삼위일체 하나님을 향해 돌아서는 회개에서 예외일 수 없다는 뜻입니다. 도대체 모든 사람이 삼위일체 하나님을 향해 회개해야 할 이유가 무엇입니까?

이는 정하신 사람으로 하여금 천하를 공의로 심판할 날을 작정하시고 (31절 상).

"정하신 사람"은 예수님을 가리킵니다. 하나님께서는 당신의 독생자인 예수 그리스도를 심판주로 정하시고 천하 만민을 당신의 공의로 심판하십니다. 하나님께서 당신의 공의로운 판단으로 인간을 심판하신다면 하나님의 심판대에서 살아남을 인간이 어디에 있겠습니까? 모든 인간들이 공의로운 하나님의 무서운 심판대에서 형장의 이슬로 사라지고 말 것입니다. 그 비극적인 결말을 다 아시면서도 하나님께서 당신의 공의로운 심판을 강행하신 것은 아니었습니다.

이에 그를 죽은 자 가운데서 다시 살리신 것으로 모든 사람에게 믿을 만한 증거를 주셨음이니라 하니라(31절 하).

하나님께서는 인간이 치러야 할 죄의 값인 죽음의 형벌을 당신의 독생자인 예수님으로 하여금 대신 치르게 하시기 위해, 예수님을 십자가의 제물 삼아 인간을 위한 속죄양이 되게 하셨습니다. 그러므로 인간의 죄를 사해 주시기 위해 당신의 독생자로 하여금 당신의 공의에 따라 인간의 죗값을 대신 치르게 하신 하나님께서는, 인간의 죄를 용서하시고서도 당신이 공의의 하나님이심을 천하 만방에 확증하셨습니다. 그러나 인간의 죄를 대신 짊어지고 십자가의 제물로 돌아가신 예수님께서는 무죄한 분이셨습니다. 하나님께서는 무죄한 예수님을 죽음 속에 방치하지 않으셨습니다. 만약 그렇게 하셨더라면 하나님께서는 공의의 하나님이실 수 없었습니다. 하나님께서는 공의의 하나님이시기에 무죄한 예수님께서 돌아가신 지 사흘째 되는 날, 죽음 한가운데에서 예수님을 영원히 일으켜 세우심으로써 천하 만민들에게 당신이 공의의 하나님이심을 다시 한 번 재확인시켜 주셨습니다. 그리고 십자가의 제물로 돌아가셨다가 부활하신 예수 그리스도 안에서 천하 만민이 죄사함을 얻어 하나님의 자녀로 영원히 구원 얻게 하심으로, 하나님의 공의는 하나님의 사랑과 결코 분리되지 않는다는 증거가 되게 하셨습니다. 그러므로 자기라는 우상 숭배의 어리석은 삶에서 돌아서서 삼위일체 하나님을 향해 회개하라는 것이 바울의 결론이었습니다. 삼위일체 하나님을 향해 돌아서는 사람만 하나님의 공의로운 심판을 면하고, 예수 그리스도 안에서 하나님의 자녀로 구원받는 하나님의 사랑을 입을 수 있기 때문입니다.

바울이 결론을 맺으면서 예수님을 '정하신 사람'이라 부른 것은 26절의 '한 혈통'과 연결시키기 위함이었습니다. 지난 시간에 말씀드린 것처럼, 우리말 '한 혈통으로'라고 번역된 헬라어 '엑스 헤노스'는 '한 사람으로부터'라는 의미입니다. 그러므로 바울은, 첫 번째 사람 아담 한 사람의 범죄로 인해 그에게서 나온 온 인류가 모두 죄인이 된 것처럼, 하나님께서 세우신 새로운 아담인 또 다른 '한 사람' 예수님 안에서는 온 인류가 구원 얻을 수 있음을 강조한 것이었습니다. 인간을 위해 십자가의 제물이 되셨던 예수님만 하나님께서 구원자인 동시에 심판자로 정하신 바로 '그 한 사람'이었기 때문임은 두말할 나위가 없습니다.

하나님께서 당신의 사랑하는 독생자 예수님을 처참한 십자가의 죽음에 자발적으로 내어 주신 이유가 바로 여기에 있었습니다. 당신의 독생자가 겟세마네 동산에서 땀에 피가 배어나기까지 밤이 맞도록 처절하게 기도할 때에도, 당신의 독생자가 폭도와도 같은 로마 군병들에게 살점이 떨어져 나가는 채찍질을 당할 때도, 마침내 사지에 못이 박혀 '어찌하여 나를 버리시나이까?' 피 맺힌 마지막 절규를 토하며 운명할 때에도, 하나님께서 오직 침묵으로 일관하셨던 것 역시 동일한 이유 때문이었습니다. 당신의 독생자를, 죄와 사망의 덫으로부터 인간을 구원하시기 위한 속죄양으로 삼으셨기 때문입니다. 그래서 예수님께서는 비단옷을 입으시고 잠자리에 편안하게 누우신 채 당신의 임종을 평화롭게 맞으실 수 없었습니다. 인간이 사지백체로 범한 모든 죗값을 온전히 치르시기 위해서는 당신의 머리가 가시관에 짓눌려 피를 흘리고, 가슴과 등의 살점이 채찍질로 떨어져 나가고, 손과 발이 못박히고, 옆구리가 창에 찔려 마지막 피와 물 한 방울까지 다 흘리며 비참하게 죽는, 온전한 희생 제물이 되셔야만 했습니다.

오늘은 우리를 위한 예수님의 그 십자가 죽음의 고난을 묵상하고 기리는 사순절 여섯째 주일이자 고난 주일입니다. 오늘을 고난 주일이라 하는 것은, 예수님께서 2천 년 전 십자가에 못박혀 돌아가신 날이 이번 주 금요일이기 때문입니다. 그렇다면 예수님의 고난을 묵상하고 기린다는 것은 구체적으로 무엇을 의미하겠습니까? 예수님께서 십자가에서 당하신 육체적 고통과 동일한 고통을 자기 육체에 스스로 가하는 것입니까? 예수님의 고난을 묵상하고 기린다는 것은 그런 의미가 아닙니다. 다음은 바울의 증언입니다.

> 그리스도 예수의 사람들은 육체와 함께 그 정욕과 탐심을 십자가에 못박았느니라(갈 5:24).

예수님께서 당신의 죄로 인해 십자가의 형벌을 받으신 것이 아닙니다. 우리가 받아야 할 죄의 형벌을 대신 받으시기 위해 십자가의 고난을 당하셨습니다. 그러므로 예수님의 그 고난을 묵상하고 기리는 것은, 예수님의 십자가 위에서 예수님과 함께 십자가에 못박힌 나의 정욕과 탐욕을 확인하는 것입니다. 예수님과 함께 못박힌 나의 온갖 흉측한 죄악을 재확인하는 것입니다. 그리고 아직까지 내 속에 남아 있는 정욕과 탐욕의 잔재를 십자가에 못박는 것입니다. 한마디로 말해 예수 그리스도 안에서 나의 옛사람이 온전히 죽는 것입니다. 그것이 나를 위한 예수님의 고난을 묵상하고 기리는 것입니다. 그때에만 죽음을 깨뜨리고 부활하신 예수 그리스도 안에서 하나님을 향해 온전히 돌아서는 회개의 삶을 살 수 있기 때문입니다. 그래서 바울은 로마서 6장 6-7절을 통해 이렇게 증언하였습니다.

우리가 알거니와 우리의 옛사람이 예수와 함께 십자가에 못박힌 것은 죄의 몸이 죽어 다시는 우리가 죄에게 종노릇하지 아니하려 함이니 이는 죽은 자가 죄에서 벗어나 의롭다 하심을 얻었음이라.

그렇지 않습니까? 예수 그리스도 안에서 옛사람이 죽는 자기 죽음의 과정 없이, 어떻게 새로운 피조물로 거듭날 수 있겠습니까?

올해 사순절은 한 달 열흘 전인 2월 13일 수요일부터 시작되었습니다. 그날 저는 부산 광안리에 있는 성베네딕도수녀원에서 이해인 수녀님과 함께 사순절 첫째 날을 여는 정오 기도회에 참석했습니다. 30분에 걸쳐 진행된 기도회 동안 수녀님들의 찬양과 기도는 지극히 절제된 작은 소리였지만, 그 절제된 작은 소리는 뇌성雷聲보다 더 큰 울림으로 제 심령에 부딪쳤습니다. 기도회가 끝난 뒤 수녀원 원장님의 배려로 원장실에서 점심식사를 나누었습니다. 그리고 이해인 수녀님과 환담을 나누고 떠나려는 제게 이해인 수녀님께서 당신의 기도 시집 《사계절의 기도》를 주셨습니다. 그 시집에 수록된 시들 가운데 사순절을 위한 기도 시들이 시작되는 페이지에 책갈피가 꽂혀 있었는데, 그중에 〈성금요일의 기도〉가 있었습니다. '성금요일'은 예수님께서 못박히신 금요일을 뜻합니다. 그 시의 마지막 부분이 다음과 같습니다.

죽음의 쓴잔을 마셔

죽음보다 강해진 사랑의 주인이여

당신을 닮지 않고는

내가 감히 사랑한다고 뽐내지 말게 하소서

당신을 사랑했기에

더 깊이 절망했던 이들과 함께

오늘은 돌무덤에 갇힌

한 점 칙칙한 어둠이게 하소서

빛이신 당신과 함께 잠들어

당신과 함께 깨어날

한 점 눈부신 어둠이게 하소서

이해인 수녀님께서는 '죽음'과 '어둠'을 동의어로 사용하셨습니다. 밤의 어둠이 지나야 빛의 아침이 옵니다. 어둠을 아는 사람이 빛의 가치를 압니다. 어둠을 깊이 체험한 사람이 빛을 더 깊이 사모합니다. 예수 그리스도 안에서 옛사람이 죽어야 새사람으로 거듭납니다. 죽음을 아는 사람이 생명의 가치를 압니다. 죽음의 깊이를 아는 사람이, 십자가의 예수 그리스도 안에 있는 생명의 높이를 더 깊이 사모합니다. 진실로 자기에게 처절하게 절망해 본 사람만 자신을 위해 고난당하신 예수 그리스도 안에서 자신의 정욕과 탐욕을 미련 없이 못박고, 부활의 예수님을 향해 확실하게 돌아서는 회개의 삶을 살 수 있습니다. 이것이 고난 주일을 맞는 우리에게, 우리를 위해 고난당하신 주님께서 주시는 메시지입니다.

나의 죗값을 대신 치르시기 위해 주님 못박히신 십자가에서, 주님과 함께 못박힌 나의 온갖 죄악을 보게 해주십시오. 아직까지 내 마음을 사로잡고 있는 정욕과 탐욕을, 주님과 함께 십자가에 못박게 해주십시오. 정욕과 욕망에 사로잡혀 사느라 어리석게도 나의 생명을 허망하게 갉아먹어온 나 자신에 대해 철저하게 절망함으로, 십자가의 주님을 향해 확실하게 돌아서는 회개의 삶을 시작하게 해주십시오. 날 위해 십자가에 못박히신 주님 안에서 나의 옛사람이 온전히 죽어짐으로, 주님 안에서 새로운 피조물로 거듭나게 해주십시오. 죽음을 깊이 앎으로, 생명의 높이를 더욱 깊이 알게 해주십시오. 어둠의 고통과 고뇌를 헤쳐 나감으로, 빛을 더욱 사모하게 해주십시오. 그리하여 날 위해 주님 당하신 고난을 묵상하고 기리는 이 한 주간의 고난 주간이, 빛이신 주님과 함께 잠들어 주님과 함께 깨어나는 한 점 눈부신 어둠이게 해주십시오. 아멘.

18. 죽은 자의 부활을 _{부활 주일}

사도행전 17장 32-34절
그들이 **죽은 자의 부활을** 듣고 어떤 사람은 조롱도 하고 이떤 사람은 이 일에 대하여 네 말을 다시 듣겠다 하니 이에 바울이 그들 가운데서 떠나매 몇 사람이 그를 가까이하여 믿으니 그중에는 아레오바고 관리 디오누시오와 다마리라 하는 여자와 또 다른 사람들도 있었더라

북한에서 중국으로 탈북한 할머니의 실제 이야기라고 합니다. 중국에 거주하고 있는 한국인이 그 할머니에게 예수 그리스도의 복음을 전했습니다. 그러자 예수님의 이름을 들은 할머니가 의아한 표정으로 한국인에게 되물었습니다. "그때 그 예수가 아직도 살아 있소?" 할머니는 어린 시절 북한 땅에서 8·15광복과 한국전쟁을 겪으면서 공산당에 의해 예배당들이 파괴되고 기독교인들이 끌려가 처형당하는 것을 자신의 눈으로 똑똑히 목격한 분이었습니다. 그때 할머니는 어린 마음에 예배당들이 파괴되고 기독교인들이 처형당하는 순간, 기독교인들이 믿던 예수도 기독교인들과 함께 죽었다

고 생각했습니다. 그리고 60여 년의 세월이 흐른 뒤 느닷없이 오래전에 죽은 줄만 알았던 예수 이야기를 들으니, 그때 그 예수가 아직 살아 있느냐고 반문한 것이었습니다. 오늘은 2천 년 전 십자가에 못박혀 돌아가셨다가 사흘째 되는 날 죽음을 깨뜨리고 부활하셨던 그때 그 예수가 지금도 살아 있음을 기념하는 부활 주일입니다.

우리가 지난 5주 동안 살펴보았던 것처럼, 위로는 파르테논신전을 비롯한 아크로폴리스의 신전들이 올려다보이고 아래로는 아고라 주위의 온갖 신전들이 내려다보이는 아레오바고에서, 바울이 아테네의 철학자들에게 행한 설교의 요지는 다음과 같았습니다. 즉, 천지 만물을 창조하시어 천지 만물의 주인이신 하나님께서는 고작 사람이 손으로 만든 건축물 속에 갇혀 계시지 않는다, 인간에 의해 피조되고 인간이 바치는 것들로 자기 부족함을 채우는 우상들과는 달리 자기 충분성을 지닌 하나님께서는 무엇이 부족하시기는커녕 도리어 인간에게 생명과 호흡과 필요한 모든 것을 주시는 분이시다, 아담 한 사람으로부터 모든 족속 모든 민족이 나오게 하신 하나님께서 온 우주 만물과 인간 역사의 주관자시다, 하나님께서는 멀리 계시지 않고 언제나 인간과 함께하시기에 하나님을 느끼고 발견하려는 사람은 도처에서 하나님을 확인할 수 있다, 인간을 먼저 찾아와 주시고 인간과 함께해 주시는 하나님에 의해 사람들이 존귀한 하나님의 소생이 되었으므로 이제부터는 하나님의 소생답게 살아야 한다, 하나님께서 인간이 치러야 할 죄의 값인 죽음의 형벌을 당신의 독생자인 예수님으로 하여금 대신 치르게 하시고 죄 없이 돌아가신 예수님을 죽음 한가운데에서 다시 일으키심으로 하나님 당신이 공의의 하나님이심을 천하 만방에 확증하셨다, 하나님께서 십자가의 제물로 돌아가셨다가 부활하신 예수 그리스도 안에서 천하 만민이 죄사함을 얻고 하나님의 자녀로 구원받게 하심으로써 하나님의 공의는 하나님의 사랑과 결코 분리되지 않는다는 증거가 되게 하셨다. 그러므로 모든 인간은 십자가에서 인간의 죗값을 대신 치르시고 돌아가셨다가 부활하신 예수 그리스도 안에서 하나님을 향해 돌아서는 회개의 삶을 살아야 한다는 것이었습니다.

바울은 아테네에 있는 '알지 못하는 신'을 위한 제단을 언급하면서, 아테네 사람들이 알지도 못하고 경배해 온 그 신이 누군지 자신이 가르쳐 주겠다며 설교를 시작하지 않았습니까? 그리고 삼위일체 하나님에 대해 설명하기 시작한 바울의 설교는, 방금 말씀드린 것처럼 예수님의 죽음과 부활로 끝을 맺었습니다. 인간을 위한 속죄양으로 돌아가신 예수님의 죽음과 부활을 통해서만, 모든 죄인은 반드시 죽어야 한다는 하나님의 공의와 그럼에도 불구하고 모든 죄인을 구원하시려는 하나님의 사랑이 서로 상충되지 않고 동시에 온전히 성취될 수 있었기 때문입니다.

바울의 설교가 끝났을 때, 바울의 이야기를 듣기 위해 바울을 아레오바고로 데리고 갔던 아테네 철학자들이 보인 반응이 어떠했었는지는 본문 32절이 밝혀 줍니다.

그들이 죽은 자의 부활을 듣고 어떤 사람은 조롱도 하고 어떤 사람은 이 일에 대하여 네 말을 다시 듣겠다 하니.

바울의 설교가 죽은 자의 부활, 다시 말해 예수님의 부활로 완전히 끝을 맺자 어떤 철학자들은 바울을 조롱하였습니다. 헬라어 원문에 '조롱하다'라는 동사가 미완료형으로 기록되어 있습니다. 그들이 바울을 한 번 조롱하고 끝낸 것이 아니라, 한동안 바울을 계속 비웃었다는 의미입니다. 아테네 사람들은 영혼불멸 사상을 지니고 있었지만 영은 선하고 육체는 악하다는 이

원론을 신봉했기에, 악한 육체의 부활에 대해서는 생각해 볼 필요도 이유도 없었던 그들로서는 예수님의 부활로 설교를 끝낸 바울에게 냉소적인 반응을 보일 수밖에 없었습니다. 그러나 모든 사람들이 그랬던 것은 아니었습니다. 다른 어떤 철학자들은 바울에게 예수 부활에 대해 다음에 다시 듣겠다고 했습니다.

이에 바울이 그들 가운데서 떠나매(33절).

그리고 바울은 아레오바고를 떠나 자기 숙소로 돌아갔습니다. 그것으로 우상의 도시 아테네에서 바울의 사역이 모두 끝난 것은 아니었습니다.

몇 사람이 그를 가까이하여 믿으니 그중에는 아레오바고 관리 디오누시오와 다마리라 하는 여자와 또 다른 사람들도 있었더라(34절).

바울이 아테네의 유대인 회당과 아고라 그리고 아레오바고에서 복음을 전한 후, 몇 사람이 바울을 가까이하여 믿었습니다. 우리말 '가까이하다'로 번역된 헬라어 동사 '콜라오κολλάω'는 '아교'를 뜻하는 '콜라κόλλα'에서 파생된 동사로서 '아교로 붙이다', '굳게 붙이다', '밀착하다', '함께 묶다'라는 의미를 지니고 있습니다. 그들이 바울에게 이렇듯 자신들을 밀착시키고 믿었다는 것은 바울 개인을 우상시했다는 말이 아닙니다. 바울이 전한 복음을 의심 없이 받아들이고 주님을 믿었다는 의미입니다.

그들 가운데 본문에 이름이 밝혀진 사람은 아레오바고 관리 디오누시오와 여인 다마리입니다. 아테네의 아레오바고는 오랫동안 재판 장소로 사용되면서 법정을 의미하기도 했다고 5주 전에 말씀드린 적이 있습니다. 그러므로 본문이 아레오바고 관리라고 소개한 디오누시오는, 당시 12명으로 구성되어 있던 아테네의 재판위원회 위원 중 한 명이었을 것으로 추정되고 있습니다. 다마리라는 여성에 대해서는, 본문은 그가 여성이라는 것 외에는 아무런 정보도 제공해 주지 않습니다. 그러나 바울이 빌립보 감옥에 갇혔을 때 빌립보 감옥의 간수와 그의 가족들이 모두 바울로부터 복음을 영접하고 세례를 받았지만, 성경에는 그 간수의 이름이 밝혀져 있지 않습니다. 또 바울이 아테네에 이르기 전에 방문했던 데살로니가와 베뢰아에서도 바울로부터 복음을 영접한 귀부인들이 적지 않았지만, 그들의 이름도 성경에 기록되어 있지 않습니다. 반면에 아테네에서 복음을 영접한 여성 다마리의 이름은 본문에 특별히 밝혀져 있는 것으로 보아, 그녀 역시 아레오바고 관리 디오누시오처럼 당시 아테네 사람들에게 어떤 의미에서든 그 이름이 널리 알려진 여인이었던 것으로 추정됩니다.

아무튼 아테네에서 바울의 전도 사역은 다른 도시와 비교하여 볼 때 많은 사람의 회심으로 이어지지 못했습니다. 그래서 대부분의 학자들은 아테네에서의 바울의 전도는 실패한 것으로 간주합니다. 그들은 실패의 증거로, 바울의 전도로 복음을 영접한 아테네 사람이 소수였고, 바울의 방문으로 아테네에 교회가 세워졌다는 기록이 없고, 바울이 3차 전도 여행 때 발칸반도를 다시 찾아갔으면서도 아테네에는 재방문하지 않았고, 바울서신 중에 아테네의 교인들에게 보낸 편지는 없다는 것을 내세웁니다. 그리고 바울이 실패한 이유를, 바울이 아테네의 철학자들에게 철학적으로 접근했기 때문이라고 설명합니다. 어디에서든 복음을 전하기 위해서는 예수 그리스도의 피 묻은 십자가를 앞세워야 하는데, 바울은 아테네의 철학자들 앞에서 자신의 철학적 지식을 과시하기 위해 복음을 철학적으로 설명하려다가 실패했다는 것입니다. 그래서 바울은 전도에 실패한 참담한 심정으로 다음 행선지를 향해 출발했다고 합니다. 신학교 시절에 바울의 전도를 실패로 단정한 많은 학자들의 글을 읽으면서, 저 역시 위대한 사도 바울도 아테네에서만은 전도에 실패한 것으로 간주했습니다. 그러나 그 이후 짧지 않은 세월 동안 목회 현장에서 살면서, 아테네에서 바울의 전도가 실패했다는 것은 비성경적인 주장임을 깨닫게 되었습니다.

바울의 전도로 아테네에서 복음을 영접한 사람이 소수이기에 바울의 전도가 실패했다는 것이야말로 복음의 가치를 물량적 수치로 판단하려는 비복음적인 발상입니다. 바울은 아테네에서 겨우 며칠간 묵었을 뿐이지만, 예수님의 공생애 기간은 3년이었습니다. 그 3년 동안 예수님께서 얻은 제자는 열두 명뿐이었고, 그나마 가룟 유다는 예수님을 팔아넘긴 배신자가 되고 말았습니다. 그렇다면 3년에 걸친 사역 기간 중 고작 열한 명의 제자밖에 얻지 못한 예수님은 실패한 구원자시라는 말입니까? 교회는 건물이나 제도가 아니라 예수 그리스도를 구주로 믿는 사람들의 모임 아닙니까? 바울의 전도로 소수이긴 하지만 아테네에 디오누시오와 다마리 같은 그리스도인들이 생겼음을 본문은 분명하게 증언하고 있습니다. 그렇다면 비록 소수일망정 그들의 모임이 교회가 아니고 무엇이란 말입니까? 더욱이 역사가 유세비우스는 본문의 디오누시오가 그 이후 최초의 아테네 감독이 되었음을 전해 주고 있습니다. 바울은 1차 전도 여행 때 방문했던 살라미, 바보, 버가를 그 이후에 재방문하지 못했습니다. 그리고 그 지역의 그리스도인들에게 편지를 보낸 적도 없었습니다. 기회를 얻지 못했거나 그럴 필요가 없었기 때문입니다. 그렇다고 바울이 그 도시들에서 전도에 실패했던 것은 아니었습니다. 그러므로 바울이 아테네를 재방문하지 않았고 아테네의 교인들에게 보낸 편지가 없다는 것이, 바울이 아테네에서 전도에 실패한 증거라는 논리 또한 성경적인 논리일 수 없습니다.

과학자들은 성경을 과학적으로 분석하려 하고, 문학가들은 성경을 문학적으로 해석하려 합니다. 따라서 과학자들에게 성경을 과학적인 관점에서 설명해 주고, 문학가들에게 성경을 문학적으로 해석해 주는 것이 최선의 전도 방법입니다. 이런 의미에서 인생의 모든 문제를 철학적으로만 풀어내려는 아테네의 철학자들에게 복음을 철학적으로 설명한 바울은 참으로 지혜로운 복음 전도자였습니다. 바울이 그렇게 하지 않았더라면, 아테네에서는 단 한 명의 그리스도인도 얻지 못했을는지 모릅니다. 따라서 바울이 아테네에서 복음 전도에 실패하고 참담한 심정으로 다음 행선지로 갔다는 것은 전도를 머릿속 이론으로만 생각하는 사람의 말일 수는 있으나, 삶의 현장에서 주님의 생명과 사랑을 자신의 삶으로 실천하는 사람의 말일 수는 없습니다.

우리 교회 20대 청년 중 한 자매가 보름 전 제게 보내온 글을 당사자의 허락을 받아 읽어 드리겠습니다.

〈내 인생의 멘토, 정한조 목사님〉

정 목사님을 처음 만난 것은 작년 9월 8일이었다. 8월부터 심각한 우울증을 앓던 나는 마지막 해결책이라 생각하고, 9월 초에 이재철 목사님께 메일을 보냈다. 그 당시 나는 말로도, 글로도, 나를 표현할 수 없었다. 그래서 간략하게 나를 소개한 후에, 매일매일 자살 충동에 시달리고 있다고 메일을 썼다. 그 메일을 읽으신 이재철 목사님은 내게 정한조 목사님을 만나게 해주셨다. 정 목사님을 처음 만났을 때도, 난 말을 제대로 할 수 없었다. 내가 처음 한 말은, "만나자고 해놓고 말이 없으니 답답하시죠?"였다. 정 목사님과의 인연은 그렇게 시작되었다. 정 목사님과 처음 만난 날, 목사님으로부터 받은 메일의 한 구절을 나는 지금까지 잊지 못한다. '오늘 자매를 만나면서 내가 가진 생각은, 하나님께서 자매를 참 예쁘게 사용하실 것 같다는 것입니다. 그렇게 예쁘게 사용될 사람이 인생의 위기에서 누군가의 도움을 받아야 하는데, 그 일에 하나님께서 저를 낙점해 주신 것이 얼마나 감사한지 모르겠습니다. 하나님께서 저를 믿으시는 것이니까요.'

그러나 나의 우울증은 점점 더 심해졌고, 급기야 9월 20일에 학교를 휴학하였다. 그리고 그다음 주, 나는 처음으로 자살을 시도했다. 그리고 바로 그 주부터, 5년 넘게 교회를 다니시지 않던 아빠가 교회에 나가기 시작하셨다. 하나님께서 그렇게 아빠를 부르셨다. 지금 돌이켜 보면, 하나님께서는 내가 그 고통을 이겨 내리라고 믿으셨기에 나를 통해 아빠의 구원 사역을 이루셨던 것 같다. 아빠는 매주 빠지지 않고 교회에 나가셨고, 내가 침대에 누워 있으면 내 머리맡에 오셔서 하나님께 나를 살려 달라고 기도하셨다. 아빠의 기도는 그렇게 시작되었다.

정 목사님께서는 교회의 전반적인 살림살이를 맡으시기에 매우 바쁘시다. 그런데 그 바쁜 와중에 항상 내 전화를 잘 받아 주시곤 했다. 정 목사님은 나를 만난 것이 감사하다고 하셨다. 그 말에 나는 더욱더 감사했다. 정 목사님께서는 내게 하나님이 나를 참 사랑하신다고, 나를 사랑하시기에 당신을 붙여 주셨다고, 당신께서는 천국에 가서 '자매를 살렸다'고 자랑하실 거라고 하셨다. 그리고 내 결혼식 주례를 서주기로 약속하셨고, 목사님의 장례식에 내가 꼭 왔으면 좋겠다고 말씀하셨다. 나는 그 당시 경기도 광주에 살고 있었기에 교회까지 오려면 버스로 두 시간을 와야 했다. 그런데도 난 정 목사님을 뵈러 참 자주 교회에 왔다. 당시 나는 일주일에 사나흘은 교회에 가고 월요일에는 목사님들처럼 쉬곤 했다. 그러나 목사님께서는 내가 필요로 하면 월요일에도 나를 만나 주셨다. 지금 생각해도 9월, 10월, 11월…… 그 모진 기간 동안 목사님의 도움이 없었다면 난 우울증을 이겨 내지 못했을 것이다. 난 약물 치료를 받으며 정 목사님과 상담을 계속해 나갔다. 정 목사님께서는 내게 많은 사랑을 베풀어 주셨다. 기꺼이 내 영적인 아버지가 되어 주셨다. 나는 복을 많이 받은 사람이다. 하나님 아버지, 육신의 아버지, 그리고 영적인 아버지, 이렇게 세 아버지가 있으니 말이다.

2013년 3월 4일, 길고도 길었던 나의 우울증 치료가 끝났다. 정신건강의학과 원장님께서 내게 더 이상 약을 먹지 않아도 되겠다고 말씀하셨다. 나의 우울증이 회복되기 시작한 계기가 있었다. 바로 〈평안을 너에게 주노라〉는 찬양이었다. 나는 한 가지 중요한 사실을 깨달았다. 나는 여태껏 23년 짧은 생을 살면서도 끊임없이 주님을 배반했는데, 주님께서는 한 번도 나를 배신하지 않으셨다는 사실이었다. 그리고 그 사랑의 주님께서 고작 나 같은 아이에게 평안을 주시려고, 구원해 주시려고, 이 세상에 오셨다는 사실이었다. 주님의 그 사랑을 깨달은 이후 나의 우울증은 빠르게 회복되었다.

이재철 목사님이라면…… 내 인생의 문제를 해결해 주실지 모르겠다고 생각했던 나의 판단, 그리고 정 목사님을 내게 연결해 주셨던 이재철 목사님의 판단…… 이 모든 과정을 통해 주님께서 나와 함께하시며 나를 치유해 주셨음을 믿기에 주님께 진심으로 감사드린다. 그리고 정한조 목사님, 사랑하고 사랑합니다.

젊은 나이에 심한 우울증에 시달리며 자살을 시도하기까지 했던 20대의 청년이 주님의 은혜 속에서 완치되었습니다. 2천 년 전 지구 반대편에서 죽음을 깨뜨리고 부활하신 그때 그 예수님께서 지금도 살아 계시는 것입니다. 우리는 그 청년의 글 속에서 죽음과 같은 우울증에서 자신을 구해 주신 주님께 진심으로 감사드리고, 시도 때도 없이 자신을 위하여 주님의 통로가 되어 주었던 정한조 목사님께 깊이 고마워하는 그 청년의 간절한 심정을 함께 느낄 수 있습니다. 저는 그 청년의 글을 읽으며 마치 제가 깊은 우울증에 빠졌다가 완치된 것과 같은 기쁨을 느끼며 주님께 감사드렸습니다. 그와 동시에 그 청년의 글 속에 나타난 정한조 목사님의 모습에 주목했습니다. 우리 교회 전임목회자 중에 바쁘지 않은 분이 없지만, 그중에서도 가장 일이 많은 분이 선임인 정 목사님일 것입니다. 그럼에도 한 청년을 위해 그 청년이 필요로 할 때마다 매주 사나흘씩, 심지어는 월요일마저도 몇 달 동안이나 계속하여 시간을 할애한다는 것은 여간 힘든 일이 아닙니다. 그러나 정 목사님은 그 일을 귀찮아하지 않고, 오히려 주님께서 그 청년을 살리시는 일에 자신을 낙점해 주신 것을 주님께 감사드렸습니다. 자신에게 그 청년이 맡겨진 것을 주님께서 자신을 믿으시는 증거로 받아들였기 때문입니다. 이런 고백은 주님의 생명과 사랑을 머릿속 이론으로만 생각하는 사람에게서는 나올 수 없습니다. 단 한 사람을 위해서라도 주님의 생명과 사랑의 통로로 살기 위해 자기 삶을 던진 사람만 행할 수 있는 고백입니다. 그리고 다음 시간에 다시 말씀드리겠지만, 그런 사람만 부활하신 주님을, 주님의 생명과 사랑을, 자신의 삶으로 체험하고 확인하며 그 속에서 살아갈 수 있습니다.

바울 역시 마찬가지였을 것임은 두말할 나위도 없습니다. 우리는 마게도냐 사람의 환상을 보고 아시아 대륙의 드로아에서 유럽 대륙의 빌립보로 진출했던 바울이, 데살로니가와 베뢰아를 거쳐 어떻게 마게도냐 땅을 넘어 아가야 땅의 아테네까지 가게 되었는지 상세하게 알고 있습니다. 그것은 전혀 바울의 계획이나 의도가 아니었습니다. 그것은 바울이 아테네에 이르지 않을 수 없도록 주님께서 한 치의 오차도 없이 치밀하게 역사하신 결과였습니다. 그 이유가 무엇이었겠습니까? 주님께서 아테네의 디오누시오와 다마리를 포함한 몇 사람을 구원하시기 위한 도구로 바울을 낙점하셨기 때문입니다. '몇 사람이 바울을 가까이하여 믿었다'는 본문 34절의 증언에서 우리말 '가까이하다'로 번역된 헬라어 동사 '콜라오'가 원문에 수동태형으로 기록되어 있습니다. 그들이 자발적으로 바울에게 다가간 것이 아니라, 주님께서 그들을 바울에게 붙여 주셨음을 나타내기 위함입니다. 그렇다면 바울이 애써 복음을 전했음에도 소수의 사람만 복음을 영접했다고 그가 낙담하며 실패자의 심정으로 아테네를 떠났겠습니까? 그럴 리가 없습니다. 바울은 그 몇 사람을 구원하시려고 한때 주님을 부정했던 자신을 믿어 주시고 그들을 자신에게 붙여 주신 주님께 깊이 감사드리면서, 그 어느 때보다도 부활하신 주님의 생명과 사랑을 자신의 온몸으로 더욱 또렷하게 체험했을 것입니다. 그래서 다음 시간에 살펴보겠지만, 바울은 그 주님을 의지하고 아테네를 출발하여 타락의 도시 고린도를 찾아갔습니다.

시인 김소월의 시 〈초혼〉은 이렇게 시작됩니다.

산산이 부서진 이름이여!
허공 중에 헤어진 이름이여!
불러도 주인 없는 이름이여!
부르다가 내가 죽을 이름이여!

'초혼招魂'은 죽은 사람의 넋을 부르는 것입니다. 산 사람이 부른다고 어느 죽은 사람의 넋이 대답하겠습니까? 죽은 사람의 이름을 부르는 산 사람의 목소리만 허공 속에서 산산이 부서지고 헤어질 뿐이기에, 결과적으로 부르다가 내가 죽을 이름이 아닐 수 없습니다. 그러나 2천 년 전 우리의 죗값을 대신 치르시기 위해 십자가에 못박혀 돌아가신 예수님의 이름은 부르다가 내가 죽을 이름이 아니라, 부르면 내가 살고 우리가 사는 이름입니다. 그때 죽음을 깨뜨리고 부활하신 예수님께서 지금도 살아 계시고, 앞으로도 영원히 살아 계실 것이기 때문입니다.

부활하신 주님의 생명과 사랑을 자신의 삶으로 직접 체험하고, 날마다 그 속에서 살기 원하십니까? 그렇다면 누군가로부터 위로를 받으려 하기보다는, 자신보다 더 못한 처지에 있는 누군가를 위로하는 주님의 통로가 되십시다. 누군가의 도움을 받으려 하기보다는, 자기보다 더 어려운 사람의 손을 잡아 주는 주님의 손길이 되십시다. 내가 이 세상에서 가장 불쌍한 처지이기에 다른 사람의 도움을 받기만 해야 한다는 것은 인간의 마음이요, 내가 아무리 어려운 처지에 있어도 나보다 더 어려운 형편에 있는 사람을 위한 주님의 통로가 되는 것이 그리스도인의 마음임을 잊지 마십시다. 그 사람을 구하시기 위해 주님께서 나를 믿으시고 낙점해 주셨음을 감사드리면서, 그 사람에게 나 자신을 주십시다. 그 사람을 위하여 날마다 주님의 이름을 부르십시다. 부활하신 주님의 생명과 사랑이 나를 통해 사방으로 흘러가는 것을 나의 온몸으로 체험하게 될 것이요, 그때부터 내 삶의 의미와 가치와 목적이 새로워질 것입니다.

2천 년 전 나의 죗값을 대신 치르시기 위해 십자가에 못박혀 돌아가셨다가, 죽음을 깨뜨리고 부활하신 그때 그 예수님께서 지금도 살아 계시고, 앞으로도 영원히 살아 계실 것임을 감사드립니다. 그리고 내가 부르면,

나 자신이 영원히 사는 생명과 사랑의 이름이 되어 주심을 찬양합니다. 내가 그 생명과 사랑의 종착역이 되려 하면 그 생명과 사랑은 나를 비켜 가지만, 내가 그 생명과 사랑의 통로로 살면 그 보배로운 생명과 사랑을 나의 삶으로 날마다 체험하고 확인케 됨을 잊지 말게 해주십시오. 나보다 형편이 나은 사람으로부터 도움을 받으려 하기보다는, 나보다 형편이 못한 사람을 도와주는 주님의 통로가 되게 해주십시오. 누군가로부터 위로를 받으려 하기보다는, 나보다 더 어려운 처지에 있는 사람의 손을 잡아 주는 주님의 손길이 되게 해주십시오. 보잘것없는 나를 믿으시고, 주님께서 그 사람을 내게 붙여 주셨음을 감사하게 해주십시오. 그 사람을 위해 날마다 주님의 이름을 부르게 해주십시오. 그리하여 나를 통해 사방으로 흘러가는 주님의 생명과 사랑 속에서, 내 삶의 의미와 가치와 목적이 날마다 새로워지게 해주십시오. 남은 생애 동안 앞으로 계속 맞게 될 나의 매일매일이 부활하신 주님과 함께 동행하는 부활절이 되게 해주십시오. 아멘.

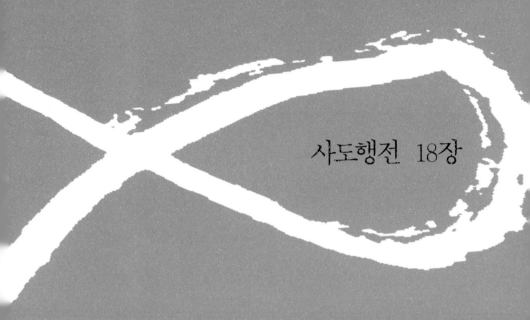

사도행전 18장

그리스도인은 주님의 은혜로

죽음에서 생명으로,

정죄에서 죄사함으로,

찰나에서 영원으로 옮겨진 사람입니다.

19. 고린도에 이르러

사도행전 18장 1-4절

그 후에 바울이 아덴을 떠나 **고린도에 이르러** 아굴라라 하는 본도에서 난 유대인 한 사람을 만나니 글라우디오가 모든 유대인을 명하여 로마에서 떠나라 한고로 그가 그 아내 브리스길라와 함께 이달리야로부터 새로 온지라 바울이 그들에게 가매 생업이 같으므로 함께 살며 일을 하니 그 생업은 천막을 만드는 것이더라 안식일마다 바울이 회당에서 강론하고 유대인과 헬라인을 권면하니라

작년 3월에 국제구호개발 NGO인 한국월드비전으로부터 한 통의 메일을 받았습니다. 월드비전과 CBS가 'CBS TV 개국 10주년 기념'으로 공동계획하고 있는 지구촌 행복 나눔 캠페인 'Heal the World'에 저의 출연을 요청하는 내용이었습니다. 좀더 상세하게 설명드리면, CBS TV의 〈수호천사〉 프로그램을 통해 아프리카에서 굶주림과 질병 등으로 고통당하는 아이들에게 한국 그리스도인들이 사랑을 나눌 수 있도록, 저더러 월드비전 그리고 CBS TV와 함께 5박 6일간의 일정으로 아프리카 르완다에 다녀오자는 것

이었습니다.

그 이전에 저는 아프리카 대륙을 세 차례 방문한 적이 있었습니다. 첫 번째 방문국은 아프리카 대륙 북동쪽에 위치한 이집트였고, 방문 목적은 성지 순례의 일환이었습니다. 두 번째는 집회를 위해 방문한 아프리카 대륙 서북쪽에 자리 잡고 있는 모로코였습니다. 그리고 세 번째는 아프리카 대륙 최남단의 남아프리카공화국이었는데, 고명수 선교사님이 사역하고 있는 그곳 흑인빈민촌을 방문하기 위함이었습니다. 직삼각형을 이루고 있는 아프리카 대륙의 세 꼭지점을 모두 방문한 셈이었습니다. 그 세 꼭지점에 비해 아프리카 대륙의 내륙에 위치한 르완다는 1994년 종족 분규로 인한 내전으로, 불과 세 달 만에 최소 80만 명에서 최대 100만 명이 학살당한 비극의 땅이었습니다. 그 참혹한 내전과 비극적인 대학살극의 상흔이 남아 있는 르완다를 주님의 이름으로 방문하여 그곳 사람들의 아픔에 동참한다는 것은 분명 의미 있는 일임에 틀림없었습니다. 하지만 저 개인적으로는 세 가지 이유로 월드비전의 제의를 선뜻 받아들일 수 없었습니다.

방금 말씀드린 것처럼 그 이전에 아프리카를 세 번 방문했던 저는 우리나라에서 아프리카가 얼마나 먼 곳인지를 잘 알고 있었습니다. 비행시간만도 상당한 시간을 필요로 하는 그 먼 르완다를 5박 6일 만에 다녀온다는 것이 저의 허약한 체력에 과연 가능할 수 있을까, 하는 회의가 첫 번째 이유였습니다. 두 번째 이유는, 항공 스케줄상 주일 저녁에 르완다로 출발했다가 토요일에 서울로 되돌아오기 위해서는 어쩔 수 없이 주일 강단을 비워야 하는 부담감 때문이었습니다. 그리고 보다 큰 마지막 이유는, 르완다 방문이 CBS TV 프로그램으로 다루어진다는 사실이었습니다. 비극의 땅에서 고통당하는 지구촌 이웃을 주님의 사랑을 품고 개인적으로 방문하는 것은 아름다운 일이요, 권장할 일입니다. 그러나 르완다를 방문하는 저의 일거수일투족이

CBS TV를 통해 공개적으로 방영된다면, 그것은 그동안 주님께서 제게 맡겨 주신 목회 현장을 드러냄이 없이 조용히 지키려고 애써 온 제 목회 철학과 맞지 않는 일이었습니다.

이상과 같은 이유로 월드비전의 제의를 선뜻 받아들이지 못하는 제게, 목회자들과 교우님들을 포함한 동역자들이 르완다에 다녀오기를 권했습니다. 우리 교회는 이웃과 주님의 사랑을 나누기 위해 헌금의 50퍼센트를 교회 밖 이웃을 위해 사용하고 있고, 그 이웃 속에는 지구 반대편 아프리카인들까지 포함되어 있습니다. 그러므로 보다 많은 한국 그리스도인들이 굶주림과 질병으로 고통당하는 아프리카의 아이들에게 사랑을 나눌 수 있게끔 월드비전과 CBS TV가 공동으로 계획하는 르완다 방문을, 주님께서 우리 교회에 맡기신 사명으로 알고 다녀오라는 것이었습니다. 그래서 작년 6월 11일 주님께 순종하는 심정으로 월드비전 스태프 두 분, 그리고 CBS TV 스태프 두 분과 함께 르완다로 출발하였습니다.

일행과 함께 르완다에 도착한 저는 현지에서 머문 4박 5일 동안 두 명의 어린이들과 개인적으로 후원 결연을 맺었습니다. 개인 후원은 한 어린이를 위해 매달 3만 원씩 후원하면 월드비전이 해당 어린이의 영양과 교육을 보살펴 주는 제도입니다.

첫 번째 어린이는 움웨지 지역 산동네의 외딴집에 살고 있는, 10세 소년 장비에였습니다. 장비에의 아버지 장 피에르 씨는 1994년 대학살 때 처자식을 한꺼번에 잃은 사람이었습니다. 그의 코에는 한쪽 끝이 잘려 나간 흉터가 그대로 남아 있습니다. 학살범들이 학살 대상으로 지목하여 둔 표시였습니다. 한쪽 코끝이 잘려 나가던 날 밤, 장 피에르 씨는 처자식을 데리고 동네를 빠져나와 근처에 있는 호수 나루터로 갔습니다. 배를 타고 거대한 호수

한가운데 있는 섬의 숲 속으로 피신하기 위함이었습니다. 그러나 나루터까지 그들을 추격한 학살범들에 의해 장 피에르 씨의 가족들은 그의 눈앞에서 학살당했고, 홀로 구사일생으로 살아난 그는 이웃 나라인 우간다로 도망쳤습니다. 내전이 끝나고 몇 년이 지난 뒤 르완다로 되돌아온 장 피에르 씨는, 역시 내전 당시 전 가족을 잃은 스무 살 연하의 처녀 제르멘 씨를 만나 새 가정을 이루고 첫아들 장비에를 포함하여 세 아이를 얻었는데, 막내아이는 겨우 한 살이었습니다. 50세의 장 피에르 씨는 가장이면서도, 중병에 시달리느라 가장의 책임을 다하지 못했습니다. 아내 제르멘 씨가 막내아이를 등에 업고 손바닥만 한 밭에 콩을 심어 병든 남편과 세 아이를 책임지고 있었는데, 수확이 적어 온 가족이 매일 저녁 한 끼만 콩으로 연명할 뿐이었습니다. 월드비전 내규상 한 가정당 어린이 한 명만 결연할 수 있어, 제가 그 집 큰아들인 10세 소년 장비에의 후원자가 되었습니다.

그리고 장비에의 부모에게, 어떻게 하면 다섯 식구가 매일 하루에 세 끼를 먹을 수 있겠는지 물었습니다. 그 아버지가 대답하기를, 젖소 한 마리만 있으면 가능하다고 했습니다. 자기 몸이 비록 성치는 않지만 젖소가 있으면 젖소로 산비탈을 개간하여 좀더 많은 콩을 수확할 수 있고, 또 우유를 팔 수 있기 때문이라고 했습니다. 그는 제가 물었으므로 답을 했을 뿐, 자기 집에 젖소 한 마리가 생길 수 있다고는 상상해 본 적도 없는 사람이었습니다. 월드비전 현지 직원에게 확인했더니, 미화 1,400달러면 젖소 한 마리를 구입할 수 있다고 했습니다. 그러나 하루 종일 백인 농장에서 일하는 하루 품삯이 미화로 고작 1달러이고, 그나마 그 일자리마저 구하기가 하늘의 별 따기인 르완다의 산동네 빈민촌에서 미화 1,400달러는 평생 만져 볼 수도 없는 천문학적 거금이었습니다. 그래서 제가 장 피에르 씨 부부에게 100주년기념교회가 젖소 한 마리를 구입해 드리겠다고 약속했을 때, 상상치 못한 하나님의 선물에 감격해하던 그 가족들의 표정을 제 능력으로는 도저히 표현할 길이 없습니다. 그리고 30세의 부인 제르멘 씨가 이렇게 고백했습니다. "4년 전 하나님께서 제 절망을 거두어 주시겠다고 약속하셨습니다. 그러나 세월이 흘러도 그 어떤 기미도 보이지 않아 깊이 낙망하고 있었습니다. 사탄이, 네까짓 것이 뭐라고 그런 주제넘은 생각을 하느냐고 비웃는 것 같았습니다. 그러나 오늘 하나님께서 이렇게 응답해 주셔서 감사합니다."

장 피에르 씨 가족과 작별한 우리 일행이 숙소로 돌아가기 위해 차를 세워 두었던 산동네 입구 공터로 가자, 그 산동네에서 자동차와 난생처음 만난 동양인인 우리 일행을 보기 위해 산동네 사람들이 모여 있었습니다. 그리고 방금 헤어진 장 피에르 씨가 어느새 새 옷으로 갈아입고, 우리 일행은 쳐다보지도 않고 동네 밖으로 향한 길을 급히 뛰어가는 모습이 보였습니다. 뭔가 대단히 급한 일이 있나 보다, 하고 생각했습니다. 그곳에서 CBS TV 스태프의 주위 촬영이 끝난 뒤, 우리 일행이 탄 차는 숙소를 향해 출발했습니다. 잠시 후 마을을 한참 벗어난 길 위에, 조금 전 막 뛰어가던 장 피에르 씨가 우리를 향해 서 있는 모습이 보였습니다. 차가 멈추자 그는 자동차 안으로 얼굴을 들이밀더니, 제 손을 꼭 잡고 아무 말 없이 그냥 웃기만 했습니다. 언어의 장벽으로 인해 말로 표현하지는 못하지만, 자신의 온몸으로 감사의 마음을 진심으로 표하기 위해 옷을 갈아입고 그 먼 곳까지 홀로 달려 나가 우리 일행을 기다리고 있었던 것입니다. 자기 나름대로 최선의 예의를 다한 전송이었습니다. 저는 앞으로도 아프리카를 생각할 때마다, 제 손을 꼭 잡고 저를 쳐다보던 깊고도 해맑던 그의 감사의 눈빛을 잊지 못할 것입니다.

제가 두 번째로 후원 결연을 맺은 어린이는 비링기로 지역의 베스틴이었습니다. 부모 그리고 두 동생과 함께 역시 다섯 식구가 살고 있는 9세 소녀 베스틴의 집도 굶주림 속에서 사는 것은 매한가지였습니다. 특히 가슴 아픈

것은 그 어린 소녀 베스틴의 머리 한가운데에 주먹만 한 혹이 불쑥 튀어나와 있는 것이었습니다. 태어날 때부터 아이의 머리에 있던 조그만 혹이 점점 자라 주먹만 한 크기가 된 것이었습니다. 그 혹에 통증이 있어 어린 소녀는 잠을 잘 때 괴로워했습니다. 동네 아이들이 혹쟁이라고 놀려 대는 탓에 밖에 나가는 것을 꺼리는 베스틴의 얼굴에서는, 한참 동안 함께 있었는데도 웃음기를 찾아볼 수 없었습니다. 베스틴을 괴롭히는 혹이 점점 자라지만, 베스틴의 부모는 아이를 병원에 데리고 갈 엄두를 내어 본 적도 없었습니다. 다섯 식구가 하루 세끼 밥도 제대로 못 먹는 판에 아이를 병원에 데리고 갈 돈이 있을 리 만무했기 때문입니다. 베스틴의 아버지 파스칼 씨는, 만약 베스틴의 혹이 제거되어 베스틴이 다른 아이들처럼 정상적인 모습을 지니게 된다면 자기 발로 교회를 찾아가, 하나님께서 내 딸을 살려 주셨다고 간증하겠노라고 말했습니다. 우리 일행은 베스틴과 베스틴의 어머니 조세핀 씨를 차에 태우고 인근 보건소로 갔습니다. 아이 베스틴도, 어머니 조세핀 씨도, 모두 태어난 이래 처음 자동차를 타고 처음으로 병원에 가는 셈이었습니다. 어머니 조세핀 씨는 난생처음 타보는 차 안에서 멀미로 구토를 하기도 했습니다. 베스틴을 진찰한 보건소 의사는 그대로 방치할 경우 치명적인 결과를 초래할 것이라며, 큰 병원으로 가서 조속히 수술받을 것을 권했습니다. 저는 현지 월드비전 스태프에게 아이의 수술비용을 전액 우리 교회가 부담할 테니, 아이가 큰 병원에서 수술받을 수 있도록 후속 조치를 취해 줄 것을 부탁했습니다.

르완다에서 그렇게 두 아이와 결연을 맺고 한국으로 귀국하는 제 심정이 어떠했겠습니까?

한국에서 지구 반대편에 위치한 르완다를 찾아가기 위해서는 비행시간과,

카타르의 도하공항에서 비행기를 갈아타는 시간을 합쳐 20시간이 소요되었습니다. 돌아올 때는 르완다의 비링기로에서 자동차로 출발한 우리 일행이 르완다의 키갈리공항과 카타르의 도하공항을 거쳐 인천공항에 도착하기까지 22시간 30분이 소요되었습니다. 오고 가는 데만 42시간 30분이 소요된 것입니다. 그 머나먼 길을 저 혼자 다녀온 것이 아니었습니다. 모두 冒頭에서 말씀드린 것처럼 일행이었던 월드비전 스태프 두 분, CBS TV 스태프 두 분과 함께 총 다섯 명이 다녀왔습니다. 다섯 명이나 되는 사람들이 5박 6일 동안 그 먼 거리를 다녀오면서 고작 어린이 두 명의 가정만 보살피고 왔다면 소위 효율성의 측면에서 얼마나 비효율적인 결과입니까? 그 다섯 명이 5박 6일 동안 쏟아부은 경제적, 시간적, 육체적 투자에 비한다면 그 비효율적인 결과는 실패임이 분명하지 않습니까? 그래서 제가 실패자의 참담한 심정으로 귀국했겠습니까? 오히려 그 반대였습니다.

르완다 방문은 애당초 저 자신의 계획이 아니었습니다. 저는 르완다 방문을 상상해 본 적도 없습니다. 르완다 방문을 제안하는 월드비전 관계자의 메일을 받고서도 응하겠다는 생각보다는, 그동안 제가 추구해 온 목회 철학에 비추어 볼 때 이건 내가 할 일이 아니라는 생각이 더 강했습니다. 그럼에도 주님께서는 저를 당신의 통로로 삼아 지구 반대편에 있는 르완다의 두 어린이에게 당신의 손길을 내미셨습니다. 세계선교연구원이 올해 초 '세계 선교통계 2013'을 발표했습니다. 그 발표에 의하면 세계 71억 인구 가운데 로마가톨릭, 개신교, 동방교회 등 모든 기독교 종파를 총망라하여 세계 기독교인의 수는 무려 23억 5,400만 명입니다. 그렇다면 그 많은 그리스도인들을 위한 교회는 또 얼마나 많겠습니까? 그 가운데 5억 6,200만 명이 유럽 대륙에, 그리고 5억 900만 명이 아프리카 대륙에 살고 있습니다. 아프리카 대륙과 인근 유럽 대륙에만 10억 7,100만 명의 그리스도인들이 살고 있는 것입니다. 그러나 주님께서는 대학살극의 희생자인 아버지가 중병에 걸린 탓에 어린 동생들과 함께 다섯 식구가 하루 한 끼만 콩으로 연명하는 10세 소년 장비에의 가족을 구해 주시기 위해, 태어날 때부터 머리에 이고 태어난 혹 때문에 고통과 친구들의 놀림 속에 버려진 9세 소녀 베스틴을 치유해 주시기 위해, 전 세계의 그 많고 많은 교회들과 그리스도인들 가운데 우리 교회와 부족한 저를 선택하여 사용하셨습니다. 그래서 르완다에서 귀국하는 제 심정은, 우리 교회와 저를 믿으시고 당신의 통로로 사용해 주신 주님에 대한 감사와 찬양이 흘러넘쳤습니다. 지난 시간에 말씀드린 것처럼, 주님께서 심한 우울증에 사로잡혀 자살까지 시도했던 청년을 치유하는 당신의 통로로 정한조 목사님을 낙점하신 것을, 정 목사님이 주님께서 자신을 믿어 주시는 증거로 받아들이고 주님께 감사한 것과 같은 심정이었습니다.

그 이후 우리 교회의 의뢰를 받은 르완다 현지 월드비전은 장비에 집에 좋은 젖소를 사주었는데, 새끼 달린 새끼 밴 젖소였습니다. 어미 소와 새끼 소에 어미 배 속에 들어 있는 새끼—이렇게 한꺼번에 젖소 세 마리를 얻게 된 장비에 다섯 가족이 매일 세끼를 먹는 모습은 생각하는 것만으로도 눈물겹도록 감사하지 않습니까? 그리고 르완다의 수도 키갈리의 큰 병원에서 머리의 혹을 제거한 베스틴의 사진도 받았습니다. 머리에 있던 혹은 없어지고, 얼굴에서 찾아볼 수 없었던 웃음기는 되살아난, 밝은 표정의 사진이었습니다. 그 혹 제거 수술로 그 소녀의 인생이 바뀌게 된 것입니다. 이 또한 얼마나 감사한 일입니까? 지구 반대편에 있는 두 아이를 위해 저처럼 흠 많고 허물투성이인 사람을 주님께서 이렇듯 당신의 귀한 통로로 써주심을 체험하고 확인할 때, 어찌 주님께 저 자신을 더더욱 내어 드리지 않을 수 있겠습니까?

예전에 젊었을 때는 제가 뭘 상당히 많이 안다고 생각하며 살았습니다. 그러나 나이가 들수록 제가 알지 못하는 것이 너무나도 많고, 모든 면에 걸쳐 부족하기 짝이 없음을 매일 절감하고 있습니다. 그렇기에 저는, 그럼에도 불구하고 부족한 저를 믿고 사용해 주시는 주님만 전적으로 의지할 수밖에 없고, 그 주님께 저 자신을 더욱 내어 드리지 않을 수 없습니다.

우리가 오늘부터 살펴보게 된 사도행전 18장은 1절에서 이렇게 막이 오르고 있습니다.

그 후에 바울이 아덴을 떠나 고린도에 이르러.

바울이 아테네의 유대인 회당과 아고라 그리고 아레오바고에서 주님의 복음을 전했지만, 주님을 영접한 사람은 소수에 지나지 않았습니다. 바울이 그 먼 아테네까지 찾아가 애써 복음을 전했음에도, 다른 도시들과는 달리 큰 무리의 회심이 일어나지 않았습니다. 하지만 지난 시간에 살펴본 바와 같이, 바울은 아테네에서의 전도를 실패로 단정하여 낙담하거나 절망하지 않았습니다. 만약 그랬더라면 심신이 지친 바울은 자신의 출발지인 수리아의 안디옥으로 되돌아가 버리고 말았을 것입니다. 바울은 오히려 아테네를 떠나 고린도를 찾아갔습니다. 주님께서 유럽 대륙의 아테네에 사는 그 몇 사람을 구원하시기 위한 당신의 통로로 아시아 대륙에서 살던 바울 자신을 믿으시고 낙점해 주셨음에 감사드리면서, 주님의 인도하심에 자신을 더욱 온전히 내어드리기 위함이었습니다.

다음 시간에 상세하게 말씀드리겠지만, 로마제국의 행정구역 아가야의 수도였던 고린도는 2천 년 전 타락의 도시였습니다. 바울이 그때 왜 고린도를 찾아가는 것이 주님의 인도하심이라고 받아들였는지를 밝혀 주는 성경적 단서가 있습니다. 지난 시간에 확인한 것처럼 아테네에서 바울로부터 주님을 영접한 소수의 사람 중에서, 사도행전 17장 34절에 이름이 밝혀져 있는 사람은 아레오바고의 관리 디오누시오와 다마리라는 여성뿐입니다. 그러나 바울은 그 이후에 고린도 교인들에게 써 보낸 편지인 고린도전서 16장 15절을 통해 또 한 사람의 이름을 밝혀 주고 있습니다.

> 형제들아 스데바나의 집은 곧 아가야의 첫 열매요 또 성도 섬기기로 작정한 줄을 너희가 아는지라.

바울은 고린도의 모범적인 그리스도인인 스데바나를 가리켜 "아가야의 첫 열매"라 불렀습니다. 스데바나가 아가야 지역에서 주님을 영접한 첫 번째 그리스도인이라는 말입니다. 바울이 아가야 땅에 첫발을 내딛고 처음으로 복음을 전한 곳은, 우리가 지난 10주 동안 살펴본 아테네였습니다. 그 아테네에서 처음으로 주님을 영접한 사람은 아테네의 디오누시오와 다마리가 아니라 고린도의 스데바나였습니다. 우리는 고린도의 스데바나가 그때 무슨 까닭에 아테네에 가 있었는지 그 이유는 알지 못합니다. 그러나 아테네를 방문 중이던 고린도의 스데바나가 아테네에서 바울의 설교를 듣고 가장 먼저 주님을 영접함으로써 로마제국의 행정구역 아가야에서 첫 번째 그리스도인이 되었습니다. 그리고 그 스데바나로부터 고린도의 타락상에 대해 전해 들은 바울이 스데바나와의 만남을 자신을 고린도로 부르시는 주님의 인도하심으로 받아들인 것은 너무나도 당연한 일이었습니다.

여기에서 우리는 중요한 사실을 깨달을 수 있습니다. 아테네를 방문했다가 우연히 바울의 설교를 듣고 아가야 지역에서 첫 번째 그리스도인이 된 스데바나의 입장에서 보자면, 아시아 대륙에서 유럽 대륙의 아테네까지 찾아와 복음을 전해 준 바울은 주님께서 스데바나 자신을 구원하시기 위해 보내 주신 주님의 선물이었습니다. 그러나 바울의 입장에서 보면 전혀 다른 이야기가 됩니다. 고린도에서 아테네는 걸어서 사흘 길이었습니다. 고린도의 스데바나가 사흘 길 떨어져 있는 아테네를 방문했다가 우연히 바울의 설교를 듣고 그리스도인이 되었고, 아가야 지역의 첫 번째 그리스도인이 된 고린도의 스데바나 덕분에 바울은 고린도를 찾아가 복음을 전하게 되었고, 그 이후에 바울이 고린도 교인들에게 써 보낸 편지인 고린도전후서가 하나님의 말씀인 신약성경의 일부가 되었습니다. 그뿐이 아니었습니다. 22주 전에 말씀드린 것처럼 바울이 고린도를 찾아갔기에, 바울의 심령 속에 아드리아 해만 건너면 이를 수 있는 로마제국의 심장—수도 로마에 대한 전도의 사명감이 싹틀 수 있었습니다. 그러므로 바울의 입장에서 보면, 아테네에서 만난 고린도의 스데바나야말로 주님께서 자신을 믿으시고 계속 당신의 통로로 쓰시기 위해 자기에게 붙여 주신 주님의 선물이었습니다. 그러므로 아테네에서 고린도를 찾아가는 바울의 심령은, 자신을 계속 믿고 사용해 주시는 주님에 대한 감사와 찬양으로 충만했을 것입니다.

아프리카 대륙 르완다에 살고 있는 장비에와 베스틴 가족들은, 아시아 대륙에서 그 먼 곳까지 찾아간 저를 자신들을 위한 주님의 선물이었다고 생각할 것입니다. 그러나 실은 그 반대입니다. 그 가족들이야말로, 주님께서 부족하고 허물투성이인 저를 믿으시고 당신의 통로로 사용해 주심을 확인시켜 주시려 제게 붙여 주신 주님의 소중한 선물이었습니다.

사랑하는 교우 여러분!

지금 혹 누군가에게 도움의 손길을 내밀고 계십니까? 그렇다면 어떤 경우에도 스스로 그 사람에게 은인이 되고픈 유혹에 빠지지 마십시오. 스스로 누군가의 은인이 되려는 교만한 마음을 품는 순간부터 자신의 행위는 주님과 무관한 자기 과시가 될 뿐입니다. 우리의 도움을 필요로 하는 그 누군가를, 주님께서 우리를 믿으시고 당신의 통로로 사용하심을 우리에게 확인시켜 주시려는 주님의 귀한 선물임을 깨달아, 그 귀한 선물을 주신 주님께 감사하십시다. 그때부터 비록 우리가 보잘것없는 존재라 할지라도, 우리의 삶을 통해 상상치도 못한 주님의 신비로운 섭리가 계속 이루어질 것입니다. 아시아 대륙의 바울을 유럽 대륙의 아테네를 거쳐 고린도까지 신비로운 섭리로 인도해 가신 그 주님께서, 우리가 믿는 예수 그리스도이시기 때문입니다.

나는 그동안 내게 도움을 주는 사람만 나를 위한 주님의 선물이라고 생각했습니다. 그러나 나의 도움을 필요로 하는 사람이, 실은 나를 위한 주님의 더 큰 선물임을 깨닫게 해주셔서 감사합니다.

내가 누군가의 도움을 받는다는 것은 주님께서 나를 책임져 주신다는 증거이지만, 내게 도와야 할 누군가가 있다는 것은 주님께서 나를 신뢰하시고 당신의 통로로 사용하신다는 증거임을 잊지 말게 해주십시오. 내가 주님의 뜻을 이루어 드리는 성숙한 그리스도인이 되기 위해서는 나를 책임져 주시는 주님의 은혜에 안주하지 않고, 주님의 신뢰 속에서 주님에 의해 쓰임 받는 주님의 통로가 되어야 함을, 주님의 통로가 되어야만 날마다 주님의 생명과 사랑 속에서 살아갈 수 있음을 늘 기억하게 해주십시오. 주님의 생명과 사랑의 역사를, 인간의 경제논리와 효율성 속에 제한하려는 어리석음을 더 이상 범치 않게 해주십시오. 그리하여 아시아 대륙의 바울을 통해 유럽 대륙 곳곳에서 생명과 사랑의 역사가 일어났듯이, 우리가 어디에 있든 사람을 주님의 선물로 생각하는 우리의 삶이 이 시대를 위한 빌립보서, 데살로니가전후서, 고린도전후서로 엮어지게 해주십시오. 아멘.

20. 아굴라를 만나니 Ⅰ

사도행전 18장 1-4절

그 후에 바울이 아덴을 떠나 고린도에 이르러 **아굴라라 하는** 본도에서 난 유대인 한 **사람을 만나니** 글라우디오가 모든 유대인을 명하여 로마에서 떠나라 한 고로 그가 그 아내 브리스길라와 함께 이달리야로부터 새로 온지라 바울이 그들에게 가매 생업이 같으므로 함께 살며 일을 하니 그 생업은 천막을 만드는 것이더라 안식일마다 바울이 회당에서 강론하고 유대인과 헬라인을 권면하니라

2천 년 전 바울이 로마제국의 행정구역상 아가야 지역에서 처음으로 복음을 전한 곳은 아테네였습니다. 그러나 바울이 아테네의 유대인 회당과 아고라 그리고 아레오바고에서 복음을 전한 결과, 아가야 지역에서 주님을 처음으로 영접한 첫 번째 그리스도인은 아테네 사람이 아니라, 고린도 사람 스데바나였습니다. 고린도는 아가야 지역의 행정수도였습니다. 지난 시간에 말씀드린 것처럼 고린도 사람 스데바나가 아테네를 방문하였다가 우연히 바울의 설교를 듣고 주님을 영접함으로써, 바울의 표현을 따르자면 '아가야의 첫

열매'가 되었습니다. 그리고 고린도 사람 스데바나로부터 고린도의 타락상을 전해 들은 바울은 아테네를 떠나 고린도로 향하였습니다. 바울이 고린도 사람 스데바나와의 만남을, 자신을 타락의 도시 고린도로 부르시는 주님의 인도하심으로 받아들인 것이었습니다.

일반적으로 사람들은 고린도를 성경상의 지명 이상으로 생각하지 않습니다. 그렇기에 고린도와 관련된 이야기를 자신과는 무관한, 아득히 먼 옛날 성경 속의 이야기로만 치부해 버립니다. 그러나 우리는 실은 어릴 때부터 고린도와 관련된 이야기를 듣거나 무의식중에 언급하면서 살아왔습니다. 심리학자 프로이트가 주장한 이론 중에 '오이디푸스 콤플렉스'가 있습니다. 정신분석 이론에서 어린아이가 성장기에 자신과 동성인 부모에 대해서는 경쟁의식을 느끼고, 이성인 부모에게는 애정 욕구를 일으킨다는 의미의 용어입니다. 오이디푸스 콤플렉스에 대해 한 번도 듣지 않거나 언급해 본 적이 없는 사람은 드물 것입니다. 그러나 프로이트 덕분에, 살면서 한 두 번은 오이디푸스의 이름을 듣거나 언급한 사람들 가운데, 그 오이디푸스가 고린도의 왕자였다는 사실을 아는 사람은 흔치 않습니다.

그리스의 도시국가 테베의 왕 라이오스와 왕비 이오카스테가 아들을 얻었습니다. 그러나 그 아이가 장성하면 아버지를 살해하고 어머니와 결혼할 것이라는 신탁을 받은 라이오스 왕은 아이의 두 발을 쇠줄로 묶은 뒤, 신하로 하여금 산속에 데려가 죽여 버리게 했습니다. 그러나 차마 어린아이를 죽일 수 없었던 신하는 숲속에 아이를 버려 두고 되돌아왔습니다. 아이는 마침 그곳을 지나가던 목동에 의해 발견되었고, 목동은 그 아이를 아들이 없던 고린도의 왕 폴리보스에게 바쳤습니다. 폴리보스 왕은 그 아이를 자기 아들로 삼고, 쇠줄에 묶인 발이 부어 있었기에 아이의 이름을 '부은 발'을 뜻하는 오이디푸스라고 지어 주었습니다. 오이디푸스는 그 사실을 전혀 알지 못한 채 고린도의 왕 폴리보스 부부를 자신의 친부모로 믿으며 고린도의 왕자로 성장했습니다. 어느 날 델포이 신전을 찾은 오이디푸스는 자신이 생부를 살해하고 생모와 결혼할 것이라는 신탁을 받았습니다. 깜짝 놀란 오이디푸스는 자신의 친부모라고 철석같이 믿고 있던 고린도 왕 폴리보스 부부에게 해를 입히지 않기 위해 고린도로 되돌아가지 않으리라 결심합니다. 그리고 델포이신전을 내려오다가 좁은 길목에서 신전을 향해 올라가는 일행과 마주쳤습니다. 그 좁은 길목에서 누가 양보할 것인가를 두고 시비가 붙어 다투던 중, 젊은 오이디푸스는 상대방 일행을 죽여 버리고 말았습니다.

오이디푸스는 자신이 죽인 그 일행의 우두머리가 자신의 친아버지요, 테베 왕 라이오스임을 전혀 몰랐습니다. 그리고 자신의 친부모로 여긴 고린도 왕 부부에게 해를 끼치지 않기 위해 방랑길에 오른 오이디푸스는 테베 사람들을 괴롭히는 괴물 스핑크스의 이야기를 들었습니다. 여자 얼굴에 사자의 몸을 지닌 스핑크스는 지나가는 행인을 붙잡아 수수께끼를 던져 답하지 못하면 죽이곤 했습니다. 그러나 그때까지 스핑크스의 수수께끼를 푼 사람은 아무도 없었기에, 결과적으로 테베 사람들에게 스핑크스와의 만남은 곧 죽음을 의미했습니다. 오이디푸스는 스핑크스로부터 테베 사람들을 구하기 위해 스스로 스핑크스를 찾아갔습니다. 스핑크스가 오이디푸스에게 '아침에는 네 발, 낮에는 두 발, 저녁에는 세 발로 걷는 것이 무엇이냐'는 수수께끼를 던졌습니다. 오이디푸스는 '인간'이라는 대답으로 스핑크스를 물리쳤습니다. 어릴 때는 두 손과 두 무릎으로 기어 다니니 네 발인 셈이요, 자라면서 서서 다니니 두 발이요, 늙어서는 지팡이를 짚고 다니므로 세 발이 되는 셈이었습니다. 스핑크스로부터 자유를 얻은 테베 시민들에 의해 왕으로 옹립된 오이디푸스는 미망인이던 왕비 이오카스테를 왕비로 맞았습니다.

그러나 세월이 흐른 뒤, 오이디푸스는 그 옛날 델포이 신전에서 내려오다가 자신이 살해한 사람이 자신의 생부요, 왕비 이오카스테가 자신의 생모임을 알게 되었습니다. 역시 진실을 알게 된 어머니 이오카스테는 충격을 받아 자살로 생을 마감했고, 오이디푸스는 자신의 친부모도 알아보지 못한 자신의 두 눈을 찔러 멀게 한 다음 테베의 왕좌를 버리고 비참한 방랑길에 올랐습니다.

오이디푸스의 이 비극적인 이야기는 주전 5세기 그리스의 3대 비극 작가 중 한 명인 소포클레스에 의해 《오이디푸스 왕》이라는 제목으로 작품화되었습니다. 아리스토텔레스가 소포클레스의 가장 위대한 비극이라고 극찬했던 작품 《오이디푸스 왕》은 헬라 문명권에 널리 알려져 있었습니다. 다시 말해 헬라 문명권에 속한 지성인치고 오이디푸스의 이야기를 모르는 사람은 없었습니다. 본문 속에서 고린도를 찾아가는 바울 역시 헬라 역사와 문학에 능통한 지성인이었기에, 고린도가 한때 오이디푸스의 본거지였음을 잘 알고 있었을 것입니다.

이처럼 고린도와 관련하여 우리에게 친숙한 오이디푸스 이외에도, 우리가 어릴 때 자주 이야기되고 교과서에도 게재된 것이 있습니다. 옛날 서구 건축에서 대표적인 양식이 도리스식, 이오니아식, 그리고 코린트식이었습니다. 그중에서도 가장 우아하고 세련된 양식이 코린트식으로, 주전 5세기부터 유럽 건축에서 가장 중요한 양식 가운데 하나가 되었습니다. 그 양식이 얼마나 중요하면 2천 수백 년이 지나 우리나라 교과서에까지 실렸겠습니까? 그 유명한 코린트 양식이 바로 바울이 찾아간 고린도에서 유래된 것이었습니다. 옛날 건축 양식 중에 가장 우아하고 세련된 코린트 양식이 고린도에서 유래되었다는 것은 아름다움을 추구하는 고린도 사람들의 미적 감각이 남달랐다는 말이고, 그들이 남다른 자신들의 미적 감각을 건축을 통해 실제로 구현할 수 있었다는 것은 그만큼 그들의 경제력이 풍부하였음을 의미합니다.

이렇듯 우리에게 친숙한 오이디푸스와 코린트 양식이 고린도와 관련되어 있음을 알고 나면, 고린도 역시 우리와 무관한 아득히 먼 옛날 성경 속의 도시가 아니라 우리와 대단히 친숙한 도시로 다가옵니다.

번영을 구가하던 고대 고린도는 주전 146년 로마제국에 정복당하면서 백년 동안 옛 영화를 상실한 채 방치된 상태에 있었습니다. 그러나 주전 44년, 그러니까 바울이 본문에서 고린도를 찾아가기 한 세기 전 로마제국의 카이사르가 재향군인들과 자유인이 된 노예들을 대거 고린도로 이주시켜 예전보다 더 큰 규모로 고린도를 재건했습니다. 그때부터 고린도는 대를 이어 가며 고린도에 살아온 원주민보다 외지에서 유입된 각양각색의 이주민들이 더 많은 도시가 되었습니다. 그러므로 그들에게 특별히 고린도 시민으로서의 정체성이 있을 리 없었습니다. 그 반면에 그리스 본토와 펠로폰네소스반도를 이어 주는 지협地峽에 위치한 고린도는 동서 양쪽에 각각 항구를 지니고 있어 무역의 중심지로서 엄청난 부를 누렸습니다. 2천 년 전 인구 60만 명의 고린도는 로마제국 4대 도시에 속한 대도시였습니다. 하지만 도시 구성원들이 자기 정체성을 바르게 확립하지 못한 상태에서 단지 경제적 부와 함께 아름다움만을 추구한다면, 그들의 종착역은 결국 타락일 수밖에 없었습니다. 그래서 본문 속에서 바울이 방문했을 때의 고린도는 한마디로 쾌락과 술취함과 음욕과 방탕이 난무하는 타락의 도시였습니다.

당시 고린도에는 아폴로, 옥타비아누스, 판테온, 포세이돈, 헤라, 헤라클레스, 헤르메스 등 온갖 신전들이 위용을 뽐내고 있었습니다. 그중에서도 가장 대표적인 신전은 해발 575미터의 바위산 정상인, 아크로고린도의 아프로디테신전이었습니다. 그리스신화 속에서 성애性愛와 미의 여신으로 등장하는 아프로디테는 영어로 비너스Venus입니다. 그 신전 속에는 1천 명에 달하는 여사제들이 있었는데, 그들은 모두 신의 이름으로 합법적으로 매음하는 매춘부들이었습니다. 신전 안에서 합법적인 매음이 그 정도로 횡행했다면 신전 밖 실생활이야 두말해 무엇하겠습니까? 당시 고린도 사람들의 성적 타락이 얼마나 심했던지 헬라문화권 속에서 '고린도 사람처럼 행동한다'는 것은 '음행하다'라는 의미로, '고린도화되었다'는 것은 '성적으로 문란하다'는 의미로, '고린도 사람'은 '포주'나 '기둥서방', 그리고 '고린도 아가씨'는 '매춘부'의 의미로 사용될 정도였습니다. 따라서 바울 홀로 그 거대한 타락의 도시 고린도를 찾아간다는 것은 마치 달걀로 바위를 치는 것처럼 무모하고도 무의미한 일처럼 보입니다.

그러나 바울이 믿는 주님께서, 바울이 주님을 위해 무모하고도 무의미한 일에 자신을 허비하도록 내버려 두실 주님이 아니셨습니다. 1-3절을 보시겠습니다.

그 후에 바울이 아덴을 떠나 고린도에 이르러 아굴라라 하는 본도에서 난 유대인 한 사람을 만나니 글라우디오가 모든 유대인을 명하여 로마에서 떠나라 한 고로 그가 그 아내 브리스길라와 함께 이달리야로부터 새로 온 지라 바울이 그들에게 가매 생업이 같으므로 함께 살며 일을 하니 그 생업은 천막을 만드는 것이더라.

거대한 타락의 도시 고린도에 주님의 복음을 전하기 위해 홀로 고린도를 찾은 바울을 위해 주님께서 미리 아굴라 부부를 예비해 두셨음을 밝혀 주는 증언입니다. 본문 2절이 아굴라의 아내로 소개하고 있는 브리스길라는 바울서신에 등장하는 브리스가의 애칭입니다. 저는 개인적으로 본문과 같은 성경의 증언을 접할 때마다 온몸이 전율하는 것과 같은 감동을 느낍니다.

바울이 고린도에서 만난 아굴라는 유대인이었습니다. 그렇지만 이스라엘 땅에서 태어난 본토박이 유대인이었던 것은 아니었습니다. 만약 그랬더라면 이방 도시 고린도에서 바울과 아굴라의 만남은 불가능했을 것입니다. 아굴라는 오늘날 터키 대륙의 북동쪽, 다시 말해 흑해 남동쪽에 위치한 본도에서 태어난 유대인이었습니다. 다시 말해 오래전 이스라엘 땅을 떠나 조상 대대로 이방 땅에 살면서 당시 지중해 세계 공용어인 헬라어를 모국어로 사용하던 디아스포라 유대인이었습니다. 이를테면 이방 땅에 사는 것에 대해 조금도 이상하게 생각하지 않는 당시의 세계인인 셈이었습니다. 그래서 자신이 태어난 아시아 대륙의 본도를 떠나 로마제국의 수도인, 유럽 대륙의 로마로 이주하여 그곳에 정착하는 데에도 아무 거리낌이 없었습니다. 아굴라의 직업은 천막 제조업자였습니다. 그러나 제국의 수도 로마에 천막 제조업자로 정착한 아굴라는 로마를 떠나지 않을 수 없었습니다. 로마 황제 클라우디우스 1세가 수도 로마에 사는 유대인들에 대한 추방령을 내렸기 때문입니다.

사도행전 16장 16-25절을 살펴볼 때 말씀드린 적이 있는 것처럼 역사가 수에토니우스에 의하면, 당시 제국의 수도 로마에는 약 2만 명의 유대인들이 살고 있었습니다. 그러나 크레스투스라는 선동가의 영향으로 주후 50년경 유대인들이 폭동을 일으키자, 황제 클라우디우스가 로마에 거주하는 2만 명의 유대인들 가운데 로마 시민권을 갖지 못한 유대인들은 모두 수도 로마에서 추방해 버렸습니다. 폭동을 일으킨 주동자 크레스투스의 이름이 헬라어로 그리스도를 뜻하는 '크리스토스'와 발음이 유사하다는 면에서, 그리스도를 부정하는 유대인들이 그리스도를 믿는 유대인들을 박해하면서 야기된 유대인들 간의 폭동 사태로 인해 황제가 유대인들을 수도 로마에서 추방했다고 주장하는 학자들도 있습니다. 당시 유대인들의 폭동은 로마제국에 대한 정치·사회적 폭동이 아니라, 유대인들 간의 종교적 폭동이었다는 것입니다. 아무튼 분명한 사실은, 이때 아굴라 부부가 수도 로마에서 추방당한 것은 그들에게 로마 시민권이 없었음을 의미한다는 것입니다.

로마에서 추방당한 아굴라 부부는 아굴라의 고향인 아시아 대륙의 본도로 돌아가지 않고, 유럽 대륙의 고린도로 이주하여 그곳에서 천막 제조업을 새롭게 시작했습니다. 그리고 그즈음에 고린도를 찾아간 바울이 고린도에서 가장 먼저 만난 사람이 바로 아굴라 부부였습니다. 묘하게도 바울 역시 천막 제조 기술자였습니다. 유대인 부모는 부유하든 가난하든 상관없이 만일의 경우에 대비하여 어린 아들에게 기술을 하나씩 습득하게 했습니다. 바울이 태어난 다소는 천막 제조에 사용되는 피륙 생산지로 유명했기에, 바울은 어린 시절 부모에 의해 천막 제조 기술을 익힌 것이었습니다. 그래서 바울은 천막 제조업자 아굴라의 집에서 아굴라 부부와 함께 살면서 함께 천막 제조하는 일을 하였습니다. 헬라어 원문에 '일하다'라는 동사 '에르가조마이ἐργάζομαι'가 미완료형으로 기록되어 있습니다. 바울이 쉬지 않고 부지런히 일했다는 의미입니다. 그 결과는 본문 4절이 밝혀 주고 있습니다.

안식일마다 바울이 회당에서 강론하고 유대인과 헬라인을 권면하니라.

주중에 아굴라의 집에서 아굴라와 함께 천막을 제조하여 판매하면서 숙식을 해결할 수 있었던 덕분에, 바울은 안식일마다 유대인 회당을 찾아가 복음을 전하면서 유대인이나 헬라인을 막론하고 회당에 모인 모든 사람을 주님의 말씀으로 권면할 수 있었습니다. 이때 바울은 며칠이나 몇 주 혹은 몇 달 동안 고린도에서 머문 것이 아니었습니다. 11절에 의하면 바울이 고린도에서 머문 기간은 무려 1년 6개월이었습니다. 바울은 1년 6개월 동안 고린도에 머물면서 데살로니가의 교인들에게 데살로니가전후서를 써 보내었습니다. 이때 바울이 고린도에 1년 6개월이나 머물렀기에, 이 이후 바울은 고린도 교인들에게 바울서신 중에 가장 긴 편지인 고린도전서와 고린도후서를 써 보내었습니다. 이때 바울이 고린도에 1년 6개월이나 머물렀기에, 3차 전도 여행 중 다시 익숙한 고린도를 찾아 3개월을 머물면서 로마의 교인들에게 복음의 진수인 로마서를 써 보내었습니다. 무엇보다도 이때 고린도에서 1년 6개월이나 머물렀기에, 지난 시간 말씀드린 것처럼 바울의 심령 속에 로마제국의 수도 로마에 대한 전도의 사명감이 싹틀 수 있었습니다. 만약 바울이 홀로 찾아간 고린도에서 아굴라 부부를 만나지 못했더라면 그 어느 것 하나도 불가능했을 것입니다.

그렇다면 아굴라의 삶을 한번 되짚어 볼 필요가 있습니다. 그가 이방 땅에서 태어나 이방 땅에서 살던 디아스포라 유대인이 아니었다면, 아시아 대륙의 본도에서 살던 그가 로마제국의 수도인 유럽 대륙의 로마로 이주하여 정착하지 않았다면, 그가 바울의 고린도 방문 직전에 로마에서 추방당해 고린도로 삶의 거처를 옮기지 않았다면, 애당초 바울과 아굴라 부부의 만남 자체가 불가능했을 것입니다. 그렇다면 다시 생각해 보십시다. 아굴라가 세상에서 가장 배타적인 민족인 유대인이면서도, 왜 이방 땅에서 태어나 이방 땅에서 살아가는 디아스포라가 되었습니까? 주전 586년 유다 왕국이 바빌로니아제국에 멸망당했기 때문입니다. 그때 나라 잃은 많은 유대인들이 망국의 한을 품고 지중해 세계 곳곳으로 뿔뿔이 흩어졌습니다. 아시아 대륙의 본도에서 태어난 아굴라가 어떻게 로마제국의 수도인 유럽 대륙의 로마로 이주하여 정착할 수 있었습니까? 헬라제국을 멸망시킨 로마제국이 아굴라가 살던 아시아 대륙의 본도를 포함하여 지중해 세계를 제패하여, 로마제국 내에 사는 사람들에게 통행과 이주 그리고 거주의 자유가 주어졌기 때문입니다. 제국의 수도 로마에 천막 제조업자로 정착한 아굴라 부부는 왜 로마에서 추방당해 고린도로 이주해야만 했습니까? 로마에 사는 유대인들이 크레스투스의 선동으로 폭동을 일으켰기 때문입니다.

여기에서 우리는 대단히 중요한 사실을 깨닫게 됩니다. 고린도에서 바울과 아굴라 부부의 만남은 지극히 개인적인 만남처럼 보이지만, 그 만남의 배후에는 엄청난 역사적 사건들이 있었습니다. 바빌로니아제국의 발흥과 유다 왕국의 멸망, 페르시아제국에 의한 바빌로니아제국의 멸망과 헬라제국의 페르시아제국 정복, 헬라제국을 무너뜨린 로마제국의 지중해 세계 제패, 그리고 로마제국의 수도 로마에서 일어난 유대인들의 폭동에 이르기까지, 그 엄청난 역사적 사건들은 모두 2천 년 전 고린도에서 바울과 아굴라 부부를 만나게 하시기 위한 시공을 초월한 하나님의 섭리였습니다. 어떻게 하나님에 의해 그런 일이 가능할 수 있습니까? 두말할 것도 없이 하나님께서 역사의 주관자시기 때문입니다.

하나님께서 역사의 주관자이시기에, 보잘것없는 우리의 삶을 통해 당신의 뜻을 이루시기 위해 한 나라를 흥하게도 하시고 반대로 쇠하게도 하십니다. 우리가 상상하지도 못한 사람을 만나게 하시고 우리의 인생을 우리의 계획과는 다른 곳으로 인도하시기 위해 역사적 격변이 일어나게도 하십니다. 그리고 그 모든 과정을 통해 시공을 초월한 당신의 섭리를 반드시 이루십니다. 이것이 역사 속에서 살아가는 그리스도인의 믿음이어야 한다면, 그리스도인은 그 어떤 역사의 소용돌이 속에서도 두려움 없이 매일 주어진 삶에 최선을 다해야 합니다. 그것이 역사의 소용돌이 속에서 변함없이 주님의 통로로 쓰임 받는 길입니다. 제국의 수도 로마에 정착했던 아굴라 부부가 하루아침에 로마에서 추방당할 때, 그 역사적 소용돌이 속에서 그들이 입은 경제적 손실과 육적·심적 고통이 얼마나 컸겠습니까? 그러나 그들은 새롭게 주어진 고린도에서의 삶에 최선을 다한 결과 바울의 동역자가 되어 시공을 초월한 주님의 통로로 쓰임 받았을 뿐 아니라, 하나님의 말씀인 성경에 그 이름이 영원히 오르는 영원한 영광을 입었습니다. 그 영원한 영광을, 그가 로마에서 입은 일시적인 손실 그리고 고통과 어찌 비견할 수 있겠습니까?

사랑하는 교우 여러분!

상궤常軌를 벗어난 북한의 온갖 협박이 연일 계속되고 있습니다. 그러나 두려워하지 마십시오. 북한이 미사일을 발사하든 않든, 무력 도발을 하든 않든, 가장 많은 정보를 지니고 있는 정부를 신뢰하면서, 그 어떤 경우에도 흔들림 없이 하나님께서 우리 각자에게 부여하신 삶에 더더욱 최선을 다하십시다. 그것이 역사의 소용돌이 속에서 살아가는 그리스도인의 바른 자세입니다. 그리고 그 모든 과정을 통해 일제 치하와 6·25전쟁의 격랑 속에서 이 나라를 구하고 지켜 주신 하나님께서 반드시 당신의 정의로운 뜻을 이 한반도의 역사 속에 이루실 것입니다. 하나님께서 역사의 주관자시기 때문입니다.

2천 년 전 고린도에서 바울과 아굴라 부부가 만나 함께 동역하기까지는 엄청난 역사적 배경이 있었습니다. 바빌로니아제국의 발흥과 유다 왕국의 멸망, 페르시아제국에 의한 바빌로니아제국의 멸망, 헬라제국의 페르시아제국 정복, 헬라제국을 무너뜨린 로마제국의 지중해 세계 제패, 그리고 로마제국의 수도에서 일어난 유대인들의 폭동과 클라우디우스 황제의 유대인 추방령에 이르기까지, 그 모든 과정 중에 단 한 과정만 어긋났더라도 고린도에서 바울과 아굴라 부부의 만남은 불가능했을 것이요, 그들을 통한 주님의 역사도 일어나지 않았을 것입니다.

주님! 우리가 비록 보잘것없는 존재라 할지라도, 주님께서는 우리를 통해 당신의 섭리를 이루시기 위해 한 나라를 흥하게도 하시고 쇠하게도 하시며, 주님을 위해 살아가는 우리를 위해 역사의 격변을 일으키기도 하심을 깨닫게 해주셔서 감사합니다. 이제부터 역사의 소용돌이 속에서 이루어져 가는 하나님의 섭리를 헤아리는 믿음의 눈을 지니고 살아가게 해주십시오. 온갖 협박을 일삼는 북한이 미사일을 발사하든 않든, 도발을 하든 않든, 그 모든 과정을 통해 이 한반도에 하나님의 의로우신 섭리가 한 치의 오차도 없이 이루어지고 있음을 믿고 깨닫게 해주십시오. 한반도의 역사를 주관하시는 분이 주님이심을 믿기에, 어떤 경우에도 그리스도인으로서 자신이 지켜야 할 자리를 더더욱 최선을 다해 지키는 의연한 그리스도인으로 살아가게 해주십시오. 그리하여 그 어떤 역사의 격랑 속에서도 변함없는 주님의 통로로 쓰임 받게 해주십시오. 아멘.

21. 아굴라를 만나니 II

사도행전 18장 1-4절

그 후에 바울이 아덴을 떠나 고린도에 이르러 **아굴라라 하는** 본도에서 난 유대
인 한 **사람을 만나니** 글라우디오가 모든 유대인을 명하여 로마에서 떠나라 한
고로 그가 그 아내 브리스길라와 함께 이달리야로부터 새로 온지라 바울이 그
들에게 가매 생업이 같으므로 함께 살며 일을 하니 그 생업은 천막을 만드는 것
이더라 안식일마다 바울이 회당에서 강론하고 유대인과 헬라인을 권면하니라

부를 때마다 심령 속에 깊은 울림이 있는 찬송가 305장은, "나 같은 죄인
살리신 주 은혜 놀라워"로 시작합니다. 이 찬송가를 작사한 영국의 존 뉴턴
은 이 짧은 시구 속에서 두 가지 사실을 고백하고 있습니다. 자신은 죄인이
라는 것과, 자신을 살려 주신 주님의 은혜는 놀랍다는 것입니다. 이 찬송가
의 원 제목은 잘 아시는 것처럼 〈Amazing Grace〉이고, 우리말로 '놀라운
은혜'라고 번역되고 있습니다. 그러나 형용사인 영어 '어메이징'은 단순히 놀
랍다는 말이 아닙니다. '어메이징'은 '굉장히 놀랍다', '기막히게 놀랍다', '자

지러지게 놀랍다'는 의미입니다. 자신을 구원해 주신 주님의 은혜를 기막히게 놀라운 은혜라고 고백한 존 뉴턴은 잘 알려진 것처럼, 18세기에 아프리카 흑인들을 붙잡아 대서양 건너 미국에 노예로 팔아넘기던 노예선 선장이었습니다. 인간이 인간을 잡아다가 인간에게 노예로 팔아넘긴다면, 그 인간은 인간이기를 거부한 짐승이지 않겠습니까? 그러나 주님께서 그 짐승 같은 존 뉴턴을 먼저 찾아가셔서 당신의 십자가의 은혜로 그를 구원해 주셨습니다. 18세기 영국에 도덕적이면서도 윤리적인 반듯한 사람이 얼마나 많았겠습니까? 그럼에도 주님께서는 도덕과 윤리와는 아무 상관도 없는 노예선 선장을 구원해 주신 것입니다. 존 뉴턴이 그 구원의 은혜를 입었을 때 짐승 같은 노예선 선장, 자기 같은 죄인 중의 괴수 죄인을 구원해 주신 주님의 은혜가 어찌 기막히게 놀라운 은혜가 아닐 수 있었겠습니까?

짐승 같은 노예선 선장을 구원하시는 주님의 기막히게 놀라운 은혜를 이 세상 그 누가 논리적으로, 합리적으로, 이성적으로 설명할 수 있겠습니까? 그것은 인간의 논리와 합리성과 이성을 초월하는 불가사의한 은혜입니다. 주님의 기막히게 놀라운 은혜가 아무도 설명할 수 없는 불가사의한 은혜이기에, 믿지 않는 사람에 비하여 자랑할 것도 내세울 것도 없는 우리 역시 구원받은 그리스도인으로 오늘 이 자리에 앉아 있을 수 있게 되었습니다. 우리 각자에게도 주님의 은혜는 어메이징 그레이스, 기막히게 놀라운 은혜인 것입니다. 구약성경에 등장하는 요셉도 마찬가지였습니다.

야곱은 네 명의 여인으로부터 열두 명의 아들을 얻었습니다. 열두 명의 아들들 가운데 대부분은 가업인 목축에 헌신적이었습니다. 그러나 하나님께서 그 시대를 위한 당신의 도구로 선택하신 아들은 열한 번째 아들인, 오직 자기 자신만 아는 요셉이었습니다. 요셉은 열일곱 살이 되기까지 아버지의 편애 속에서 집안일은 거들떠보지도 않았습니다. 오히려 형들이 집안일을 하다가 실수하기라도 하면 즉각 아버지에게 고자질하는 비열한 인간이었습니다. 그리고 열두 명의 아들들 가운데 아버지가 자기에게만 지어 준 채색옷을 당연하다는 듯 혼자 입고 뽐내며 다니던 이기적인 인간이기도 했습니다. 그렇듯 자기중심적인 요셉을 이복형들이 좋아할 리가 만무했습니다. 들판에서 야영하며 아버지의 양떼를 치던 이복형들 앞에 채색옷을 입은 요셉이 나타났습니다. 이복형들을 돕기 위함이 아니라, 형들이 아버지의 양떼를 잘 지키고 있는지 현장 감독차 나온 것이었습니다. 그렇지 않아도 평소 요셉에 대해 반감을 품고 있던 이복형들은 마침 그곳을 지나가는 상인들에게 요셉을 팔아 버렸습니다. 이집트로 끌려간 요셉은 이집트의 왕인 파라오의 친위대장 보디발의 집에 종으로 팔렸습니다. 요셉을 선택하신 하나님께서, 비열하고 이기적인 요셉을 당신의 방법으로 새롭게 빚기 시작하신 것이었습니다.

이국땅 남의 집에 종으로 팔려 간 요셉은 더 이상 비열하고 이기적인 삶을 살 수는 없었습니다. 그 상황 속에서 살아남기 위해서는 성실하게 일하는 수밖에 없었습니다. 요셉의 성실성에 감동한 집주인 보디발은 자기 집안의 모든 재산을 요셉에게 맡기고 관리토록 했습니다. 보디발의 집은 일반 개인집이 아니었습니다. 창세기 39장 20절과 40장 3절에 의하면 보디발의 집은 왕의 죄수를 가두는 감옥이 달린, 이집트 파라오 친위대장의 공관이었습니다. 왕의 죄수를 가두는 감옥까지 달린 친위대장의 공관이라면 그 공관의 살림살이 규모가 얼마나 컸겠습니까? 요셉은 비록 종의 신분이기는 했지만 그 큰 규모의 살림살이를 총괄하면서 하나님으로부터 재무관리 훈련을 받기 시작한 것이었습니다.

그러나 하나님의 훈련은 재무관리 훈련만으로 끝나지 않았습니다. 어느덧 청년이 된 요셉의 준수한 용모에 욕정을 느낀 집주인 보디발의 아내가 여러 차례에 걸쳐 요셉을 유혹하였지만 요셉은 단호하게 뿌리쳤습니다. 그러자 앙심을 품은 여인은 요셉이 자신을 겁탈하려 했다고 요셉을 거짓으로 모함했고, 격분한 남편 보디발은 요셉을 자기 집 안에 있는 왕의 죄수를 가두는 감옥에 가두어 버렸습니다. 왕의 죄수는 이를테면 역모와 관련된 정치범들을 의미했습니다. 민간인 요셉이 정치범들이 갇힌 감옥에 투옥된 것이었습니다. 요셉으로서는 억울하기 짝이 없는 옥살이였지만, 요셉은 감옥 속에서도 매일 주어진 과업을 성실히 수행하였습니다. 요셉의 남다른 성실성을 확인한 간수장 역시 감옥의 모든 죄수 관리를 요셉에게 맡겼습니다. 하나님에 의한 인사관리 훈련이 시작된 것이었습니다. 그뿐이 아니었습니다. 그 감옥의 죄수는 모두 왕의 죄수, 다시 말해 정치범들이었다고 했습니다. 그러므로 요셉은 정치범들과 섞여 살면서 하나님으로부터 정치 훈련도 받기 시작한 셈이었습니다.

요셉이 스물여덟 살이 되었을 때, 그러니까 요셉이 이복형들에 의해 이집트로 팔린 지 11년이 지났을 때였습니다.

> 그 후에 애굽 왕의 술 맡은 자와 떡 굽는 자가 그들의 주인 애굽 왕에게 범죄한지라(창 40:1).

파라오의 술과 빵을 각각 책임지는 두 사람이 파라오에게 범죄하는 사건이 터졌습니다. 술과 빵을 책임지는 사람이라고 해서 주방 조리사들이었던 것은 아니었습니다.

> 바로가 그 두 관원장 곧 술 맡은 관원장과 떡 굽는 관원장에게 노하여 (창 40:2).

파라오에게 범죄한 두 사람을 본문은 모두 '관원장'이라 표현하고 있습니다. 히브리어 원문에는 그 단어가 '지도자' 혹은 '장관'을 의미하는 '싸르ㄱ'로 기록되어 있습니다. 오늘날도 마찬가지이지만 권력은 최고 권력자와의 거리에서 나옵니다. 그 옛날 절대 권력을 지닌 파라오 곁에서 매일 술을 책임지고, 하루 세 끼 주식인 빵을 책임지는 '싸르'라면, 그들의 권력이 얼마나 대단했겠습니까? 그 권력자들이 파라오에게 범죄하여 파라오가 격노했습니다. 대체 그들이 무슨 범죄를 저지른 것입니까?

> 그들을 친위대장의 집 안에 있는 옥에 가두니 곧 요셉이 갇힌 곳이라
>
> (창 40:3).

격노한 파라오는 범죄한 두 관원장을 친위대장의 집 안에 있는 감옥에 투옥시켜 버렸습니다. 그 감옥은 왕의 죄수를 위한 감옥, 즉 역모와 관련된 정치범을 가두는 곳이었습니다. 그러므로 파라오의 술과 빵을 책임지는 두 관원장이 그 감옥에 투옥되었다는 것은 그 두 사람이 어떤 형태로든 역모에 연루되었음을 의미했습니다. 그 감옥에서 모든 죄수를 관리하는 사람이 요셉이었습니다.

> 친위대장이 요셉에게 그들을 수종 들게 하매 요셉이 그들을 섬겼더라
>
> (창 40:4상).

친위대장은 요셉에게 그 두 관원장을 특별히 보살피게 했고, 요셉은 그 두 사람을 평소대로 지극정성으로 섬겼습니다. 어느 날 밤 두 관원장이 각각 꿈을 꾸었습니다. 그리고 요셉이 두 사람의 꿈을 해석해 준 대로 술을 책임

지는 관원장은 특별사면으로 복직된 반면, 빵을 책임지는 관원장은 끝내 사형당하고 말았습니다. 그로부터 2년의 세월이 흘렀습니다. 요셉의 나이 30세였고, 이집트로 팔린 지는 13년이 흘렀을 때였습니다. 이집트의 파라오가 각각 다른 두 개의 해괴한 꿈을 연거푸 꾸었는데 아무도 그 꿈을 해석하지 못했습니다. 그때 파라오의 술을 책임지는 관원장이, 2년 전 자신의 꿈을 정확하게 해석해 준 감옥 속의 요셉을 비로소 기억하고 파라오에게 그를 천거하였습니다. 감옥에서 파라오의 부름을 받은 요셉은 파라오로부터 각각 다른 두 꿈 이야기를 들었습니다. 그리고 요셉은, 파라오가 꾼 두 꿈은 앞으로 7년 풍년과 그 후 7년 흉년을 예고하는 꿈이므로, 앞으로 7년 풍년 동안 그 이후에 닥칠 7년 흉년을 잘 대비해야 한다고 파라오에게 진언했습니다. 요셉의 지혜에 탄복한 파라오는 요셉을 이집트의 국무총리로 세워 7년 풍년과 7년 흉년을 대비하게 했고, 그 요셉에 의해 이집트와 인근 백성들이 7년에 걸친 극심한 흉년에서 살아남을 수 있었습니다.

흔히 오해하듯이 요셉은 우연히 꿈 한번 해석 잘해준 덕분에 요행히 이집트의 총리 자리에 오른 로또의 주인공이 아니었습니다. 하나님께서는 형제의 잘못을 덮어 주기는커녕 도리어 고자질하고, 집안일 하는 형제들 앞에서 홀로 채색옷 입고 놀기를 당연시하던 요셉을 먼저 선택하시고, 그 비열하고 이기적인 요셉을 새롭게 빚으시기 위해 이복형들에 의해 억울한 종살이와 옥살이를 거치게 하셨습니다. 13년에 걸친 그 고통의 기간은 요셉이 하나님으로부터 재무관리 훈련, 인사관리 훈련, 정치 훈련을 받는 특별 훈련 기간이었습니다. 당시 이집트 전역에서 요셉만큼, 이집트의 국무총리가 되기에 필요한 훈련을 체계적으로 받은 사람은 없었습니다. 그리고 하나님께서는 마침내 당신의 때가 되었을 때, 하나님에 의해 준비된 요셉을 이집트의 파라오 앞에 세우시기 위해 파라오의 왕궁에서 역모가 일어나게 하셨습니다. 그것은 관련자 중의 한 명이 끝내 사형을 당할 정도로 예사롭지 않은 역모였습니다. 그러나 만약 그 역모가 일어나지 않았더라면 요셉은 이집트의 국무총리는 고사하고, 이국땅 억울한 옥살이에서 벗어나는 것 자체가 불가능했을 것입니다.

생각해 보십시오. 종살이하던 집 여주인을 겁탈하려던 파렴치범으로 몰려 옥살이하는 요셉과, 파라오를 최측근에서 모시는 두 권력자가 왕궁에서 벌인 역모가 대체 무슨 상관이 있겠습니까? 하지만 그 역모야말로 비열하고 이기적인 요셉을 이집트의 국무총리로 세우시려는 하나님의 신비로운 섭리였습니다. 그리고 그 역모로 인해 국무총리가 된 요셉을 통해 이집트와 인근 모든 백성이 혹독한 흉년으로부터 살아남을 수 있었습니다. 하나님께서는 이처럼 한 개인을 바로 세우시기 위해, 한 시대를 위한 당신의 뜻을 이루시기 위해, 구중궁궐 속에서 역모 다시 말해 역사의 변고가 일어나게도 하십니다. 국무총리가 된 이후에 그 모든 사실을 깨닫게 된 요셉 역시 존 뉴턴처럼, 나같이 비열하고 이기적이었던 인간을 살리시고 바르게 세워 주신 하나님의 은혜는 기막히게 놀라운 은혜라고 고백하지 않겠습니까?

지난 시간에 살펴본 것처럼 바울이 홀로 찾아간 고린도에서 처음 만난 사람은 천막 제조업자였던 아굴라 부부였습니다. 천막 제조 기술자였던 바울은 아굴라의 집에서 아굴라와 함께 살고 함께 천막을 제조하여 판매하면서 숙식을 해결한 덕분에 안식일마다 유대인 회당을 찾아가 복음을 전할 수 있었고, 그 이후 1년 6개월 동안이나 고린도에서 자신이 상상할 수도 없었던 주님의 뜻을 이루기 위한 발판도 마련할 수 있었습니다. 만약 바울이 고린도에서 아굴라 부부를 만나지 못했더라면, 성경이 전해 주는 것과 같은 구원의 역사가 고린도에서 일어날 수는 없었을 것입니다. 본문 2절은 그 아굴라 부부를 이렇게 소개하고 있습니다.

> 아굴라라 하는 본도에서 난 유대인 한 사람을 만나니 글라우디오가 모든
> 유대인을 명하여 로마에서 떠나라 한 고로 그가 그 아내 브리스길라와 함
> 께 이달리야로부터 새로 온지라 바울이 그들에게 가매.

지난 시간에 말씀드린 바와 같이 아굴라가 유대인이면서도 이스라엘 땅
이 아닌 이방 땅 본도에서 태어난 디아스포라 유대인이었던 것은, 주전 586
년 유다 왕국이 바빌로니아제국에 멸망당했기 때문이었습니다. 아시아 대
륙의 본도에서 태어난 아굴라가 로마제국의 수도인 유럽 대륙의 로마로 이
주하여 정착한 것은, 헬라제국을 무너뜨린 로마제국이 아시아 대륙의 본도
를 포함한 지중해 세계를 제패하여, 로마제국의 영토 내에 사는 사람들에
게 통행과 이주 그리고 거주의 자유가 보장되었기 때문입니다. 본문은 아굴
라 부부가 "이달리야로부터 새로" 왔다고 증언하고 있습니다. 바울이 고린
도를 방문하기 전에 아굴라 부부가 이탈리아반도에 위치한 제국의 수도 로
마에서 고린도로 막 이주해 왔다는 말입니다. 이유인즉 제국의 수도 로마에
서 크레스투스라는 사람의 선동으로 유대인들이 폭동을 일으키자, 당시 로
마제국의 황제였던 클라우디우스가 로마에 살고 있던 약 2만 명의 유대인들
가운데 로마 시민권을 갖지 못한 유대인들을 모두 제국의 수도 로마에서 추
방해 버렸기 때문입니다.

유다 왕국이 멸망하여 디아스포라 유대인들이 대거 발생하고, 로마제국
이 헬라제국을 무너뜨리고 지중해 세계의 패자覇者가 된 것은 모두 바울이
태어나기도 전에 일어난 역사적 사건들이었습니다. 그렇다면 그 역사적 사
건들은 그보다 훨씬 이후에 태어난 바울과는 아무 상관도 없는 것 같습니

다. 게다가 바울은 아시아 대륙에 속한 사람이었습니다. 그 바울에게 유럽 대륙의 로마에서 일어난 유대인들의 폭동 또한 전혀 무관한 일처럼 보입니다. 그러나 그 모든 역사적 사건과 격랑은 2천 년 전 홀로 고린도를 찾은 바울로 하여금 아굴라 부부를 만나게 하시려는 하나님의 시공을 초월한 신비로운 섭리였습니다.

여기에서 한 가지 질문이 제기됩니다. 로마제국은 손바닥만 한 작은 나라가 아니었습니다. 당시 거대한 지중해 세계가 온통 로마제국인 셈이었습니다. 제국의 수도 로마에서 추방당한 아굴라 부부는 왜 넓고 넓은 로마제국 내에서 하필이면 고린도로 이주했겠습니까?

고린도의 가장 큰 축제는, 매 4년마다 올림피아에서 개최되는 고대올림픽대회와는 별도로 매 2년마다 고린도지협에서 벌어지는 이스트미아경기대회였습니다. 그리스신화에 바다의 신으로 등장하는 포세이돈을 기리기 위한 이스트미아경기대회에는 모든 그리스인이 참여할 수 있었습니다. 그래서 매 2년마다 이스트미아경기대회가 열릴 때면, 그리스 본토와 펠로폰네소스반도를 잇는 고린도지협은 경기에 참가하는 선수들과 경기를 구경하려는 외래 관람객들로 인산인해를 이루곤 했습니다. 당시 로마제국의 군인들은 대부분 천막을 숙소로 사용하였기에, 천막 제조업자들의 주된 고객은 군인들이었습니다. 그리고 그다음 고객이 이스트미아경기대회처럼 대규모 경기대회에 참여하는 선수들과 외래 관람객들이었습니다. 당시에는 숙박 시설이 턱없이 부족하였으므로 대규모 경기대회에 참가하는 선수들과 외래 관람객들이 임시 숙소로 천막을 이용한 까닭이었습니다. 기록에 의하면 주후 51년 4월에 고린도지협에서 이스트미아경기대회가 열렸습니다. 그리고 제국의 수도 로마에서 유대인들이 폭동을 일으키고 그로 인해 로마 황제 클라우디우스가 제국의 수도 로마에서 유대인들을 추방한 것은, 주후 49년 말부터 50년 초에 걸쳐 일어난 일이었습니다. 그렇다면 우리는 수도 로마에서 추방당한 아굴라 부부가 넓고 넓은 로마제국 내에서 왜 하필이면 그때 고린도로 이주하여 정착하였는지 그 이유를 알게 됩니다. 천막 제조업자였던 아굴라 부부는 이듬해에 고린도지협에서 대규모의 이스트미아경기대회가 열린다는 사실을 알고, 이스트미아 특수特需를 겨냥하여 고린도로 이주한 것이었습니다. 더욱이 고린도에서 얼마 멀지 않은 곳에 올림픽대회가 열리는 올림피아가 위치하고 있어, 수도 로마에서 추방당한 아굴라 부부에게 고린도는 새로운 이주지로 더없이 적합한 곳이었습니다. 그래서 주후 50년 아굴라 부부는 고린도로 이주했고, 얼마 후 고린도를 방문한 바울과 만나게 된 것이었습니다.

여기에도 우리가 주목해야 할 중요한 사실이 있습니다. 고대 고린도 시절부터 유래했던 이스트미아경기대회는 주전 146년 고린도가 로마제국에 정복당하면서 폐지되어 버렸습니다. 그로부터 100여 년이 지난 주전 44년, 방치 상태에 있던 고린도를 대대적으로 재건한 로마제국의 카이사르가 폐지되었던 이스트미아경기대회도 부활시켰습니다. 그래서 또다시 100여 년이 지나 바울과 아굴라가 고린도에서 만났을 때의 이스트미아경기대회는 체육대회와 음악경연대회가 함께 어우러진, 사람들이 돈을 물 쓰듯 쓰는 축제 중의 축제였습니다. 만약 로마제국의 카이사르가 100년 전에 폐지되었던 이스트미아경기대회를 부활시키지 않았더라면 제국의 수도 로마에서 추방당한 아굴라 부부가 고린도로 이주할 까닭이 없었을 것이요, 결과적으로 고린도에서의 바울과 아굴라 부부의 만남도 불가능했을 것입니다. 그러므로 주전 44년 로마제국의 카이사르가 방치 상태에 있던 고린도를 재건하고 폐지되었던 이스트미아경기대회를 부활시킨 것은, 그로부터 100년 후 고린도에서 바울과 아굴라 부부를 만나게 하시려는 하나님의 시공을 초월한 신비로운 섭리였습니다. 그 모든 사실을 깨달았을 때 바울의 감격은 또 얼마나 컸겠습니까? 그래서 바울은 이렇게 고백했습니다.

> 나는 사도 중에 가장 작은 자라 나는 하나님의 교회를 박해하였으므로
> 사도라 칭함 받기를 감당하지 못할 자니라 그러나 내가 나 된 것은 하나
> 님의 은혜로 된 것이니(고전 15:9-10상).

교회를 짓밟던 폭도였던 자신이 사도의 삶을 살게 된 것은 전적으로 하나님의 은혜로 인함이라는 고백입니다. 노예선 선장이었던 존 뉴턴의 표현을 빌리자면, '교회를 짓밟던 나 같은 죄인을 주님의 사도로 살리신 하나님의 은혜는 기막히게 놀라운 은혜'라는 의미입니다.

기막히게 놀라운 주님의 은혜로 구원받은 존 뉴턴은 노예선 선장의 삶을 버리고, 그 이후 죽을 때까지 주님의 증인 된 삶으로 일관했습니다. 그리고 말년의 그는 죽기 전에 이런 말을 남겼습니다.

> 이제 나의 기억력은 거의 다 쇠퇴하였습니다. 그러나 두 가지 사실만은
> 똑똑히 기억하고 있습니다. 나는 크나큰 죄인이라는 사실과, 주님께서는
> 크신 구세주라는 사실입니다.

우리는 크나큰 죄인인 반면, 우리 주님께서는 크신 구세주이십니다. 주님께서 우주 만물을 창조하셨기에, 주님께서는 우주 만물보다 더 크신 구세주이십니다. 그래서 나 같은 죄인을 당신의 십자가의 보혈로 구원해 주셨을 뿐 아니라, 당신의 백성을 위하여 한 나라를 흥하게도 하시고 망하게도 하시며, 구중궁궐 속에서 역모가 일어나게도 하시고, 한 도시에서 폭동이 일어나게

도 하시며, 또 다른 도시에서는 축제 중의 축제가 열리게도 하시는, 기막히게 놀라운 은혜를 베푸시는 주님이십니다. 그 크신 구세주 주님을 믿는 그리스도인이라면 이 한반도에서 무슨 일이 일어나든, 지구촌 어디에서 어떤 역사적 사건이 일어나든 두려워하거나 불안해하지 않을 것입니다. 이 지구상에서 일어나는 크고 작은 모든 사건은 예외 없이, 당신의 의로우신 뜻을 이루시려는 주님의 기막히게 놀라운 은혜로 귀결된 것이기 때문입니다. 그 기막힌 주님의 은혜에 최선을 다해 바른 삶으로 응답하는 사람이 이 시대를 위한 주님의 통로로 쓰임 받을 것임은 두말할 나위가 없습니다.

주님, 지난 세월 동안 이 땅에는 수많은 역사적 사건들이 있었습니다. 그 모든 사건들이 나 같은 죄인을 살리시고 사용하시려는, 주님의 기막히게 놀라운 은혜였음을 깨닫게 해주셔서 감사합니다.

앞으로 또 어떤 사건이 일어나든, 그 역시 주님의 의로우신 뜻을 이 땅과 우리의 삶 속에 이루시기 위한 주님의 기막히게 놀라운 은혜임을 믿게 해주십시오. 그리스도인으로 살아가는 나의 나 된 것이 오직 주님의 기막히게 놀라운 은혜로 인함이기에, 언제 어디서나 주님의 기막히게 놀라운 은혜에 최선을 다하여 바른 삶으로 응답하게 해주십시오. 세월이 흘러가면 반드시 우리의 몸도 쇠하고, 기억력도 쇠퇴할 것입니다. 그러나 우리의 코끝에서 호흡이 멈추는 순간까지 우리가 크나큰 죄인이라는 사실과, 주님께서 크신 구세주시라는 사실만은 늘 기억하며 살게 해주십시오. 그와 같은 우리의 삶이 이 시대를 위한 주님의 통로로 쓰임 받게 해주십시오. 아멘.

22. 아굴라를 만나니 III

사도행전 18장 1-4절

그 후에 바울이 아덴을 떠나 고린도에 이르러 **아굴라라 하는** 본도에서 난 유대인 한 **사람을 만나니** 글라우디오가 모든 유대인을 명하여 로마에서 떠나라 한 고로 그가 그 아내 브리스길라와 함께 이달리야로부터 새로 온지라 바울이 그들에게 가매 생업이 같으므로 함께 살며 일을 하니 그 생업은 천막을 만드는 것이더라 안식일마다 바울이 회당에서 강론하고 유대인과 헬라인을 권면하니라

본문 속의 바울은 현재 2차 전도 여행 중에 있습니다. 앞서 행하였던 1차 전도 여행 때는, 바울은 바나바 그리고 마가와 함께 전도 여행을 시작했었습니다. 수행원이었던 청년 마가는 중도에서 전도팀을 무단이탈하여 집으로 되돌아가 버렸지만, 바울과 바나바는 최소한 1년에서 최대 2년이 소요된 것으로 추정되는 1차 전도 여행을 끝내기까지 함께 동행하였습니다. 그 이후 2차 전도 여행을 앞두고 1차 전도 여행 도중에 전도팀을 무단이탈한 마가를 다시 대동하는 문제를 놓고 의견이 엇갈린 바울과 바나바는 결별했고, 바울

은 실라와 함께 2차 전도 여행을 시작했습니다. 전도 여행 중 루스드라에서 디모데가, 그리고 드로아에서는 누가가 바울과 실라에 합류하여 바울 일행은 총 네 명이 되었습니다.

아시아 대륙에서 유럽 대륙의 빌립보를 찾아가 복음을 전한 바울은 빌립보를 떠나면서 일행 가운데 누가를 빌립보에 남겨 두었습니다. 누가로 하여금 일정 기간 그곳에 체류하면서 막 주님을 영접한 빌립보 초신자들의 믿음을 다져 주게 하기 위함이었습니다. 그 이후 바울은 데살로니가를 거쳐 베뢰아로 갔지만, 두 곳에서 모두 바울을 유대교의 배교자로 간주한 유대인들이 그를 해치려 하였습니다. 어쩔 수 없이 바울은 황급히 마게도냐 땅을 떠나야만 했습니다. 그 급한 와중에도 바울은 자신의 일행인 실라와 디모데를 당분간 베뢰아에 머물게 했습니다. 주님을 영접한 데살로니가와 베뢰아의 그리스도인들을 위함이었습니다. 그 결과 총 네 명이었던 바울 일행 가운데 남은 사람은 바울 한 사람뿐이었습니다. 그렇지만 바울이 혼자 그다음 행선지로 떠난 것은 아니었습니다. 베뢰아에서 바울로부터 주님을 영접한 믿음의 형제들이 바울을 아가야 땅인 아테네까지 직접 데려다주었습니다. 이처럼 바울의 1차 전도 여행에서부터 2차 전도 여행 중 아테네에 이르기까지, 바울 곁에는 항상 바울과 동행하면서 바울을 돕는 동역자들이 있었습니다. 바울은 그들의 협력 속에서 어디서든 마음껏 복음을 전할 수 있었습니다.

그러나 고린도만은 예외였습니다. 바울이 아테네를 떠나 고린도를 찾아갈 때 바울 곁에는 단 한 명의 동행자도 없었습니다. 바울이 사도행전 13장에서 1차 전도 여행을 시작한 이래 그 누구의 도움도 없이 새로운 행선지를 혈혈단신으로 찾아간 것은 고린도가 처음이었습니다. 그러나 바울이 일행과 함께 방문했던 다른 도시들에서처럼 홀로 찾아간 고린도에서도 매 안식일마다 유대인 회당에서 마음껏 복음을 전할 수 있었던 것은, 천막 제조 기술을 지니고 있던 그가 고린도에 도착하자마자 같은 천막 제조업자인 아굴라 부부를 만나 그 집에서 함께 살고 주중에 함께 천막을 제조 판매하면서 숙식을 해결할 수 있었던 덕분이었습니다. 본문은 그 아굴라 부부를 이렇게 소개하고 있습니다.

> 아굴라라 하는 본도에서 난 유대인 한 사람을 만나니 글라우디오가 모든 유대인을 명하여 로마에서 떠나라 한 고로 그가 그 아내 브리스길라와 함께 이달리야로부터 새로 온지라 바울이 그들에게 가매(2절).

아굴라가 유대인이면서도 이스라엘 땅이 아닌 이방 땅 본도에서 태어난 디아스포라 유대인이 된 것, 아굴라가 아시아 대륙 본도에서 태어난 아시아인이면서도 로마제국의 수도인 유럽 대륙의 로마로 이주하여 그곳에서 정착할 수 있었던 것, 로마에서 잘 살고 있던 아굴라 부부가 당시 로마제국의 황제 클라우디오스의 추방령에 의해 로마를 떠나지 않을 수 없었던 것 등은 모두, 수세기에 걸쳐 중근동과 지중해 세계에서 일어난 역사적 사건들과 밀접한 관계를 맺고 있다고 했습니다. 개개인의 삶과 무관한 것처럼 보이는 역사적 격변과 소용돌이는 실은, 개개인의 삶 속에서 당신의 뜻을 이루시려는 하나님의 시공을 초월한 신비로운 섭리인 것입니다. 지난 시간에 말씀드린 것처럼 제국의 수도 로마에서 추방당한 아굴라 부부가 넓고 넓은 로마제국 천지에서 하필이면 고린도로 이주한 것은, 그로부터 100년 전 로마제국의 카이사르가 100년 동안 방치 상태에 있던 식민지 고린도를 대규모로 재건하면서 100년 동안 폐지되었던 이스트미아경기대회를 부활시켰기 때문이었습니다. 숙박시설이 턱없이 부족하던 당시, 천막 제조업자들에게 대규모 경기대회에 참가하는 선수들과 외래 관람객들은 군인 다음 가는 주요 고객이었습니다. 그런 의미에서 그리스 전역에서 수많은 사람들이 몰려드는 이스트 미아경기대회가 매 2년마다 열리고, 4년마다 고대올림픽대회가 열리는 올림 피아가 인근에 위치해 있는 고린도는, 로마에서 추방당한 아굴라 부부에게 는 새로운 이주지로 더없이 적합한 곳이었습니다. 바로 그 고린도에서 천막 제조 기술을 지닌 바울이 천막 제조업자인 아굴라 부부를 만남으로써, 전 도 여행을 시작한 이래 처음 단신으로 찾아간 고린도에서도 바울은 마음껏 복음을 전할 수 있었습니다.

고린도에서 바울과 아굴라 부부의 만남은 결코 우연히 이루어진 만남이 아니었습니다. 그 만남의 배후에는 시공을 초월한 하나님의 섭리가 마치 거 미줄처럼 치밀하게 얽혀 있었습니다. 하나님께서 고린도 사람들에게 구원의 은혜를 베푸시기 위함이었습니다. 그런 면에서 고린도에서 바울과 아굴라 부부의 만남은 그 자체가 기적이었습니다. 바울은 그 기적적인 만남을 통해 고린도 사람들에게 복음을 전하기만 한 것이 아니었습니다. 그 기적적인 만 남을 통해 바울 자신이 영적으로 큰 깨달음을 얻는 주님의 특별하신 은혜 를 입었습니다.

로마제국의 대도시에는 원형경기장이 있었고, 그곳에서 벌어지는 것은 검 투사들의 칼싸움, 동물과 동물의 싸움, 동물과 사람의 싸움처럼 인간의 말 초신경을 자극하는 흥미 위주의 구경거리뿐이었습니다. 그러나 로마제국의 식민지 중에서도 옛 그리스 지역에서 열리는 4대 경기대회—즉 고대올림픽 대회, 이스트미아경기대회, 피티아경기대회, 네메아경기대회는 달랐습니다. 엄격한 룰에 의해 인간의 기량과 역량을 겨루는 그 경기에는 극기와 자기 절제를 통한 힘겨운 훈련 과정을 거친 선수들만 출전할 수 있었습니다. 무 절제하고 무질서한 삶을 살아서는 그 누구든 선수의 자격조차 얻을 수 없었습니다.

지난 시간에 말씀드린 것처럼 제국의 수도 로마에서 일어난 유대인들의 폭동으로 황제 클라우디우스가 로마에 거주하는 2만여 명의 유대인들 중 로마 시민권을 갖지 못한 모든 유대인들을 로마에서 추방한 것은 주후 49년 말부터 50년 초에 걸쳐 일어난 일이었고, 고린도지협에서 이스트미아경기대회가 열린 것은 51년 4월이었습니다. 따라서 고린도에서 아굴라 부부를 만나 그들과 함께 이스트미아경기대회에 참가하는 선수들과 외래 관람객들을 위하여 주중에 천막을 제조 판매한 바울 역시 당시 이스트미아경기대회를 관람한 증거가 그의 서신 속에 남아 있습니다. 바울이 후에 고린도 교회 교인들에게 써 보낸 편지인 고린도전서 9장에 다음과 같은 내용이 있습니다.

> 운동장에서 달음질하는 자들이 다 달릴지라도 오직 상을 받는 사람은 한 사람인 줄을 너희가 알지 못하느냐 너희도 상을 받도록 이와 같이 달음질하라(고전 9:24).

만약 다른 지역에 사는 사람이 바울의 이 편지를 받았다면 달리기를 하고 상을 받는다는 말을 이해할 수 없었을 것입니다. 그러나 옛 그리스 지역에 속한 고린도 사람들은 그 말의 의미를 잘 이해할 수 있었습니다. 옛 그리스 지역에서 열리는 4대 경기대회에는 '달리기' 종목이 있었기 때문입니다. 요즈음 100미터, 400미터, 1500미터, 5000미터 경주처럼 당시에도 단거리, 중거리, 장거리 달리기가 있었습니다. 그 이외에도 창 던지기, 원반 던지기, 레슬링, 권투와 같은 여러 경기 종목들이 있었습니다. 한 선수씩 차례대로 출전하는 창 던지기나 원반 던지기, 그리고 두 명씩 겨루는 레슬링이나 권투와는 달리, 달리기 경기만은 많은 선수들이 한꺼번에 달렸습니다. 그러나 한꺼번에 많은 선수들이 달린다고 해서 여러 명이 상을 받는 것은 아니었습니다. 아무리 많은 선수들이 한꺼번에 달려도 상을 받는 사람은 단 한 사람 뿐이라는 의미에서 달리기도 다른 경기와 다를 바가 없었습니다. 바울은 최후의 승리를 얻는 그 한 사람을 보면서, 그리스도인은 하나님으로부터 받을 하나님 나라의 상을 위하여 최선을 다해 달려가야 함을 깨달은 것입니다.

이기기를 다투는 자마다 모든 일에 절제하나니 그들은 썩을 승리자의 관을 얻고자 하되 우리는 썩지 아니할 것을 얻고자 하노라(고전 9:25).

각 경기에서 최후의 승자가 된 단 한 사람에게 경기장에서 공식적으로 주어지는 상은 올리브 나뭇잎으로 만들어진 승리자의 관 하나뿐이었습니다. 나뭇잎으로 만들어진 그 관은 이내 시들어 으스러지거나 썩기 마련이었습니다. 그러나 선수들은 비록 말라 으스러지거나 썩을망정, 그 승리자의 관이 상징하는 영예를 얻기 위하여 평소 모든 면에 걸쳐 절제의 삶을 살았습니다. 다른 사람들처럼 먹고 싶은 것 다 먹고, 놀고 싶을 때 다 놀아서는 절대로 그 승리자의 관을 얻을 수 없었습니다. 그리스도인이 하나님으로부터 받을 승리의 관은 결코 썩지 않을 영원한 관입니다. 그렇다면 그리스도인이 모든 면에 걸쳐 운동선수보다 더 절제의 삶을 살아야 함이 분명했습니다.

그러므로 나는 달음질하기를 향방 없는 것같이 아니하고 싸우기를 허공을 치는 것같이 아니하며 내가 내 몸을 쳐 복종하게 함은 내가 남에게 전파한 후에 자신이 도리어 버림을 당할까 두려워함이로다(고전 9:26-27).

단거리, 중거리, 장거리를 막론하고 달리기에 참가한 선수들의 시선은 골인 지점에 고정되어 있었습니다. 시선이 골인 지점에서 조금이라도 벗어난 선수는 그만큼 승리에서 멀어질 수밖에 없었습니다. 그렇다면 그리스도인의 시선 역시 최후의 목적지인 하나님의 나라에 고정되어 있어야만 했습니다. 주먹으로 허공을 치는 권투 선수는 상대를 이길 수 없었습니다. 상대를 정확하게 보고 정확하게 가격하는 선수만 마지막 단 한 사람의 승리자가 될 수 있었습니다. 그 권투 경기를 보면서 바울은, 죽을 때까지 자신이 싸워야 할 첫 번째 대상이 바로 자기 자신임을 깨달았습니다. 그래서 바울은 "내가 내 몸을 쳐 복종하게" 한다고 고백했습니다. 바울이 자기 몸을 친다는 것은 흔히 오해하듯이, 우리가 스스로 우리의 가슴을 치는 정도의 행동을 의미하는 말이 아닙니다. 우리말 '치다'로 번역된 헬라어 동사 '휘포피아조ὑπωπιάζω'는 당시 권투 선수가 상대의 얼굴을 가격하는 행동을 묘사하는 단어로 '피멍이 들도록 치다', '타박상이 생기도록 치다'라는 의미입니다. 요즈음과 달리 2천 년 전 권투는 맨주먹으로 겨루는 경기였습니다. 글러브 착용이 의무화되어 있는 오늘날에도 권투 경기에서 얼굴에 피멍이 들고 타박상을 입는 선수들이 얼마나 많습니까? 하물며 맨손으로 겨루던 2천 년 전 권투에서 상대방으로부터 얼굴에 정타를 가격당한 선수의 얼굴은 피멍이 들고 타박상을 입지 않을 수 없었습니다. 바울은 그 권투 선수들을 보고서, 마치 자기 몸에 피멍이 들게 하고 타박상을 입히려는 것처럼 자신을 치는 삶을 살았습니다. 교만과 자만에 빠지려는 자신을, 자기 안일과 나태에 안주하려는 자신을, 세상의 유혹에 실족하려는 자신을 스스로 가격하여 날마다 진리에 복종하는 삶을 살기 위함이었습니다.

또 말년의 바울은 임박한 자신의 죽음을 예견하면서 자신의 일생을 디모데후서 4장 7절에서, '나는 선한 싸움을 싸우고 나의 달려갈 길을 마치고 믿음을 지켰다'고 정리하였습니다. 그 역시 운동 경기에서 배운 표현이었습니다. 바울은 외부의 악과 자기 자신과의 선한 싸움을 권투 선수처럼 피하지 않았고, 장거리 경주 선수처럼 자기에게 주어진 소명의 길을 끝까지 완주하였고, 모든 운동선수들이 경기 규칙을 지키듯 자신은 어떤 경우에도 믿음을 지켰다는 의미였습니다.

이처럼 바울의 신앙 여정에서 고린도는 바울의 신앙을 한 단계 업그레이드시켜 준 영적 수련장이었습니다. 그것은 바울이 고린도에서 아굴라 부부를 만났기에 가능할 수 있었던 일이었습니다. 만약 바울이 아굴라 부부를 만나지 못했더라면, 그는 고린도에서 복음을 전하고 이내 다음 행선지로 떠나 버리고 말았을 것입니다. 제국의 수도 로마에서 추방당한 아굴라 부부가 이스트미아경기대회를 겨냥하고 고린도로 이주한 천막 제조업자였기에, 그 아굴라 부부를 도와 주중에 천막을 제조 판매하는 일에 동참했던 바울 역시 이스트미아경기대회를 관람했고, 그 경기대회는 바울의 믿음에 지대한 영향을 미쳤습니다. 전도 여행을 시작한 이래 늘 일행의 도움 속에서 움직였던 바울이 홀로 타락의 도시 고린도를 찾는 것은 쉬운 일이 아니었습니다. 그러나 혈혈단신 찾아간 고린도는 주님께서 바울을 위해 특별히 예비해 두신 은혜의 보고宝庫였습니다. 바울에게 주님의 은혜는 먼 곳에 있지 않았습니다. 어디든 바울이 두 발 딛고 서 있는 그곳에 주님의 은혜가 있었습니다. 지금까지 그랬던 것처럼 주님의 인도하심을 좇아 홀로 찾아간 고린도 역시 바울이 상상치도 못한 은혜의 현장이었습니다.

이것은 아굴라 부부에게도 마찬가지였습니다. 그들이 삶의 터전이자 사업적 기반이 구축되어 있던 제국의 수도 로마에서 하루아침에 추방당한 것은, 죽음과도 같은 절망이요 고통이었을 것입니다. 그들이 이듬해에 개최될 예정인 이스트미아경기대회 특수를 겨냥하고 고린도로 이주했더라도 거기에서 바울을 만나지 못했더라면 그들의 삶은 단순히 천막 제조업자로 끝났을 것이요, 2천 년 전 한 줌의 흙으로 흔적도 없이 사라져 버리고 말았을 것입니다. 그 아굴라 부부가 막 이주해 간 고린도에서 홀로 고린도를 찾아온 바울을 만났습니다. 천막 제조업자인 아굴라는 자신과 같은 디아스포라 유대인인 데다 천막 제조 기술자인 바울을 처음에는, 그저 좋은 조수를 만난 것으로 여기고 기뻐했을 것입니다. 그러나 바울은 단순한 천막 제조 기술자가 아니었습니다. 바울은 2천 년 교회 역사상 가장 위대한 사도였습니다. 그 바울을 만난 아굴라 부부는 구원받은 그리스도인이 되는 것으로 그치지 않고, 위대한 사도 바울의 동역자가 되어 하나님의 말씀인 성경에 여섯 번이나 그 이름이 기록되는 영원한 은혜를 입었습니다. 아굴라 부부에게도 하나님의 은혜는 먼 곳에 있지 않았습니다. 하나님을 만나고 보니 그들이 눈물을 흘리며 이주해 간 고린도, 바로 그곳이 그들이 상상할 수도 없었던 은혜의 모판이었습니다. 아굴라 부부가 유대인들의 폭동으로 제국의 수도 로마에서 죽음과도 같은 고통과 절망의 추방을 당해야 했던 것 역시, 바로 그 은혜를 베풀어 주시기 위한 하나님의 신비스러운 섭리였습니다.

저 자신의 경험을 말씀드리려 합니다. 저 자신을 드러내고자 함이 아니라 주님께서 제게 베풀어 주신 은혜를 간증하고자 함인즉, 오해 없으시기 바랍니다. 여러분께서 아시는 것처럼 저는 1998년부터 2001년까지 만 3년간 홀로 스위스의 제네바에서 살면서, 그곳에 있는 한인 교회를 섬겼습니다. 제가 그렇게 했던 것은 20년 동안 미자립 상태에 있던 제네바한인교회로 저를 부르시는 주님의 명령에 순종하기 위함이었습니다. 다시 말하면 그곳의 한인 그리스도인들을 위함이었습니다. 그러나 제네바에 도착한 제가, 하나님께서 저를 제네바로 부르신 것은 그곳 한인 그리스도인들을 위함이 아니라 실은 저 자신을 위함이셨다는 사실을 깨닫는 데는 그리 오랜 시간을 필요로 하지 않았습니다.

제가 제네바에 도착한 지 2주 만에, 작은 공동체이면서도 둘로 분열되어 있던 교회가 하나로 합쳐졌습니다. 제가 도착한 지 3개월 만에 만 20년 동안 미자립 상태에 있던 교회가 재정적으로 자립했습니다. 6개월이 되었을 때에는 제네바한인교회가 중심이 되어 제네바에 최초로 한인회가 발족하였습니다. 첫 번째 수련회부터, 단 한 번의 홍보도 하지 않았는데 유럽 각지의 그리스도인들이 스위스를 찾아왔습니다. 제가 저 자신을 누구보다도 더 잘 알지 않겠습니까? 그 모든 일들은 제 얕은 실력과 부족한 능력으로는 결코 이루어질 수 없는 일들이었습니다. 저는 단지 주님의 부르심에 순종했을 뿐인데, 주님께서 보잘것없는 저를 당신의 도구로 사용하셔서 제가 상상치도 못한 일들을 계속 행하셨습니다. 주님을 믿는 그리스도인에게 주님의 도구로 쓰임 받는다는 것보다 더 큰 은혜가 어디에 있겠습니까? 그러나 그렇듯 드러나 보이는 외적 은혜보다 더 큰 은혜가 있었습니다.

유럽 대륙은 바울이 복음을 들고 누볐던 빌립보, 데살로니가, 베뢰아, 아테네, 고린도가 있으며, 바울이 복음을 위해 끝내 참수형을 당한 로마가 자리 잡고 있지 않습니까? 바울이 그 대륙을 누빈 기록이 사도행전이고, 바울이 그 대륙에 있는 그리스도인들에게 써 보낸 편지가 로마서, 고린도전후서, 데살로니가전후서, 빌립보서이지 않습니까? 그러므로 그 유럽 대륙 한가운데에서 읽는 하나님의 말씀은 한국에서 읽을 때와는 전혀 달랐습니다. 제가 제네바로 가기 전 한국에서 사도행전, 로마서, 고린도전후서, 빌립보서, 데살로니가전후서를 얼마나 많이 읽었겠습니까? 그러나 한국에서는 전혀 얻을 수 없었던 영적 깨달음을, 똑같은 말씀을 유럽 대륙 한복판인 스위스 제네바에서 읽으면서는 얼마나 많이 얻었는지 모릅니다. 매일 성경을 읽을 때마다 주님께서는 마치 제 곁에서 제 귀에 속삭이시듯이, 깊은 영적 깨달음으로 제 심령을 넘치도록 채워 주시곤 했습니다. 남자 나이 50세에 가족과 떨어져, 만 3년 동안 외국 땅에서 홀로 밥 짓고 빨래하고 청소하는 삶은 육체적으로는 힘든 일이었습니다. 그러나 그 3년이야말로 주님께서 당신의 예비하신 은혜로 제 신앙의 지경을 넓혀 주신 특별한 은혜의 기간이었습니다. 그 은혜의 기간이 없었더라면 그러지 않아도 모든 면에서 부족하기 짝이 없는 저는, 우리 나이로 65세가 된 지금 속이 텅 빈 허울 좋은 깡통으로 살고 있을 것입니다.

하나님의 은혜는 산 너머, 혹은 바다 건너에 있지 않습니다. 하나님의 은혜는 우리 각자가 지금 두 발 딛고 서 있는 삶의 현장에 있습니다. 그 현장이 자진하여 고린도를 찾아간 바울의 경우처럼 자의에 따른 현장일 수도 있고, 로마에서 추방당해 어쩔 수 없이 고린도로 이주한 아굴라 부부의 경우처럼 타의에 의한 현장일 수도 있습니다. 그 어느 쪽이든 지금 우리 각자에게 주어진 삶의 현장은 우리 각자를 위한 하나님의 특별하신 은혜의 현장입니다. 그 현장을 우리 각자에게 주시기 위해 하나님께서는 시공을 초월하여 수많은 역사적 사건을 연출하셨고, 거미줄처럼 치밀한 섭리를 이루셨습니다. 이것을 믿고 깨닫는 사람에게 하나님의 은혜가 보이고, 하나님의 은혜가 보이는 사람이 하나님의 인도하심에 더더욱 자신을 맡기게 되고, 하나님께 자신을 맡기는 사람을 통해 하나님의 역사는 더 크게 일어납니다. 바꾸어 말하면 지금 자신이 처해 있는 삶의 현장이 하나님께서 특별히 예비하신 은혜의 현장임을 믿지 못하는 사람은, 그 어디에서도 하나님의 은혜를 입을 수 없습니다. 주님께서 천국의 비밀 즉 천국의 은혜에 대하여 언급하시면서, "무릇 있는 자는 받아 넉넉하게 되되 없는 자는 그 있는 것도 빼앗기리라" (마 13:12)고 말씀하신 이유가 바로 여기에 있습니다.

현재 우리 각자의 삶의 현장이 우리가 자진하여 선택한 삶의 현장일 수도 있고, 우리의 의사와는 무관하게 타의에 의해 주어진 삶의 현장일 수도 있지만, 그 어느 쪽이든 상관없이, 우리 각자의 삶의 현장이 현재의 우리 자신을 위해 주님께서 예비하신 은혜의 현장임을 깨닫게 해주셔서 감사합니다. 이 삶의 현장을 주시기 위해 수많은 역사적 사건들을 연출하시고, 거미줄처럼 치밀하게 얽힌 섭리를 베풀어 주신 것을 감사합니다. 우리 삶의 현장이 비록 눈물과 고통의 현장이요, 홀로 감내해야 할 고독의 현장이라 할지라도, 그 현장 속에 주님께서 우리 각자를 위해 예비하신 은혜를 볼 줄 아는 믿음의 눈을 갖게 해주십시오. 우리 삶의 현장이, 바울과 아굴라 부부에게 은혜의 보고였던 고린도임을 깨달아 범사에 주님께 감사드리게 해주십시오. 이 은혜의 현장에서, 우리의 신앙이 날로 성장하고 성숙하게 해주십시오. 이 은혜의 현장에서, 주님의 이끄심을 더더욱 좇게 해주십시오. 이 은혜의 현장에서, 주님께서 더욱 신뢰하시는 주님의 도구로 쓰임 받게 해주십시오. 그리하여 주님의 은혜를 어리석게도 먼 곳에서 찾는 은혜의 빈곤자가 아니라, 생이 다하는 그날까지 삶의 현장에서 주님의 은혜를 보고 누리는 은혜의 부요자로 지혜롭게 살아가게 해주십시오. 아멘.

23. 아굴라를 만나니 IV 가정 주일

사도행전 18장 1-4절

그 후에 바울이 아덴을 떠나 고린도에 이르러 **아굴라라 하는** 본도에서 난 유대
인 한 **사람을 만나니** 글라우디오가 모든 유대인을 명하여 로마에서 떠나라 한
고로 그가 그 아내 브리스길라와 함께 이달리야로부터 새로 온지라 바울이 그
들에게 가매 생업이 같으므로 함께 살며 일을 하니 그 생업은 천막을 만드는 것
이더라 안식일마다 바울이 회당에서 강론하고 유대인과 헬라인을 권면하니라

우리가 4주째 살펴보고 있는 본문 2-3절은 바울과 아굴라 부부의 만남
에 대해 밝혀 주고 있습니다.

아굴라라 하는 본도에서 난 유대인 한 사람을 만나니 글라우디오가 모든
유대인을 명하여 로마에서 떠나라 한 고로 그가 그 아내 브리스길라와 함
께 이달리야로부터 새로 온지라 바울이 그들에게 가매 생업이 같으므로
함께 살며 일을 하니 그 생업은 천막을 만드는 것이더라.

천막 제조 기술을 지니고 있던 바울이 홀로 찾아간 고린도에서, 제국의 수도 로마로부터 추방당해 고린도로 이주한 천막 제조업자 아굴라 부부를 만나, 주중에 함께 천막을 제조 판매하면서 숙식을 해결할 수 있었다는 내용입니다. 언뜻 대단히 단순해 보이는 내용이지만, 그러나 실은 그게 아니었습니다. 바빌로니아제국에 의한 유다 왕국의 멸망, 페르시아제국의 바빌로니아제국 정복과 헬라제국에 의한 페르시아제국의 멸망, 헬라제국을 무너뜨린 로마제국의 지중해 세계 제패, 로마제국 카이사르의 고린도 재건과 100년 동안 폐지되었던 이스트미아경기대회의 부활, 제국의 수도 로마에서 일어난 유대인들의 폭동과 그로 인한 클라우디우스 황제의 유대인 추방령, 주후 51년 4월 고린도지협에서 이스트미아경기대회 개최와 같은 역사적 사건들이 없었더라면, 고린도에서 바울과 아굴라 부부의 만남도, 그 만남을 통한 구원의 역사도 일어나지 않았을 것입니다. 수세기에 걸쳐 중근동 지방과 지중해 세계에서 일어난 역사적 격변과 소용돌이는 2천 년 전 고린도에서 바울과 아굴라 부부를 만나게 하시려는 하나님의 시공을 초월한 신비로운 섭리였습니다. 이런 의미에서 바울과 아굴라 부부의 만남 자체가 하나님의 기적적인 은혜와 사랑이었습니다. 하나님의 그 기적적인 은혜와 사랑을 직접 체험하고 확인한 바울의 감격이 얼마나 컸겠습니까?

> 깊도다 하나님의 지혜와 지식의 풍성함이여, 그의 판단은 헤아리지 못할 것이며 그의 길은 찾지 못할 것이로다(롬 11:33).

하나님의 기적적인 은혜와 사랑, 그 기적적인 은혜와 사랑을 베푸시는 하나님의 판단과 방법을 이 세상 그 누가 감히 헤아리거나 상상인들 할 수 있겠습니까? 하나님께서 바울과 아굴라 부부에게 그 기적적인 은혜와 사랑을 특별히 베풀어 주신 이유가 무엇이었습니까? 이 세상이야 어떻게 되든 상관없이 바울과 아굴라 부부만 잘 먹고 잘 살라 하심이었습니까? 결코 그런 것이 아니었습니다.

바울은 로마서 1장 14절을 통해 이렇게 고백했습니다.

> 헬라인이나 야만인이나 지혜 있는 자나 어리석은 자에게 다 내가 빚진 자라.

바울은 돈을 만지는 사업가가 아니었지 않습니까? 그런데도 사람들에게 대체 무슨 빚을 졌다는 말입니까? 그것은 경제적 의미의 빚이 아니라 사랑의 빚이었습니다. 바울은 예수 그리스도를 부정하고 교회를 짓밟던 영적 폭도였던 자신에게 주님께서 기적적인 은혜와 사랑을 베풀어 주신 것은, 자신을 그 기적적인 은혜와 사랑의 종착역이 아니라 통로로 사용하시기 위함임을 알고 있었습니다. 그래서 바울은 헬라인이든 야만인이든, 지혜 있는 사람이든 어리석은 사람이든, 만나는 사람에게마다 주님의 기적적인 은혜와 사랑을 전하려는 채무감을 지니고 있었습니다. 바울이 그 거대한 지중해 세계를 누비고 다닌 것은 주님께로부터 받은 기적적인 은혜와 사랑의 빚을 사람들에게 갚기 위함이었습니다.

아굴라 부부 역시 마찬가지였습니다. 천막 제조업자 아굴라는 디아스포라 유대인이었습니다. 유대인 폭동으로 제국의 수도 로마에서 추방당한 아굴라는 넓고 넓은 로마제국 천지에서, 주후 51년 4월에 고린도지협에서 개최 예정인 이스트미아경기대회를 겨냥하고 고린도로 이주하였다가 그곳에서 바울을 만났습니다. 아굴라 부부에게 바울과의 만남이 얼마나 기적적인 주님의 은혜와 사랑이었는지는 지난 시간에 살펴보았습니다. 그러나 아굴라 부부 역시 주님의 기적적인 은혜와 사랑의 종착역으로 살려 하지 않았습니다.

바울은 더 여러 날 머물다가 형제들과 작별하고 배 타고 수리아로 떠나 갈새 브리스길라와 아굴라도 함께하더라 바울이 일찍이 서원이 있었으므로 겐그레아에서 머리를 깎았더라 에베소에 와서 그들을 거기 머물게 하고(18-19절 상).

11절에 의하면 바울은 이때 고린도에서 1년 6개월 동안 체류하였습니다. 바꾸어 말하면 아굴라 부부는 고린도에서 1년 6개월 동안이나 바울로부터 깊은 영적 감화를 받았습니다. 1년 6개월이 지나 바울이 고린도를 떠날 때 아굴라 부부 역시 바울과 동행하였습니다. 1년 6개월 동안이나 기반을 닦아 놓은 고린도의 사업 터전을 포기한 것입니다. 고린도를 떠난 바울은 자신의 첫 출발지인 수리아의 안디옥으로 돌아가는 길에 에베소에 들렀습니다. 그리고 그는 에베소를 떠나면서 아굴라 부부를 에베소에 그대로 머물게 했습니다. 거대한 도시 에베소에 새로운 천막 시장을 개척하게 하기 위함이 아니었습니다. 복음의 미개척지인 에베소에 아굴라 부부를 주님의 증인으로 심어 두기 위함이었습니다. 그리고 아굴라 부부는 그 소명을 멋지게 감당하였습니다.

알렉산드리아에서 난 아볼로라 하는 유대인이 에베소에 이르니 이 사람은 언변이 좋고 성경에 능통한 자라 그가 일찍이 주의 도를 배워 열심으로 예수에 관한 것을 자세히 말하며 가르치나 요한의 세례만 알 따름이라 그가 회당에서 담대히 말하기 시작하거늘 브리스길라와 아굴라가 듣고 데려다가 하나님의 도를 더 정확하게 풀어 이르더라(24-26절).

바울이 에베소를 떠난 뒤에 알렉산드리아 출신인 아볼로라는 사람이 에베소에 와서 예수님에 대해 증언하였습니다. 그는 언변이 좋고 구약성경에는 능통했지만, 예수님에 대해서는 제한적으로만 알고 있었습니다. 그 아볼로를 데려다가 하나님의 복음을 정확하게 풀어 설명해 준 사람이 아굴라 부부였습니다. 그들은 이미 복음의 전문가가 되어 있었습니다. 그 이후 바울은 3차 전도 여행 중 다시 찾은 에베소에서 고린도 교인들에게 쓴 편지인 고린도전서 16장 19절에서 이런 말을 하고 있습니다.

아시아의 교회들이 너희에게 문안하고 아굴라와 브리스가와 그 집에 있는 교회가 주 안에서 너희에게 간절히 문안하고.

이 구절에는 아굴라의 아내 이름이 '브리스길라'가 아닌 '브리스가'로 기록되어 있습니다. 그러나 브리스가와 브리스길라는 각각 다른 인물이 아니라, 브리스가의 애칭이 브리스길라라고 했습니다. 바울은 고린도 교인들에게, 아굴라 부부의 집에 있는 교회가 너희들에게 문안한다고 밝혔습니다. 에베소에 최초로 세워진 교회는, 아굴라 부부의 집에서 시작된 것이었습니다. 아굴라 부부가 자기 집을 교회로 내어놓았기에 가능할 수 있었던 일이었습니다. 아굴라 부부는 이제 더 이상 단순한 천막 제조업자 부부가 아니었습니다. 천막 제조업이 더 이상 그들의 인생 목적이 아니었다는 말입니다. 더욱이 바울은 3차 전도 여행이 끝날 무렵, 고린도에서 로마의 교인들에게 써 보낸 로마서에서 다음과 같이 증언하고 있습니다.

너희는 그리스도 예수 안에서 나의 동역자들인 브리스가와 아굴라에게
문안하라(롬 16:3).

바울은 아굴라 부부를 자신의 동역자들이라 부르고 있습니다. 아굴라 부
부가 위대한 사도 바울과 같은 반열에 올라 있음을 의미합니다. 그리고 바
울이 로마에 있는 그리스도인들에게 아굴라 부부에게 문안하라고 주문한
것은, 이때 아굴라 부부가 추방당했던 로마로 되돌아가 그곳에서 살고 있
었음을 뜻합니다. 바울이 로마에 있는 불특정 다수의 그리스도인들에게 자
신의 동역자인 아굴라 부부에게 문안할 것을 주문한 이유를 바울 스스로
밝히고 있습니다.

그들은 내 목숨을 위하여 자기들의 목까지도 내놓았나니 나뿐 아니라 이
방인의 모든 교회도 그들에게 감사하느니라(롬 16:4).

고린도에서도, 에베소에서도, 바울을 해치려는 무리가 있었습니다. 그러
나 그때마다 아굴라와 브리스길라는 자신들의 목숨을 생각하지 않고 위험
을 감수하면서 바울을 지키고 보호했습니다.

또 저의 집에 있는 교회에도 문안하라(롬 16:5상).

아굴라와 브리스길라가 유대인들에 대한 추방령을 내렸던 클라우디우스
황제가 사망한 뒤에 다시 로마로 귀환한 것은, 천막 제조업자로서 잃어버린
옛 기반을 재구축하기 위함이 아니었습니다. 제국의 수도 로마에서도 자신
들의 집을 교회로 내어놓기 위함이었습니다. 아굴라 부부는 겉으로 보기에

는 변함없는 천막 제조업자였지만, 실은 천막 제조를 수단 삼아 가는 곳마다 주님의 은혜와 사랑을 흘려 보내는 주님의 통로로 변모되어 있었습니다. 그 아굴라 부부가 역시 주님의 통로였던 사도 바울의 동역자로 그 이름이 성경에 수차례 기록된 것은 조금도 이상한 일이 아니었습니다.

여기에서 우리가 주목해야 할 사실이 있습니다. 유대인들이 이름을 기록할 경우 이름의 순서는 어떤 의미에서든 서열을 의미했습니다. 따라서 이름이 앞에 기록되는 사람이 그 뒤에 이름이 나오는 사람에 비해 나이가 더 많거나, 직책이 높거나, 더 중요한 사람이기 마련이었습니다. 놀라운 사실은 성경이 아굴라와 브리스길라 부부의 이름을 연이어 기록할 때 남편 아굴라의 이름을 먼저 기록한 경우는 단 한 구절인 데 반해, 아내 브리스가의 이름 혹은 그녀의 애칭인 브리스길라를 먼저 기록한 구절은 네 구절이나 됩니다. 이것은 극히 이례적인 일입니다. 당시 가부장적인 유대 사회 속에서 남편의 이름이 아내의 이름보다 반드시 앞선다는 것은, 그 누구도 뒤집을 수 없는 사회적 관습이었습니다. 소위 민주 사회를 이루고 있다는 오늘날에도, 선진국에서조차 남편의 이름이 아내의 이름보다 앞서는 관습이 통용되고 있지 않습니까? 그러나 2천 년 전 성경에는 아내 브리스길라의 이름이 남편 아굴라의 이름 앞에 기록되어 있습니다. 아내 브리스길라의 믿음이 남편 아굴라의 믿음보다 더욱 출중했음을 나타내기 위함입니다. 고린도에서 바울을 만난 아굴라와 브리스길라가 바울을 따라 복음의 미개척지인 에베소로 옮겨 자신들의 집을 교회로 내어놓은 것도, 그 이후 제국의 수도 로마로 귀환하여 그곳에서도 가정교회를 일군 것도, 그리고 그 부부가 위험에 처한 바울을 지키기 위해 자신들의 목숨까지 걸었던 것도, 모두 아내 브리스길라의 주도로 이루어진 일이었습니다. 그렇다고 해서 남편 아굴라는 형편없는 사람이었던 것은 아닙니다. 아굴라는 주님의 통로로 자기보다 앞서가는 아내 브리스길라를 탓하거나 제동을 걸기는커녕, 자기보다 영적으로 앞선 아내를 매사에 적극적으로 도왔습니다. 아굴라 역시 주님의 기적적인 은혜와 사랑의 종착역이 아니라, 통로로 살아가는 사람이었기에 가능할 수 있었던 일이었습니다.

10주간에 걸쳐 진행되는 '성숙자반' 공부를 하면서, 성숙자반 강의 내용을 모두 잊어도 한 가지만은 꼭 마음속에 새기고 살아야 한다고 말씀드렸습니다. 곧 'X'의 삶입니다. 그리스도인의 삶을 영어 알파벳 가운데 단 한 글자로 표현한다면 대문자 'X'가 된다고 했습니다. 대문자 'X'는 두 개의 사선이 어긋 만나면서 이루어지는데, 가운데 접점을 중심으로 윗선과 아랫선의 길이가 정확하게 일치합니다. 만약 그 길이가 일치하지 않는다면 그것은 정상적인 'X'가 아닙니다. 'X'의 가운데 접점은 나 자신입니다. 내가 하나님을 사랑한다면, 아니 내가 하나님의 은혜와 사랑을 입었다면, 내가 입은 은혜와 사랑의 길이만큼 사람을 사랑해야 합니다. 다시 말해 하나님의 은혜와 사랑의 종착역이 아니라 통로가 되어야 합니다. 그것이 바로 그리스도인이 추구해야 할 'X'의 삶입니다.

그리스도를 의미하는 헬라어 '크리스토스χριστός'의 첫 글자가 헬라어 알파벳으로 '키', 영어 대문자로 '엑스'입니다. 그리스도인들이 성경공부하면서 그리스도를 'X'라고 표기하는 까닭이 여기에 있습니다. 예수 그리스도께서 어떤 분이셨습니까? 인간의 몸을 입고 이 땅에 오셨지만, 성부 하나님께서 그분 안에서 온전히 역사하시는 하나님의 은혜와 사랑을 온전히 입으셨습니다. 하지만 예수 그리스도께서는 그 은혜와 사랑을 당신 홀로 누리는 종착역으로 사시지 않았습니다. 그 은혜와 사랑의 통로가 되시기 위해 인간의 죗값을 대신 치르시는 십자가의 제물이 되셨습니다. 그분 자신이 'X'의 삶을 사신 것입니다. 그러므로 누구든지 'X'의 삶을 살지 않고서는 '크리스토스'의 제자일 수 없습니다. 성경의 정신도, 주님의기도와 십계명의 정신도, 모두 'X'의 삶에 있다고 했습니다. 그리스도인의 삶의 출발도, 과정도, 목적도, 모두 그리스도를 본받는 'X'의 삶에 있는 것입니다. 바울과 아굴라 부부가 주님의 은혜와 사랑의 통로로 살았다는 것 역시 그들이 'X'의 삶을 살았다는 말입니다.

그렇다면 그리스도인의 'X'의 삶은 어디에서부터 구현되어야 하겠습니까? 두말할 것도 없이 가정입니다. 가장 가까이에 있는 자기 곁의 가족들에게 주님의 은혜와 사랑을 흘려 보내는 통로가 되지 못하고서야, 이 세상 그 누구를 위해 'X'의 삶을 바르게 살 수 있겠습니까? 바울은 자신의 골육을 위해서라면 자신은 저주를 받아도 좋다고 말할 정도로 자신의 혈족을 사랑하였습니다. 그런 바울이었기에 만나는 모든 사람을 위해 'X'의 삶을 살 수 있었습니다. 아굴라의 가정이 주님의 통로로 쓰임 받았던 것도 남편인 아굴라와 아내인 브리스길라가 서로 상대를 위해 'X'의 삶을 살았기 때문입니다. 그러지 않았던들 그 옛날 남성 중심의 유대인 사회에서 영성 깊은 아내 브리스길라가 남편 아굴라보다 앞설 수도 없었을 것이요, 남편 아굴라가 자기보다 앞서가는 아내 브리스길라를 밀어주지도 않았을 것입니다. 그 아굴라와 브리스길라 부부에게 부모와 자식이 있었다면, 그들을 위해서도 똑같이 'X'의 삶을 살았을 것임은 두말할 나위도 없지 않겠습니까?

지난 4월 10일에는 '새신자반' 제10강 '크리스천의 가정생활' 영상 강의가 있었습니다. 강의 내용 중에 십계명 제5계명, "네 부모를 공경하라"와 관련된 내용이 있습니다. 우리말 '공경하다'로 번역된 히브리어 동사 '카바드כבד'는 본래 '무겁다'는 뜻입니다. 그러므로 부모를 공경한다는 것은 부모의 삶의 무게를 존중하는 것을 의미한다고 했습니다. 부모와 자식의 나이차이만큼 자식보다 앞서 인생길을 걸은 부모에게는, 자식이 도저히 흉내 낼 수 없는 삶의 무게가 있습니다. 그 삶의 무게를 가볍게 여기거나 인정하지 않으면 자식에게 늙은 부모는 무거운 짐일 뿐입니다. 그러나 부모의 삶의 무게를 존중하면 늙고 돈 없고 병든 부모라도 인생의 귀한 스승이 됩니다. 그와 같은 새신자반 영상 강의가 있었던 이튿날 밤, 50대 초반의 여성도님으로부터 메일을 받았습니다. 그중에서 일부분을 당사자의 허락하에 읽어 드리겠습니다.

저는 어제 그리고 오늘, 아주 절묘한 주님의 섭리하심을 경험하였습니다. 어제 새신자반 강의에서 '공경하다'라는 것은 '카바드-무겁다'는 뜻이라는 목사님의 말씀이 제게 깊은 울림을 주었습니다. 존경하지 않아도, 사랑할 수 없어도, 공경하라는 목사님 말씀…….

저는 아버지를 존경할 수 없었습니다. 엄마를 힘들게 하셨기 때문이기도 하고, 정서적으로 저와 밀착된 엄마의 감정이 제게 그대로 남아 있기 때문이기도 한 것 같습니다. 그래서 효를 가장한 의무를 다하면서도 늘 죄책감에 시달려 왔습니다. 상담학교 프로세스를 하면서, 아버지가 미워져 제 마음이 무척 괴롭던 차였습니다.

그런데 오늘 갑자기 아버지께서 생전 잘 오시지 않는 저희 집에 오셨습니다. 최근 휴대폰을 바꾸셨는데, 카톡이 안 된다고 도움을 청하러 오신 것입니다. 참 오랜만에 아버지와 둘이 차를 마시며 대화를 나누었습니다. 그러지 않아도 이제는 아버지와 응어리를 풀 때가 되었다는 생각을 하고 있었습니다. 아버지는 올해 82세이십니다. 저를 키우시던 이야기에, 아버지의 유아기 시절까지 이야기꽃을 피우며 천진하게 웃으시기도 하고, 돌아가신 엄마 이야기에는 저와 함께 울컥 목이 메어 눈시울이 붉어지시기도 했습니다.

그런데 아버지의 목덜미가 제 눈에 확 들어왔습니다. 켜켜이 주름져 와이셔츠 깃에 내려앉은 아버지의 목덜미…… 늙고 힘없이 축 처진 주름. 바로 그 주름살이 카바드, 무겁다는 그것이구나! 살아온 아버지의 82년의 무게가 바로 저것이구나! 저 삶의 고단함을, 저 연약함을, 그래서 거룩하기까지 한 저 주름살을 공경해야 하는 것이구나!

저는 아버지와 점심을 들면서 속으로 울음을 삼켰습니다. 밥알과 함께 눈물을 꼭꼭 씹어 삼켰습니다. 그리고 이런 생각을 했습니다. '그래, 저 팔순 노인한테 내가 무엇을 따져 물으며, 무엇을 용서받으며, 무엇을 더 바란다는 말인가? 용서하자. 아니 내가 먼저 하나님께 용서받자. 예수님께서 이미 용서하신 일인데 내가 이제 와서 내 아버지를, 나를 키우고 먹이고 입히고 공부시키느라 희생하신 아버지의 인생을 어찌 판단할 수 있겠는가?'

왜 하필 오늘 아버지의 휴대폰 카톡에 문제가 생겼는지요? 왜 오늘 아버지께 꼭 휴대폰으로 사진을 전송할 일이 생겼는지요? 왜 저는 오늘 아침 묵상 시간에 아버지를 떠올리며 '카바드, 공경하다, 무겁다'는 주제를 상고하고 있었는지요? 제가 간다고 해도 굳이 아버지가 제 집에 오게 하셔서, 결과적으로 이런 절묘한 만남을 만들어 주시고 치유의 시간을 갖게 해주신 하나님의 섭리가 아니었다면 가능할 수 없었던 일들이라는 생각이 듭니다. 아버지의 주름진 목덜미를 스치는 바람 속에 꼬깃거리는 셔츠를 매만져 드리고 옷깃을 여며 드리면서 "아버지! 많이 웃고 사랑하며 살아요" 하고 말씀드리고, 에스컬레이터 아래로 사라지시는 아버지의 뒷모습을 바라보았습니다. "우리 이다음에 같이 천국 가야 하잖아요" 이 말씀은 다음에 드릴 것을 기약하면서…….

목사님!

새신자반에서 배운 대로 이제 아버지를 사랑하려고 애쓰겠습니다. 그러면 정말 사랑하게 되지 않겠습니까? 부모를 공경해야 하는 다섯 가지 이유를 다시 한 번 되새기면서, 이렇게 소중한 진리를 가르쳐 주신 주님께 진심으로 감사드립니다.

〈부모를 공경해야 하는 다섯 가지 이유〉

첫째, 부모는, 보이지 않는 하나님의 눈에 보이는 대리인이기 때문이다.

둘째, 우리의 생명이 부모를 통해 왔기 때문이다.

셋째, 우리가 부모에 의해 양육되었기 때문이다.

넷째, 공경은 이해와 사랑을 낳기 때문이다(사랑하지 않아도 부모의 삶의 무게를 존중하다 보면 부모를 이해하게 되고, 이해하면 결국엔 사랑하게 된다).

다섯째, 뿌린 대로 거두기 때문이다(부모를 공경한 사람이 자기 자식으로부터도 공경받는다).

　자신을 낳아 주신 아버지와의 관계가 꽉 막혀 있던 이 성도님의 경우, 그리스도인으로서 살아야 할 통로의 한 부분이 그동안 막혀 있었던 셈입니다. 수도 파이프를 생각해 보십시다. 아무리 새 파이프라 해도 부분적으로 막혀 있으면 물의 흐름이 원활할 수 있겠습니까? 아버지와의 관계로 인해 통로의 한 부분이 막혀 있어서야 누구에겐들 주님의 은혜와 사랑을 제대로 흘려 보낼 수 있겠습니까? 그러나 이번에 막혔던 아버지와의 관계가 뚫어지면서, 이 성도님은 이제 주님의 은혜와 사랑을 제대로 흘려 보내는 주님의 바른 통로가 되었습니다. 아버지를 위해 'X'의 삶을 살게 된 이분은 이제 세상을 향해서도 바른 'X'의 삶을 살게 될 것입니다. 주님의 통로, 즉 'X'의 삶을 살려는 사람에게 'X'의 주체이신 예수 그리스도께서 더 큰 은혜와 사랑으로 함께해 주시기 때문입니다.

오늘은 가정 주일입니다. 우리의 가정은 우연히 이루어지지 않았습니다. 하나님께서는 우리의 가정을 이루어 주시기 위해 시간과 공간을 초월하여 엄청난 역사적 사건들을 연출하셨습니다. 바닷가의 모래알보다 더 많은 사람들 가운데 한 남자와 여자가 만나 가정을 이루어 자식을 낳고, 그 자식이 또다시 자신의 짝을 만나 가정을 이룬다는 것은 그 자체로 기적이 아닐 수 없습니다. 우리의 가정이 주님의 기적적인 은혜와 사랑의 결과임을 믿는다면, 우리는 무엇보다 우리의 가족들을 예수 그리스도 안에서 바르게 사랑하는 주님의 통로가 되어야 합니다. 먼저 가족들을 위해 'X'의 삶을 살아야 합니다. 그런 사람이 바울처럼, 헬라인이든 야만인이든 지혜 있는 사람이든 어리석은 사람이든 막론하고 모든 사람을 위해서도 'X'의 삶을 살 수 있습니다. 그런 사람의 가정이 아굴라와 브리스길라 부부의 가정처럼, 이 어둔 시대를 위한 작은 교회로 빛을 발할 수 있습니다. 사람을 창조하신 하나님께서 가정을 통해 사람이 태어나게 하시고, 가정 속에서 사람이 양육되게 하신 이유가 여기에 있습니다.

인생길을 앞서 걸어가신 부모님의 삶의 무게를 존중할 줄 아는, 믿음의 자녀가 되게 해주십시오. 나이 들어 진리를 좇아온 자기 삶의 무게로 자식들을 위한 밑가지가 되어 주는, 믿음의 부모로 살게 해주십시오. 예수 그리스도 안에서 남편과 아내가 진정으로 한 몸을 이루어 한 인생을 사는, 믿음의 부부가 되게 해주십시오. 한 핏줄을 나눈 형제자매를 사랑하지 않고 이웃을 사랑한다는 것은 거짓말일 뿐임을 잊지 않는, 믿음의 형제자매가 되게 해주십시오.

우리가 먼저 우리의 가족을 사랑하는 주님의 통로가 됨으로써, 바울처럼 헬라인이든 야만인이든 지혜 있는 사람이든 어리석은 사람이든 모든 사람을 사랑하는 사랑의 채무자로 살아가게 해주십시오. 우리가 우리의 가족을 위해 먼저 'X'의 삶을 삶으로써, 우리의 가정이 아굴라와 브리스길라의 가정처럼 이 세상을 향해 생명과 사랑과 진리의 빛을 발하는 작은 교회가 되게 해주십시오. 그와 같은 가정들이 모인 우리 사회가 날로 건강하게 세워지게 해주십시오. 아멘.

24. 하나님의 말씀에 붙잡혀

사도행전 18장 5-8절

실라와 디모데가 마게도냐로부터 내려오매 바울이 **하나님의 말씀에 붙잡혀** 유대인들에게 예수는 그리스도라 밝히 증언하니 그들이 대적하여 비방하거늘 바울이 옷을 털면서 이르되 너희 피가 너희 머리로 돌아갈 것이요 나는 깨끗하니라 이후에는 이방인에게로 가리라 하고 거기서 옮겨 하나님을 경외하는 디도 유스도라 하는 사람의 집에 들어가니 그 집은 회당 옆이라 또 회당장 그리스보가 온 집안과 더불어 주를 믿으며 수많은 고린도 사람도 듣고 믿어 세례를 받더라

지난 수요 성경공부 시간에 간략하게 말씀드렸습니다만, 이 시간에 먼저 저 자신의 건강에 대해 말씀드리는 것을 양해해 주시기 바랍니다. 제 건강이 교회 그리고 교우님들과 밀접한 관계를 지니고 있으므로 소상하게 말씀드리도록 하겠습니다.

수년 전부터 혈액검사를 통한 전립선특이항원PSA 수치가 높게 나와 매년 봄과 가을, 1년에 두 번씩 정기적으로 고려대학교구로병원에서 전립선 상태

를 확인해 왔습니다. 지난해 가을 검진일에는 피치 못할 교회 일정이 겹쳐 검진을 놓쳤습니다. 그 이후 검진일을 세 번이나 연기했지만 묘하게도 그때 마다 교회 일이 겹쳐, 올해 들어 4월 2일이 되어서야 1년 만에 혈액검사를 했습니다. 일주일 후인 4월 9일에 나온 결과는, PSA 수치가 예년보다 훨씬 높은 5.7이었습니다. 담당의사는 그 수치는 암일 확률이 30~40퍼센트임을 의미한다며 조직검사를 해보는 것이 좋겠다고 했습니다. 전립선 조직검사를 위해서는 전립선 세포를 직장을 통해 뜯어내야 하므로 반드시 2박 3일간의 입원이 필요하다고 했습니다. 이미 잡혀 있던 2주 동안의 교회 일정을 소화 하고 4월 22일에 입원하여 23일, 직장을 통해 전립선 좌우에서 각 여섯 군 데씩, 총 열두 군데의 세포를 뜯어내었습니다. 그리고 4월 29일 열두 군데의 세포 가운데 열한 개가 암세포라는 판정을 받았습니다. 이를테면 제 전립선 이 거의 암세포에 점령당해 있는 셈이었습니다. 게다가 암의 악성도를 나타 내는 글리슨등급은 9였습니다. 10이 가장 나쁜 등급이니, 9라면 고위험분 류 암환자를 뜻했습니다. 이튿날인 4월 30일 암세포가 뼈와 임파선에 전이 되었는지 확인하기 위해 MRI 검사와 뼈 스캔 검사를 받았고, 결과는 전이 되지 않은 것으로 확인되었습니다.

그 모든 결과를 놓고 담당 의사는 "혼동스럽다"는 표현을 했습니다. PSA 수치가 5.7일 경우 일반적인 통계에 의하면 암이라 하더라도 열두 군데의 세 포 중 서너 개가 암세포라고 합니다. 그러나 저의 경우는 PSA 수치 5.7에 열 두 군데의 세포 중 열한 개가 암이었고, 글리슨등급은 고위험분류 암환자 를 뜻하는 9였습니다. 그런 상태라면 일반적 통계를 따를 경우 암세포가 뼈 나 임파선에 전이되어 있어야 하는데, 제 경우에는 암세포가 전립선 안에만 국한되어 있었습니다. 그와 같은 제 상태가 일반적인 통계에서 벗어난 혼동 스러운 결과라는 의미였습니다. 해결책은 개복수술을 통해 전립선을 통째로 제거하는 것이기에, 입원 기간만 2주간을 필요로 한다고 했습니다. 감사하게도 병원 측에서는 제가 하루라도 빨리 수술을 받을 수 있도록, 바쁜 수술 일정 중에도 지난 목요일을 수술일로 잡아 주었습니다.

그러나 이 달 마지막 주간에 미국 로스앤젤레스 새한장로교회 창립 35주년 기념집회를 인도하기로 오래전부터 약속되어 있었습니다. 그리고 로스앤젤레스에 가는 길에 산돌감리교회에서 목회자 세미나도 계획되어 있었습니다. 처음 암 선고를 받던 날에는 미국 일정을 취소해야겠다는 생각을 했습니다. 그러나 하룻밤을 지내면서 생각이 바뀌었습니다. 로스앤젤레스 새한장로교회가 오래전부터 기도하며 준비해 온 창립 35주년 기념집회를 불과 3주 앞두고 취소해 버린다면, 그 교회 교우님들과 목회자들이 얼마나 당혹스럽겠습니까? 또 목회자 세미나를 위하여 지역 목회자들에게 이미 안내문까지 돌린 산돌감리교회 역시 얼마나 난처해지겠습니까? 하나님께서 과연 그런 상황을 원하실까? 아무리 생각해도 그건 아닌 것 같았습니다. 요즈음 우리는 주일예배 시간에 사도 바울의 행적을 좇고 있지 않습니까? 그래서 만약 바울이라면 어떻게 했을까, 라는 생각도 해보았습니다. 바울이 전립선암 선고를 받았다면 오래전부터 약속해 온 어느 교회와의 집회를 불과 3주 앞두고 취소했을까? 절대로 그렇게 하지 않았을 것이라는 생각이 들었습니다. 담당 의사와 상의한 결과 암 중에서 전립선암 진행 속도가 더디고, 조직검사 후 MRI와 뼈 스캔 검사를 받기까지 몇 주가 걸리기도 하는데 제 경우에는 그 과정이 하루 만에 끝났고, 또 조직검사를 위해 세포를 뜯어낼 때 피멍이 든 직장이 회복된 뒤에 전립선암 수술을 하기도 하므로, 미국 집회를 다녀온 뒤에 수술을 받아도 좋겠다고 했습니다.

다행히 로스앤젤레스 새한장로교회와 산돌감리교회가 일정을 일주일 앞당겨 진행하기로 양해해 주었습니다. 그래서 이번 수요일에 출국하여 미국 일정을 마친 후에 다음 수요일인 22일에 귀국할 예정입니다. 그리고 몸을 추스르면서 5월 30일 예정인 양화진음악회 일정까지 소화한 뒤, 5월 31일에 입원하여 필요한 과정을 거쳐 6월 4일에 수술받을 계획입니다. 수술 이후에도 한동안 후속 조치가 이어질 것이기에, 다음 주일부터 8월 마지막 주일까지 어쩔 수 없이 주일 강단에 설 수 없게 되었습니다. 따라서 그 기간 동안 주일 설교는 정한조 목사님이, 그리고 수요 성경공부는 전임 교역자들이 돌아가며 담당해 주시겠습니다. 부실한 제 건강 상태로 인해 세 달여간 100주년기념교회 담임목사직을 제대로 수행할 수 없게 된 것을 깊이 사과드립니다. 부디 너그럽게 양해해 주시기 바랍니다.

제가 전립선암 판정을 받은 이후 많은 교우님들께서 염려해 주시는 것을 깊이 감사드립니다. 그러나 올해 제 나이 우리 나이로 65세입니다. 생로병사로 이루어지는 인간의 일생 속에 이런 과정이 다 포함되어 있지 않습니까? 그러므로 이 상황을 자연스럽게 받아들이시고 너무 걱정하지 마시기 바랍니다. 저 개인적으로는 인생의 종반부를 맞이한 제게 하나님께서 '암'이라는 적절한 벗을 제 몸에 주신 것으로 받아들이고 있습니다. 이제 암과 평생 동반자로 살면서 저는 제 인생을 하나님 앞에서 겸손하게 마무리할 수밖에 없지 않겠습니까? 또 제가 겸손하게 제 목회생활을 마무리하는 것이 우리 교회에도 유익이 되고 덕이 되지 않겠습니까? 저와 제 처는 이런 복된 상황을 주신 하나님께 진심으로 감사드리고 있습니다. 교우님들께서도 걱정하시기보다는 이 모든 상황 속에서, 이 상황을 주신 하나님의 선하신 뜻이 우리 교회를 통해 이 시대 속에 이루어지기를 기도해 주시기 부탁드립니다.

우리는 지난 4주 동안 고린도에서의 바울과 아굴라 부부의 만남에 대해 살펴보았습니다. 그리고 그 이후에 있었던 일을 본문 5절 상반절이 먼저 이렇게 밝혀 주고 있습니다.

실라와 디모데가 마게도냐로부터 내려오매.

헤어졌던 바울 그리고 실라와 디모데가 고린도에서 다시 합류했다는 증언입니다. 우리는 바울을 따라 아시아 대륙에서 유럽 대륙의 마게도냐 땅으로 건너갔던 실라와 디모데가 어디에서, 왜, 어떻게 바울과 헤어지게 되었는지 이미 알고 있습니다. 바울 일행이 데살로니가를 찾아가 복음을 전하자 현지의 유대인들이 조폭까지 동원하여 바울을 해치려 했고, 바울로부터 복음을 영접한 데살로니가의 믿음의 형제들이 한밤중에 바울 일행을 베뢰아로 피신시켰습니다. 데살로니가와, 데살로니가에서 80킬로미터 떨어진 베뢰아는 모두 마게도냐 땅이었습니다. 그러나 바울이 베뢰아에서도 복음을 전한다는 소식을 접한 데살로니가의 유대인들은 80킬로미터나 떨어진 베뢰아까지 원정을 가서, 현지인들을 선동하여 바울을 해치려 했습니다. 그러자 바울로부터 복음을 영접한 베뢰아의 믿음의 형제들이 바울을 안전한 아가야 땅인 아테네까지 직접 데려다주었습니다. 그 급한 와중에 바울은 자신의 일행인 실라와 디모데는 베뢰아에 그대로 남아 있게 했습니다. 자신이 떠난 뒤에 복음을 갓 영접한 그곳 믿음의 형제자매들에게 어떤 상황이 전개되는지 확인하기 위함이었습니다.

마게도냐 땅 베뢰아에서 아가야 땅 아테네까지는 320킬로미터로서, 당시 선박으로 대략 나흘 길이었습니다. 배를 타고 나흘 만에 아테네에 도착한 바울은 자신을 아테네까지 데려다주고 되돌아가는 베뢰아의 믿음의 형제들에게, 베뢰아에 도착하는 즉시 실라와 디모데를 속히 아테네로 오게 해달라고 부탁했습니다. 하루라도 빨리 마게도냐의 상황을 확인하기 위함이었습니다. 선박으로 나흘 걸려 베뢰아로 되돌아간 믿음의 형제들로부터 바울의 전 갈을 전해 들은 실라와 디모데 역시 나흘 걸려 아테네의 바울을 찾아갔습니 다. 그리고 바울에 대해 적개심을 품고 있는 유대인들이 여전히 설치고 있는 데살로니가와 베뢰아의 상황을 바울에게 보고했습니다. 그곳의 유대인들이 바울을 유대교의 배교자로 간주하고 그에게 적개심을 품고 있다는 것은, 바 울로부터 복음을 영접한 그리스도인들에게도 적개심을 지니고 있음을 의미 했습니다. 그대로 두었다가는 초신자들인 그곳 그리스도인들의 믿음이 흔들 릴 것이 분명했습니다. 그 모든 상황을 파악한 바울은 14주 전에 말씀드린 것처럼, 실라와 디모데를 아테네에서 다시 마게도냐로 보내었습니다. 그곳에 있는 그리스도인들의 믿음을 굳게 지켜 주기 위함이었습니다. 그 이후 아테 네에서 전도 사역을 마친 바울은 홀로 타락의 도시 고린도를 찾아갔습니다. 그리고 그곳에서 아굴라 부부를 만나 주중에는 함께 천막을 제조하여 판 매하면서 숙식을 해결하고 안식일에는 유대인 회당에서 복음을 전하던 중, 마게도냐에서 고린도로 내려온 실라와 디모데를 다시 만난 것이었습니다.

오직 복음을 위하여 객지를 누비고, 복음 때문에 객지에서 서로 흩어졌다 가, 복음으로 인해 객지에서 다시 만났을 때, 그 세 사람의 기쁨이 얼마나 컸겠습니까? 지난 시간의 표현을 빌리자면, 주님의 통로로 'X'의 삶을 사는 그들의 삶은 새벽하늘의 샛별처럼 아름답고도 감동적입니다.

그리고 본문 5절은 계속하여 더욱 감동적인 사실을 전해 주고 있습니다.

실라와 디모데가 마게도냐로부터 내려오매 바울이 하나님의 말씀에 붙잡 혀 유대인들에게 예수는 그리스도라 밝히 증언하니.

여기에서 우리의 눈길을 사로잡는 단어는 '붙잡혀'라는 동사입니다. 붙잡혔다는 것은 사로잡혔다는 말입니다. 바울이 하나님의 말씀에 사로잡혀 유대인들에게 예수는 그리스도라 밝히 증언했습니다. 본문의 증언은, 본문 이전에는 바울이 하나님의 말씀에 사로잡혀 살지 않았다는 말이 아닙니다. 바울이 하나님의 말씀에 사로잡히지 않았던들 어떻게 복음을 위해 아시아 대륙에서 유럽 대륙으로 건너갈 수 있었겠으며, 복음 때문에 빌립보에서 태형과 투옥을 당할 수 있었겠으며, 아테네에서 실라와 디모데를 또다시 마게도냐로 보내고 복음을 위해 홀로 타락의 도시 고린도를 찾아갈 수 있었겠습니까? 그러므로 바울이 하나님의 말씀에 사로잡혔다는 본문의 증언은, 바울이 평소보다 하나님의 말씀에 더욱 사로잡혔다는 의미임을 알게 됩니다. 바울이 고린도에서 평소보다 하나님의 말씀에 더욱 사로잡히게 된 계기가 무엇이었습니까? 헤어졌던 실라와 디모데가 마게도냐에서 고린도로 내려와, 바울이 그들과 다시 만났기 때문입니다. 바울에게 실라와 디모데는 처음 만나는 사람이 아니지 않습니까? 그런데도 왜 그들과의 만남이 바울로 하여금 새삼스럽게 하나님의 말씀에 더욱 사로잡히게 해주었겠습니까?

바울이 기록한 고린도후서 11장 9절에 의하면, 이때 실라와 디모데는 마게도냐의 그리스도인들이 바울에게 보내는 헌금을 들고 고린도로 내려왔습니다. 그 액수가 크지 않다고 해도 천막을 제조하면서 자비량으로 복음을 전하던 바울에게 큰 보탬이 되었을 것임은 분명합니다. 또 젊은 실라와 디모데가 다시 합류하였으니 숙식을 해결하는 데에도 그들이 큰 힘이 되었을 것임도 확실합니다. 많은 사람들은 바로 그런 연유로 바울이 고린도에서 하나님의 말씀에 더욱 사로잡히게 되었다고 해석합니다. 그러나 단지 생각지도 않았던 물질이 생기고 보다 용이하게 숙식을 해결하게 되었다는 이유만으로 바울이 더욱 말씀에 사로잡히게 되었다고 생각한다면, 그것은 바울의 영적 수준을 너무 저급하게 보는 것입니다.

바울 스스로 자신의 삶에 대해 다음과 같이 고백하지 않았습니까?

> 유대 사람들에게서 마흔에서 하나를 뺀 매를 맞은 것이 다섯 번이요,
> 채찍으로 맞은 것이 세 번이요, 돌로 맞은 것이 한 번이요, 파선을 당
> 한 것이 세 번이요, 밤낮 꼬박 하루를 망망한 바다를 떠다녔습니다. 자
> 주 여행하는 동안에는, 강물의 위험과 강도의 위험과 동족의 위험과 이
> 방 사람의 위험과 도시의 위험과 광야의 위험과 바다의 위험과 거짓 형
> 제의 위험을 당하였습니다. 수고와 고역에 시달리고, 여러 번 밤을 지새
> 우고, 주리고, 목마르고, 여러 번 굶고, 추위에 떨고, 헐벗었습니다(고후
> 11:24-27, 새번역).

전시戰時가 아닌 평시平時에 도망자가 아닌 정상인치고, 이렇듯 파란만장
한 삶을 사는 사람은 흔치 않을 것입니다. 왜 바울이 이런 삶을 살았습니
까? 오직 하나님의 말씀을 위해서였습니다. 바울은 그 어떤 상황 속에서도
하나님의 말씀에 사로잡혀 산 복음의 증인이었습니다. 그러므로 바울이 단
지 물질적으로 혹은 육체적으로 다소 편안해졌다고 하나님의 말씀에 더욱
사로잡혀 살았을 것이라는 생각은, 바울을 복음의 증인이 아니라 세속적 인
간으로 간주하는 것과 같습니다. 그리고 그것은 우리의 신앙 경험에도 역행
하는 이야기입니다. 사람들은 물질적으로나 육체적으로 여유로워지고 편안
해지면, 하나님의 말씀에 더욱 사로잡히기는커녕 도리어 하나님의 말씀에서
더 멀어지기 마련입니다.

그렇다면 고린도에서 실라와 디모데를 만난 바울은 무슨 까닭에 하나님의
말씀에 더욱 사로잡혔겠습니까? 바울에게 실라와 디모데는, 바울이 주도하

는 전도팀에 합류한 단순한 동반자가 아니었습니다. 다시 말해 바울에게 그들은 단순한 육적 동역자가 아니라, 명실상부한 영적 동역자들이었습니다. 말년의 바울은 에베소 교회의 목회자가 된 디모데에게 써 보낸 편지인 디모데후서 1장 3-5절을 통해 이렇게 고백하였습니다.

> 나는 밤낮으로 기도를 할 때에 끊임없이 그대를 기억하면서 하나님께 감사를 드립니다. 나는 조상들을 본받아 깨끗한 양심으로 하나님을 섬깁니다. 나는 조상들을 본받아 깨끗한 양심으로 하나님을 섬깁니다. 나는 그대의 눈물을 기억하면서, 그대를 보기를 원합니다. 그대를 만나 봄으로 나는 기쁨이 충만해지고 싶습니다. 나는 그대 속에 있는 거짓 없는 믿음을 기억합니다. 그 믿음은 먼저 그대의 외할머니 로이스와 어머니 유니게 속에 깃들여 있었는데, 그것이 그대 속에도 깃들여 있음을 나는 확신합니다(딤후 1:3-5, 새번역).

이 글은 젊은 남자가 젊은 여자에게 보낸 구애의 고백문이 아닙니다. 말년의 바울이 자신의 영적 아들인 젊은 디모데에게 써 보낸 고백문입니다. 디모데후서는 말년의 바울이 참수당하기 전 로마의 감옥 속에서 이 땅에 남긴 마지막 편지입니다. 참수형을 목전에 둔 바울은 로마의 감옥에서 기도할 때마다 늘 디모데를 생각하면서, 디모데를 만나게 해주신 하나님께 감사를 드렸습니다. 그리고 외할머니와 어머니로부터 거짓 없는 믿음을 유산으로 물려받은 디모데를 다시 볼 수 있기를 간절히 원했습니다. 디모데를 만나기만 하면 바울에게 언제나 기쁨이 충만했기 때문입니다. 육적인 기쁨이 아니라 영적인 기쁨이었습니다. 젊은 디모데는 나이 든 바울에게 그 정도로 중요한 영적 동역자였습니다. 바울은 그 디모데의 이름과 함께 실라의 이름도 자신의 서신 속에서 세 번이나 거명하였습니다. 실라 역시 바울에게는 디모데처럼 소중한 영적 동역자였던 것입니다. 그들은 만나기만 하면 서로 영적인 기쁨이 충만했습니다. 얼굴만 보아도 서로 영적인 힘과 격려를 얻었습니다. 눈빛만으로도 깊은 영적 교감을 나눌 수 있었습니다. 그들의 만남이 서로에게 영적인 상승작용을 일으켜 주는 셈이었습니다. 바울과 실라 그리고 디모데가 이런 영적 동역자 관계였기에, 고린도에서 실라와 디모데를 오랜만에 다시 만난 바울은 영적으로 새로운 힘을 얻고 하나님의 말씀에 더욱 사로잡힐 수 있었습니다.

하나님의 말씀에 더욱 사로잡힌 바울은 유대인을 포함한 고린도 사람들에게 복음을 말로만 전하는 것으로 그치지 않았습니다. 실라와 디모데로부터 마게도냐 그리스도인들의 신앙 상태에 대하여 전해 들은 바울은, 마게도냐에 있는 데살로니가의 교인들에게 데살로니가전서와 데살로니가후서를 써 보냈습니다. 바울이 고린도에서 기록한 데살로니가전서는 바울의 생애에서 처음으로 기록한 첫 번째 바울서신이었습니다. 신약성경의 일부가 된 바울서신을 통해 기독교의 교리와 체계가 완성되지 않았습니까? 그 막중한 일이 고린도에서 바울이 실라와 디모데를 재회함으로써 시작되었습니다. 바울이 이 땅에서 처음으로 기록한 첫 번째 바울서신이 고린도에서 실라 그리고 디모데와의 재회를 통해 빛을 본 데살로니가전서이고, 바울이 참수형을 당해 순교하기 직전에 이 땅에 남긴 마지막 서신이 디모데 개인에게 써 보낸 디모데후서라는 것은, 실라와 디모데가 바울에게 얼마나 중요한 영적 동역자였는지를 여실히 웅변해 주고 있습니다. 젊은 실라와 디모데가 자신들보다 나이도 많고 훨씬 더 크고 위대한 사도 바울에게 그토록 중요한 영적 동역자가 될 수 있었던 것은, 그들 역시 바울처럼 말씀의 증인으로 살았기 때문입니다.

사랑하는 교우 여러분! 우리 각자는 지금 어떤 사람으로 살아가고 있습니까? 누군가에게 영적 장애물이 되고, 누군가를 영적으로 실족시키고 있는 사람인 것은 아닙니까? 타인에 대한 육적 위해가 세상 법정의 심판을 받게 된다면, 타인에 대한 영적 위해는 하나님의 심판을 피할 수 없습니다. 혹 주위 사람들과 잘 어울려 살기는 하지만 단지 육적 동역자로만 살아가는 것은 아닙니까? 그렇다면 아무리 열심을 다해 동역한다 해도, 그 인생은 동역의 대상자와 함께 공동묘지에서 한 줌의 흙으로 허망하게 사라지고 말 것입니다. 우리가 참된 그리스도인이라면, 우리를 만나는 사람들이 우리로 인해 영적인 힘과 격려를 얻을 수 있어야 하지 않겠습니까? 우리를 만나는 사람들이 우리에게서 하나님의 말씀을 볼 수 있어야 하지 않겠습니까? 우리를 만나는 사람들이 우리와의 만남을 통해 하나님의 말씀에 더욱 사로잡혀 살게 되어야 하지 않겠습니까? 그렇다면 우리 자신이 실라와 디모데처럼 말씀의 증인으로 살아야 합니다. 우리의 입으로 하나님의 말씀을 전하는 것으로 그치지 않고, 우리의 눈으로, 우리의 손으로, 우리의 발로, 우리의 삶으로, 하나님의 말씀을 보여 주어야 합니다.

인생의 봄날뿐 아니라 삭풍이 몰아치는 인생의 한겨울에도, 건강한 날뿐 아니라 병든 날에도, 기쁠 때뿐 아니라 슬플 때에도, 우리 모두 우리의 일거수일투족을 통해 하나님의 말씀을 보여 주십시다. 비록 우리 자신이 사도 바울은 되지 못해도 우리를 만나는 사람 가운데 누군가가 우리로 인해 사도 바울이 될 것이요, 우리 자신이 직접 바울서신을 쓰지는 못해도 우리와의 만남을 통해 누군가가 이 시대를 위한 바울서신을 기록하게 될 것입니다. 언젠가 하나님 앞에 서야 할 그리스도인에게 그보다 더 아름답고 빛나는 삶이 있겠습니까?

9월 첫째 주일, 이 강단에서 다시 뵙겠습니다.

위대한 사도 바울이 타락의 도시 고린도에서 더욱 하나님의 말씀에 사로잡히게 해준 사람들은, 바울보다 더 나이 많고 더 큰 위인들이 아니었습니다. 그들은 바울이 2차 전도 여행을 위해 영입한 젊은 실라와 디모데였습니다. 그들은 바울의 전도 여행을 돕는 단순한 육적 동역자들이 아니었습니다. 그들은 바울에게 영적인 힘을 제공해 주고 영적으로 격려하는, 명실상부한 영적 동역자들이었습니다. 그들의 영적 도움으로 바울은 사람들에게 복음을 입으로만 전한 것이 아니라, 기독교의 교리와 체계를 완성하는 바울서신을 쓰기 시작할 수 있었고, 이 땅에 마지막 바울서신을 남길 수도 있었습니다. 이 사실을 전해 주는 오늘의 본문을 통해 우리 자신이 위대한 사도 바울이 될 수는 없어도, 바울이 바울일 수 있게 해주는 실라와 디모데는 얼마든지 될 수 있음을 일깨워 주셔서 감사합니다. 욕망으로 자신의 인생을 허망하게 갉아먹는 어리석은 삶을 멈추고, 길이요 진리요 생명이신 하나님 말씀의 증인으로 살아가게 해주십시오. 인생의 봄날이나 한겨울이나, 건강할 때나 병들었을 때에나, 기쁠 때나 슬플 때나, 우리의 사지백체로 하나님의 말씀을 증언하게 해주십시오. 우리를 만나는 사람들이 우리에게서, 하나님의 말씀을 보게 해주십시오. 우리를 만나는 사람들이 우리로 인해, 말씀에 사로잡혀 살게 해주십시오. 우리를 만나는 사람들마다 영적인 힘을 얻게 해주십시오. 우리로 인해 누군가가 사도 바울로 우뚝 서게 해주시고, 우리와의 만남을 통해 누군가가 이 시대를 위한 바울서신을 기록하게 해주십시오. 그와 같은 우리의 삶이, 세상 사람들은 몰라도, 하나님 앞에서 새벽하늘의 샛별처럼 빛나게 해주십시오. 아멘.

25. 예수는 그리스도라 I

사도행전 18장 5-8절

실라와 디모데가 마게도냐로부터 내려오매 바울이 하나님의 말씀에 붙잡혀 유대인들에게 **예수는 그리스도라** 밝히 증언하니 그들이 대적하여 비방하거늘 바울이 옷을 털면서 이르되 너희 피가 너희 머리로 돌아갈 것이요 나는 깨끗하니라 이후에는 이방인에게로 가리라 하고 거기서 옮겨 하나님을 경외하는 디도 유스도라 하는 사람의 집에 들어가니 그 집은 회당 옆이라 또 회당장 그리스보가 온 집안과 더불어 주를 믿으며 수많은 고린도 사람도 듣고 믿어 세례를 받더라

　무엇보다도 먼저, 오늘 이 자리에서 교우님들을 다시 만나게 해주신 주님께 감사를 드립니다. 그동안 부족한 저를 위해 염려해 주시고, 기도해 주시고, 또 기다려 주신 교우님들께도 진심으로 감사를 드립니다. 그리고 저의 강단 복귀가 한 달여 지연된 것에 대해 깊이 사과드립니다. 제가 애초 약속드렸던 대로 9월 첫째 주부터 강단에 복귀하지 못한 것은 일각의 소문처럼 제 몸속에 암이 재발했거나, 제가 혼수상태에 빠졌었기 때문이 아니었습니

다. 제가 9월 첫째 주를 약속드렸던 것은, 수술 후 그때쯤이면 강단 복귀가 가능하리라는 저 자신의 개인적인 소견에 의해서였습니다. 그러나 수술 후 7월과 8월—두 달 동안 유례없이 무더운 여름을 지내면서, 저보다 먼저 암을 경험하셨던 분들과 상임위원회의 권유를 받았습니다. 암수술은 암투병의 종결이 아니라 겨우 시작을 의미할 뿐이기에 수술 직후의 요양이 가장 중요하므로, 9월 첫째 주로 예정한 강단 복귀를 미루어야 한다는 권유였습니다. 생각 끝에 그분들의 권유에 순종하여 오늘에야 강단에 복귀하게 되었습니다. 지내 놓고 보니, 그분들의 권유에 순종하기를 잘했다는 생각이 듭니다. 그럴지라도 제가 교우님들과 약속했던 9월 첫째 주 강단 복귀를 저 자신이 번복한 데 대해서는 다시 한 번 사과를 드립니다.

지난 5월 둘째 주일 설교 시간에 말씀드렸듯이, 원래는 미국 집회와 춘계 양화진음악회를 소화한 뒤 6월 4일, 고려대학교구로병원에서 의사의 집도로 전립선암 제거수술을 받기로 예정되어 있었습니다. 그러나 미국 집회를 끝내고 귀국하니, 최상용 장로님께서 아무래도 제 경우에는 고려대학교안암병원에서 로봇수술을 받는 것이 좋겠다고 하셨습니다. 고려대학교 의과대학장을 역임하신 고대의대 외과 교수 최상용 장로님은 20년 이상 제 건강에 대해 자문해 주신 믿음의 형제이십니다. 저는 최 장로님의 제안에 따라 6월 14일 고대안암병원에 입원하여, 6월 17일 천준 교수님으로부터 로봇수술을 받았습니다. 전립선과 전립선에 연결된 정낭, 그리고 전립선의 암덩어리가 방광 쪽으로 터져 있어 방광 아래쪽 일부를 절제하는 수술이었습니다. 절제한 암덩어리는 생각했던 것보다 컸고, 임상학적으로 3기 말에서 4기 초에 해당하는 암세포라고 했습니다. 수술 후 8일째 되는 날인 6월 25일 소변주머니를 매단 채 퇴원하여 집에서 요양을 시작했고, 퇴원 일주일 만에 소변주머니를 제거하였습니다.

퇴원 후 7월부터 매달 한 번씩, 그동안 세 번 채혈·채뇨 검사를 받았습니다. 세 번 모두 혈액상 암 수치는 0.000으로 나왔습니다. 수술 후 현재까지는 경과가 좋은 셈입니다. 그러나 제 몸에서 절제한 암세포의 상태가 워낙 나빴고 또 암덩어리가 방광 쪽으로 터져 있었던 터라, 저는 재발 고위험 환자로 분류되어 있습니다. 암이 재발할 확률이 상대적으로 아주 높은 환자라는 의미입니다. 그래서 암 재발의 가능성을 감소시키기 위해 지난 7월 30일부터 호르몬치료를 받기 시작했습니다. 호르몬치료는, 전립선암 세포의 성장을 촉진시키는 남성호르몬을 억제하고 박탈하는 치료입니다. 저를 수술하신 천준 교수님은 지금처럼 수술 후의 예후가 좋을 때, 재발 가능성을 보다 확실하게 줄이기 위해 방사선치료도 병행할 것을 권하셨습니다. 일반적으로 방사선치료는 일주일에 다섯 번 치료에 총 7주에서 8주가 소요된다고 합니다. 다음 검진일인 10월 22일에 병원에 가면, 언제 방사선치료를 시작할 것인지 일정이 결정될 것입니다.

앞서 언급했습니다만, 암수술은 암투병의 종결이 아니라 시작을 의미합니다. 저처럼 재발 고위험 환자는, 수술을 받았다고 수술 이전의 삶을 그대로 반복하려 해서는 안 된다는 뜻입니다. 감사하게도 우리 교회는 오래전부터 담임목사가 없어도 흔들림이 없게끔 자율적 제도와 자생력이 확립되어 있습니다. 우리 교회 창립 2년 후인 2007년부터 우리 교회를 불편해하거나 질시하는 개인과 단체들의 터무니없는 모함이 시작되었습니다. 그때 저는 담임목사에게는 언제든 갑작스러운 유고有故 상황이 발생할 수 있고, 그 상황에 대비하기 위하여는 평소 교회의 자생력을 키우는 것이 중요하다고 판단하였습니다. 그래서 그 이후부터 저는 우리 교회의 상임위원회에 참석하지 않고 있습니다. 각 봉사부서 팀장 44명과 전임목회자 25명으로 구성되어 있는 우리 교회 상임위원회는 다른 교회 당회 및 제직회의 기능과 역할을 담당하는 기구로서, 우리 교회 제반 업무를 논의하고 실행하는 기구입니다. 우리 교회 정관상에는 담임목사가 상임위원회 의장으로 명시되어 있습니다. 그러나 담임목사를 대신한 위원장 정철길 집사님과 위원들의 헌신적인 노력으로 상임위원회는 5년째 교회를 잘 운영해 오고 있습니다.

각 교구 및 부서 목사님들은 자기 교구와 부서의 담임목사로 맡은 일을 전담하고 있습니다. 그래서 우리 교회에서는 다른 교회처럼, 담임목사 이외의 목사를 부목사라고 부르지 않고 '전임목사'라 부릅니다. 모든 목사님들이 자기에게 주어진 교구 혹은 부서에서 부副목사가 아닌 정正목사로, 다시 말해 담임목사로 소신껏 사역하기 때문입니다. 이처럼 우리 교회는 자율적인 제도와 자생력을 이미 확립하고 있으므로, 앞으로 갑작스러운 담임목사 유고 상황이 발생하더라도 아무 어려움 없이 잘 극복할 것입니다.

지금까지 그랬던 것처럼 앞으로도 제게 가장 힘든 일은 설교일 것입니다. 제가 암수술을 받기 전 매주 금요일부터 주일까지 사흘간 설교를 준비하고, 가다듬고, 외우고, 주일 강단에서 전하는 것은, 온몸의 진액을 빼는 것과 같은 고된 과정의 반복이었습니다. 제가 목회를 중단하지 않는 한, 설교가 인간의 말이 아니라 지엄하신 하나님의 말씀을 대언하는 것임을 제가 잊지 않는 한, 앞으로도 그 고된 과정은 되풀이될 것입니다. 그러나 앞으로 암이 재발하든 재발하지 않든, 평생 암과 벗하며 살아가게 된 제게, 그 과정을 매 주일마다 계속 반복한다는 것은 이제 현실적으로 쉽지 않은 일이 되었습니다. 그래서 이번 달부터 매달 마지막 주일의 설교는 정한조 목사님이 담당하겠습니다. 다섯 주가 있는 달에는 정 목사님이 마지막 두 주를 책임지겠습니다. 담임목사인 제가 매 주일 강단을 지키지 못하게 되었음을 부디 너그러이 양해해 주시기 바랍니다. 그러나 이미 지난 5개월 동안 교우님들께서 직접 체험하셨던 것처럼, 주님께서 앞으로도 매달 마지막 주일 정한조 목사님을 통해 우리 모두에게 더욱 오묘하신 은혜를 내려 주실 것을 저는 믿어 의심치 않습니다.

금년 초부터 제가 다시 수요 성경공부를 인도하기 시작했다가, 암수술로 인해 이내 중단되고 말았습니다. 언제든 주중 수요 성경공부도 인도할 수 있을 정도로 제 체력이 완전히 회복되기까지는 지금처럼 전임목사님들이 돌아가며 수요 성경공부를 담당하겠습니다. 우리 교회의 정신과 목회 철학을 배우고 본받기 원하는 해외 한인교회들이 많이 있습니다. 그 많은 교회들의 집회 요청을 모두 받아들일 수 없어, 창립 15주년 혹은 20주년처럼 의미 있는 창립 주일을 맞는 개교회의 기념집회와 한 도시의 여러 교회 연합집회에 한하여, 집회 요청 순서대로 1년에 봄과 가을 두 차례씩 해외 집회에 응해 왔습니다. 그리고 향후 수년간의 약속도 이미 확정되어 있습니다. 수술 후 곰곰이 생각해 본 결과, 우리 교회가 주님의 사랑과 은혜를 나누어야 할 대상 가운데에는 연약한 해외 한인교회도 포함되어 있으므로, 앞으로 그 약속들은 지켜야 한다는 판단에 이르게 되었습니다. 이에 관해서도 교우님들의 양해를 부탁드립니다.

평생 병자로 살았던 일본의 위대한 작가 미우라 아야코三浦綾子 여사의 말처럼, 병들지 않고는 나아갈 수 없는 은혜의 자리가 따로 있습니다. 건강할 때는 생각할 수도 없었던 하나님의 은혜를, 병들어 누우면 날마다 온몸으로 절감하게 됩니다. 그래서 병상보다 더 귀한 은혜의 자리도 없습니다. 저는 병들어 요양하면서, 병들어 병상에 눕는 은혜를 누릴 수 있게 해주신 주님께 얼마나 감사했는지 모릅니다. 담임목사에게 유고 상황이 발생했을 경우 상임위원회와 전임목회자들이 교회를 지키고 이끌어 갈 자생력을 지니지 못하고 있다면, 제가 암보다 더 중한 병에 걸린다 한들 어찌 마음 편히 병상에 누워 있을 수 있겠습니까? 그러나 지난 5개월 동안 상임위원회가 교회를 굳건하게 지켜 주고, 전임목회자들이 자기 부서에서 담임목사의 역할을 충실히 이행해 주었기에, 저는 병들지 않고서는 도저히 누릴 수 없는 하나님의 은혜를 병상에서 마음껏 누릴 수 있었습니다. 이런 의미에서 제 속에는 교우님들께 죄송한 마음과 동시에, 감사의 마음이 똑같이 자리 잡고 있습니다.

6월 14일에 입원한 저는 필요한 검사를 거쳐 이튿날인 15일 낮 12시부터 금식에 들어갔습니다. 금식과 동시에 링거와 영양제 등을 위한 주삿바늘을 팔에 꽂고 있어야 하기에 금식 직전에, 수술 전 마지막 샤워를 했습니다. 그리고 수술 당일인 17일 새벽에 주삿바늘을 팔뚝에 꽂은 채 제 손으로 세수를 했습니다. 아침 7시 50분에 수술실로 들어갔다가 오후 3시에 병실로 돌아온 저는, 그 시각부터 정자세로 반듯하게 누워 있어야만 했습니다. 수술 부위를 보호하기 위해 몸을 조금이라도 움직이는 것은 일절 허용되지 않았습니다. 움직이지 못하는 제 다리에 혈전이 생기지 않도록 아내와 아이들이 일정한 시간마다 번갈아 가며 제 다리를 주물러 주어야만 했습니다. 하지만 시간이 지날수록 허리는 끊어질 듯 아팠고, 퉁퉁 부어오른 발은 차라리 잘라내고 싶을 정도로 고통이 심했습니다. 그 고통은 밤이 되면 더욱 심해져 거의 뜬눈으로 밤을 지새워야 했습니다. 마치 죽은 사람처럼 꼼짝 않고 정자세로 누워 있어야만 하는 고통은 무려 사흘 반 동안이나 계속되었습니다.

만 사흘 반 만에 처음으로 몸을 돌리고 일어났을 때, 그때까지 온몸에 주삿바늘과 호스를 꽂고 있는 제 머리와 얼굴을 아내가 물로 감겨 주고 씻어 주었을 때, 그때의 기쁨과 감격은 이루 말할 수 없었습니다. 여러분이 밤에 잠자리에 들었을 때, 이리저리 여러분이 원하는 대로 몸을 뒤척일 수 있는 것이 하나님의 은혜임을 알고 계십니까? 비록 남의 손을 빌려서일망정 매일

물로 머리를 감고 얼굴을 씻을 수 있다는 것이 하나님의 은혜라는 생각을 해보신 적이 있습니까? 수술은 끝났지만 가스가 배출되지 않아 나흘 동안 아무것도 마시거나 먹을 수 없었습니다. 제 병실에는 마실 것과 먹을 것이 분명히 있었지만, 수술 이틀 전부터 시작하여 일주일 동안 그 모든 것은 그림의 떡일 뿐이었습니다. 우리가 매일 먹을 수 있고, 필요할 때마다 마실 수 있다는 것이 하나님의 은혜임을 아십니까? 수술 후 닷새째 되는 날 왼쪽 팔뚝의 주삿바늘을 제외한 상반신의 호스가 모두 제거되어, 비로소 제 손으로 이를 닦고 머리를 감고 세수를 하고 두 발로 복도를 걸었습니다. 여러분이 여러분의 손으로 이 닦고 머리 감고 세수하며 여러분의 발로 걷는 것이 거저 되는 일 같습니까? 결코 아닙니다. 하나님께서 은혜를 베풀어 주시지 않으면 여러분은 길 위에 있어도 여러분의 발로 걸을 수는 없고, 목욕탕 안에 들어가서도 여러분의 손으로 이 닦고 머리 감고 세수할 수는 없습니다.

서두에 말씀드린 것처럼 수술 후 8일 만에 소변주머니를 찬 채로 퇴원한 저는 일주일 후인 7월 2일이 되어서야 소변주머니를 제거했고, 그날 저녁 저는 수술 후 처음으로 샤워를 할 수 있었습니다. 수술 이틀 전 병실에서 샤워한 지 만 17일 만의 샤워였습니다. 그동안 살아오면서 무심코 해오던 샤워가 실은 하나님의 은혜의 물줄기였음을 절감했습니다. 집으로 퇴원한 6월 25일부터 7월 말까지는 수술 부위가 당겨지는 것을 방지하기 위해 어디에든 자리에 앉는 것이 허락되지 않았습니다. 밤낮으로 반드시 서 있거나 누워 있어야만 했습니다. 하루 세 끼 밥도 서서 먹어야만 했고, 배변도 변기에 뒤로 비스듬히 누운 자세로 해야만 했습니다. 내가 앉고 싶을 때 당연한 듯 의자에 앉고, 당연한 듯 식탁에 앉아서 식사하는 것이 결코 당연한 일이 아니었습니다. 내가 언제 어디서나 앉고 싶을 때 앉을 수 있다는 것, 그것 역시 하나님의 은혜 속에서만 가능한 일이었습니다.

6월 25일 집으로 퇴원한 이후 7월 23일까지는, 서거나 누워서 열두 권으로 구성된 〈삼국지〉를 오랜만에 다시 읽었습니다. 인간이 얼마나 탐욕스럽고, 거짓되고, 잔인한 존재인지, 〈삼국지〉를 통해 인간 공부를 다시 한 것입니다. 잘 아시는 바와 같이 400년 동안 이어져 오던 중국 한漢나라는 주후 184년 '황건적의 난'과 5년 후 '십상시의 난'을 겪으면서 천하 대란에 빠져 조조의 위魏나라, 유비의 촉蜀나라, 손권의 오吳나라로 분열되어 패권을 다투다가, 주후 280년 엉뚱하게도 서진西晉의 사마염에 의해 통일되었습니다. 〈삼국지〉는 그 100년 동안 중국 땅에서 인간들에 의해 자행되었던 피비린내 나는 패권 다툼을 다루고 있습니다. 저마다 그럴듯한 명분은 내세웠지만 그 근본은 따지고 보면 단 하나—인간의 끝도 없는 야심, 야망, 야욕이었습니다. 중국 역사서에 의하면 한나라 전성시대 중국의 인구는 5천만 명이었습니다. 그러나 100년 동안의 천하 대란을 거쳐 서진이 삼국을 통일했을 때, 남아 있는 중국의 인구는 1천만 명에 불과했습니다. 100년 동안의 천하 대란 동안에 4천만 명의 인구가, 다시 말해 전 인구의 80퍼센트가 감소한 것입니다. 그것은 같은 기간 동안에 태어났을 수많은 신생아들의 수를 감안하면, 100년간의 천하 대란 속에서 단순 인구감소 수치인 4천만 명보다 훨씬 더 많은 중국인이 변란으로 목숨을 잃었음을 의미합니다. 그 참혹한 인간 살상은 모두 터무니없는 인간의 야심, 야망, 야욕에 기인하였습니다.

그러나 〈삼국지〉의 내용은 1800년 전 중국 땅에서만 일어났던 이야기인 것은 아닙니다. 자고이래로 오늘날에 이르기까지 동서양을 막론하고 인간의 역사는 모두, 고작 공동묘지에서 한 줌의 흙으로 허망하게 끝나 버릴 〈삼국지〉에 지나지 않습니다. 아담과 하와의 범죄 이후 타락한 인간이 아무리 세월이 흘러도 조금도 변하지 않았기에, 인간이 무엇을 하든 그 토대는 인간의 야심과 야망과 야욕일 뿐이기 때문입니다. 이런 관점에서 〈삼국지〉는 중국에서 1800년 전에 시작된 이야기가 아니었습니다. 그보다 400여 년 전에 있었던 진시황의 대량 살상을 통한 중국 통일, 그 뒤에 이어진 초楚나라 항우와 한漢나라 유방의 피비린내 나는 쟁패가 모두, 시기와 무대와 형태만 다를 뿐 본질적으로는 인간의 야욕을 위한 〈삼국지〉였습니다.

〈삼국지〉 다시 읽기를 끝낸 뒤, 저는 7월 24일부터 9월 29일까지 〈삼국지〉의 세상 속에서 살아가야 할 그리스도인의 삶을 묵상했습니다. 그와 동시에 그동안 '새신자반', '성숙자반'에 이어 '사명자반'을 통해 여러분과 함께 나누었던 강의 내용을 컴퓨터로 집필하였습니다. 허망한 죽음으로 끝나 버릴 〈삼국지〉의 이야기가 무한 반복되는 인간 세상 속에서 '자신'과 '세상'을 동시에 살리는 길은, 인간을 본질적으로 거듭나게 해주는 '복음의 사명자'로 살아가는 것밖에 없다는 믿음으로 인함이었습니다. 7월 말까지는 컴퓨터 앞에 앉을 수가 없어, 보면대 위에 컴퓨터 자판을 올려놓고 매일 선 채로 자판을 두드렸습니다. 8월에 들어서는 앉고 서기를 병행하면서 자판을 두드리다가, 9월이 되어서야 대부분의 시간을 앉아서 집필할 수 있었습니다. 이처럼 6월 17일 수술 이후 4개월에 걸친 요양 기간은 인간을 다시 공부하고, 그리스도인의 삶과 사명을 새롭게 가슴에 되새기는 은혜의 기간이었습니다. 제가 암에 걸리지 않았던들, 우리 나이로 제 나이 65세에 절대로 누릴 수 없었을 주님의 특별하신 은혜였습니다.

2천 년 전 중국 땅에서 피비린내 나는 〈삼국지〉가 반복되고 있을 때, 지구 반대편의 로마제국 역시 인간의 야욕을 위해 인간을 짓밟고, 해치고, 심지어 살상마저 서슴지 않는 〈삼국지〉의 세상이었습니다. 이처럼 2천 년 전 중국과 로마제국은 똑같은 〈삼국지〉의 세상이었지만, 그 둘 사이에는 중요한 차이점이 있었습니다. 중국 땅과는 달리 로마제국에는, 공동묘지를 향해

치닫는 〈삼국지〉의 세상을 예수 그리스도의 복음으로 살리고 세우려는 사명자들이 있었습니다. 본문의 증언을 보시겠습니다.

> 실라와 디모데가 마게도냐로부터 내려오매 바울이 하나님의 말씀에 붙잡혀 유대인들에게 예수는 그리스도라 밝히 증언하니(5절).

지난 시간에 살펴본 것처럼 바울이 아테네에서 마게도냐의 그리스도인들을 위해 파송했던 실라와 디모데가 고린도로 내려와 바울에게 합류하자, 힘을 얻은 바울은 하나님의 말씀에 더욱 사로잡혔습니다. 그리고 고린도의 유대인들에게 하나님의 말씀을 더욱 밝히 증언했습니다. 바울의 증언의 핵심은 간단명료했습니다. 예수가 그리스도, 즉 예수가 구원자라는 것이었습니다. 2천 년 전 로마제국의 〈삼국지〉 세상 속에서 바울의 이 증언은 무슨 의미였겠습니까? 삼권을 휘두르며 인간 세상에서 신으로 군림하는 로마 황제가 인간을 죄에서 건져 줄 구원자가 결단코 아니라는 말이었습니다. 인간의 야심과 야망과 야욕이 〈삼국지〉의 세상 속에서 잠시 명예와 재산은 더해 줄수 있지만, 공동묘지의 죽음으로부터는 인간을 결코 살려 내지 못한다는 것입니다. 오직 인간의 죗값을 대신 치르기 위해 십자가의 제물로 돌아가셨다가 죽음을 깨뜨리고 영원히 부활하신 나사렛 예수님만 인간을 죄와 사망의 올무에서 구해 내는 그리스도, 메시아, 구원자시라는 것입니다. 바울이 그렇듯 자신 있게 증언할 수 있었던 것은, 바울 자신이 예수님에 의해 죄와 죽음과 야욕의 덫에서 구원받았기 때문입니다.

바울이 〈삼국지〉의 세상 속에서 예수가 그리스도라고 외친 결과는 세상의 부귀영화가 아니었습니다. 지난 시간에 말씀드린 것처럼 오히려 그에게 돌아간 대가는 모질고도 혹독한 박해와 고난이었습니다. 그러나 바울은 포기하지 않았습니다. 그는 〈삼국지〉의 세상 속에서 복음이신 예수 그리스도의 증인으로 사는 것만이 자신과 세상을 동시에 살리는 유일한 길임을 바르게 터득한 사명자였기 때문입니다. 그 바울에 의해 로마제국의 〈삼국지〉속에 예수 그리스도의 생명이 스며들어 로마제국의 역사가 마침내 새로워졌고, 바울 자신은 영원한 사도로 영원히 살아 있는 것은 너무나도 당연한 귀결입니다. 바울이 믿었던 예수님께서, 바울이 믿었던 대로, 영원히 살아 계신 그리스도시기 때문입니다.

우리가 살고 있는 이 세상은 예나 지금이나 〈삼국지〉의 세상입니다. 너나 할 것 없이 조조나 유비나 손권 혹은 로마 황제를 꿈꾸며 사느라, 피차 인간의 권리와 재산과 인격, 심지어는 존재 자체를 짓밟고 짓밟히는 상처투성이의 삶을 반복하고 있습니다. 그 어리석은 〈삼국지〉의 세상 속에서, 주님께서는 오직 당신의 은혜로 우리 한 사람 한 사람을 마치 핀셋으로 집어내시듯 구원받은 그리스도인으로 불러내셨습니다. 그렇다면 우리 역시 바울처럼 우리의 두 손으로 머리 감고 세수할 수 있는 동안, 우리가 언제든 앉을 수도 있고 일어설 수도 있고 두 발로 걸을 수도 있는 동안, 우리가 잠자리에 누워 원하는 대로 몸을 뒤척일 수도 있는 동안, 예수가 그리스도라고 우리의 삶으로 증언하는 사명자로 살아야 하지 않겠습니까? 그것만이 우리 자신을 영원히 살리고, 그 속에서 우리 후손이 살아갈 〈삼국지〉의 세상을 새롭게 하는 유일한 길입니다. 가장 어리석은 인간은, 자신의 코끝에서 호흡이 멎는 그날이 되어서야 가슴을 치며 자신의 삶을 후회하는 인간입니다. 아무리 후회한다 한들, 그에게는 더 이상 생의 기회가 없는 탓입니다. 그러므로 지혜로운 사람은, 지금부터 그날을 대비하면서 날마다 복음의 증인으로 살아갈 것입니다. 우리 각자의 그날은, 지금도 1초 1초 다가오고 있습니다.

인간의 야심과 야망과 야욕이 판을 치는 〈삼국지〉가 무한 반복되는 이 세상 속에서, 우리를 구원받은 그리스도인으로 불러 주셔서 감사합니다. 우리의 손이 움직이고, 우리가 앉고 일어서고 걸을 수 있으며, 잠자리에서도 원하는 대로 몸을 뒤척일 수 있을 때, 바울처럼 오직 예수만 그리스도이심을 우리의 삶으로 증언하는 사명자로 살아가게 해주십시오. 우리로 인해 우리가 두 발 딛고 서 있는 곳마다, 허망한 죽음의 종착역인 〈삼국지〉는 종결되고, 세상을 살리는 사도행전이 시작되게 해주십시오. 그리하여 우리의 코끝에 호흡이 멎는 그날이, 주님 안에서 영원한 승리의 축제일이 되게 해주십시오. 아멘.

26. 예수는 그리스도라 II

사도행전 18장 5-8절
실라와 디모데가 마게도냐로부터 내려오매 바울이 하나님의 말씀에 붙잡혀 유대인들에게 **예수는 그리스도라** 밝히 증언하니 그들이 대적하여 비방하거늘 바울이 옷을 털면서 이르되 너희 피가 너희 머리로 돌아갈 것이요 나는 깨끗하니라 이후에는 이방인에게로 가리라 하고 거기서 옮겨 하나님을 경외하는 디도 유스도라 하는 사람의 집에 들어가니 그 집은 회당 옆이라 또 회당장 그리스보가 온 집안과 더불어 주를 믿으며 수많은 고린도 사람도 듣고 믿어 세례를 받더라

네 명의 처첩으로부터 열두 명의 아들을 얻은 야곱은, 아들들 가운데 열한 번째 아들인 요셉을 특별히 사랑하였습니다. 야곱은 모든 면에 걸쳐 요셉만은 언제나 특별 대우하였습니다. 요셉에 대한 아버지의 편애에 심사가 뒤틀린, 요셉 위로 열 명의 이복형들이 가만히 있을 리가 없었습니다. 어느 날 들판에서 양을 치던 이복형들은 요셉이 나타나자, 은 20냥에 요셉을 이집트에 종으로 팔아 버렸습니다. 그리고 요셉이 들짐승에게 찢겨 죽은 양, 요셉

의 옷에 짐승의 피를 묻혀 아버지 야곱에게 가지고 갔습니다. 야곱이 보니 틀림없이 사랑하는 요셉의 옷이었고, 옷 상태를 보건대 요셉이 짐승에게 찢겨 죽었음이 분명했습니다. 가장 사랑하는 아들을 비참하게 잃었다고 생각한 야곱은 자신도 아들을 따라 죽겠다며 대성통곡했습니다.

하지만 이집트에 종으로 팔려 간 요셉은 하나님의 신비스러운 섭리 속에서 이집트의 총리가 되었습니다. 그리고 아버지와 생이별한 지 22년 만에 요셉은 아버지 야곱과 이복형들을 포함한 자신의 모든 혈족을 이집트로 초청하면서, 아버지에게 자신의 마차를 보냈습니다. 그 마차는 보통 마차가 아니었습니다. 대이집트제국의 총리 전용 마차였습니다. 야곱은, 죽은 줄 알았던 요셉이 이집트의 총리가 되었다는 아들들의 말을 처음에는 믿지 않았습니다. 그것은 현실적으로나 상식적으로나 불가능한 일이었기 때문입니다. 그러나 요셉이 보낸 마차를 본 야곱은 믿지 않을 수 없었습니다. 그 마차는 평생 처음 보는, 화려한 이집트 총리의 전용 마차가 틀림없었습니다. 창세기 45장 27절은, 그 순간 야곱의 '기운이 소생하였다'고 증언하고 있습니다. 우리말 '기운'으로 번역된 히브리어 '루아흐ㅁㄱㄱ'는 '영'을 의미하기도 하기에, 야곱의 기운이 소생하였다는 것은 야곱의 영이 소생하였다는 말이기도 합니다. 이것은, 그 이전에는 야곱의 영이 죽은 상태였음을 의미합니다. 당시 야곱의 나이는 130세였습니다. 야곱이 147세에 숨을 거두었으니, 죽기 17년 전이었습니다. 그때 야곱은 매일 숨을 쉬고는 있었지만, 사랑하는 요셉을 잃은 인생 말년의 야곱은 영적으로는 죽은 송장과 같았습니다. 그러나 죽은 줄 알았던 요셉이 보낸 마차를 보는 순간, 죽어 있던 야곱의 영혼이 소생하였습니다.

단지 요셉이 보낸 마차가 화려한 이집트 총리 전용 마차여서, 그리고 총리 아들 덕에 말년에 호강하리라는 기대감으로 죽었던 야곱의 영이 소생했겠습니까? 그럴 리가 없습니다. 뜻밖의 큰 물질을 얻고 온 가족의 기운이 소생했는데, 바로 그 물질 때문에 원수지간이 된 가족이 얼마나 많습니까? 가족 가운데 누군가의 출세로 온 가족의 기운이 되살아났는데, 그 출세가 패가망신으로 이어진 경우는 또 얼마나 많습니까? 죽어 있던 야곱의 영이 그런 이유로 소생했다면, 야곱의 영은 얼마 지나지 않아 또다시 죽어 버리고 말았을 것입니다. 대이집트제국의 총리가 된 요셉이, 자칫 야곱 집안에 피바람을 몰고 올 수도 있었기 때문입니다.

이집트의 총리로 권력자가 된 요셉이 대기근을 맞아 이집트로 양식을 구하러 온 이복형들—그 옛날 살려 달라고 애원하던 자신을 은 20냥에 종으로 팔아넘긴 완악한 그 이복형들에게 복수의 칼을 휘둘렀다면, 그리고 내친김에 군사를 아버지 집으로 보내 그곳에 남아 있는 나머지 이복형들에게도 가차 없이 보복을 가했다면 어떻게 되었겠습니까? 요셉이 그렇게 복수극을 벌인 뒤에 아버지 야곱에게 자신의 전용 마차를 보냈더라도, 그때에도 요셉의 마차를 본 야곱의 영혼이 소생하였겠습니까? 오히려 그 반대로, 요셉 한 명으로 인해 열 명의 아들을 잃은 비통함으로 야곱의 영은 완전히 죽어 버리고 말았을 것입니다. 인생 말년의 야곱에게 죽은 줄 알았던 요셉 한 명이 살아서 출세했다는 기쁨보다는, 그동안 멀쩡하게 살던 열 명의 아들들이 출세한 한 명의 아들에 의해 한꺼번에 도륙당했다는 비통함이 훨씬 더 클 것이기 때문입니다. 그 경우 요셉이 보낸 마차가 아무리 화려한 이집트 총리의 마차라 해도 야곱에게는, 열 명이나 되는 아들들의 목숨을 앗아 간 피비린내 나는 죽음의 마차에 지나지 않았을 것입니다. 그러나 요셉은, 죽음의 대기근을 당해 양식을 구하기 위해 자기 앞에 나타난 형들에게 복수하지 않았습니다. 도리어 종으로 팔았던 요셉이 대이집트제국의 총리임을 확인하고, 이제는 영락없이 죽었다고 두려움에 사로잡힌 이복형들에게 이렇게 말했습니다.

하나님이 나를 형님들보다 앞서서 보내신 것은, 하나님이 크나큰 구원을 베푸셔서 형님들의 목숨을 지켜 주시려는 것이고, 또 형님들의 자손을 이 세상에 살아남게 하시려는 것입니다. 그러므로 실제로 나를 이리로 보낸 것은 형님들이 아니라 하나님이십니다. 하나님이 나를 이리로 보내셔서, 바로의 아버지가 되게 하시고, 바로의 온 집안의 최고의 어른이 되게 하시고, 이집트 온 땅의 통치자로 세우신 것입니다(창 45:7-8, 새번역).

요셉은 이복형들이 자신을 이집트에 종으로 판 것을, 미구에 닥칠 죽음의 대기근에서 자신의 혈족을 살리시기 위한 하나님의 섭리로 받아들이고 있었습니다. 그래서 요셉은 이복형들에게 보복을 가하기는커녕 이복형들과 그들의 가족들까지 모두 이집트로 초청하였습니다. 죽음의 대기근 속에서 요셉 자신이 그들을 전적으로 책임져 주기 위함이었습니다. 현실적으로는 불가능해 보이는 그런 일이 요셉에게 가능했던 것은, 그의 몸은 비록 이복형들에 의해 이집트로 팔려 가 종살이에 옥살이까지 갖은 고초를 다 겪었지만, 하나님의 은혜 속에서 그의 영혼이 소생해 있었기 때문입니다. 만약 그의 영혼이 소생하지 않았더라면 부잣집 아들로 아버지의 편애 속에서 살던 그가 이방 땅에서 13년에 걸친 억울한 종살이와 옥살이를 이겨 내지 못했을 것이요, 종살이하던 집 여주인의 유혹을 단호히 뿌리치지도 못했을 것이요, 총리가 되었다 해도 이복형들에게 가차 없이 복수극부터 벌였을 것입니다. 그러나 이복형들에 의해 종으로 팔려 가족들과 생이별하고서야, 요셉은 자신과 함께하고 계시는 하나님을 비로소 인격적으로 만났습니다. 그리고 자신이 종으로 팔린 것은 자신을 바르게 세우시려는 하나님의 섭리임을 깨달았습니다. 그의 영혼이 소생했기에, 그의 인생관과 가치관이 새로워진 것이었습니다.

영혼이 소생한 그 요셉에 의해, 죽음의 대기근을 당한 이집트와 인근 나라가 육적으로 소생하였습니다. 영혼이 소생한 요셉에 의해, 은 20냥에 요셉을 팔아넘겼던 완악한 이복형들과 그들의 자식들이 영육 간에 소생하였습니다. 영혼이 소생한 요셉에 의해, 요셉의 마차를 본 아버지 야곱의 영혼도 소생했습니다. 요셉이 보낸 마차는, 온 혈족을 영육 간에 소생케 하는 생명의 마차였습니다. 그래서 야곱의 영혼은 잠깐 소생했다가 이내 사그라들지 않았습니다. 오늘날까지 그가 영원한 믿음의 조상으로 우리 한가운데 우뚝 서 있을 정도로 그의 영혼은 완전히 소생하였습니다. 억울하게 종으로 팔려 갔던 요셉 한 사람의 영혼이 하나님 안에서 소생한 덕분에, 그의 혈족을 포함한 수많은 사람들과 그 시대가 죽음의 대기근 속에서 소생할 수 있었습니다. 성경의 첫 번째 책인 창세기는 이처럼 요셉의 삶을 통해, 한 사람의 영혼이 소생하면 얼마나 엄청난 결과가 수반되는지를 우리에게 일깨워 주고 있습니다.

믿음은 성자 하나님이신 예수 그리스도 안에서, 죽었던 영혼이 소생하는 것으로부터 시작합니다. 그러나 영혼이 한 번 소생하는 것으로 그쳐서는 안 됩니다. 소생한 영혼은 예수 그리스도 안에서 날마다 더욱 새롭고, 더욱 강건하게 소생해 가야 합니다.

> 실라와 디모데가 마게도냐로부터 내려오매 바울이 하나님의 말씀에 붙잡혀 유대인들에게 예수는 그리스도라 밝히 증언하니(5절).

바울이 아테네에서 마게도냐의 그리스도인들을 위해 파송했던 실라와 디모데가 고린도로 내려와 바울과 합류하자, 바울이 하나님의 말씀에 붙잡혔습니다. '바울이 하나님의 말씀에 붙잡혔다'는 것은, 지지난 시간에 말씀드린 것처럼, 그 이전에는 바울이 하나님의 말씀에 붙잡혀 살지 않았다는 말이 아닙니다. 바울이 자신의 동역자인 실라와 디모데를 만남으로 힘을 얻어, 더더욱 하나님의 말씀에 사로잡혔다는 의미입니다. 바울에게 실라는 후배였고, 디모데는 제자였습니다. 일반적으로 영적인 힘은 스승이나 선배로부터 얻는 것으로 생각하기 쉽습니다. 그러나 바울은 달랐습니다. 바울은 후배 실라와 젊은 제자 디모데를 만나 힘을 얻고, 더더욱 하나님의 말씀에 사로잡혔습니다. 그리고 지난 시간에 말씀드린 것처럼, 바울은 그때부터 예수님만 그리스도시라고 더욱 밝히 증언하였습니다. 예수님만 그리스도라는 것은, 예수님만 죄와 죽음으로부터 인간을 영원히 소생케 하시는 구원자시라는 의미였습니다. 당시 바울의 상황을 되짚어 보면, 본문의 메시지를 보다 상세하고도 구체적으로 이해할 수 있습니다.

지금 바울은 2차 전도 여행 중에 있습니다. 1차 전도 여행을 시작한 이래, 바울이 어디로 가든 그의 곁에는 항상 한 사람 혹은 두 사람 이상의 동역자들이 있었습니다. 그러나 고린도만은 예외였습니다. 아테네에서 실라와 디모데를 마게도냐로 파송한 바울은 혈혈단신 홀몸으로 고린도를 찾아갔습니다. 전도 여행을 시작한 이후 처음 있는 일이었습니다. 동서로 두 개의 항구를 갖고 있어 그 어느 도시보다 활발한 상업 도시였던 고린도는 한마디로 향락의 도시였습니다. 사도행전 18장 1-4절을 살펴볼 때 말씀드렸던 것처럼 당시 고린도 사람들의 성적 타락이 얼마나 심했던지 헬라문화권 속에서 '고린도 사람처럼 행동하다'라는 것은 '음행하다'라는 의미로, '고린도화되다'라는 것은 '성적으로 문란하다'는 의미로, '고린도 사람'은 '포주'나 '기둥서방', 그리고 '고린도 아가씨'는 '매춘부'의 의미로 사용될 정도였습니다. 그 거대한 타락의 도시 고린도를 바울이 단신으로 찾아간 것은 영적으로 쉬운 일이 아니었습니다.

그러나 이미 우리가 알고 있는 것처럼, 하나님께서는 그 바울을 위해 고린도에 아굴라 부부를 예비해 두고 계셨습니다. 천막 제조 기술을 갖고 있던 바울은 천막 제조업자인 아굴라 부부를 만나 그들을 도와 주중에 천막을 제조 판매하면서 그들의 집에서 숙식을 해결한 덕분에, 안식일이면 유대인 회당을 찾아가 그곳에 모인 유대인들과 헬라인들에게 하나님의 말씀을 전할 수 있었습니다. 그러나 본문 6절에 의하면, 실라와 디모데가 바울과 합류하자 힘을 얻은 바울이 더욱 하나님의 말씀에 사로잡혀 예수님만 그리스도시라고 밝히 전하자, 유대인들이 바울을 대적하며 비방하고 나섰습니다. 우리말 '비방하다'로 번역된 헬라어 동사 '블라슾헤메오βλασφημέω'는 단순하게 '중상 비방하다', '명예를 훼손하다', '욕설을 퍼붓다'는 의미를 뛰어넘어, 조직적인 형태를 갖춘 저항이나 대립의 의미까지 내포하고 있습니다. 유대인들이 조직적으로 바울을 괴롭히며 집요하게 배척한 것이었습니다. 이로 미루어 실라와 디모데가 고린도에서 바울과 합류하기 이전, 바울이 회당에서 하나님의 말씀을 전할 때부터 이방인들과는 달리 유대인들은 바울에게 심히 적대적이었음을 알 수 있습니다. 그때 바울로부터 복음을 막 영접한 아굴라 부부는 아직 초신자에 지나지 않았습니다. 그때까지 아굴라 부부는 홀로 고린도를 찾은 바울에게 좋은 육적 동역자였지, 아직 성숙한 영적 동역자는 아니었다는 말입니다. 그와 같은 상황 속에서 바울이 타락의 도시 고린도에서, 그것도 자신에게 심히 적대적인 유대인들이 포진하고 있는 회당에서 홀로 하나님의 말씀을 전한다는 것은 영적으로 무척 힘겨운 일이었을 것입니다.

바로 그때 바울의 신실한 동역자였던 실라와 디모데가 고린도로 내려와 바울과 합류하였습니다. 그와 동시에 바울은 힘을 얻어, 하나님의 말씀에 더욱 사로잡혔습니다. 실라와 디모데는 예수 그리스도 안에서 영혼이 소생한 주님의 제자들이었습니다. 영혼이 소생한 그들을 바울이 만남으로써, 그동안 타락의 도시 고린도에서 홀로 힘겨웠던 바울의 영혼이 더욱 새롭고 더욱 강건하게 소생한 것이었습니다. 이것이 본문 5절이, 바울이 하나님의 말씀에 붙잡혀 예수님만 그리스도라고 밝히 증언한 대상이 유대인들이었음을 유독 강조하는 이유입니다. 영혼이 소생한 실라와 디모데를 만남으로써 영혼이 더욱 새롭고 더욱 강건하게 소생한 바울이, 그동안 자신에게 심히 적대적이었던 유대인들에게 더욱 담대하게 예수 그리스도를 전하였음을 정확하게 밝히기 위함입니다. 바울은 이때 고린도에서 1년 6개월을 체류하였습니다. 영혼이 더욱 강건하게 소생한 바울이 고린도에서 오랫동안 체류하면서, 십자가에서 생명의 보혈을 흘려 주신 예수님만 인간을 영원히 소생시키시는 구원자이심을 증언한 것이었습니다. 그 결과, 8절에 의하면 타락의 도시 고린도에서 바울에 의해 수많은 사람들의 영혼이 소생하였습니다.

그러므로 한 사람의 영혼이 삼위일체 하나님 안에서 소생하면 엄청난 결과가 수반되고, 소생한 영혼은 날마다 더욱 새롭고 더욱 강건하게 소생해 가야 한다는 것이, 오늘 본문이 우리에게 주는 메시지입니다.

지난 4월 29일 전립선암 선고를 받은 이후, 제가 치명적인 암에 걸렸다는 사실 때문에 제 마음이 흔들리거나 휘둘린 적은 단 한 번도 없었습니다. 오히려 암 선고를 받는 순간부터 제 마음 속에는 떠나지 않고 살아 움직이는 하나님의 말씀이 있었습니다. 시편 23편이었습니다.

여호와는 나의 목자시니 내게 부족함이 없으리로다 그가 나를 푸른 풀밭에 누이시며 쉴 만한 물가로 인도하시는도다 내 영혼을 소생시키시고 자기 이름을 위하여 의의 길로 인도하시는도다 내가 사망의 음침한 골짜기로 다닐지라도 해를 두려워하지 않을 것은 주께서 나와 함께하심이라 주의 지팡이와 막대기가 나를 안위하시나이다 주께서 내 원수의 목전에서 내게 상을 차려 주시고 기름을 내 머리에 부으셨으니 내 잔이 넘치나이다 내 평생에 선하심과 인자하심이 반드시 나를 따르리니 내가 여호와의 집에 영원히 살리로다(시 23:1-6).

이 말씀을 마음속으로 묵상할 때마다 비록 제 육체는 치명적인 암에 걸렸을망정, 제 영혼은 예수 그리스도 안에서 더욱 강건하게 소생하는 것을 온몸으로 느꼈습니다. 그래서 암과 관련하여 제가 하나님께 드린 기도의 핵심은 간단했습니다. 어떤 경우에도 제 건강을 우상으로 삼는 어리석음을 범치 않고, 오직 예수 그리스도 안에서 변함없이 하나님만 제 생의 목적으로 모시고 살게 해달라는 것이었습니다. 우리 나이로 올해 65세인 제가 건강해진들 20대 청년으로 되돌아갈 수 있겠습니까? 제가 오래 산다 한들 도대체 얼마나 더 오래 살 수 있겠습니까? 제가 암에 걸린 제 육체의 건강을 우상으로 삼아 본들 그 육체는 머잖아 공동묘지에서 썩어 문드러져, 한 줌의 흙밖에 더 되겠습니까? 하지만 제가 예수 그리스도 안에서 하나님을 제 인생의 목적으로 모시는 한, 비록 제가 장수하지 못하고 죽어도 하나님께서는 저를 영원히 소생시키실 것입니다. 그래서 수술실에 들어가서도 시편 23편을 마음속으로 되뇌다가 전신마취 상태에 빠졌고, 수술 후 몸을 뒤척일 수조차 없는 고통으로 밤을 지새우면서도 시편 23편을 마음속으로 노래했습니다. 그 덕분에 극심한 육체의 고통 속에서도 제 심령은 언제나 싱싱하게 소생하는 생명의 기쁨을 누릴 수 있었습니다.

이것이 어찌 저만의 체험이요 고백일 수 있겠습니까? 얼마나 많은 사람들이 시편 23편을 통해 영혼이 소생하는 생명의 기쁨을 누렸고, 또 누리고 있겠습니까? 시편 23편은 잘 알려진 것처럼 다윗의 시입니다. 그 역시 우리와 똑같은 인간이었습니다. 그런데도 어찌 그의 시가 이렇듯 시공을 초월하여 역경에 처한 수많은 사람들의 영혼을 소생시켜 줄 수 있겠습니까? 다윗은 시편 23편 3절을 통해, 하나님께서 "내 영혼을 소생시키시고 자기 이름을 위하여 의의 길로 인도하시는도다"라고 고백했습니다. 다윗은 하나님 안에서 영혼이 소생한 사람이었습니다. 영혼이 소생한 다윗이었기에, 그는 사망의 음침한 골짜기에 떨어져도 하나님을 신뢰하며 두려워하지 않았습니다. 그리고 영혼이 소생한 다윗에 의해, 사울 왕의 야망과 교만 탓에 나락으로 떨어졌던 이스라엘이 소생하였고, 그가 가는 곳마다 수많은 생명의 열매가 결실되었습니다. 어디 그뿐입니까? 영혼이 소생한 다윗이 쓴 일흔두 편의 시들은 하나님의 말씀인 성경의 시편이 되었습니다. 시편 백오십 편 가운데 거의 절반이 다윗 한 사람의 시로 채워진 것입니다. 참으로 놀라운 생명의 역사가 아닐 수 없습니다. 다윗의 시들은 시간과 공간을 초월하여 역경에 처한 수많은 사람들의 영혼을 소생시켜 주었고, 사망의 음침한 골짜기에 빠진 수많은 사람들에게 참생명의 기쁨을 안겨 주었습니다. 그리고 그 생명의 물줄기는 3천 년이 지난 오늘날 한반도에까지 흘러내려, 암 선고를 받은 저 역시 그의 시를 통해 날마다 영혼이 새롭게 소생하는 생명의 기쁨을 누리고 있습니다.

요셉 한 사람의 영혼이 소생함으로 은 20냥에 그를 종으로 팔았던 완악한 이복형들, 사랑하는 아들을 잃고 영혼이 죽어 있던 아버지 야곱, 그리고 모든 혈족이 다 함께 죽음의 대기근 속에서 영육 간에 소생하였고, 나아가 그의 시대가 소생하였습니다. 바울은 위대한 사도였지만, 단신으로 찾아간 타락의 도시 고린도 방문 초기 그의 영혼은 무척 힘겨웠습니다. 그러나 영혼이 소생한 실라와 디모데를 다시 만남으로 바울의 영혼은 더욱 새롭고 더욱 강건하게 소생하였으며, 영혼이 소생한 바울은 오직 예수님만 인간을 영원히 소생시키시는 구원자이심을 더욱 힘써 증언하였습니다. 그 바울 한 사람에 의해 타락의 도시 고린도에서 수많은 사람들의 죽었던 영혼이 소생하였습니다. 영혼이 소생한 다윗 한 사람에 의해 영적으로 무너졌던 이스라엘이 소생했을 뿐 아니라, 그가 쓴 시를 통해 지금도 시간과 공간을 초월하여 수많은 사람들의 영혼이 소생하고 있습니다. 하나님 안에서 한 사람의 영혼이 소생하는 것은 이렇듯, 한 사회와 한 시대를 소생시키는 엄청난 사건입니다.

오직 예수 그리스도만 우리를 영원히 소생시켜 주시는 구원자이십니다. 인간의 죗값을 대신 치르기 위한 십자가의 제물로 돌아가신 예수님 안에서만 생명의 근원이신 하나님께 나아갈 수 있기 때문입니다. 그러나 알고 계십니까? 우리가 그리스도인으로 주님의 부르심을 받았다는 것은, 이미 우리의 영혼이 예수 그리스도의 보혈로 소생하였음을 의미합니다. 그러므로 우리에게 남은 것은 예수 그리스도 안에서 우리의 영혼이 날마다 더욱 새롭고 더욱 강건하게 소생해 가는 가운데, 영혼이 소생한 그리스도인답게 살아가는 것입니다. 우리가 말씀을 묵상하고, 기도하며, 찬송하는 것은 모두 영혼이 소생한 그리스도인답게 살아가기 위함입니다. 그리고 그때부터 우리는 자기 혈족과 이 시대를 소생케 하는 요셉이 될 것이요, 자기보다 더 영성이 깊은 사람의 영혼을 더욱 새롭고도 강건하게 소생케 하는 실라와 디모데가 될 것이요, 타락의 도시 한가운데서 오직 예수님만 인간을 영원히 소생케 하는 그리스도이심을 삶으로 증언하는 바울이 될 것이요, 시공을 초월하여 역경에 처한 수많은 사람의 영혼을 소생케 하는 다윗이 될 것입니다. 우리 자신은 보잘것없는 미물에 지나지 않지만, 우리를 소생케 하신 주님께서 죽음을 깨뜨리고 영원히 부활하신 그리스도시기에 가능합니다.

'여호와는 나의 목자시니 내게 부족함이 없으리로다. 그가 나를 푸른 풀밭에 누이시며 쉴 만한 물가로 인도하시는도다. 내 영혼을 소생시키시고, 자기 이름을 위하여 의의 길로 인도하시는도다. 내가 사망의 음침한 골짜기로 다닐지라도 해를 두려워하지 않을 것은, 주께서 나와 함께하심이라. 주의 지팡이와 막대기가 나를 안위하시나이다. 주께서 내 원수의 목전에서 내게 상을 차려 주시고, 기름을 내 머리에 부으셨으니, 내 잔이 넘치나이다. 내 평생에 선하심과 인자하심이 반드시 나를 따르리니, 내가 여호와의 집에 영원히 살리로다.'

다윗의 이 고백이 우리의 고백이 되게 해주십시오. 다윗의 이 고백이 우리의 기도가 되게 해주십시오. 다윗의 이 고백이 우리의 찬양이 되게 해주십시오. 예수 그리스도 안에서 우리의 영혼이 날로 새롭고, 날로 강건하게 소생하게 해주십시오. 그리하여 예수님만 인간을 영원히 소생케 하시는 그리스도이심을 삶으로 증언하는 우리로 인해 우리의 혈족이 소생하고, 이 땅의 교회가 소생하며, 이 시대가 소생하게 해주십시오. 아멘.

27. 예수는 그리스도라 III

사도행전 18장 5-8절

실라와 디모데가 마게도냐로부터 내려오매 바울이 하나님의 말씀에 붙잡혀 유대인들에게 **예수는 그리스도라** 밝히 증언하니 그들이 대적하여 비방하거늘 바울이 옷을 털면서 이르되 너희 피가 너희 머리로 돌아갈 것이요 나는 깨끗하니라 이후에는 이방인에게로 가리라 하고 거기서 옮겨 하나님을 경외하는 디도 유스도라 하는 사람의 집에 들어가니 그 집은 회당 옆이라 또 회당장 그리스보가 온 집안과 더불어 주를 믿으며 수많은 고린도 사람도 듣고 믿어 세례를 받더라

　　여기에 두 개의 상자가 있다고 가정해 보십시다. 한 상자는 귀한 재질에 화려한 문양이 새겨진 값비싼 상자인 반면에, 나머지 상자는 볼품없는 싸구려 상자입니다. 그러나 아무리 값비싼 상자라도 그 속에 오물이 들어 있으면, 그 상자는 오물통에 지나지 않습니다. 반대로, 길거리에 버려진 폐지처럼 쓸모없는 상자일지언정 그 속에 진귀한 보물이 들어 있다면, 그 상자는 소중한 보물 상자입니다. 상자는 무엇인가 담기 위해 나무나 대, 혹은 종이

로 만든 그릇입니다. 따라서 상자의 가치는 상자 자체에 있지 않고, 그 속에 담긴 내용물에 의해 결정됩니다. 오물이 든 상자는 보석으로 치장되었을지라도 오물통일 뿐이고, 보물이 든 상자는 폐지로 만들어졌어도 보물 상자인 이유가 여기에 있습니다. 인생도 이와 같습니다.

우리가 사도행전 13장을 묵상할 때 말씀드렸습니다만, 사도 바울은 1차 전도 여행 중에 지금의 터키 대륙에 위치한 비시디아 안디옥을 방문하여 회당에서 하나님의 말씀을 전하였습니다. 그리고 세례자 요한에 대해 설교하면서 이렇게 언급하였습니다.

요한이 그 달려갈 길을 마칠 때에 말하되 너희가 나를 누구로 생각하느냐 나는 그리스도가 아니라 내 뒤에 오시는 이가 있으니 나는 그 발의 신발 끈을 풀기도 감당하지 못하리라 하였으니(행 13:25).

바울이 언급한 요한은 예수님의 열두 제자 가운데 한 명인 요한이 아니라, 예수님께서 공생애를 시작하시기 전 요단강에서 세례를 베풀던 요한을 의미합니다. 사람들은 그 요한을 예수님의 제자 요한과 구별하여 세례자 요한이라 부릅니다. 세례자 요한이 활동할 당시에 그가 곧, 구약의 선지자들이 예언한 그리스도일 것이라고 생각한 사람들이 많았습니다. 그래서 세례자 요한이 그의 인생이 끝날 무렵, 자신은 그리스도 다시 말해 구원자가 아니라고 천명하였음을 바울이 증언한 것입니다. 중요한 것은 사도 바울이 그 사실을 전하면서, 이 땅에서 세례자 요한의 인생이 막을 내릴 때가 되었음을 "요한이 그 달려갈 길을 마칠 때"라고 표현했다는 사실입니다.

우리말 '달려갈 길'로 번역된 헬라어 '드로모스δρόμος'는 '인생 여정'을, 그리고 '마치다'라는 의미의 헬라어 '플레로오πληρόω'는 '가득 채우다'라는 뜻입니다. 바울이 세례자 요한의 인생이 막을 내리는 것을, 그가 그의 인생 여정을 가득 채웠다고 표현한 것입니다. 세례자 요한이 무엇으로 자기 인생 여정을 채웠겠습니까? 두말할 것도 없이 세례자 요한 자신의 삶으로 채웠습니다. 인생을 이보다 더 잘 표현하기는 어려울 것입니다. 인생은 자기 인생 여정을 자기 삶으로 채워 가는 것입니다. 그 누구도 자기 인생 여정을 자기 대신 채워 줄 수는 없습니다. 자기 인생 여정을 자신의 삶으로 채워 가는 것이 인생이라는 데엔 그 어떤 사람도 예외일 수 없습니다.

그러므로 인생의 가치는 인생의 겉모양에 있지 않습니다. 인생의 겉모양이 아무리 화려해도 자신의 인생 여정을 물거품처럼 허망하게 사라져 버릴 욕망과 쾌락의 삶으로 채우는 사람이라면, 하나님 보시기에 그의 인생은 악취만 진동하는 오물통에 지나지 않을 것입니다. 비록 일평생 가난 속에서 남루한 옷을 입고 살아도 자기 인생 여정을 생명과 진리의 삶으로 채워 가는 사람이라면, 그의 인생은 하나님 앞에서 존귀한 보물 상자임이 분명합니다.

이처럼 인생은 자기 인생 여정을 자기 자신의 삶으로 채워 가는 것이기에, 인생은 철저하게 자기 책임입니다. 자신이 살아온 인생의 결과를 놓고 남의 탓 하는 사람보다 더 어리석은 사람은 없습니다. 만약 자신의 인생이 지금 오리무중에 빠져 난마처럼 뒤엉키고 망가져 있다면, 그것은 그 누구도 아닌 자기 자신이 지난 세월 동안 자기 인생 여정을 바로 그런 삶으로 채워 온 결과일 뿐입니다. 그러므로 우리에게 중요한 것은, 지금부터 우리 각자의 인생을 어떤 삶으로 채워 가느냐는 것입니다. 주님 안에서 이루어지는 인생 여정에서는, 설령 오물통처럼 무가치하고 망가진 인생일지라도 얼마든지 보물 상자로 역전이 가능하기 때문입니다.

사도 바울이 언급한 세례자 요한은 그의 인생이 이 땅에서 막을 내리기까지 자신의 인생 여정을 어떤 삶으로 채웠습니까? 사도행전 13장 25절을 다시 보시겠습니다.

> 요한이 그 달려갈 길을 마칠 때에 말하되 너희가 나를 누구로 생각하느냐 나는 그리스도가 아니라 내 뒤에 오시는 이가 있으니 나는 그 발의 신발 끈을 풀기도 감당하지 못하리라 하였으니.

죽음이 임박한 세례자 요한은 자신을 그리스도로 오인하는 이스라엘 백성에게 '너희가 나를 누구로 생각하느냐? 나는 그리스도가 아니다!'라고 단호하게 밝혔습니다. 그러나 헬라어 원문에는 '그리스도'란 단어가 기록되어 있지 않습니다. 헬라어 원문에는, 세례자 요한이 1인칭 주어를 사용하여 '나는 아니다'라고 말한 것으로 기록되어 있습니다. 수차례 말씀드렸습니다만, 우리말과는 달리 주어의 성性과 수數에 따라 동사의 어미가 바뀌는 헬라어에서는 일반적으로 주어를 사용하지 않습니다. 동사의 어미 변화만으로도 주어를 식별할 수 있기 때문입니다. 따라서 주어를 별도로 사용하는 경우는 특별히 주어를 강조할 때라고 했습니다. 세례자 요한이 굳이 1인칭 주어를 동원하여 '나는 아니다'라고 말한 것은, '나는 정말 아니다'라는 의미였습니다.
'나는 아니다'라는 말과 '나는 정말 아니다'라는 표현 사이에는, 단순 강조 이상의 차이가 있습니다. '나는 아니다'라는 말이 일회성 표현이라면, '나는 정말 아니다'라는 표현은 반복적 의미를 내포하고 있습니다. 즉 세례자 요한이 본문 이전부터 '나는 아니다'라고 계속 밝혀 왔다는 말입니다. 그 근원은 요한복음 1장 20절까지 거슬러 올라갑니다. 세례자 요한이 요단강에서 회개의 세례를 외치면서 사람들에게 세례를 베풀기 시작하자, 그를 그리스도로 생각한 유대인들이 '네가 누구냐?'고 물었습니다. 그러자 세례자 요한은 1인칭 주어를 사용하여, '나는 정말 그리스도가 아니다'라고 대답했습니다. 세례자 요한은 처음부터 자신이 그리스도가 아님을 분명히 밝힌 것이었습니다. 그래서 세례자 요한이 사도행전 13장 25절의 헬라어 원문에서 '나는 정말 아니다'라고 말한 것을 영어 성경 NIV는 '나는 그가 아니다'로, 한글 성경은 '나는 그리스도가 아니다'로 번역하였습니다. 세례자 요한이 요한복음 1장 20절 이후 기회가 있을 때마다 자신이 그리스도가 아님을 누누이 밝혀 왔음을 정확하게 표현하기 위함입니다. 그러나 세례자 요한의 말을 보다 원문에 가깝게 옮긴다면, '나는 정말 그리스도가 아니다'가 됩니다.

그렇다고 세례자 요한이 자신의 인생 여정을, 자신은 정말 그리스도가 아니라고 외치기만 하는 삶으로 채운 것은 아니었습니다. 이 땅에서 자신의 생애가 곧 막이 내릴 것을 안 세례자 요한이 유대인들에게 '너희가 나를 누구로 생각하느냐?'고 물은 것은, '너희들은 아직까지도 나를 그리스도라고 생각하고 있지?'라는 의미의 질문이었습니다. 그리고 세례자 요한은 그 질문에 대하여, '나는 정말 그리스도가 아니다. 내 뒤에 오시는 이가 있으니, 나는 그 발의 신발 끈을 풀기도 감당하지 못하리라'고 스스로 대답했습니다. 세례자 요한이 자신의 뒤에 오시는 이라고 언급한 분은 그리스도이신 예수님이셨습니다. 세례자 요한은, 예수님의 신발 끈을 풀어 드리는 일조차 자기에게는 과한 일이라고 고백했습니다. 2천 년 전 로마제국에서는 주인이 외출할 때 노예가 주인에게 신을 신겨 주고 신발 끈도 묶어 주었습니다. 주인이 귀가하면 이번에는 노예가 주인의 신발 끈을 풀고 신을 벗겨 주었습니다. 세례자 요한은 자신이 정말 그리스도가 아닌 것은 말할 것도 없고, 자신의 능력으로는 그리스도의 신발 끈에 감히 손을 대는 노예조차 될 수 없음을 고백한 것이었습니다. 성자 하나님이신 예수님과 한낱 피조물에 지나지 않는 자신은 아예 비교 자체가 불가능함을, 세례자 요한이 그런 식으로 유대인들에게 각인시켜 준 것입니다. 그것은 세례자 요한이 오직 예수 그리스도를 자기 생의 주인이자 목적으로 모시고 살았다는 의미요, 바꾸어 말해 세례자 요한이 자기 인생 여정을 예수 그리스도의 생명과 진리로 채우는 삶을 살았다는 뜻입니다.

세례자 요한의 거주지는 대도시 예루살렘이 아니었습니다. 그럴듯한 것이라고는 아무것도 없는 황량한 광야였습니다. 그에게는 직물로 만들어진 옷도 없었습니다. 낙타털 옷에 허리에 두른 가죽띠가 그가 소유한 의복 전부였습니다. 하루 세 끼 밥도 제대로 먹지 못했습니다. 겨우 메뚜기와 석청으로 연명했을 뿐입니다. 그런 몰골의 그에게 번듯한 재산이 있을 리도 없었습니다. 설상가상으로 그는 헤롯 안티파스에게 참수형을 당해 비참하게 생을 마감하고 말았습니다. 겉모양만을 본다면, 세례자 요한의 인생은 길거리에 버려진 쓸모없는 폐지 상자와 같았습니다. 그러나 신약성경의 사복음서는 모두 세례자 요한에 의해 막이 오르고 있습니다. 세례자 요한이 신약성경의 영원한 첫 번째 주자가 된 것입니다. 그가 자기 인생 여정을 예수 그리스도의 영원한 생명과 진리로 채우는 삶을 살았기에, 세상에서는 길거리에 버려진 쓸모없는 폐지 상자와 같았던 그의 인생이 예수 그리스도 안에서 영원한 생명과 진리의 보물 상자로 승화한 것이었습니다. 그 영광은, 세례자 요한의 선택의 결과였습니다. 세례자 요한이 자신의 인생 여정을 예수 그리스도의 생명과 진리로 채우는 삶을 선택하지 않았던들, 결코 누릴 수 없었을 영원한 영광이었습니다.

사도행전 13장 25절에서 세례자 요한의 인생을 그렇게 증언했던 사도 바울의 인생 역시 마찬가지였습니다. 오늘로 4주째 묵상하는 본문 5절의 증언입니다.

> 실라와 디모데가 마게도냐로부터 내려오매 바울이 하나님의 말씀에 붙잡
> 혀 유대인들에게 예수는 그리스도라 밝히 증언하니.

지난주에 살펴본 것처럼 바울이 거대한 타락의 도시 고린도에서, 그것도 자신에게 심히 적대적인 유대인들이 포진하고 있는 회당에서 홀로 하나님의 말씀을 전한다는 것은 영적으로 무척 힘겨운 일이었습니다. 아굴라 부부가 곁에 있긴 했지만, 바울로부터 복음을 막 영접한 그들은 그때까지 바울에게 좋은 육적 동역자였지 아직 성숙한 영적 동역자는 아니었습니다. 바로 그때, 바울의 신실한 동역자였던 실라와 디모데가 마게도냐에서 고린도로 내려와 바울과 합류하였습니다. 그와 동시에 힘겨웠던 바울의 영혼이 힘을 얻어 더욱 새롭고 더욱 강건하게 소생하였습니다. 바울은 하나님의 말씀에 더욱 사로잡혀, 자신에게 심히 적대적이던 유대인들에게 오직 예수님만 인간을 죄와 사망에서 구원하시는 그리스도이심을 더욱 밝히 증언하였습니다.

이 이후 바울은 3차 전도 여행 중 고린도의 그리스도인들에게 써 보낸 편지—고린도전서에서 이렇게 고백했습니다.

> 형제들아 내가 너희에게 나아가 하나님의 증거를 전할 때에 말과 지혜
> 의 아름다운 것으로 아니하였나니 내가 너희 중에서 예수 그리스도와 그
> 가 십자가에 못박히신 것 외에는 아무것도 알지 아니하기로 작정하였음
> 이라(고전 2:1-2).

위대한 스승 가말리엘의 제자였던 바울은 학식이 뛰어난 사람이었습니다. 그러나 그는 고린도에서 복음을 전할 때 인간의 말과 미사여구를 동원하려 하지 않았습니다. 그가 전한 복음의 핵심은 십자가에 못박히신 예수님만 그

리스도시라는 것이었습니다. 그러나 바울이 고린도에서만 그랬던 것은 아닙니다. 바울이 다메섹 도상에서 주님께 사로잡힌 이후 고린도에 이르기까지, 언제 어디서나 바울이 미련하게 보일 정도로 우직하게 외쳐 온 것은, 오직 십자가의 예수님만 그리스도시라는 것이었습니다. 그리고 본문 이후 바울이 로마에서 참수형을 당해 죽을 때까지 지중해 세계를 누비고 다니며 계속 외친 것도, 오직 십자가의 예수님만 그리스도시라는 것이었습니다. 예수님 이외에는 이 세상 그 누구도 인간의 죗값을 치르기 위한 제물로 인간을 대신하여 죽어 준 이가 없고, 또 예수님만 죽음을 깨뜨리고 영원히 부활하심으로 반드시 죽어야 하는 인간에게 영원한 생명의 길을 열어 주셨기 때문입니다. 그러므로 바울이 줄곧 예수님만 그리스도이심을 증언하는 삶을 살았다는 것은, 그가 주님의 부르심을 받은 이후 자기 인생 여정을 오직 예수 그리스도의 생명과 진리로 채우는 삶으로 일관했다는 말입니다.

고린도전서 9장 27절을 통해, 바울은 자신의 몸을 쳐 복종하게 한다고 고백했습니다. 또 고린도전서 15장 31절에서, 바울은 날마다 죽는다고 토로하기도 했습니다. 바울은 욕정으로 자신의 인생을 허망하게 갉아먹으려는 자신을 쳐서 복종시킴으로, 매일 자신과의 싸움에서 이겼습니다. 그리고 날이 면 날마다 자기 인생 여정을 오직 예수 그리스도의 영원한 생명과 진리로 채워 가는 삶을 살았습니다. 그 삶의 결과가 어떠했는지 우리는 너무나도 잘 알고 있습니다. 본래 바울은 교회를 짓밟고 그리스도인들을 박해하던 흉측한 폭도였지 않습니까? 그 바울이 위대한 사도 바울이 되었습니다. 자신의 인생 여정을 예수 그리스도의 생명과 진리로 채우는 삶을 시작한 바울의 인생이, 예수 그리스도 안에서 대역전극을 이룬 것이었습니다. 평생 헐벗고 굶주리며 가난 속에서 살다가 비참하게 참수형을 당해 죽은 바울의 인생 역시 겉모양은 세례자 요한처럼 길거리에 버려진 쓸모없는 폐지 상자 같아 보였지만, 그 바울은 영원한 하나님의 말씀인 사도행전의 주인공이 되어 영원히 살아 있습니다. 자기 인생 여정을 예수 그리스도의 영원한 생명과 진리로 채우는 삶으로 일관했던 그의 인생이, 예수 그리스도 안에서 영원한 생명과 진리의 보물 상자로 승화한 덕분이었습니다. 그 영광은 절로 주어진 것이 아니었습니다. 바울이 날마다 자신을 쳐 복종시킬 정도로 자신과 처절하게 싸우면서까지 그가 선택한 삶의 결과였습니다.

반면에 본문 6절에 의하면 오직 예수님만 그리스도시라는, 더욱 확신에 찬 바울의 증언을 들은 유대인들은 바울을 '대적하여 비방'하였습니다. 우리말 '대적하다'로 번역된 헬라어 동사 '안티탓소마이ἀντιτάσσομαι'는 전투를 치르기 위해 대오를 정렬시키는 행위를 뜻하는 단어입니다. 그리고 '비방하다'로 번역된 '블라습헤메오'는 단순하게 '중상 비방하다', '명예를 훼손하다', '욕설을 퍼붓다'는 의미를 뛰어넘어, 조직적인 형태를 갖춘 저항이나 대립의 의미까지 내포하고 있다고 했습니다. 실라와 디모데를 다시 만나 영적으로 더욱 새롭고 더욱 강건하게 소생한 바울이 예수님만 그리스도이심을 더욱 힘써 증언하자, 그동안 바울에게 심히 적대적이었던 유대인들이 더욱 조직적으로 바울을 괴롭히며 집요하게 배척한 것이었습니다.

본문 4절을 보면, 바울이 예수님만 그리스도이심을 전한 고린도의 회당에는 유대인들과 이방인들이 함께 섞여 있었습니다. 그러나 바울의 설교를 듣고 조직적으로 바울을 괴롭히며 집요하게 배척한 사람들은 하나님을 알지 못하는 이방인들이 아니라, 자칭 하나님의 선민임을 내세우던 유대인들이었습니다. 그들은 하나님을 믿는다면서도, 자기 인생 여정만은 자신들의 관습과 신념 그리고 아집과 욕망으로 채우는 삶을 사는 사람들이었습니다. 그들은 모두 바울보다 좋은 옷을 입고, 좋은 음식을 먹고, 더 많은 것들을 지니고 누리는 삶을 살았습니다. 그러나 생명을 구하기는커녕 스스로 자기 육체의 생명마저 어이없이 갉아먹는 그들의 인생은 하나님 보시기에는 악취만 진동하는 오물통에 지나지 않았습니다. 그 결과 그들이 이 세상에서는 떵떵거리며 살았다 해도, 그들은 2천 년 전 고린도에서 한 줌의 흙으로 흔적도 없이 허망하게 다 사라져 버리고 말았습니다. 동일한 기간 동안 똑같이 고린도에서 살았으면서도 영원한 생명과 진리의 보물 상자로 승화한 바울의 인생에 비한다면, 너무나도 허무한 인생이 아닐 수 없습니다. 그러나 그것은 그 누구의 탓도 아니었습니다. 그와 같은 삶을 스스로 선택했던 그들 자신의 책임이었습니다.

지난 3월 5일, 베네수엘라의 대통령 우고 차베스가 암투병으로 극심한 고통을 겪던 중 심장마비로 사망하였습니다. 그가 2011년 6월에 암 선고를 받은 지 1년 9개월 만의 일이었습니다. 그가 임종 직전, 자신의 병상을 지키던 경호실장 호세 오르넬라 장군에게 남긴 마지막 말은 단 두 마디였습니다.

죽기 싫어. 날 죽게 내버려 두지 마.
I don't want to die. Please don't let me die.

차베스 대통령은 살아 있을 때부터 인물평이 극과 극으로 갈렸던 인물입니다. 21세기 사회주의 혁명가였다는 칭송과, 포퓰리즘 독재자였을 뿐이었다는 혹평이 엇갈렸습니다. 그를 천사라 부르는 사람들도 있었고, 악마라는 사람들도 있습니다. 그러나 분명한 것은, 그가 절대 권력을 자기 마음 내키는 대로 마구 휘두르던 베네수엘라의 독재자였다는 것입니다. 그렇게 마음내키는 대로 살고서도 죽음 앞에서 삶에 대한 그의 미련이 얼마나 컸으면 "죽기 싫어. 날 죽게 내버려 두지 마"라면서 숨을 거두었겠습니까? 그러나 그가 설령 다시 살아난다 해도 과거의 삶을 되풀이하는 한, 다시 임종을 맞는 그의 마지막 말 역시 똑같이 반복될 수밖에 없을 것입니다. '죽기 싫어. 날 죽게 내버려 두지 마.' 그러나 실현 불가능한 애원으로 막을 내린 그의 인생은, 그 자신이 스스로 선택한 삶에 대한 냉혹한 결과였습니다.

우리 각자는 자신의 인생을 써내려 가는 작가입니다. 인생 여정이라는 종이 위에 삶이란 펜으로 자기 인생을 써내려 가는 인생 작가인 것입니다. 자기 인생 여정을 어떤 삶으로 채워 갈 것인가? 그것은 전적으로 우리 각자의 선택 사항입니다. 그리고 그 선택에 대한 책임 또한 그 누구도 아닌, 우리 각자의 몫입니다. 그러므로 자기 인생을 허망한 욕망과 쾌락으로 스스로 갉아먹으려는 자신을 날마다 쳐 복종시켜 가는 가운데, 지금부터 자신의 인생 여정을 예수 그리스도의 영원한 생명과 진리로 채우는 삶으로 일관하십시다. 그 인생에는 상상치 못할 대역전극이 있습니다. 비록 세상에서는 길거리에 버려진 쓸모없는 폐지 상자 같은 인생일지라도, 예수 그리스도 안에서는 영원한 생명과 진리의 보물 상자로 얼마든지 승화될 수 있습니다. 마치 길거리에 버려진 쓸모없는 폐지 상자처럼 십자가에 못박혀 비참하게 돌아가셨지만 죽음을 깨뜨리고 부활하심으로 생명의 대역전극을 이루신 예수님, 그분이 곧 영원한 생명과 진리의 보물 상자이시기 때문입니다.

자기 인생 여정을 예수 그리스도의 영원한 생명과 진리로 채우는 삶을 사는 사람만 이 세상을 떠나는 순간, 차베스 대통령처럼 마음 내키는 대로 살고서도 '죽기 싫어. 날 죽게 내버려 두지 마'라고 실현 불가능한 애원으로 자신의 생을 마감하지 않고, 바울처럼 참수형을 당할지언정 영원한 생명의 유언을 남길 수 있습니다.

"나는 이미 부어 드리는 제물로 피를 흘릴 때가 되었고, 세상을 떠날 때가 되었습니다. 나는 선한 싸움을 다 싸우고, 달려갈 길을 마치고, 믿음을 지켰습니다. 이제는 나를 위하여 의의 면류관이 마련되어 있으므로, 의로운 재판장이신 주님께서 그날에 그것을 나에게 주실 것이며, 나에게만이 아니라 주님께서 나타나시기를 사모하는 모든 사람에게도 주실 것입니다"(딤후 4:6-8, 새번역).

지금 현재 내 인생의 모습은, 그동안 내가 스스로 선택해 온 삶의 결과일 뿐입니다. 그런데도 나는 그 결과를 놓고, 남을 탓하고 원망하는 어리석은 인간이었습니다. 나는 그동안 하나님을 믿는다면서도 나를 쳐 복종시키려 하지도 않았고, 나 자신과의 싸움에서 이기려 하지도 않았습니다. 그래서 내 인생의 겉모양은 비록 화려해 보일지라도, 주님 보시기에는 악취가 진동하는 오물통에 지나지 않았습니다. 이렇게 살아서야 내 코끝에서 호흡이 멎는 순간, 차베스 대통령처럼 실현 불가능한 애원으로 나의 인생을 마감할 수밖에 없음을, 이 시간 말씀을 통해 일깨워 주셔서 감사합니다.

이제부터 우리 모두 우리 인생 여정을 예수 그리스도의 영원한 생명과 진리로 채우는 삶을 살아가는 멋진 믿음의 인생 작가들이 되게 해주십시오. 주님 안에서 우리의 인생이 대역전극을 이루게 해주십시오. 오물통 같은 우리의 인생이, 영원한 생명과 진리의 보물 상자로 승화되게 해주십시오. 그와 같은 우리의 삶이, 이 땅을 소생시키는 주님의 명작이 되게 해주십시오. 아멘.

28. 디도 유스도의 집에

사도행전 18장 5-8절

실라와 디모데가 마게도냐로부터 내려오매 바울이 하나님의 말씀에 붙잡혀 유대인들에게 예수는 그리스도라 밝히 증언하니 그들이 대적하여 비방하거늘 바울이 옷을 털면서 이르되 너희 피가 너희 머리로 돌아갈 것이요 나는 깨끗하니라 이후에는 이방인에게로 가리라 하고 거기서 옮겨 하나님을 경외하는 **디도 유스도라 하는 사람의 집에** 들어가니 그 집은 회당 옆이라 또 회당장 그리스보가 온 집안과 더불어 주를 믿으며 수많은 고린도 사람도 듣고 믿어 세례를 받더라

생명의 특징은 멈추지 않는 것입니다. 어떤 형태로든 생명은 계속 움직입니다. 어린아이일수록 가만히 있지 못하는 것은, 그만큼 생명이 왕성하기 때문입니다. 이처럼 생명은 멈추지 않는 것이기에, 죽음은 반대로 멈춤입니다. 봄 여름 가을 겨울 할 것 없이 밤낮으로 쉬지 않고 움직이던 심장이 멎으면, 그것이 바로 죽음입니다. 심장이 멎으면 사랑하는 사람을 쓰다듬어 주던 손과, 어디든 원하는 곳을 다니던 발, 그리고 사물을 이해하고 판단하던 두뇌

의 움직임 등, 인간의 몸 안팎에서 일어나던 모든 움직임이 영영 멈추어 버립니다. 한 사람의 생명이 멈추어도 이 세상은 변함없이 계속 살아 움직입니다. 그러나 생명이 멈춘 사람에게는 이 세상도 함께 멈추어 버립니다. 생명이 멈춘 사람에게는, 살아 움직이는 세상과의 관계와 소통 역시 동시에 다 멈추어 버리는 탓입니다.

생명이 멈추지 않는 움직임이라고 해서 모든 생명의 움직임이 다 똑같은 움직임인 것은 아닙니다. 독사나 모기의 움직임이 활발할수록 사람에게 해를 입히듯이, 자기 생명의 움직임이 왕성할수록 타인의 생명을 해치는 사람들이 있습니다. 그 반면 자기 생명이 움직이면 움직일수록 다른 사람의 생명을 북돋아 주는 사람도 있습니다. 그리스도인의 생명은 물론 후자가 되어야 합니다.

하나님께서는 흙으로 인간을 빚으시고 당신의 생기를 불어넣어 주심으로, 인간이 생령이 되게 하셨습니다. 인간이 처음부터 하나님의 생기를 품은 생명으로 창조된 것입니다. 하나님께서는 그 인간을 에덴동산에서 살게 하셨습니다. 에덴동산에는 하나님께서 창조하신 각종 초목과 동물 그리고 새들도 함께 있었습니다. 이를테면 에덴동산은 모든 생명의 진원지이자 요람이었습니다. 그러나 하나님께서는 당신이 주신 생명이 에덴동산에만 멈추어 있게 하시지 않았습니다. 생명이 어디든 멈추면, 그것은 더 이상 생명이 아니라 곧 죽음입니다. 창세기 2장 10절에 의하면, 하나님께서는 에덴동산에서 강이 시작하게 하셨습니다. 단 하나의 강이 아니라 네 개의 강이었습니다. 그리고 그 강이 동서남북 사방으로 흘러가게 하셨습니다. 에덴동산에 하나님께서 창조하신 첫 번째 사람 아담과 하와가 있고, 아름다운 초목이 있고, 온갖 짐승과 새들이 있어 그 광경이 하나님 보시기에 매우 아름다웠다 한들, 그곳에 강이 없다면 어떻게 모든 생명이 지탱될 수 있었겠습니까? 그러므로 하나님께서 에덴동산에서부터 시작하게 하신 네 개의 강은 곧 생명의 강이었습니다.

첫 번째 강 이름은 '비손'으로 '퍼지다'라는 의미입니다. 두 번째 강 '기혼'은 '내뿜다'라는 뜻입니다. 세 번째 강 '힛데겔'은 오늘날 우리가 티그리스라 부르는 강이지만, 그 어원은 아직 밝혀지지 않았습니다. 마지막 강의 이름 '유브라데'는 '솟구치다'라는 의미입니다. 뜻이 밝혀진 세 강의 이름만 보더라도 에덴동산에서 발원한 강들이 생명을 퍼뜨리고, 생명을 내뿜고, 생명이 솟구치는, 생명의 움직임이 더없이 왕성한 생명의 강이었음을 알 수 있습니다. 하나님께서는 그 네 개의 강이 동서남북을 향하여 계속 살아 움직이며 흘러가게 하셨습니다. 에덴동산에서부터 시작하게 하신 생명이 온 누리로 스며들게 하시기 위함이었습니다. 그 이후부터 지금까지 이 세상의 모든 강들은 그 사명과 책임을 다하고 있습니다.

웅덩이에 고인 물은 이내 썩어 버립니다. 물의 흐름이 멈춤과 동시에 죽은 물이 되는 것입니다. 강을 '생명의 젖줄'이라 부르는 것은, 강은 밤이나 낮이나 멈추지 않고 계속 살아 움직이며 흘러가기 때문입니다. 그렇다고 강이 교만하게 자기보다 더 높은 산 위로 올라가는 법은 없습니다. 강은 언제나 겸손하게 낮은 곳으로, 좀더 낮은 곳을 향해 흘러갑니다. 거대한 장애물이 가로막혀 있어도 강이 흐름을 멈추거나, 장애물을 관통하려 헛되이 애쓰지 않습니다. 강은 가로막힌 장애물을 돌아서 더 낮은 곳을 향해 흘러갑니다. 그 결과 장애물 덕분에, 장애물 다른 쪽에 있는 사람들이 생명의 혜택을 보게 됩니다. 멈추지 않고 살아 움직이는 생명이 빚어내는 신비로운 생명의 결과가 아닐 수 없습니다. 동서양을 막론하고 지구 어느 곳에서든 인류의 문명이 강과 더불어 시작된 것은 우연의 일치가 아닙니다. 멈춤 없이 계속 흘러가는 강이 살아 움직이는 신비로운 생명 그 자체이기 때문입니다.

생명의 기원이 에덴동산인 우리 역시, 그 에덴동산에서 발원한 강들처럼 황량한 이 세상을 생명의 강으로 흘러가야 함은 두말할 나위도 없습니다.

사도 바울의 삶을 한마디로 표현하면, 멈추지 않고 계속 살아 흐른 생명의 강이었다고 말할 수 있습니다. 그는 1차 전도 여행을 통해 오늘날의 터키 대륙에서 생명의 강으로 굽이굽이 흘러내렸습니다. 그가 흘러가는 곳마다 죽었던 영혼들이 예수 그리스도의 생명을 마시며 소생하였습니다. 1차 전도 여행을 마치고 다시 2차 전도 여행을 시작한 바울은, 이번에는 에게 해를 넘어 유럽 대륙으로까지 흘러갔습니다. 유럽 대륙에서도 어느 한 곳을 웅덩이 삼아 영영 고이려 하지 않았습니다. 그는 어디에서든 한 자리에 마냥 고여 있을 수가 없었습니다. 예수 그리스도의 생명을 품은 그는 살아 움직이는 생명의 강이었습니다. 그는 유럽 대륙의 빌립보에서 시작하여 데살로니가, 베뢰아, 아테네를 거쳐, 주님의 섭리 속에서 영적으로 더 낮은 곳을 향해 계속 살아 움직이며 흘러간 끝에 거대한 타락의 도시 고린도에까지 이르게 되었습니다.

지난 두 시간에 걸쳐 말씀드린 것처럼, 그 타락의 도시 고린도에서 바울 홀로 생명의 복음을 전한다는 것은 영적으로 무척 힘겨운 일이었습니다. 더욱이 바울이 안식일마다 복음을 전한 회당에는 유대인들과 이방인들이 함께 섞여 있었지만, 하나님을 알지 못하던 이방인들과는 달리 오히려 하나님의 선민을 자처하던 유대인들은 오히려 바울에게 심히 적대적이었습니다. 그때 아테네에서 헤어졌던 바울의 신실한 동역자 실라와 디모데가 마게도냐에서 고린도로 내려와 바울과 합류하였습니다. 그와 동시에 영적으로 힘을 얻어 영혼이 더욱 새롭고 더욱 강건하게 소생한 바울은, 자신에게 심히 적대적이었던 유대인들에게 오직 십자가의 예수님만 그리스도이심을 더욱 힘써 밝히 증언하였습니다.

　그러자 유대인들이 바울을 '대적하여 비방'하였습니다. 우리말 '대적하다'
로 번역된 헬라어 동사 '안티탓소마이'는 전투를 치르기 위해 대오를 정렬시
키는 행위를 뜻하는 단어이고, '비방하다'로 번역된 '블라슾헤메오'는 단순하
게 '중상 비방하다', '명예를 훼손하다', '욕설을 퍼붓다'는 의미를 뛰어넘어,
조직적인 형태를 갖춘 저항이나 대립의 의미까지 내포하고 있다고 했습니다.
실라와 디모데를 다시 만나 영적으로 더욱 새롭고 더욱 강건하게 소생한 바
울이 예수님만 그리스도이심을 더욱 힘써 밝히 증언하자, 그동안 바울에게
심히 적대적이었던 유대인들이 더욱 조직적으로 바울을 괴롭히며 집요하게
배척한 것이었습니다. 그때 바울의 반응을 본문 6절이 전해 주고 있습니다.

　　그들이 대적하여 비방하거늘 바울이 옷을 털면서 이르되 너희 피가 너
　　희 머리로 돌아갈 것이요 나는 깨끗하니라 이후에는 이방인에게로 가리
　　라 하고.

　바울은 자신을 더욱 조직적으로 괴롭히며 집요하게 배척하는 유대인들 앞
에서 옷을 털었습니다. 유대인들은 이방 지역을 지나게 되면, 그 지역을 벗
어남과 동시에 옷과 발에 묻은 이방 지역의 먼지를 다 털어 낸 뒤에 자신들
의 지역으로 들어갔습니다. 이방 지역의 부정한 먼지를 그대로 묻혀 오지 않
겠다는 일종의 성별聖別의식이었습니다. 그러나 바울이 본문에서 자기 옷의
먼지를 턴 것은 그와 같은 유대인의 성별의식을 따르기 위함이 아니었습니
다. 누가복음 9장 5절에 의하면, 예수님께서 제자들을 전도 여행에 보내시
면서 '누구든지 너희를 영접하지 아니하거든 그 성에서 떠날 때에 너희 발에
서 먼지를 떨어 버리라'고 말씀하셨습니다. 더 이상 미련을 두지 말라는 말

쓺이었습니다. 바울은 예수님의 그 말씀에 입각하여, 자신을 조직적으로 괴롭히고 집요하게 배척하는 유대인들 앞에서 옷의 먼지를 턴 것이었습니다. 이제 너희들에게는 더 이상 미련을 두지 않겠다는 공개적인 선포였습니다.

그리고 바울은 그 유대인들에게 '너희 피가 너희에게로 돌아갈 것이요 나는 깨끗하다'고 말했습니다. 내가 너희들에게 전한 생명의 복음을 거부하여 너희들이 하나님의 심판을 받더라도 그것은 그와 같은 삶을 선택한 너희들의 책임일 뿐, 나의 책임이 아니라는 의미였습니다. 그렇지 않습니까? 강물이 외딴 허허벌판까지 흘러갔는데도 그곳에 사는 사람들이 강물을 마시지 않고 갈증으로 죽었다면, 그것은 그들의 책임이지 그곳까지 흘러간 강물의 책임일 수는 없지 않습니까? 그리고 바울은 "이 후에는 이방인에게로 가리라"고 자신의 말을 끝맺었습니다. 이제부터 유대인들과는 상종도 하지 않겠다는 것이 아니라, 복음에 우호적인 이방인들에게 더 주력하겠다는 말이었습니다. 바꾸어 말하면 거대한 장애물인 유대인들을 만난 바울이 흐름을 멈추거나 장애물을 관통하려 하지 않고, 그 장애물을 돌아서 흐르겠다는 것이었습니다.

생명의 강이었던 바울이 유대인이라는 장애물을 돌아서 흐른 결과는 본문 7절이 밝혀 주고 있습니다.

거기서 옮겨 하나님을 경외하는 디도 유스도라 하는 사람의 집에 들어가니 그 집은 회당 옆이라.

유대인 회당에서 배척당하고 옷의 먼지를 턴 바울은, 회당 바로 옆집인 디도 유스도라는 사람의 집으로 들어갔습니다. 사도 바울이 아무 연고도 없이 무턱대고 그 집으로 들어갔을 리가 없습니다. 유대인 회당에서 배척당한 바울이 그 집으로 들어간 것은, 집주인 디도 유스도가 바울을 자기 집으로 맞아들였기 때문입니다. 디도 유스도라는 이름은 로마식 이름입니다. 즉 디도 유스도는 이방인인 로마인이었습니다. 그러나 본문은 그 이방인을 가리켜 "하나님을 경외하는 디도 유스도"라 소개하고 있습니다. 그는 이방인이었지만 유대교로 개종하여 유대인 회당에 다니며 하나님을 경외하는 사람이었습니다. 어느 날부턴가 바울이 회당에 나타나 예수 그리스도의 복음을 전하기 시작했습니다. 바울 한 사람의 동일한 복음을 듣고서도 하나님의 선민임을 자처하던 유대인들은 조직적으로 바울을 괴롭히며 집요하게 배척한 반면, 이방인이었던 디도 유스도는 유대인들에게 배척당한 바울을 자신의 집으로 맞아들였습니다. 얼마나 대조적인 일입니까? 참된 신앙은 결코 신앙의 연륜이나 직분, 신분이나 소유로 판가름 나지 않습니다. 참된 신앙은 언제나 생명의 복음에 대한 바른 생명의 응답으로만 드러납니다.

바울이 디도 유스도의 집으로 들어갔다는 것은, 회당에서 배척당한 바울이 잠시 그 집에 들러 목을 축이거나 쉬고 갔다는 말이 아닙니다. 그동안 유대인 회당을 복음 전도의 거점으로 삼았던 바울이 그때부터 디도 유스도의 집을 회집 장소로 사용하였다는 말입니다. 이를테면 이방인 디도 유스도의 집이 놀랍게도 고린도에서 주님을 위한 첫 번째 교회가 된 것이었습니다. 놀라운 생명의 역사는 그것으로 그치지 않았습니다.

> 또 회당장 그리스보가 온 집안과 더불어 주를 믿으며 수많은 고린도 사람도 듣고 믿어 세례를 받더라(8절).

유대법에 의하면 유대인 남자 성인 열 명 이상이 있는 곳이면 어느 곳이든 회당을 세울 수 있었습니다. 그러므로 유대인 성인 남자가 많은 곳에서는 여러 개의 회당을 세울 수 있었습니다. 고린도에는 유대인 성인 남자 거주자가 많아 복수의 회당들이 있었습니다. 바울이 고린도에서 처음 복음을 전했던 회당의 유대인들은 바울을 배척했지만, 배척당한 바울이 디도 유스도의 집을 예배당으로 삼아 복음을 전하자 다른 회당의 회당장이었던 그리스보가 자신의 온 혈족과 함께 그리스도인이 되었습니다. 그가 회당장이었다는 것은 유대인이었다는 말입니다. 회당장은 자신이 맡은 회당을 책임져야 했고, 또 회당장 사이에는 은연중에 알력과 경쟁이 있었으므로, 한 회당의 회당장이 자신과 경쟁 관계에 있는 다른 회당을 찾아가 하나님의 말씀을 듣고 배운다는 것은 현실적으로 쉬운 일이 아니었습니다. 만약 바울이 그동안 복음을 전하던 회당에서 배척당하지 않고 계속 그곳에서 설교했더라면, 다른 회당의 회당장인 그리스보는 복음을 접할 기회를 영영 얻지 못했을 것입니다. 그러나 바울이 회당이 아닌 디도 유스도의 집에서 복음을 전하기 시작했기에, 자유롭게 그 집을 드나들며 바울의 설교를 듣던 그리스보가 온 가족과 더불어 주님을 영접할 수 있었습니다.

그뿐이 아니었습니다. 수많은 고린도 사람들도 바울이 전하는 복음을 듣고, 주님을 믿어, 세례를 받았습니다. 그 수많은 고린도 사람들은 다 이방인들이었습니다. 헬라어 원문에는 '믿다'라는 동사와 '세례 받다'라는 동사가 모두 미완료형으로 기록되어 있습니다. 고린도의 이방인들이 주님을 믿고 세례를 받은 것이 단 일회적 사건이 아니라, 주님을 믿고 세례를 받는 고린도의 이방인들이 계속 이어졌다는 의미입니다. 고린도가 당시 로마제국에서 성적으로 가장 타락한 도시였음을 감안한다면, 그것은 참으로 놀라운 생명의 역사였습니다. 그 생명의 역사는, 바울이 예수 그리스도 안에서 생명의 강으로 흘렀기에 가능한 일이었습니다.

수리아 안디옥에서 생명의 강으로 출발한 바울은 터키 대륙을 거쳐 유럽 대륙의 고린도에 이르기까지, 주님의 인도하심 속에서 영적으로 더 낮은 곳을 향해 계속 흘러갔습니다. 그리고 고린도에서 자신의 설교를 듣고 적대적이다 못해 끝내 자신을 조직적으로 괴롭히고 집요하게 배척한 유대인들을 제압하기 위해, 바울은 그들과 똑같은 수법으로 맞서 싸우지 않았습니다. 바울이 그들과 똑같은 수법으로 그들과 피 튀기는 싸움을 벌여 그들을 이겼더라도, 그것은 주님 앞에서 영광의 승리이기는커녕 처절한 실패일 수밖에 없었습니다. 바울이 고약한 유대인들과 뒤엉켜 고약한 수법으로 이전투구를 벌이는 것을 본 고린도 사람들 가운데 그 누구도, 바울이 전하는 복음을 믿으려 하지는 않았을 것이기 때문입니다. 바울은 생명의 강이었기에 자기 앞을 가로막은 유대인이라는 장애물을 돌아서 흘렀습니다. 그 결과 회당 옆집인 디도 유스도의 집이 고린도의 첫 번째 교회가 되었고, 다른 회당의 회당장인 유대인 그리스보와 그의 온 혈족이 그리스도인이 되었고, 고린도의 수많은 이방인들이 계속하여 주님을 믿는 세례 교인이 되었습니다. 이것은 고린도에서만 있었던 일이 아니었습니다. 유럽 대륙의 데살로니가와 베뢰아에서도 바울이 자신을 배척하는 유대인들을 돌아서 흘렀기에 아테네를 거쳐 고린도에까지 흘러갈 수 있었습니다.

1차 전도 여행 때 터키 대륙에서도 마찬가지였습니다. 바울은 비시디아 안디옥을 찾아가 그곳의 회당에서 복음을 전했습니다. 바울의 설교를 듣기 위해 많은 사람들이 회당으로 모여들자, 바울을 시기한 회당 지도자들이 바울을 비방하며 더 이상 회당에서 설교하지 못하게 했습니다. 그러나 바울은 그들과 맞서지 않고 회당을 돌아 비시디아 안디옥 시내로 흘러 들어갔고, 그 덕분에 그 도시의 수많은 이방인들이 주님을 영접하였습니다. 그러자 유대인들이 귀부인들과 유력자들을 선동하여 바울을 아예 그 도시에서 쫓아 버렸습니다. 바울은 발의 먼지를 털고 비시디아 안디옥을 돌아 이고니온으로 흘러 들어갔고, 당연하게도 이고니온의 많은 사람들이 구원을 얻었습니다. 하지만 이고니온의 유대인들 역시 바울을 배척하자 바울은 다시 이고니온을 돌아 루스드라로 흘러 들어갔고, 그 결과 그곳의 선천성 하반신마비자가 영육 간에 구원을 얻었을 뿐 아니라, 후에 바울의 신실한 동역자가 된 디모데도 바로 그 루스드라에서 주님을 영접할 수 있었습니다.

강이 흐르는 것 자체가 생명의 신비입니다. 강이 장애물을 돌아 흐르는 굽이굽이마다 마을이 생기고, 마을 사람들이 그 강물을 마시며 생존하는 까닭입니다. 같은 이치로, 바울이 예수 그리스도 안에서 생명의 강이 되어 흐른 것은 생명의 기적이었습니다. 그가 장애물을 만나 돌아서 흐를 때마다, 언제나 그가 이르는 곳에서 상상치도 못한 생명의 역사가 일어났습니다. 그것은 바울 개인이 위대해서가 아니었습니다. 바울이 자기 생의 주인으로 모신 예수님께서 영원하고도 참된 생명의 강이셨기 때문입니다. 예수님께서 생명의 강이 아니셨던들, 성자 하나님이신 그분이 비천한 인간의 몸을 입고 낮고 낮은 인간의 땅에 흘러내리실 수는 없었을 것입니다. 그분이 생명의 강이 아니셨던들, 골고다 언덕 십자가 위에서 더러운 죄인들을 위해 보혈의 강을 흘려 주시지도 않았을 것입니다. 그분이 생명의 강이 아니셨던들, 머나먼 이 한반도에서 죽은 영혼으로 허랑방탕하게 살던 저에게까지 그 생명의 강줄기가 흘러오지도 못했을 것입니다. 그분이 영원하고도 참된 생명의 강이시기에, 우리가 아무리 보잘것없어도 그분을 우리 인생의 주인으로 모시고 살기만 하면, 우리도 그분의 지류支流가 되어 얼마든지 바울처럼 생명의 강으로 흐를 수 있습니다.

시인 도종환 선생의 시 〈강〉입니다.

가장 낮은 곳을 택하여 우리는 간다

가장 더러운 것들을 싸안고 우리는 간다

너희는 우리를 천하다 하겠느냐

너희는 우리를 더럽다 하겠느냐

우리가 지나간 어느 기슭에 몰래 손을 씻는 사람들아

언제나 당신들보다 낮은 곳을 택하여 우리는 흐른다

선한 일을 하고도 억울하게 모함받고 배척당할 때, 좌절하거나 낙담하지 마십시다. 상대방과 동일하게 불의한 방법으로 상대방을 제압하려 하지도 마십시다. 불의한 방법으로 상대방을 이기는 것은 하나님 앞에서 회복 불가능한 치명적인 패배일 뿐입니다. 선한 일을 하고도 억울하게 모함받고 배척당하는 것은, 그 장애물을 돌아서 흐르라는 하나님의 교통신호입니다.

영원하고도 참된 생명의 강이신 주님을 생의 주인으로 모시고, 우리 모두 그분의 지류가 되어 생명의 강으로 흘러가십시다. 주님의 인도하심을 따라 낮은 곳으로 흐르다가 장애물을 만나면, 그 장애물을 미련 없이 돌아서 흘러가십시다. 우리가 가난하다고 해서, 생명의 강으로 흐르는 우리를 누가 천하다고 비웃을 수 있겠습니까? 천하를 주고도 바꿀 수 없는 생명이 우리에게 있으니 말입니다. 우리가 더러운 것을 싸안고 흐르느라 우리 자신이 더러워졌다 한들, 누가 우리를 더럽다 비난할 수 있겠습니까? 주님 안에서 생명의 강으로 계속 흘러가는 우리를 주님께서 당신의 생명으로 날마다 정화시켜 주실 테니 말입니다.

보잘것없는 우리가 예수 그리스도 안에서 이 황량한 세상을 생명의 강으로 흘러갈 수 있다는 것 자체가 생명의 기적입니다. 우리가 생명의 강으로 흘러가는 한, 우리가 흘러가는 굽이굽이마다 뭇사람의 영혼이 씻기고 소생하는 생명의 역사가 일어날 것입니다. 우리가 영원하고도 참된 생명의 강이신 예수 그리스도의 지류로 흐르는 한, 우리 역시 이 시대를 위한 바울이 될 수 있습니다.

성자 하나님이시면서도 비천한 인간의 몸으로 낮고 낮은 이 땅에 생명의 강으로 흘러내려 주시고, 우리의 죗값을 대신 치러 주시기 위해 골고다 언덕 십자가 위에서 보혈의 강을 흘려 주신 주님께서, 아무 쓸모없는 우리를 주님의 지류로 삼아 주셔서 감사합니다.

이제부터 주님 안에서 생명의 강으로 흘러가게 해주십시오. 교만한 마음으로 욕망의 정상을 향해서가 아니라, 늘 겸손하게 낮은 곳으로 흘러가게 해주십시오. 흐르다가 장애물을 만나면, 그 장애물을 돌아서 더 낮은 곳으로 흐르게 해주십시오. 우리가 흘러가는 굽이굽이마다 뭇사람의 영혼이 씻기고 소생하게 해주십시오. 생명의 강으로 흘러가는 우리 인생 자체가 주님의 신비요 기적임을 잊지 않게 해주십시오. 어떤 상황 속에서도 흐르기를 멈춤으로, 자기 욕망의 웅덩이에 갇혀 자기 생명을 스스로 썩히는 어리석음을 범치 않게 해주십시오. 아멘.

29. 내가 너와 함께 있으매 감사 주일

사도행전 18장 9-11절

밤에 주께서 환상 가운데 바울에게 말씀하시되 두려워하지 말며 침묵하지 말고 말하라 **내가 너와 함께 있으매** 어떤 사람도 너를 대적하여 해롭게 할 자가 없을 것이니 이는 이 성중에 내 백성이 많음이라 하시더라 일 년 육 개월을 머물며 그들 가운데서 하나님의 말씀을 가르치니라

저 개인과 관련된 말씀을 먼저 드리는 것을 양해해 주시기 바랍니다. 다음 주일은 11월 마지막 주일이므로, 이미 말씀드린 것처럼 정한조 목사님께서 설교해 주시겠습니다. 저는 오래전부터 일정이 잡혀 있는 호주 집회에 다녀오겠습니다. 이번 수요일에 호주 시드니로 출발하여 목요일에 시드니 목회자들을 위한 세미나를 가진 뒤, 금요일부터 주일까지 시드니 교회연합집회를 인도하고 다음 주 화요일에 귀국하겠습니다.

지난 10월 둘째 주에 제 건강에 대해 보고드리면서, 앞으로 방사선치료가

예정되어 있다고 말씀드렸었습니다. 이와 관련하여 10월 22일 고대안암병원 방사선종양학과 박영제 교수님을 만났고, 11월 27일 예비 치료를 거쳐 12월 2일부터 약 두 달간 방사선치료를 받기로 일정이 확정되었습니다. 방사선치료를 받는 두 달간 통원하면서 일상생활은 가능하지만, 집중하여 설교를 준비하고 강단에서 전하는 것은 어려울 것이라고 합니다. 또 방사선치료가 끝난 뒤에도 약 한 달 동안 후유증이 있을 것이라고 합니다. 그래서 오늘 이후부터 내년 2월 말까지, 세 달 동안 매 주일마다 정한조 목사님께서 설교해 주시기로 했습니다. 그러나 2014년 첫 예배인 1월 1일 0시 예배 시간에는, 무리를 해서라도 제가 직접 교우님들께 신년 메시지를 전하도록 하겠습니다.

제가 방사선치료를 받는 것에 대해 적지 않은 교우님들께서, 혹 병원에서 제게 과잉 치료를 하는 것은 아닌가 하는 우려를 하고 계십니다. 그러나 그것은 기우임을 밝혀 드립니다. 이미 말씀드린 바와 같이, 제 몸에서 제거한 전립선 암덩이는 임상학적으로 3기 말에서 4기 초의 말기 암세포였음에도 뼈에나 림프에는 전혀 전이되어 있지 않았습니다. 그 대신 생각보다 큰 전립선 암덩이가 방광 쪽으로 터져 있어, 전립선과 함께 방광 아래쪽 일부분까지 절단하였습니다. 그러나 절단해 낸 방광의 절단면에 암세포가 있었습니다. 그것은 제 몸속의 방광에도 암세포가 남아 있을 수 있음을 의미합니다. 제가 재발 가능성이 상대적으로 아주 높은 고위험 환자로 분류되어, 수술 이후 호르몬치료를 받고 있는 이유가 여기에 있습니다.

수술 후 매달 실시한 채혈검사에서 암 수치는 매번 0.000으로 나왔습니다. 하지만 호르몬치료를 받는 동안에는 몸속에 암세포가 남아 있어도 채혈검사의 암 수치가 제로로 나오기도 한다고 합니다. 그러므로 채혈검사에서 암 수치가 제로로 나오는 것이 제 몸속에는 암세포가 전혀 없다는 뜻인지, 아니면 암세포가 남아 있으면서도 호르몬치료로 잠복하고 있기 때문인지, 현재로는 아무것도 확인할 수 없는 상황입니다. 따라서 병원에서는 지금처럼 제 상태가 좋을 때 방사선치료로, 제 몸속의 방광에 혹 남아 있을지도 모르는 암세포를 확실하게 다스려 재발 가능성을 보다 확실하게 감소시키자는 것입니다. 이를테면 절단해 낸 방광의 절단면에서 암세포가 발견된 제 경우에 방사선치료는 과잉 치료가 아니라, 재발 가능성을 감소시키기 위한 필수 과정인 셈입니다.

일반적으로 병이 들었을 때 환자가 선택할 수 있는 치료 방법은 네 가지입니다. 첫째 서양의학, 둘째 한의학, 셋째 대체의학, 마지막으로 주님의 치유를 바라는 신유神癒입니다. 크리스천 가운데에는 자신이 선택한 치료 방법 이외에는 배타적인 입장을 지닌 사람들이 의외로 많습니다. 서양의학 이외에는 모두 불신한다든지, 대체의학을 내세우기 위해 서양의학이나 한의학을 완전히 부정한다든지, 신유의 은혜를 입기 위해서는 세상의 치료 방법은 전부 포기해야 한다는 식입니다. 그러나 대체의학의 유일성을 주장하는 사람들은, 세계 IT업계의 신화적인 주인공이었던 미국의 스티브 잡스가 암에 걸려 대체의학을 신봉하다가 56세의 많지 않은 나이에 세상을 떠난 것에 대해서는 침묵하고 있습니다. 주님으로부터 신유의 은혜를 입기 위해서는 서양의학이든, 한의학이든, 대체의학이든, 이 세상의 모든 치료 방법을 다 끊어야 하고, 또 어떤 약이든 인간에 의해 만들어진 약을 먹어서는 안 된다는 것 역시, 성경에 바탕을 둔 바른 믿음은 아닙니다.

서양의학이든 한의학이든, 그동안 지속되어 온 의학의 발전이 곧 하나님께서 인류에게 베푸신 신유의 은혜입니다. 의학이 발전하지 못했더라면 인류는 아직까지도 사소한 질병이나 전염병과 생명을 맞바꾸는 위험 속에서 살고 있을 것입니다. 심한 감기에 걸린 크리스천이 주사를 맞거나 약을 먹고 감기의 고통에서 해방되었다면, 그는 약을 통해 주님의 치유를 입은 것입니다. 그러므로 앞에서 언급한 네 가지 치료 방법은 늘 상호 보완적이어야 합니다.

제가 지난 4월 조직검사를 받았을 때, 제 전립선에서 떼어 낸 열두 군데의 세포 가운데 한두 군데 혹은 두세 군데만 암세포로 밝혀진 초기 암환자였다면, 저는 다른 치료 방법에 우선순위를 두었을지도 모릅니다. 그러나 열두 군데의 세포 가운데 무려 열한 군데가 암세포였고, 암의 악성도를 나타내는 글리슨등급은 9였습니다. 최악의 등급이 10이니, 9라면 아주 나쁜 상태를 뜻했습니다. 이처럼 처음부터 고위험 암환자로 분류된 제게 최선의 치료 방법은 수술을 통한 암덩어리 제거였기에, 저는 주저 없이 서양의학을 선택했습니다. 그리고 그 연장선상에서, 절단해 낸 방광의 절단면에서 암세포가 발견된 제 몸을 방사선치료에 맡기기로 한 것입니다. 그와 동시에 현미밥을 먹는 것과 같은 대체의학의 장점도 따르고 있습니다.

저는 그 모든 과정을 통해 하나님께서 저를 이 땅에 더 두시든지, 하나님 나라의 필요에 의해 저를 하나님의 나라로 데려가시든지, 어느 쪽이든 하나님의 뜻이 제 삶을 통해 온전히 이루어질 것을 믿고 있습니다. 그래서 저는 방사선치료까지 받을 수 있는 여건을 주신 하나님께 감사하면서 방사선치료에 제 몸을 기꺼이 맡기려 합니다. 그러므로 교우님들께서도 제가 방사선치료를 받는다고 해서 더 이상 염려하지 마시고, 이 모든 과정을 통해 이루어질 하나님의 뜻을 믿음 안에서 잠잠히 고대해 주시기 바랍니다. 아울러 담임목사인 제가 개인적인 건강 문제로 또다시 장기간 강단을 지키지 못하게 된 점을, 부디 너그러이 양해해 주시기를 부탁드립니다.

바울이 고린도에서 복음의 거점으로 삼았던 회당의 유대인들이 끝내 바울을 배척했지만, 바울은 그들처럼 악랄한 수법으로 그들과 맞서려 하지 않았습니다. 마침 로마인인 디도 유스도가 유대인 회당에서 배척당한 바울을 자기 집으로 맞아들였고, 바울은 회당 바로 옆집인 디도 유스도의 집을 새로운 회집 장소로 사용하였습니다. 그 결과, 이방인인 디도 유스도의 집이 고린도에서 주님을 위한 첫 번째 교회가 되었습니다. 디도 유스도의 집이 교회가 되었기에, 다른 회당의 회당장이던 유대인 그리스보가 그 집을 자유롭게 드나들며 바울의 설교를 듣다가, 온 혈족과 더불어 주님을 영접하였습니다. 그리고 바울이 전하는 복음을 듣고 주님을 믿어 세례 교인이 되는 고린도의 이방인들이 계속 이어졌습니다. 그것은 바울이 영원하고도 참된 생명의 강이신 주님의 지류가 되어, 이 세상을 생명의 강으로 흘렀기에 가능했던 일이었습니다. 그리고 본문 9절이 그 이후에 있었던 일을 밝혀 주고 있습니다.

> 밤에 주께서 환상 가운데 바울에게 말씀하시되 두려워하지 말며 침묵하지 말고 말하라.

어느 날 밤, 주님께서 환상 가운데 바울에게 나타나 명령하셨습니다. 주님의 명령은 세 마디였습니다. 헬라어 원문의 순서에 따르면, '두려워하지 말라', '계속 말하라', '침묵하지 말라'는 것이었습니다. 계속 말하라는 것은 복음을 계속 전하라는 의미였습니다. 주님의 이 명령은 선뜻 이해하기 힘듭니다. 주님께서 바울에게 두려워하지 말라고 명령하신 것은 지금 바울이 두려워하고 있다는 말이요, 주님께서 계속 복음을 전하라고 명령하신 것은 바울이 더 이상 복음을 전하려 하지 않는다는 의미요, 침묵하지 말라고 명령하신 것은 바울이 이미 입을 다물고 침묵하고 있음을 뜻하기 때문입니다.

지금 고린도에서 어떤 일들이 벌어지고 있습니까? 디도 유스도의 집을 예배당 삼아 복음을 전하는 바울을 통해 다른 회당의 회당장 그리스보가 그의 온 혈족과 함께 주님을 영접하였고, 바울로부터 복음을 듣고 주님을 믿어 세례를 받는 고린도의 이방인들이 매일 이어지고 있습니다. 그렇다면 바울은 두려워하기는커녕 더욱 신이 나서 복음을 보다 소리 높여 외침이 마땅하지 않겠습니까? 그런데도 왜 주님께서는 그 바울에게 두려워하지 말라고, 계속 복음을 전하라고, 침묵하지 말라고 명령하신 것입니까? 주님께서 바울을 잘못 보시고 잘못된 명령을 내리신 것입니까? 이때 바울을 둘러싸고 있던 상황을 좀더 자세히 들여다보면, 주님께서 바울에게 그렇게 명령하신 까닭을 알게 됩니다.

바울이 고린도에서 처음으로 복음을 전한 회당의 유대인들은 십자가의 예수님만 그리스도시라고 증언하는 바울에게 심히 적대적이다가, 끝내 바울을 조직적으로 괴롭히며 집요하게 배척해 버리지 않았습니까? 유대인들에게 배척당한 바울이 아예 고린도를 떠나 버렸거나, 고린도에서 계속 복음을 전했어도 그 결과가 미미했다면 아무 일도 없었을 것입니다. 그러나 유대인들에게 배척당한 바울이 로마인인 디도 유스도의 제안에 따라, 회당 바로 옆집인 그의 집을 예배당 삼아 복음을 계속 전했습니다. 그러자 다른 회당의 회당장인 유대인 그리스보가 온 혈족과 함께 주님을 영접하였고, 주님을 믿어 세례를 받는 이방인들이 매일 이어졌습니다. 그렇다면 바울을 집요하게 배척했던 유대인들이, 자기들의 회당 바로 옆집에서 바울이 행하는 그 모든 일들을 가만히 보고만 있었겠습니까? 그동안 바울이 거쳐 온 비시디아 안디옥이나 데살로니가 혹은 베뢰아의 유대인들처럼, 고약한 고린도의 유대인들 역시 패거리를 이루어 더욱 악랄한 수법으로 바울을 괴롭히며 아예 고린도에서 쫓아내려 하지 않았겠습니까? 12절에 의하면, 유대인들은 자신들의 수법이 통하지 않자 마침내 바울을 고린도의 법정으로 끌고 가기까지 했습니다.

이제 우리 각자가 2천 년 전 고린도로 되돌아가 바울의 입장이 되어 보십시다. 나는 낮이면 디도 유스도의 집을 거점 삼아 복음을 전합니다. 내가 전하는 복음을 듣고 주님을 영접하여 세례를 받는 이방인들이 날마다 이어지고 있습니다. 그 이방인들을 볼 때마다 내 속에서는 새로운 힘이 솟습니다. 그러나 그와 정비례하여, 유대인들은 더욱 악랄하게 나를 괴롭히며 나에게 더욱 몹쓸 짓을 자행합니다. 똑같은 유대인들로부터 날이 갈수록 더 심한 수모를 매일 당하다 보니, 이제 버티는 데도 한계가 온 것 같습니다. 해가 저물어 숙소인 아굴라의 집으로 돌아가자, 온몸에서 힘이 빠지며 나 자신이 속에서부터 무너져 내리는 것 같습니다. 오늘도 악랄하게 나를 괴롭히던 험상궂은 유대인들의 얼굴을 떠올리자, 갑자기 까닭 모를 두려움이 나를 엄습합니다. 그래서 나는 이제 고린도에서는 더 이상 복음을 전하지 않으리라고, 고린도를 떠나기까지는 차라리 침묵하리라고 다짐합니다.

이것이 2천 년 전 고린도의 그날 밤, 바울이 처한 처지였습니다. 그리고 바로 그날 밤, 주님께서 바울에게 친히 나타나 명령하셨습니다. '두려워하지 말라', '계속 복음을 전하라', '침묵하지 말라'. 바울이 그 시점에서 고린도를 떠나는 것은 주님의 뜻이 아니었던 것입니다.

> 일 년 육 개월을 머물며 그들 가운데서 하나님의 말씀을 가르치니라
> (11절).

주님의 뜻은 바울이 총 1년 6개월의 기간 동안 고린도에서 복음을 전하는 것이었습니다. 그래서 주님께서 그날 밤 까닭 없는 두려움에 사로잡혀 고린도에서 복음 증거를 접으려는 바울에게 친히 나타나시어, '두려워하지 말라', '계속 복음을 전하라', '침묵하지 말라'고 명령하신 것이었습니다.

그렇지만 주님께서 바울에게 그렇게 명령만 하신 것은 아니었습니다. 주님께서 그렇게 명령만 하셨다면, 바울은 다른 곳을 찾아가서도 어느 날 밤, 또다시 두려움으로 주님의 뜻과 상반되는 길을 모색하려 했을 것입니다. 주님께서는 바울에게 계속 말씀하셨습니다.

내가 너와 함께 있으매 어떤 사람도 너를 대적하여 해롭게 할 자가 없을 것이니 이는 이 성중에 내 백성이 많음이라 하시더라(10절).

주어의 성과 수에 따라 동사의 어미가 바뀌는 헬라어에서는 일반적으로 주어가 생략된다고 했습니다. 그러나 헬라어 원문에 의하면, 주님께서는 1인칭 주어를 사용하여 바울에게 말씀하셨습니다. 당신 자신을 강조하시기 위함이었습니다. 그리고 주님의 말씀은 이유를 나타내는 헬라어 접속사 '디오티διóτι'로 시작되고 있습니다. 즉 주님께서 바울에게 이렇게 말씀하신 것입니다. '바울아, 두려워하지 말거라. 계속 복음을 전하여라. 침묵하지 말거라. 왜냐하면 내가, 너의 그리스도인 내가, 너와 함께 있기 때문이다.' 죽음을 깨뜨리고 영원히 부활한 성자 하나님이신 주님께서 함께하신다면 이 세상에서 두려워할 것이 무엇이며, 넘지 못할 장애물이 대체 무엇이겠습니까? 주님의 그 말씀을 들은 바울은, 주님께서 자신과 함께 계심을 새삼스럽게 확인시켜 주신 주님의 은혜에 감사하면서 감격의 눈물을 흘리지 않았겠습니까?

바울이 그날 밤 잠시 두려움에 사로잡힌 것은, 자신을 둘러싸고 있는 고통스러운 문제만 보았기 때문일 것입니다. 그래서 주님께서 바울에게 나타나셔서 '내가 너와 함께 있다'고 친히 재확인시켜 주심으로, 주님께서 뜻하신 기간 동안 바울이 고린도에서 복음의 증인으로 남아 있게 하셨습니다. 주님께서 그 이유를 "이 성중에 내 백성이 많음이라"고 밝히셨습니다. 고린도에는 주님께서 바울을 도구 삼아 앞으로도 구원해 내어야 할 주님의 백성이 여전히 많기 때문이었습니다. 주님께서 바울에게 "내가 너와 함께 있으매 어떤 사람도 너를 대적하여 해롭게 할 자가 없을 것"이라 말씀하신 것은, 앞으로는 유대인들이 바울을 다시는 괴롭히지 않을 것이라는 말씀이 아니었습니다. 유대인들이 계속하여 바울을 악랄하게 괴롭힐지라도 바울이 결코 꺾어지지 않게끔 주님께서 바울을 붙잡아 주실 것이요, 그 모든 상황을 통해 인간이 상상할 수 없는 주님의 뜻이 반드시 이루어질 것이라는 의미였습니다.

다음 시간에 살펴보겠습니다만 자신과 함께하고 계시는 그 주님을 힘입어, 바울은 유대인들의 지속적인 악랄한 괴롭힘 속에서도, 주님께서 뜻하신 1년 6개월 동안 고린도에서의 소임을 멋지게 완수하였습니다. 그리고 바울은 후에 고린도 교인들에게 써 보낸 편지인 고린도후서에서 이렇게 고백했습니다.

> 우리는 사방으로 죄어들어도 움츠러들지 않으며, 답답한 일을 당해도 낙심하지 않으며, 박해를 당해도 버림받지 않으며, 거꾸러뜨림을 당해도 망하지 않습니다(고후 4:8-9, 새번역).

이 고백의 바탕은 두말할 나위도 없이 자신과 함께 계시는 주님이셨습니다. 어떤 상황이든 주님께서 자신과 함께 계심을 그날 밤, 고린도에서 재확인한 바울다운 고백이었습니다.

지난 4월 말 제가 암환자임이 밝혀진 후, 5월 중순에 한 교우님께서 제게 카세트테이프 한 개를 전해 주셨습니다. 설교 테이프였습니다. 신유의 은사를 받은 기도원 원장이나 유명한 부흥사의 설교 테이프가 아니었습니다.

2006년 9월 넷째 주일 우리 교회 예배 시간에 사도행전 5장 12–16절을 본문으로 제가 설교했던, '다 나음을'이라는 제목의 설교 테이프였습니다. 그 교우님께서 저 자신의 오래전 설교 테이프를 제게 전해 주신 것은, 당신 자신이 그 설교에 은혜를 받아 많은 환자들에게 그 설교 테이프를 선물하였고, 또 많은 환자들이 그 설교에 힘을 얻는 것을 보았기에, 암환자가 된 저도 그 설교를 듣고 힘을 내라는 취지였습니다. 이를테면 그 설교를 제 설교로 듣지 말고, 제게 주시는 주님의 메시지로 받아들이라는 말이었습니다.

'우리 육체의 질병이 낫든 낫지 않든 우리를 영원히 살리시는 주님께 감사드리자'는 결론의 그 설교를 듣는 내내, 저는 두 눈에서 흐르는 눈물을 주체할 수가 없었습니다. 암 선고 받았음을 서러워하는 슬픔의 눈물이 아니었습니다. 언제 제 생이 끝날지 모르는 불확실한 미래에 대한 두려움의 눈물도 아니었습니다. 저처럼 미천한 인간과 함께 계셔 주시는 주님의 은혜에 감사하는 감격의 눈물이었습니다. 그 설교를 통해 주님께서 제게 말씀하셨습니다. '재철아, 내가 너와 함께 있단다. 과거에 수렁에서 너를 건져 주었던 내가 지금도 너와 함께하고 있단다.'

세상에서 가장 먼 여행은 공간적으로나 지리적으로 먼 여행이 아니라, 머리에서 마음으로의 여행이라는 말이 있지 않습니까? 머리로 이해한 것이 마음으로 받아들여져 삶으로 드러나기까지는 그토록 오랜 여정이 필요하다는 의미입니다. 주님을 믿는 우리가 주님께서 우리와 함께하고 계심을 머리로는 이해하지만, 막상 삶의 현장에서는 그 중요한 사실을 망각한 채, 마치 바람에 흔들리는 갈대처럼 이리 흔들리고 저리 흔들리며 무기력하게 살고 있지 않습니까? 그러나 주님께서는 제 육체의 암을 끌로 삼으셔서, 당신이 언제나 나와 함께 계심을 제 마음속에 지워지지 않게끔 깊이 새겨 주셨습니다. 천지를 창조하신 삼위일체 하나님이신 주님께서 저와 함께하고 계시는

데, 제가 두려워할 것이 무엇이며 도대체 무엇이 저를 좌절시킬 수 있겠습니까? 설령 제 몸속에서 암이 재발하고, 암보다 더 중한 상황이 저를 덮친다 한들 바로 그 상황 속에서도, 그 상황을 주신 주님의 뜻이 제 삶을 통해 어김없이 이루어질 테니 말입니다.

오늘은 우리에게 베풀어 주신 주님의 은혜에 감사하는 감사 주일입니다. 하지만 당신의 십자가 보혈로 우리를 살려 주신 주님께서, 언제나 우리와 함께 계신다는 것보다 더 큰 감사의 조건이 어디에 있을 수 있겠습니까? 지금 어떤 인생 폭풍을 맞아 까닭 없는 두려움에 사로잡혀 계십니까? 무슨 고통으로 괴로워하고 계십니까? 그러나 주님께서 지금 우리와 함께 계심을 주님께 감사하십시다. 바로 그 인생 폭풍과 고통을 끌로 삼으셔서, 주님께서 우리와 함께 계심을 우리의 마음에 깊이 각인시켜 주시는 주님의 은혜를 감사하십시다.

그리하여 건강하든 병들었든, 부유하든 가난하든, 인생의 순풍을 맞았든 폭풍 속을 헤매든, 우리 모두 2천 년 전 고린도의 바울을 본받아, 우리와 함께 계시는 주님을 의지하여 지켜야 할 자리를 믿음으로 지키고, 가야 할 길을 용기 있게 나아가십시다. 그때 우리는 이 세상에서 뿌린 씨앗들의 열매를 바울처럼, 영원 속에서 두고두고 거두게 될 것입니다. 지금 우리와 함께 계시는 주님께서는, 우리의 코끝에서 호흡이 멎는 순간에도 우리를 영원히 살리시는, 죽음을 깨뜨리고 부활하신 그리스도이시기 때문입니다.

"내가 주의 영을 떠나 어디로 가며, 주의 앞에서 어디로 피하리이까? 내가 하늘에 올라갈지라도 거기 계시며, 스올에 내 자리를 펼지라도 거기 계시니이다. 내가 새벽 날개를 치며 바다 끝에 가서 거주할지라도, 거기서도 주의 손이 나를 인도하시며, 주의 오른손이 나를 붙드시리이다"(시 139:7-10).

"두려워하지 말라, 내가 너와 함께함이라. 놀라지 말라, 나는 네 하나님이 됨이라. 내가 너를 굳세게 하리라. 참으로 너를 도와주리라. 참으로 나의 의로운 오른손으로 너를 붙들리라"(사 41:10).

"여인이 어찌 그 젖 먹는 자식을 잊겠으며, 자기 태에서 난 아들을 긍휼히 여기지 않겠느냐? 그들은 혹시 잊을지라도 나는 너를 잊지 아니할 것이라, 내가 너를 내 손바닥에 새겼고"(사 49:15-16상).

"볼지어다. 내가 세상 끝 날까지 너희와 항상 함께 있으리라"(마 28:20하).

오늘 감사 주일을 맞아, 주님께서 우리와 함께 계심이 가장 큰 감사의 조건임을 다시 일깨워 주셔서 감사합니다. 인생 폭풍에 시달려도, 성자 하나님이신 주님께서 함께 계심을 감사하게 해주십시오. 육체가 병들었을 때에도, 그리스도이신 주님께서 함께 계심을 감사하게 해주십시오. 코끝에서 호흡이 멎는 순간에도, 죽음을 깨뜨리고 영원히 부활하신 주님께서 함께 계심을 감사하게 해주십시오. 주님께서 우리와 함께 계신다는 머릿속 깨달음이, 이제 우리의 마음에 깊이깊이 새겨지게 해주십시오. 그리하여 모든 상황 속에서 감사하는 우리의 삶을 통해, 인간이 상상할 수도 없는 신비로운 주님의 뜻이, 이 시대의 역사 속에 날마다 이루어지게 해주십시오. 아멘.

30. 일 년 육 개월을 머물며 사순절 첫째 주일

사도행전 18장 9-11절

밤에 주께서 환상 가운데 바울에게 말씀하시되 두려워하지 말며 침묵하지 말고 말하라 내가 너와 함께 있으매 어떤 사람도 너를 대적하여 해롭게 할 자가 없을 것이니 이는 이 성중에 내 백성이 많음이라 하시더라 **일 년 육 개월을 머물며** 그 들 가운데서 하나님의 말씀을 가르치니라

이미 보고드렸던 것처럼 작년 12월 2일에 방사선치료를 시작했던 저는, 올 해 1월 20일에 만 7주에 걸친 총 34회의 방사선치료를 무사히 끝마쳤습니다. 그 이후 지난 한 달여간 강원도 홍천에 있는 요양 마을에서 쉬었습니다. 그리고 오늘 강단에 복귀하여 사랑하는 교우님들과 다시 대면하게 해주신 주님께 깊이 감사를 드립니다. 아울러 부족한 사람을 위해 기도해 주시고 인 내로 기다려 주신 교우님들께도 진심으로 감사를 드립니다.

요양 마을에 있는 동안 명상을 위한 모임에 참석한 적이 있었습니다. 참석

자는 저를 포함하여 남녀 청년 각 한 명과 중년 부인 한 명, 그러니까 총 네 명밖에 되지 않는 작은 모임이었습니다. 저는 뒷자리에, 나머지 세 분은 앞자리에 앉았습니다. 모임을 이끄는 강사가 앞자리의 세 분을 번갈아 보며, 언제 행복한지를 물었습니다. 그러나 강사의 질문에 아무도 선뜻 대답하지 못했습니다. 강사가 자신의 오른쪽 앞자리에 앉아 있는 남자 청년에게 시선을 고정시키고, 언제 행복한지 다시 물었습니다. 청년은 잠시 머뭇거리더니, 한 번도 생각해 본 적이 없어 모르겠다고 답했습니다. 강사는 청년에게, 그래도 잘 생각해 보라고 재차 다그쳤습니다. 약 1분 정도의 침묵 끝에 그 청년은, 일이 잘 풀릴 때 행복했다고 말했습니다. 강사는 여성 청년에게도 언제 행복한지 물었습니다. 여성 청년은 남자 청년이 머뭇거리는 동안 답을 준비하고 있었던 듯 강사의 질문이 끝나기가 무섭게, 맛있는 것을 먹을 때 행복하다고 답했습니다. 강사는 중년 부인에게도 언제 행복한지 물었고, 그 부인은 공기 좋은 산속을 트레킹할 때 더없이 행복하다고 했습니다. 강사가 마지막으로 뒷자리에 앉은 저를 쳐다보며 동일한 질문을 던졌습니다. 저는 삶에 대한 절대적인 의미와 보람을 느낄 때 행복하다고 대답했습니다.

그날 그 작은 모임에서 강사와 참석자 간에 '행복'에 대해 주고받은 대화의 내용은 지극히 짧았지만, 그 내용이 현대인의 실상을 보여 주기에는 조금도 부족함이 없었습니다. 오늘날 현대인들은 얼마나 바쁘게 움직입니까? 옛날이라면 하루 종일 걸려도 걸어가지 못할 거리를 지하철이나 자동차를 타고 아침저녁으로 출퇴근을 합니다. 컴퓨터와 같은 첨단기기로 현대인이 하루에 처리하는 업무의 양은 불과 일이십 년 전에 비하면 몇 배에 달합니다. 끝도 없이 반복되는 무한 경쟁 속에서 살아남기 위해 젊은이들이 쌓아야 할 스펙은 날이 갈수록 태산처럼 불어만 갑니다. 그러나 쉴 틈도 없이 허덕이며 뛰어다니는 그 삶의 소용돌이가 자신의 행복과 무슨 관련이 있는지 생각하는 현대인은 드뭅니다. 행복이 무엇인지, 자신이 언제 행복한지조차 생각지 않고 살아가고 있습니다. 그 결과 온갖 지식과 정보에는 밝으면서도 언제 행복하냐고 물으면 선뜻 대답하지 못하거나, 결코 행복일 수 없는 것들을 행복이라고 착각하며 살아가고 있습니다.

젊은 남자 청년은 오랜 생각 끝에, 일이 잘 풀릴 때 행복했다고 대답했습니다. 그러나 인생은 일이 잘 풀리는 경우보다, 잘 풀리지 않는 경우가 더 허다하지 않습니까? 그렇다면 그 청년은 일이 잘 풀리는 것이 행복이라고 생각하는 한, 인생 대부분을 불행하게 살 수밖에 없지 않겠습니까? 여성 청년은 맛있는 것을 먹을 때 행복하다고 했습니다. 만약 그 청년이 경제적인 빈궁으로 맛있는 것을 사 먹을 수 있는 형편이 되지 않는다면, 그 인생은 얼마나 불행해지겠습니까? 맛있는 음식이 주어져도 먹지 못하는 경우도 있습니다. 그 여성 청년이 저처럼 암환자가 되면 맛있는 음식을 먹을 수 없습니다. 싱겁고 맛이 덜해도 필요한 음식을 먹어야 합니다. 그 경우, 그 여성 청년은 음식을 먹을 때마다 불행을 되씹어야 하지 않겠습니까? 중년 부인은 공기 좋은 산속을 트레킹하면 더없이 행복하다고 했습니다. 2주 전처럼 온 한반도가 중국발 미세먼지에 뒤덮여 일주일 동안 창문조차 열 수 없게 되면, 그 중년 부인은 얼마나 우울해지겠습니까? 사고를 당하거나 병이 들어 트레킹이 불가능해지면 또 그 인생은 얼마나 불행하겠습니까? 사고를 당하거나 병이 들지 않아도 나이가 들면 인간의 육체는 쇠해지기 마련입니다. 그 부인이 노년에 접어들어 산행이 아예 불가능하게 되면, 이 세상 그 어떤 예술품보다 더 아름답게 승화되어야 할 그녀의 인생 말년은 어쩔 수 없이 불행 속에서 막을 내리지 않겠습니까?

행복은 오늘 있다가 내일 물거품처럼 사라져 버리는 가변적인 것 속에 있지 않습니다. 행복은 물질 속에 깃들어 있지도 않습니다. 행복은 장소와 시간에 따라 의미와 가치가 달라지는 상대적인 것이 아닙니다. 인간의 행복은, 자기 삶에 대한 절대적인 의미와 보람을 느끼는 인간의 마음속에만 둥지를 틉니다. 그러므로 행복은 모든 것이 가변적이고 상대적인 이 세상이 아니라, 절대 불변의 진리이신 하나님과의 바른 관계 속에서만 주어집니다.

우리는 오늘로 12주째 2천 년 전 고린도에서의 바울의 행적을 좇고 있습니다.

일 년 육 개월을 머물며 그들 가운데서 하나님의 말씀을 가르치니라 (11절).

2차 전도 여행 중 아테네에서 혈혈단신으로 고린도를 찾아간 바울은 그곳에서 얼마 지나지 않아, 마게도냐에서 내려온 자신의 동역자 실라와 디모데를 다시 만났습니다. 그리고 바울은 다른 전도지에서와는 달리 고린도에서는 무려 18개월 동안이나 머물며 복음을 전했습니다. 객지에서 18개월이라면 긴 기간입니다. 그 18개월 동안 고린도에서 바울이 계획했던 일마다 모두 술술 풀린 것은 아니었습니다. 늘 그랬듯이 고린도에서도 바울이 복음을 전한 회당의 유대인들이 바울을 '대적하여 비방'하였습니다. 우리말 '비방하다'로 번역된 헬라어 동사 '블라스헤메오'는 단순하게 '중상 비방하다', '욕설을 퍼붓다'는 의미를 뛰어넘어, 조직적인 형태의 저항이나 대립의 의미까지 내포하고 있다고 했습니다. 유대인들이 조직적으로 바울을 괴롭히며 집요하게 배척한 것이었습니다. 그뿐이 아니었습니다. 다음 시간에 살펴보겠습니다만, 유대인들은 그것으로도 모자라 바울을 고발하기 위하여 법정으로 끌어가기까지 했습니다.

고린도에서의 18개월 동안 바울이 맛있는 음식을 즐긴 것도 아니었습니다. 가난한 전도자였기에 헐벗고 굶주린 삶이 다반사였던 바울은, 맛있는 음식이 아니라 일용할 양식으로 겨우 생존했을 뿐입니다. 그렇다고 공기 좋은 산을 누비는 트레킹 취미를 지닌 것도 아니었습니다. 천막 제조 판매로 생계를 유지하면서 복음을 전해야 했던 바울에게는 트레킹에 나설 정도의 시간적 한가로움이나 심적 여유가 없었습니다. 그래서 바울이 행복하지 않거나 불행했습니까? 오히려 정반대였습니다. 바울은 그때 데살로니가의 교인들에게 써 보낸 편지에서 '항상 기뻐하고 범사에 감사하라'(살전 5:16, 18)고 명령하였습니다. 고린도에서 그 편지를 쓰는 바울 자신이, 비록 세상 사람들에게는 보잘것없고 초라해 보여도, 기쁨과 감사로 충만한 행복을 누리고 있었기 때문입니다. 그 행복은 손에 잡힌 듯하다가 한순간에 사라져 버리는 상대적인 행복이 아니었습니다. 하나님으로부터 비롯된 절대적인 행복이었습니다.

지난 시간에 살펴본 것처럼, 바울을 배척하던 고린도의 유대인들은 패거리를 이루어 날이 갈수록 더욱 악랄하게 바울을 괴롭히며 아예 고린도에서 쫓아내려 하였습니다. 그들에게 온갖 수모를 겪던 바울의 인내심이 마침내 한계에 달했습니다. 바울이 이제는 고린도를 떠나는 것이 좋겠다고, 고린도를 떠나기까지는 차라리 침묵하는 것이 좋겠다고 생각하던 날 밤이었습니다.

밤에 주께서 환상 가운데 바울에게 말씀하시되 두려워하지 말며 침묵하지 말고 말하라 내가 너와 함께 있으매 어떤 사람도 너를 대적하여 해롭게 할 자가 없을 것이니 이는 이 성중에 내 백성이 많음이라 하시더라 (9-10절).

주님의 말씀을 보다 원문의 뜻에 적합하게 번역하면 이런 말씀이라고 했습니다. '바울아, 두려워하지 말거라. 계속 복음을 전하여라. 침묵하지 말거라. 왜냐하면 내가, 너의 그리스도인 내가, 너와 함께 있기 때문이다.' 죽음을 깨뜨리고 부활하신 주님께서 바울과 함께하시면서 두려워하거나 침묵하지 말고 복음을 전할 것을 명하신 것은, 고린도에는 아직 구원해야 할 당신의 백성이 많았기 때문입니다. 다시 말해 주님께서 당신의 백성을 구원하시는 도구로 바울을 계속 쓰시기 위함이었습니다. 바울의 입은 옷이 비록 누추하고 그의 배가 허기졌다 한들, 언제나 자신과 함께 계시는 주님의 도구로 쓰임 받는 바울의 삶이 지닌 절대적인 의미와 가치를 이 세상 그 무엇과 견줄 수 있겠습니까? 자신과 함께하시며 자신을 사용해 주시는 주님으로 인해 바울이, 어떤 상황 속에서든 항상 기뻐하고 범사에 감사하는 절대적인 행복을 누렸음은 너무나 당연한 일 아니었겠습니까?

주님께서 시간과 공간의 지배 속에 갇혀 사는 바울 곁에만 계신 것은 아니었습니다. 시간과 공간을 초월하시는 주님께서는 바울을 위해 바울보다 '먼저 가시는 하나님'이시기도 했습니다. 사도행전 18장 1-4절을 살펴볼 때 말씀드렸던 것처럼, 주님께서는 바울이 혈혈단신으로 고린도를 찾기도 전에 천막 제조업자인 아굴라 부부를 미리 고린도에 포진시켜 두셨습니다. 천막 제조 기술을 보유하고 있던 바울이 아굴라 부부의 천막 제조 판매를 도우면서 그 집에서 숙식을 해결토록 해주시기 위함이었습니다. 바울이 복음을 전한 회당의 유대인들이 바울을 조직적으로 괴롭히고 집요하게 배척하자, 회당 옆집에 사는 로마인 디도 유스도가 자신의 집을 예배당으로 내어놓았습니다. 주님께서 이방인인 디도 유스도로 하여금 회당에서 바울의 복음을 먼저 듣게 하심으로, 그의 마음을 미리 열어 두신 것이었습니다.

이처럼 '먼저 가시는 하나님'의 은총 속에서 바울은, 유대인들의 중단 없는 비방과 온갖 중상모략에도 굴하지 않고 무려 18개월 동안이나 고린도에서 복음을 자신의 삶으로 증언하였습니다. 더욱이 바울은 그 18개월 동안 자신의 첫 번째 서신인 데살로니가전서와 두 번째 서신 데살로니가후서를 모두 고린도에서 기록하여 데살로니가 교인들에게 보내었습니다. 신약성경의 4분의 1에 해당하는 바울서신에 의해 기독교의 체계가 확립되었습니다. 따라서 바울이 데살로니가전후서를 고린도에서 기록함으로써, 타락의 도시 고린도에서부터 기독교의 체계가 확립되기 시작한 것이었습니다. 그것은 바울이 유대인들의 집요한 배척과 중상모략 속에서도 '먼저 가시는 하나님'께 자신의 삶을 전적으로 의탁한 결과였습니다. 비록 세상적으로는 보잘것없어 보일망정, '먼저 가시는 하나님'의 은총으로 기독교의 체계를 확립하는 주님의 도구로 쓰임 받은 바울의 절대적인 행복을 이 세상 그 무엇이 흔들거나 빼앗을 수 있었겠습니까? 네로 황제의 참수형마저 바울에게서 그 절대적인 행복을 빼앗을 수는 없었습니다.

올해 우리 교회의 표어는 신명기 1장 30절에 의거한, "먼저 가시는 하나님"입니다. 그래서 올해의 첫 예배인 1월 1일 0시 예배의 메시지도 '먼저 가시는 하나님'이었습니다. 하나님께서 우리 곁에서 우리와 동행하시기만 한다면, 그분은 시간과 공간의 지배를 받는 우리와 다를 바가 없습니다. 하나님께서는 우리 곁에 계실 뿐 아니라, 우리를 위해 우리 앞에서 우리보다 '먼저 가시는 하나님'이십니다. 이것은 하나님께서 우리보다 고작 한 발자국 앞서가신다는 말이 아닙니다. 시간과 공간을 초월하시는 하나님께서 우리보다 먼저 가신다는 것은, 우리가 가야 할 곳으로 미리 가서서 우리에게 필요한 것을 예비해 주신다는 의미입니다. 창세기 22장 14절이 하나님을 "여호와 이레", 즉 '예비하시는 여호와'라고 소개하는 이유가 여기에 있습니다. 또 사무엘상 7장 12절이 하나님을 '에벤에셀'의 하나님, 다시 말해 '여기까지 도우신 하나님'이라고 부르는 것도 동일한 이유입니다. 우리가 지난 세월을 되돌아볼 때마다 '하나님께서 여기까지 도우셨다'고 고백하지 않을 수 없는 것은, 하나님께서 항상 우리의 앞길을 우리보다 먼저 가시면서 우리의 삶을 책임져 주셨기 때문입니다. 400년에 걸친 이집트의 노예살이에서 해방된 이스라엘 백성은 가데스 바네아에서 언약의 땅인 가나안을 정탐하고 돌아온 열두 정탐꾼의 보고를 들었습니다. 그리고 가나안 원주민을 능히 이길 수 있다는 두 정탐꾼의 보고보다는, 거인 같은 가나안 원주민을 결코 이길 수 없다는 열 정탐꾼의 보고를 더 신뢰하여 이집트의 노예살이로 되돌아가려 했던 것은, 그들이 하나님을 믿는다면서도 자신들보다 '먼저 가시는 하나님'을 믿지는 못한 까닭이었습니다. 하나님을 믿는 것은, 내가 가야 할 길을 나보다 '먼저 가시는 하나님'을 믿는 것입니다. 그 사람만 바울처럼 어떤 상황 속에서도 하나님께 자신의 생을 온전히 맡길 수 있고, 하나님 안에서 절대적인 행복을 누릴 수 있습니다. 그의 삶이 하나님 안에서 절대적인 의미와 가치를 지니기 때문임은 두말할 나위도 없습니다.

지난 1월 1일 아침의 일입니다. 0시 예배에 참석했던 한 교우님이 교회 지인들에게 카톡으로 새해 문자를 전송했습니다. '0시 예배 후 집에서 맞이한 첫해. 먼저 가시는 하나님을 가랑이 찢어지도록 따라갑시다.' 그 문자를 본 교우님 중 한 분이 답글을 올렸습니다. '가랑이 찢어지도록 따라갈 게 아니라, 먼저 가시는 하나님이 잘 정리해 놓으시면 천천히 따라가면 되지 않을까요?' 처음 분이 다시 응답했습니다. '그렇네요.' 그러자 또 다른 분이 글을 올렸습니다. '이제 쓸데없는 걱정은 안 하고 살 수 있겠네요. 그런데 앞서가시는 하나님께서 다 정리해 놓으시면 난 뭐하지?' 교우님들 생각은 어떻습니까? '먼저 가시는 하나님'께 자신의 삶을 의탁하는 것은 가랑이가 찢어지도록 따라가는 것입니까, 아니면 하나님께서 모든 것을 미리 처리해 두시도록 천천히 시간을 두고 느긋하게 가는 것입니까? 하나님께서 우리보다 먼저 가신다면 우리는 아무 할 일도 없는 것입니까? 지난 2월 호 우리 교회 소식지에 이새윤 교우님의, '먼저 가시는 하나님'이란 제목의 글이 게재되었습니다. 그 글이 '먼저 가시는 하나님'을 믿는다는 것이 구체적으로 무엇을 뜻하는지 잘 보여 주고 있기에, 당사자의 허락하에 읽어 드리겠습니다.

1986년 2월 2일, 하얀 눈이 옆으로 흩날리던 겨울밤에 아빠는 갑자기 우리 곁을 떠나셨다. 그때 나는 여덟 살. 젊디젊은 한 여인은 남편을 잃었고, 어린 딸은 바보 아빠를 잃었다. 유난히 행복했던 우리 세 식구, 그리고 벼락같았던 아빠의 죽음, 하나님은 그때 어디 계셨을까? 얼마만큼 앞장서서 가고 계셨을까?

어린 시절 행복했던 그 가정을 다시 맛보고 싶어, 그런 가정을 함께 세울 수 있는 배우자를 찾고 또 찾았다. 그렇게 만난 한 사람. 처음 그를 봤을 때, 맑게 흐르는 물 같았다. 그리고 1년, 그는 취업을 했고, 우리 관계엔 광야가 시작됐다. 가정적인 것을 원하던 내게 기자가 되어 버린 그의 바쁜 삶은 절망 그 자체였다. 주일에도 출근해야 했고, 술과의 전쟁, 늘 일에 쫓기는 삶 때문에 제대로 된 약속 한번 잡기 힘들었다. 이럴 수가! 하나님, 이건 아니잖아요! 이러지도 저러지도 못한 채 매일 눈물로 밤을 지새웠다.

그렇게 또다시 1년, 이제는 결단을 해야 했기에 비장한 마음이었다. 그렇게 떠난 겨울 문턱에서의 침묵 수련회. 홀로 산책길을 걷다가 십자가 앞에 멈췄다. 그리고 무릎을 꿇었다. 거센 바람이 신기하게도 잠잠해졌다. 고요한 그곳, 하나님의 음성이 들렸다. 가나안에 가서 정탐하라던 그분의 음성. 그리고 정탐 후 이스라엘 사람들의 아우성.

생각해 보면, 난 결혼에 임하는 여자들이 알아야 할 것 이상을 결혼 전에 알게 됐다. 원했던 것도 아닌데 예상치 못한 통로를 통해 가정적이기힘든 그의 직업적 환경은 물론 부모님의 성격, 집안 재정과 어려운 문제들까지……. 불평하던 나에게 이제야 의문이 풀리는 듯했다. 가나안 정탐이었구나!

그런데 잠깐. 하나님은 왜 그곳을 정탐케 하셨을까? 믿음을 시험하시려고? 그것만은 아닌 게 아닐까? 그 땅이 바로 너희에게 줄 땅이라고, 그땅을 보고 조금만 더 힘을 내 가보자고, 미리 적을 알아 마음을 다잡고갈 방법을 세우라고, 우리를 믿기에 기대하시며 보내신 것이 아닐까. 아,하나님…… 하나님의 마음과 언약은 생각지 않은 채, 거대한 장정들만 보고 겁에 질려 돌아갈 채비만 하던 내 모습이 가슴을 때렸다.

사람들은 가끔 묻는다. 사랑이 무엇이냐고. 이제 그 질문의 답이 생겼다.나에게 사랑은 믿음이다. 그분에 대한 믿음, 그리고 그분 안에서 그에 대한 믿음, 그래서 내가 줄 수 있는 사랑도 믿음이다.

어쩌면 난 지금도 광야를 걷고 있는 건지 모르겠다. 가나안에 들어가고자 더 많은 광야의 시련을 거쳐야 하는지도 모른다. 하지만 난 믿는다.먼저 가신 그분을. 이 길의 끝은 결국 젖과 꿀이 흐르는 아름다운 가나안 땅임을.

'먼저 가시는 하나님'을 믿는다는 것은 이새윤 교우님처럼 현재 자신의 상황이 어떠하든 그 상황을 피하지 않고, 오히려 그 상황을 주신 분이 자신을위해 자신보다 '먼저 가시는 하나님'이심을 믿어, 바로 그 상황 속에서 그리스도인으로서 행하여야 할 것을 믿음으로 행하는 것입니다. 그때 우리는 어떤 상황 속에서도 가나안의 절대적인 행복을 누릴 수 있습니다. 언약의 땅인 가나안은 우리의 외부가 아니라, '먼저 가시는 하나님'께 자신의 삶을 의탁한 우리의 마음속에서부터 시작하기 때문입니다.

　오늘은 사순절 첫째 주일입니다. 사순절은 주님의 고난을 묵상하며, 구원받은 그리스도인답게 살지 못한 우리의 삶을 바르게 추스르는 참회의 절기입니다. 주님께서는 우리가 주님을 알기도 전에, 먼저 우리의 죗값을 대신 치러 주시기 위해 십자가의 제물이 되어 주셨습니다. 우리가 주님을 부르기도 전에, 하나님의 자녀로 우리를 먼저 불러 주셨습니다. 시간과 공간을 초월하시는 주님께서는 언제나 우리보다 먼저 가시며, 우리 각자에게 여호와 이레의 하나님인 동시에 에벤에셀의 하나님이 되어 주셨습니다. 그 하나님 안에서 우리 각자의 삶은 그 누구와도 비교할 수 없는 절대적인 의미와 가치를 지니고 있습니다. 주님께서 우리 각자를 부르신 것은, 우리 각자의 삶을 통해 이 시대의 역사 속에 이루실 당신의 절대적인 뜻이 있기 때문입니다. 그래서 우리는 모두 주님 안에서, 주님으로 인해, 절대적으로 행복한 하나님의 자녀들입니다.

　그러나 우리의 실상은 어떻습니까? 하나님을 믿는다면서도 '먼저 가시는 하나님'을 믿지는 못해 불행을 자초하고 있지 않습니까? 세상의 가변적이고 상대적인 것을 생의 목적으로 삼고 행복이 아닌 것을 행복으로 추구하느라 그동안 한 번도 참된 행복을 누리지 못한 채, 단 한 번뿐인 인생을 불만과 불평과 분노와 원망과 질투와 짜증으로 허망하게 흩날려 버리고 있지 않습니까? 그렇게 살아서야 코끝에서 호흡이 멎는 순간 가슴을 치는 후회로 그 인생이 끝날 것이 자명한즉, 그보다 더 어리석은 인생이 어디에 있겠습니까?

　사순절 첫째 주일을 맞이하여 행복해야 할 우리의 삶을 불행으로 흩날려 버린 우리의 어리석음을 회개하십시다. 우리 모두 '먼저 가시는 하나님'을 믿어, 그 하나님께 우리의 삶을 온전히 맡기십시다. 바울이 고린도에서 체류한 18개월 동안 유대인들의 집요한 배척과 중상모략 속에서도 기독교의 체계를 확립하기 시작했듯이, 우리 모두 어떤 상황 속에서든 '먼저 가시는 하나님'을 믿는 믿음의 삶을 확립해 가십시다. '먼저 가시는 하나님'께 우리의 삶을 의탁하는 한, 우리는 반드시 하나님께서 약속하신 언약—가나안의 절대적인 행복을 누리게 될 것입니다. 예수 그리스도의 십자가를 통해 우리를 불러 주신 하나님께서 언제나 우리를 위해, 우리보다 먼저 가시는 이유가 바로 거기에 있습니다.

신명기 10장 13절은, 하나님께서 우리에게 당신의 명령을 지키라 하시는 것은 바로 우리 자신의 행복을 위함임을 밝혀 주고 있습니다. 하나님의 말씀에 의해서만 인간의 삶이 절대적인 의미와 가치를 지닐 수 있기 때문입니다. 하나님께서는 우리에게 그와 같은 삶이 가능하도록, 우리가 하나님을 알기도 전에 우리를 위해 당신의 독생자를 먼저 십자가의 제물로 삼으셨습니다. 하지만 나는 하나님을 믿는다면서도 '먼저 가시는 하나님'을 믿지는 않았습니다. 그래서 하나님으로부터 절대적인 의미와 가치를 부여받은 나의 삶을 상대화하여 불평과 원망과 시기와 분노의 도가니로 전락시켜 버렸고, 행복이 아닌 것을 행복으로 추구하느라 참된 행복을 단한 번도 누려 보지 못한 채 날이면 날마다 나 자신이 자초한 불행의 늪에서 허우적거리고 있습니다.

참회의 절기인 사순절 첫째 주일을 맞아, 바울의 삶을 통해 나 자신의 어리석은 실상을 깨닫게 해주셔서 감사합니다. 내가 믿는 하나님께서 언제나 나를 위해 나보다 '먼저 가시는 하나님'이심을 온전히 믿게 해주십시오. 이제부터 '먼저 가시는 하나님'께 나의 삶을 온전히 의탁하는 믿음의 삶을 확립하게 해주십시오. 지금 내게 주어진 상황이 어떠하든, 그 상황 속에서 그리스도인으로서 행하여야 할 바를 바울처럼 담대하게 행하게 해주십시오. 그리하여 우리 모두 주어진 상황 속에서 가나안의 절대적인 행복을 누리게 해주시고, 우리로 인해 이 세상이 언약의 땅—가나안으로 일구어져 가게 해주십시오. 아멘.

31. 모든 사람이 소스데네를 잡아 사순절 둘째 주일

사도행전 18장 12-17절

갈리오가 아가야 총독 되었을 때에 유대인이 일제히 일어나 바울을 대적하여 법정으로 데리고 가서 말하되 이 사람이 율법을 어기면서 하나님을 경외하라고 사람들을 권한다 하거늘 바울이 입을 열고자 할 때에 갈리오가 유대인들에게 이르되 너희 유대인들아 만일 이것이 무슨 부정한 일이나 불량한 행동이었으면 내가 너희 말을 들어주는 것이 옳거니와 만일 문제가 언어와 명칭과 너희 법에 관한 것이면 너희가 스스로 처리하라 나는 이러한 일에 재판장 되기를 원하지 아니하노라 하고 그들을 법정에서 쫓아내니 **모든 사람이** 회당장 **소스데네를 잡 아** 법정 앞에서 때리되 갈리오가 이 일을 상관하지 아니하니라

유대법에 의하면 유대인 성인 남자가 최소한 10명 이상 있는 곳에는 회당을 세울 수 있었습니다. 그러므로 유대인이 많은 곳에서는 복수의 회당들을 세울 수 있었습니다. 유대인 거류자가 많은 고린도에는 복수의 회당들이 있었습니다. 고린도에서 바울이 처음 복음을 전했던 회당의 유대인들은 조직

적으로 바울을 괴롭히며, 바울이 그 회당에서 더 이상 복음을 전하지 못하도록 집요하게 배척하였습니다. 그때 회당 옆집 주인인 디도 유스도가 자신의 집을 예배당으로 내어놓았고, 바울은 그 이방인의 집을 복음을 위한 새로운 거점으로 삼았습니다. 그 덕분에 8절의 증언처럼, 다른 회당의 회당장인 그리스보가 바울을 찾아와 복음을 듣고 자신의 온 혈족과 함께 주님을 영접하였습니다. 그리고 수많은 고린도 사람들도 뭔가 이질적인 유대인 회당보다는, 같은 고린도 시민인 디도 유스도의 집을 마음 편하게 찾아와 바울로부터 복음을 받아들이고 세례를 받았습니다. 이것은 모두 바울이 처음 복음을 전했던 회당의 유대인들에 의해 그 회당에서 쫓겨났기에 가능할 수 있었던 신비로운 구원의 역사였습니다.

그러나 바울을 배척했던 회당의 유대인들의 입장에서 보자면 그것은 분통이 터질 일이었습니다. 생각해 보십시오. 자신들이 쫓아내었던 바울이 회당 바로 옆집을 예배당으로 삼아 복음을 전함과 동시에, 같은 유대인인 다른 회당의 회당장과 그 혈족들은 말할 것도 없고 수많은 고린도 사람들이 바울을 찾아와 복음을 영접하고 세례 받는 일이 매일 이어지는 것을 어떻게 그들이 눈을 뜨고 가만히 보고만 있겠습니까? 오며 가며 할 수 있는 대로 바울을 해코지하려 하지 않았겠습니까? 오죽했으면 바울이 이제는 고린도를 떠나는 것이 좋겠다고, 고린도를 떠나기까지 이젠 차라리 침묵하는 것이 좋겠다고 생각하기까지 했겠습니까? 그날 밤 주님께서 바울에게 친히 나타나셔서 두려워하거나 침묵하지 말고 계속 복음을 전하라고 격려하시지 않았다면, 아마도 바울은 그때 고린도를 떠나고 말았을 것입니다.

오늘 본문은 고린도에서 그와 같은 일이 있었던 시기가 언제였는지, 바울을 그토록 집요하게 괴롭히고 배척한 유대인들의 주모자가 누구였는지, 그리고 그의 결국이 어떻게 되었는지를 밝혀 주고 있습니다.

갈리오가 아가야 총독 되었을 때에 유대인이 일제히 일어나 바울을 대적하여 법정으로 데리고 가서(12절).

갈리오가 로마제국의 행정구역상 고린도가 속해 있는 아가야 지방의 총독이 되었을 때였습니다. 아가야는 그리스의 남반부 지역을 일컫는 행정구역으로서 아테네 역시 아가야에 속해 있었습니다. 델포이 신전의 비문에 의하면, 갈리오는 주후 51년부터 52년까지 아가야의 총독으로 재임하였습니다. 갈리오는 네로 황제의 가정교사였던, 그 유명한 로마의 정치가이자 철학자인 동시에 웅변가였던 세네카의 친형이었습니다. 원래 이름은 노바투스였으나, 원로원 의원 유니우스 갈리오의 양자로 입적되면서 이름이 갈리오로 바뀌었습니다. 그는 동생 세네카와 함께 한때 로마제국 내에서 탄탄한 권력 기반을 지니고 있었지만 주후 65년 네로 황제를 축출하기 위한 음모에 가담했다는 혐의를 받은 동생 세네카와 함께, 네로 황제의 명령에 따라 자살로 생을 마감하였습니다. 그러나 본문의 시기는 갈리오가 그의 인생에서 권력의 정점에 있을 때였습니다.

갈리오가 신임 총독으로 부임하자, "유대인이 일제히 일어나 바울을 대적하여 법정으로 데리고" 갔습니다. 우리말 '일어나 대적하다'로 번역된 헬라어 동사 '카텝히스테미κατεφίστημι'는 '쇄도하다', '공격하다'라는 의미입니다. 유대인들이 일치단결하여 기습적으로 바울을 잡아 법정으로 끌고 간 것이었습니다. 그 주동자는 17절에 이름이 밝혀져 있는 소스데네였습니다. 그는 바울이 복음을 전했던 회당의 회당장으로서, 유대인들을 선동하여 바울을 집요하게 배척하고 괴롭혀 온 주모자였습니다. 그가 신임 총독 갈리오의 부임에 맞추어, 자신을 추종하는 유대인들을 일제히 동원하여 바울을 기습적으로 붙잡아 법정으로 끌고 간 것이었습니다. 이유인즉 대개의 경우 갓 부임한 신임 총독은 현지 사정에 어두워 쉽게 여론에 휘둘리기 때문이었습니다. 오늘날 옛 고린도의 유적지를 찾아가면, 그때 바울이 유대인들에게 끌려갔던 법정의 흔적이 생생하게 남아 있습니다.

> 말하되 이 사람이 율법을 어기면서 하나님을 경외하라고 사람들을 권한다 하거늘(13절).

회당장 소스데네와 그의 추종자들의 고발 내용은, 바울이 "율법을 어기면서 하나님을 경외하라고 사람들을" 선동한다는 것이었습니다. 우리말 '말하되'로 번역된 헬라어 동사 '레고'가 원문에 분사현재형으로 기록되어 있습니다. 유대인들이 동일한 고발 내용을 반복적으로 소리치며 외쳤다는 의미입니다. 그러나 본문이 헬라어 '노모스νόμος'를 '율법'이라고 번역한 것은 적합한 번역이 아닙니다. 헬라어 '노모스'는 유대인들의 '율법'을 의미하기도 하지만 '일반 법', 다시 말해 당시의 '로마법'을 의미하기도 합니다. 그래서 새번역 성경은 본문을 정확하게 이렇게 번역하였습니다.

> "이 사람은 법을 어기면서, 하나님을 공경하라고 사람들을 선동하고 있습니다" 하고 말하였다.

회당장 소스데네는 유대인들을 동원하여 바울이 유대인의 율법을 어겼다고 고발한 것이 아니라, 그가 로마제국의 국법을 어겼다고 고발한 것이었습니다. 당시 로마제국 내에서는 로마제국이 허용한 종교만 포교 활동이 가능했습니다. 그러므로 소스데네는, 바울이 로마법을 어기고 불법적인 사이비 종교 포교로 선량한 사람들을 선동하면서 사회를 문란케 한다는 식으로 바울을 고발한 것이었습니다. 다시 말해 하나님에 대한 신앙 문제를 로마법과 관련된 사회·정치 문제로 바꾸어 바울을 고발한 것이었습니다. 정치는 본래 사람을 살리기 위한 활동입니다. 그러나 어떤 문제에든 정치가 개입하면, 사소한 문제라도 정치 문제로 비화되기만 하면, 오히려 정치가 사람을 죽이는 일이 비일비재합니다. 기독교든 불교든 각 종교의 교단 정치도 마찬가지입니다. 교권을 장악한 사람들이 자신들에게 장애가 되는 사람에게 터무니없이 불의한 짓을 자행해도, '이건 정치 문제야' 하면 대부분의 사람들은 입을 다물어 버립니다. 세속 정치든 교단 정치든 그것이 정치의 속성입니다. 유대교 지도자들이 예수님을 십자가에 못박아 죽일 수 있었던 것도 예수님을 정치범으로 몰았기 때문입니다. 그런 의미에서 회당장 소스데네는 대단히 교활한 인간이었습니다. 그가 로마법과 관련된 사회·정치 문제로 바울을 고발한 것은 바울 개인을 완전히 매장시키는 것은 말할 것도 없고, 바울이 전하는 복음과 그리스도교를 발본색원해 버리기 위함이었습니다.

그러나 로마제국의 중앙 정치무대 출신이자 세네카의 친형인 갈리오 총독은, 회당장 소스데네가 사람들을 동원하여 자기 마음대로 좌지우지할 수 있는 대상이 아니었습니다.

바울이 입을 열고자 할 때에 갈리오가 유대인들에게 이르되 너희 유대인들아 만일 이것이 무슨 부정한 일이나 불량한 행동이었으면 내가 너희 말을 들어주는 것이 옳거니와(14절).

소스데네와 유대인들의 고발에 바울이 자신을 변호하려 하자, 갈리오는 바울의 자기변호를 들을 필요도 없다는 듯이 바울을 제지하며 유대인들에게 말했습니다. 즉 바울이 '무슨 부정한 일이나 불량한 행동'을 저질렀다면 '너희'들의 고발을 받아 줌이 마땅할 것이라는 것이었습니다. 바꾸어 말하면, 바울의 행동은 로마법과는 무관하므로 너희들의 고발을 받아 줄 수 없다는 것이었습니다. 그리고 갈리오는 다음과 같이 선언하였습니다.

> 만일 문제가 언어와 명칭과 너희 법에 관한 것이면 너희가 스스로 처리하라 나는 이러한 일에 재판장 되기를 원하지 아니하노라 하고(15절).

갈리오 총독은 바울에 대한 유대인들의 고발을 그들의 '언어'와 '명칭'과 유대인의 '율법'에 관한 문제로 파악하였습니다. 우리말 '언어'라고 번역된 헬라어는 '하나님의 말씀'을 뜻하는 '로고스λόγος'입니다. 이를테면 갈리오 총독은 예수님께서 구약성경이 예언한 구원자 즉 그리스도시라는 바울의 전도 행위를 구약 해석의 문제, 예수를 그리스도라고 부를 수 있느냐는 명칭의 문제, 그리고 유대인의 법인 율법 적용의 문제로 파악하였습니다. 바울의 문제가 로마법과 관련된 사회·정치 문제가 아니라, 유대인들 내부의 종교적인 문제임을 정확하게 인식한 것이었습니다. 그러므로 자신은 관여하지 않겠다고 하며 유대인들의 고발을 아예 각하해 버렸습니다. 소스데네는 바울을 로마법으로 옭아매려고 했지만, 갈리오 총독은 그것은 유대인 율법의 문제일 뿐이라고 일축한 것이었습니다.

> 그들을 법정에서 쫓아내니(16절).

갈리오 총독이 바울을 고발한 유대인들을 법정에서 쫓아내었다는 것은, 갈리오 총독이 바울에 대한 고발을 각하하였음에도 회당장 소스데네를 비롯한 유대인들이 승복하지 않고 마치 시위하듯 계속 소란을 피운 것을 의미합니다. 총독은 즉각 경비병들을 시켜 유대인들을 법정에서 쫓아내어 버렸습니다. 그와 동시에 상상치 못한 일이 벌어졌습니다.

> 모든 사람이 회당장 소스데네를 잡아 법정 앞에서 때리되 갈리오가 이일을 상관하지 아니하니라(17절).

본문의 '모든 사람'은 법정에 참관했던 '고린도 시민들'을 일컫습니다. 당시의 법정은 누구나 참관할 수 있는 공개 장소였습니다. 회당장 소스데네를 비롯한 유대인들이 패거리를 이루어 바울을 법정으로 끌어와 이구동성으로 소리치며 갈리오 총독에게 바울을 고발하자, 지나가던 고린도 시민들이 무슨 일인가 하고 법정에 몰려들었습니다. 그들은 유대인들에게 죄수처럼 끌려온 전혀 죄수처럼 보이지 않는 연약한 몰골의 바울을 보았고, 유대인들이 그 연약한 바울을 악랄하게 고발하는 내용도 들었으며, 총독이 그들의 고발을 각하하는 장면도 목격하였습니다. 그런데도 유대인들은 갈리오 총독의 각하를 받아들이지 않고, 마치 시위하듯 갈리오 총독 앞에서 계속 소란을 피우는 것이었습니다. 그 자리에 있던 고린도 시민들은 그와 같은 유대인들의 악랄하고도 무례한 행태를 보면서 다 같이 분노를 느꼈습니다. 그들은 갈리오 총독이 유대인들을 법정에서 쫓아내기가 무섭게 그 고약한 유대인들의 총지휘자였던, 가장 악랄했던 회당장 소스데네를 붙잡아 바로 법정 앞에서 때렸습니다. 우리말 '때리다'로 번역된 헬라어 동사 '튑토τύπτω'는 몽둥이로 때리거나 주먹으로 치는 의미까지 내포하고 있습니다. 고린도 시민들이 지나가면서 소스데네를 그냥 한 번씩 툭툭 친 것이 아니라, 그에게 집단 폭행을 가한 것이었습니다. 이미 우리가 알고 있는 것처럼 본문보다 2년 앞서 제국의 수도 로마에서 일대 폭동을 일으켰던 유대인들에 대한 고린도 시민들의 반감도 작용했겠지만, 무엇보다도 연약한 바울에 대한 소스데네의 행태가 고린도 시민들 보기에 가장 악랄했기 때문이었을 것입니다. 바울의 복음 전도를 로마법을 위반한 정치 문제로 몰아 바울을 완전히 매장시키려 했던 소스데네의 계책은 뜻밖에도 자신이 시민들에게 집단 폭행당하는 것으로 끝나 버렸습니다. 그리고 역설적이게도 그로 인해 바울은 남은 기간 동안 고린도에서 누구의 제지도 받지 않고 자유롭게 복음을 전할 수 있게 되었습니다.

놀라운 사실은, 갈리오 총독이 보는 앞에서 소스데네가 고린도 시민들에게 집단 폭행을 당하는데도, 갈리오 총독이 소스데네를 구해 주려 하지 않았다는 것입니다. 더욱 충격적인 사실은, 소스데네의 사주를 받아 바울을 기습적으로 붙잡아 법정으로 끌고 가서 고발했던 유대인들마저 고린도 시민들에게 집단 폭행당하는 소스데네를 방관했다는 것입니다. 조금 전까지 기세등등했던 소스데네는 아무도 도와주지 않는 가운데, 분노한 고린도 시민들로부터 단신으로 집단 폭행을 당했습니다. 그것은 바울을 악랄하게 괴롭혔던 소스데네에 대한 하나님의, 이 지상에서의 무서운 심판이었습니다. 만약 그가 그 이후 회개하지 않았다면, 그는 이 세상을 떠난 뒤 하나님의 영원한 심판도 모면하지 못했을 것입니다.

우리는 오늘 본문을 통해 두 가지 사실을 깨달을 수 있습니다. 한 가지는, 우리가 바울처럼 선한 일을 하고 누군가로부터 악랄하게 괴롭힘을 당해도 결코 선한 일을 포기하려 해서는 안 된다는 것입니다. 하나님께서 당신의 때가 이르면 지상에서든, 당신의 심판대에서든, 그 악랄한 사람을 반드시 당신의 방법으로 친히 손보실 것이요, 우리는 그 과정을 거치면서 더욱 강인한 자유인이 될 것이기 때문입니다. 또 한 가지는, 우리가 누군가를 불의하게 괴롭히고 있다면 지체 없이 그만두어야 한다는 것입니다. 그것은 이 세상에서든, 이 세상을 떠나 하나님 앞에서든, 하나님의 무서운 심판을 스스로 자초하는 어리석은 짓이기 때문입니다.

우리가 주님의 뜻을 좇아 선한 일을 하다가 누군가의 악랄한 괴롭힘 때문에 선한 일을 포기하려 하고 있다면, 참회의 절기인 사순절 둘째 주일을 맞아 우리의 연약한 믿음을 회개하십시다. 우리가 주님의 뜻을 좇는 선한 삶을 살다가 이 세상에서 바울처럼 참수형을 당하는 한이 있어도, 그것은 실은 주님 안에서 영원한 자유인으로 영원히 사는 길입니다. 우리가 만약 누군가를 불의하게 괴롭히는 만용과 무지를 범하고 있다면, 더더욱 지금 당장 회개하십시다. 누군가를 괴롭히는 것은 바울을 악랄하게 괴롭혔던 소스데네가 그 누구의 도움도 받지 못한 채 분노한 고린도 시민들에게 홀로 집단 폭행당했듯이, 하나님의 심판 앞에 자신을 무모하게 내던지는 자살행위입니다. 우리의 일거수일투족을 다 보고 계시는 하나님의 심판보다 더 무서운 것은 없습니다. 하나님을 등지며 사람을 괴롭히고서는, 이 세상 누구도 하나님의 심판을 피해 갈 수 없습니다.

주님을 좇다가 조그마한 괴롭힘이나 불이익을 당해도, 당장 주님의 길에서 벗어나려는 나의 믿음 없음을 용서해 주십시오. 주님을 믿는다면서도 나의 이해득실이나 감정에 따라, 불의하게 사람 괴롭히기를 서슴지 않는 나의 만용과 무지도 용서해 주십시오. 나를 위해 살려 하면 하나님의 심판 앞에서 영원히 죽지만 주님을 위해 죽으면 하나님에 의해 영원히 사는, 참생명의 역설을 잊지 말게 해주십시오. 나의 죗값을 대신 치러 주시기 위해 십자가의 제물로 돌아가셨다가 죽음을 깨뜨리고 부활하신 주님을 날마다 의지하면서, 걸어야 할 생명과 진리의 길을 뚜벅뚜벅 걸어가게 해주십시오. 그리하여 코끝에 호흡이 있는 동안 어떤 경우에도 사람을 불의하게 괴롭히다 하나님의 심판을 자초하는 어리석은 소스데네가 아니라, 예수 그리스도 안에서 구원받은 그리스도인답게 뭇사람을 살리는 생명의 바울이 되게 해주십시오. 아멘.

32. 갈리오가 상관하지 아니하니라 사순절 다섯째 주일

사도행전 18장 12-17절

갈리오가 아가야 총독 되었을 때에 유대인이 일제히 일어나 바울을 대적하여 법정으로 데리고 가서 말하되 이 사람이 율법을 어기면서 하나님을 경외하라고 사람들을 권한다 하거늘 바울이 입을 열고자 할 때에 갈리오가 유대인들에게 이르되 너희 유대인들아 만일 이것이 무슨 부정한 일이나 불량한 행동이었으면 내가 너희 말을 들어주는 것이 옳거니와 만일 문제가 언어와 명칭과 너희 법에 관한 것이면 너희가 스스로 처리하라 나는 이러한 일에 재판장 되기를 원하지 아니하노라 하고 그들을 법정에서 쫓아내니 모든 사람이 회당장 소스데네를 잡아 법정 앞에서 때리되 **갈리오가** 이 일을 **상관하지 아니하니라**

오늘은 우리를 살리시기 위해 주님께서 당하셨던 십자가의 고난을 기리는 사순절 다섯째 주일입니다. 가룟 유다의 배신을 이용하여 예수님을 체포한 대제사장들 무리는, 예수님을 죽이기 위해 빌라도 총독에게 끌고 갔습니다. 빌라도 총독은 예수님의 무죄를 확신했지만, 대제사장들에게 선동당한 민중들이 민란을 일으킬까 두려워 예수님께 십자가 사형을 선고했습니다. 총독의 군병들은 예수님을 진영 본부로 끌고 가, 무자비한 채찍질과 함께 온갖 희롱을 다하며 얼굴에 침을 뱉어 모독하였습니다. 그리고 예수님의 어깨에 십자가 형틀을 지워 사형장인 골고다 언덕으로 끌고 갔습니다. 예수님의 십자가 고난을 묘사한 성화聖畫들에는 십자가에 못박히신 예수님의 하체가 예외 없이 천으로 가려져 있습니다. 그러나 2천 년 전 십자가형에 처해지는 사형수는 알몸으로 못박혔던 것으로 전해지고 있습니다. 벌거숭이로 십자가에 못박히신 예수님을 군중들은 마구 놀렸습니다. 총독 빌라도가 예수님께 사형을 선고하지 않을 수 없게끔 민중을 선동하여 압력을 가했던 대제사장들 일당도 십자가의 예수님을 조롱하였습니다. 예수님의 좌우로 두 강도도 함께 못박혔습니다. 예수님께서 두 강도 사이에, 마치 강도 같은 흉악범으로 못박히신 것이었습니다. 예수님께서 십자가에 못박히신 직후에는, 좌우의 두 강도 역시 예수님께 욕설을 퍼붓기도 했습니다. 이처럼 예수님께서 골고다에서 당하신 십자가 수난의 현장은 한마디로 수치의 현장이었습니다. 성자 하나님이신 예수님께는 십자가에 못박히는 육체의 고통보다, 인간들 앞에서 벌거숭이로 당하셔야 했던 정신적 수치의 고통이 더 크셨을 것입니다. 우리는 '사명자반' 제9과에서, 예수님께서 당하셨던 십자가의 수치에 대해 깊이 생각해 보았었습니다.

인도의 '가장 탁월한 기독 지성인'으로 알려진 비샬 망갈와디의 저서《변혁의 중심에 서라》에 의하면, 자고로 사회를 움직이는 토대가 서양은 인간의 '양심'인 반면에 동양은 '체면'이었습니다. 체면이 가장 꺼리는 것은 수치를 당하는 것입니다. 인도에서는 '사티sati'가 1829년부터 법으로는 금지되었지만, 21세기에 진입한 오늘날에도 여전히 시행되는 곳이 있다고 합니다. '사티'는 남편이 죽으면 살아 있는 아내를 죽은 남편과 함께 화장하는 반인륜적인 관습입니다. 남편을 잃은 아내가 남편의 시체와 함께 불에 타 죽지 않으려 도망치면, 도망간 아내를 붙잡아다 불태우는 사람들은 바로 그 여인의 자식들입니다. 어머니가 신성한 관습을 무시하고 도망쳐 가문을 수치스럽게 하였으므로, 자식들이 거리낌 없이 어머니를 단죄하는 것입니다. 오늘날 중동에서 버젓이 자행되는 명예살인 역시 수치를 당했다고 여기는 가족이 가족에게 저지르는 살인행위입니다. 우리나라 옛사람들이 먹을 것이 없어 물만 마시고서도 사람들 앞에서 이를 쑤신 것, 아직까지도 관혼상제冠婚喪祭와 관련하여 유난하게 허례허식이 많은 것, 소득에 비해 큰 자동차나 큰 평수의 아파트를 선호하는 것 등은, 같은 동양인인 우리 역시 체면을 앞세우고 체면을 지키지 못하는 것을 수치스럽게 생각하는 탓입니다.

　구약성경에도 '수치'라는 단어가 헤아릴 수 없을 정도로 많이 등장하고 있습니다. 유대인들 또한 동양의 체면 문화권에 속해 있었기에 수치당하는 것을 가장 꺼린 것입니다. 특히 선민의식에 젖어 이방인을 짐승 취급하던 유대인들이, 어떤 이유에서든 공개 장소에서 벌거숭이가 된다는 것은 상상도 할 수 없는 일이었습니다. 암몬 왕 나하스가 죽고 그의 아들 하눈이 왕위를 이어받았을 때였습니다. 다윗 왕은 죽은 나하스 왕을 위해 조문단을 암몬에 보냈습니다. 하눈의 신하들은 하눈에게, 다윗이 보낸 조문사절단은 암몬을 정복하기 위한 정탐꾼들이라고 모함했습니다. 사무엘하 10장 4절에 의하면, 갓 왕좌에 오른 하눈은 자신의 권력을 과시하기 위해 다윗이 보낸 조문단원들의 수염 절반을 깎고, 긴 의복의 아랫도리를 잘라 그들의 엉덩이가 드러나게 하여 이스라엘로 되돌려 보냈습니다. 그들에게 수치를 안겨 주기 위함이었습니다. 그 사실을 보고받은 다윗 왕은 대노하였습니다. 그는 군대를 동원하여 암몬을 쑥대밭으로 만들어 버렸습니다. 자신이 보낸 조문단원들이 당한 수치를 곧 자신의 수치이자 나라의 수치로 여긴 것이었습니다. 유대인에게 수염 절반이 깎이고 엉덩이가 드러나는 것만도 전쟁을 일으킬 정도의 수치였다면, 하물며 성자 하나님이신 예수님께서 벌거숭이로 십자가에 못박히시는 것은 그 얼마나 큰 수치였겠습니까?

그러나 히브리서 12장 2절은 다음과 같이 증언하고 있습니다.

> 믿음의 주요 또 온전하게 하시는 이인 예수를 바라보자 그는 그 앞에 있는 기쁨을 위하여 십자가를 참으사 부끄러움을 개의치 아니하시더니 하나님 보좌 우편에 앉으셨느니라.

예수님께서는 벌거숭이로 당하신 십자가 수난의 수치를 조금도 '개의치 아니'하셨습니다. 예수님께서는 사람들이 수치로 여기는 외적 수치, 육체적 수치를 수치로 여기시지 않았다는 말입니다. 만약 예수님께서 십자가의 수난을 반드시 피해야 할 수치로 간주하셨다면, 어떻게 해서든 그 수치를 모면하셨을 것입니다. 예수님께는 그럴 만한 능력이 충분하셨기 때문입니다. 예수님께서는 당신의 출세나 영달을 위하다가 십자가의 수난을 당하신 것이 아니었습니다. 만약 십자가 수난이 그런 이기적인 이유에 기인했다면, 예수님의 수난은 그 누구도 부정하거나 반박할 수 없는 명백한 수치였을 것입니다. 예수님께서 십자가 수난을 당하신 것은 인간의 죗값을 대신 치르심으로, 하나님으로부터 부여받은 인간 구원의 사명을 완수하시기 위함이었습니다. 그래서 빌라도 총독으로부터 사형선고를 받고, 로마 군병들의 채찍질과 희롱을 당하고, 벌거숭이 사지로 십자가에 못박히고, 대제사장들과 그 하수인들 심지어 강도들로부터 비웃음과 욕설을 당하셔도, 예수님께는 그런 것들이 수치일 수가 없었습니다. 그 모든 수난은 하나님으로부터 부여받은 사명의 완수와 영광스러운 부활을 위한 필연적인 과정이었을 뿐입니다.

이처럼 예수님께서는 인간들이 수치라 말하는 수치를 전혀 수치로 여기지 않으심으로써, 우리로 하여금 '수치로 여겨야 할 것'과 '수치로 여기지 말아야 할 것'을 바르게 분별하게 해주셨습니다. 진리를 좇기 위해, 진리를 거부하는 사람에게 당하는 수치는 수치가 아닙니다. 생명을 살리기 위해, 생명을 짓밟는 사람에게 당하는 수치는 수치가 아닙니다. 하나님으로부터 부여받은 사명을 완수하기 위한 벌거숭이의 수치는 수치가 아닙니다. 세상 사람들은 그런 것을 수치라 강변해도, 하나님께서는 반드시 영광의 훈장으로 되돌려 주실 것입니다. 대제사장들과 그 하수인들처럼 하나님을 믿는다면서도 자기 욕망을 위해 삶의 현장에서 예수 그리스도를 십자가에 못박는다면, 바로 그것이 수치입니다. 돈주머니를 보다 두텁게 하기 위해 신앙 양심을 저버리는 것이 수치입니다. 자기 유익을 더 크게 하려 타인의 몫을 헤아리지 않는 것이 수치입니다. 자신의 야망을 이루기 위해 사람을 모함하거나 선동하는 것이 수치입니다. 그렇게 사는 사람들이 세상에서는 설령 더 많은 소유와 더 높은 지위를 차지할지라도, 살아 계신 하나님 앞에서는 기필코 수치를 당하게 될 것입니다. 세상에서 당하는 수치는 혹 다시 씻을 기회가 있을 수도 있지만, 하나님 앞에서 당하는 수치는 그것으로 모든 것이 끝장입니다.

주후 51년 한때 네로 황제의 가정교사였던, 그 유명한 로마의 정치가이자 철학자이며 웅변가였던 세네카의 친형인 갈리오가 아가야 지방의 신임 총독으로, 아가야 지방의 행정수도 고린도에 부임하였습니다. 갈리오의 부임과 동시에 소스데네가 자신을 추종하는 유대인들을 동원하여 바울을 기습적으로 붙잡아 총독의 법정으로 끌고 갔습니다. 소스데네는 고린도에서 바울이 처음 복음을 전했던 회당의 회당장으로서, 그동안 유대인들을 선동하여 바울을 집요하게 배척하고 괴롭혀 온 우두머리였습니다. 그가 신임 총독 갈리오의 부임에 맞추어 유대인들을 동원하여 바울을 기습적으로 붙잡아 법정으로 끌고 간 것은, 지난 시간에 말씀드린 것처럼, 대개의 경우 갓 부임한 신임 총독은 현지 사정에 어두워 여론에 쉽게 휘둘리기 때문이었습니다. 소스데네와 유대인들은 바울의 복음 전도를 로마법과 관련된 사회·정치 문제로 몰아 바울을 고발하였습니다. 바울 개인을 사회·정치적으로 완전히 매장시키는 것은 말할 것도 없고, 바울이 전하는 복음과 그리스도교를 발본색원해 버리기 위함이었습니다. 그러나 갈리오 총독은, 바울의 행위는 로마법과는 무관하다며 그들의 고발을 각하해 버렸습니다. 하지만 소스데네와 유대인들이 총독의 판결에 승복하지 않고 마치 시위하듯 법정에서 소란을 피우자, 갈리오 총독은 경비병들을 시켜 유대인들을 법정에서 쫓아내어 버렸습니다. 그와 동시에 뜻밖의 일이 벌어졌습니다.

> 모든 사람이 회당장 소스데네를 잡아 법정 앞에서 때리되 갈리오가 이
> 일을 상관하지 아니하니라(17절).

헬라어 원문을 보면, 우리말 '모든 사람'이라 번역된 헬라어 '파스πᾶς'에 정관사가 붙어 있지 않습니다. 본문의 '모든 사람'이 본문 앞에 등장한 사람들을 일컫는다면 헬라어 문법상 반드시 정관사가 붙어야 합니다. 그러므로 본문의 '모든 사람'은 그 요란한 공개 법정에 참관했던 고린도 시민들을 가리킨다고 했습니다. 그들이 유대인 회당장인 소스데네에게 집단 폭행을 가하였습니다. 제국의 수도 로마에서 일대 폭동을 일으켰던 유대인들에 대한 고린도 시민들의 반감도 작용했겠지만, 무엇보다도 연약한 바울을 집단적으로 고발한 유대인들 가운데 주동자인 소스데네의 행태가 고린도 시민들 보기

에 가장 악랄했기 때문이었을 것입니다. 고린도 시민들이 소스데네에게 집단 폭행을 가한 곳은, 인적이 드문 뒷골목이 아니었습니다. 바로 법정 앞, 그러니까 갈리오 총독이 직접 보고 있는 데서였습니다.

그러나 놀랍게도 갈리오 총독은 고린도 시민들이 소스데네를 집단 폭행하는 것을 보고서도 '상관하지 아니'하였습니다. 소스데네가 몰매를 맞도록 그냥 내버려 두었다는 말입니다. 갈리오는 로마 황제를 대신하여 아가야 지방을 다스리는 로마제국의 총독이었습니다. 자기 관할구역의 치안 유지는 그의 주요 임무 가운데 하나였습니다. 그렇지만 갈리오 총독은 소스데네에 대한 고린도 시민들의 집단 폭행을 방관하였습니다. 성경은 하나님의 말씀입니다. 그러므로 성경에 기록된 내용은 무슨 내용이든 절대적인 의미를 지니고 있습니다. 2천 년 전 집단 폭행이 이때 고린도의 법정 앞에서만 있었겠습니까? 지중해 세계를 석권한 광활한 로마제국 내에서 실은 매일 수많은 집단 폭행이 일어나지 않았겠습니까? 하지만 성경은 그 많은 집단 폭행을 일일이 언급하고 있지 않습니다. 그럼에도 유독 고린도 시민들이 소스데네를 집단 폭행한 것과, 갈리오 총독은 말할 것도 없고 소스데네가 동원한 유대인들마저 그 집단 폭행을 방관한 내용만은 하나님의 말씀인 성경에 명확하게 기록되어 있습니다. 지난 시간에 말씀드린 것처럼 그것이 선량한 사도 바울을 지속적으로 악랄하게 괴롭혔던 소스데네에 대한 하나님의, 이 땅에서의 무서운 심판이었기 때문입니다.

여기에서 우리는 중요한 사실을 깨달을 수 있습니다. 바울이 처음 고린도에서 복음을 전했던 회당의 회당장 소스데네와 그곳 유대인들로부터 집요한 배척과 괴롭힘을 당한 끝에, 결국 그 회당에서 쫓겨난 것은 개인적인 수치일 수 있었습니다. 회당 옆집 디도 유스도의 집을 새로운 거점으로 삼아 복음을 전하면서도 동일한 유대인들로부터 매일 공개적인 수모를 당하는 것 역시 수치일 수 있었습니다. 그리고 어느 날 느닷없이 들이닥친 유대인 패거리에게 붙잡혀, 마치 죄인처럼 공개적으로 법정에 끌려간 것은 더 큰 수치일수 있었습니다. 그러나 바울은 그런 것을 조금도 수치로 여기지 않았습니다.만약 바울이 그런 것을 수치로 여겼던들 그는 복음의 증인으로 살기를 벌써포기하고 말았을 것입니다.

1차 전도 여행 중 비시디아 안디옥을 방문한 바울은 그를 시기한 그곳의유대교 지도자들에 의해 회당에서 쫓겨난 것도 모자라, 그들의 모함으로 아예 그 도시에서 추방당하지 않았습니까? 루스드라에서는 돌팔매질을 당해쓰러진 바울을 사람들이 죽은 줄 알고 성문 밖에 내다 버리지 않았습니까?2차 전도 여행을 다시 시작한 바울은 빌립보에서도 개가 끌려가듯 법정으로 끌려가 태형을 당하고, 두 발에 차꼬가 채워진 채 지하 감방에 내던져지기까지 하지 않았습니까? 그럼에도 바울이 포기하지 않고 아테네를 거쳐 고린도까지 찾아간 것은, 그런 수모가 그에게는 피해야 할 수치가 전혀 아니었기 때문입니다. 그에게 있어 수치는 "내가 복음을 전할지라도 자랑할 것이없음은 내가 부득불 할 일임이라. 만일 복음을 전하지 아니하면 내게 화가있을 것이로다"(고전 9:16)라는 그의 고백처럼, 멀쩡하게 두 손발이 움직이는데도, 입을 열어 말할 수 있는데도, 죽음의 구렁텅이에서 자신을 구원해 주신 주님의 증인으로 살지 않는 것이었습니다. 그래서 그는 주님의 영원한 증인이 되기 위해 목이 떨어져 죽는 참수형의 수치도 개의치 않았고, 그 결과그는 주님 안에서 영원한 사도로 영원히 살아 있습니다.

반면에 소스데네는 정반대의 인간이었습니다. 그는 인간의 외적 수치, 육체적 수치를 반드시 피해야 할 수치로 간주하였습니다. 그는 바울에게 공개적인 수치를 가함으로 바울을 완전히 파멸시킬 수 있다고 믿었습니다. 그러나 역설적이게도 그 자신이 갈리오 총독과 유대인들의 방관 속에서 분노한 고린도 시민들에게 집단 폭행당함으로써, 그가 수치라 믿었던 수치 속에서 그 자신이 수치스럽게 파멸하고 말았습니다. 만약 그가 그 이후에 회개하지 않았다면, 그는 이 세상을 떠난 뒤 하나님 심판대에서 더 무서운 수치를 당하였을 것입니다.

인간이 수치로 여기는 것과, 주님께서 수치로 간주하시는 것은 근본적으로 다릅니다. 그 분별은, 우리를 위해 벌거숭이로 십자가 수난의 수치를 개의치 않으셨던 예수 그리스도 앞에서만 가능합니다. 무엇이 수치이고 무엇이 수치가 아닌지 바르게 분별할 때에만, 우리는 세상의 수치 속에서도 십자가의 사명을 완수하는 영광을 입을 수 있습니다.

크리스천 기업인이 자기 기업을 통해 복음의 정신을 구현하느라, 넉넉지 못한 여건 속에서 늘 허덕이며 사는 것은 수치가 아닙니다. 그러나 크리스천 기업인이 신앙 양심을 저버리면서까지 돈 자체를 생의 목적으로 삼는다면, 그것은 크리스천 기업인의 수치입니다. 크리스천 정치인이 바른 정책 제시와 준법 선거운동으로 최선을 다하고서도 낙선하는 것은 수치가 아닙니다. 그러나 크리스천 정치인이 단순히 더 많은 표를 얻기 위해 실현 불가능한 공약으로 국민을 선동하고 그 결과로 국가 재정을 파탄 낸다면, 그것은 크리스천 정치인의 수치입니다. 지난 3월 20일 양화진문화원이 주최하는 목요강좌 시간에는, 그날의 강사였던 김영란 전 대법관이 의미 있는 도표를 보여 주었습니다. 그분이 위원장으로 재직했던 국민권익위원회가 2012년에 실시한 '우리나라 공직 사회가 부패했다고 생각하느냐?'는 설문 조사의 결과를 보여 주는 도표였습니다. 그 도표에 의하면 응답자 가운데 일반인의 42.4퍼센트, 외국인 16.8퍼센트, 기업인 36퍼센트가 우리 공직자들은 부패했다고 응답했습니다. 그러나 정작 당사자인 공직자들은 단 1.7퍼센트만 공직 사회가 부패했다고 답했습니다. 국민들은 공직자의 부패를 단지 뇌물 수수에만 국한하지 않고 불공정·불투명·이익충돌·연고온정주의·알선 및 청탁·접대 문화 등으로 광범위하게 인식하고 있는 반면, 공직자들은 전혀 그렇게 생각하지 않는 것으로 나타난 것입니다. 크리스천 공직자가 자신이 맡은 공직에 대해 주님 앞에서 늘 자신의 부족함을 느끼는 것은 수치가 아닙니다. 그러나 크리스천 공직자가 절반 가까운 국민이 공직 사회가 부패했다고 응답한 설문 조사를 자신과 무관하게 받아들인다면, 그것은 크리스천 공직자의 수치입니다. 크리스천 지성인이 침묵해야 할 때 침묵하는 것은 수치가 아닙니다. 그러나 침묵해서는 안 될 때 비굴하게 침묵하는 것은 크리스천 지성인의 수치입니다. 크리스천이 하나님의 말씀대로 살려다가 수모를 겪고 모함 당하는 것은 크리스천의 수치가 아닙니다. 크리스천에게 가장 큰 수치는, 구원받은 하나님의 자녀라면서도 하나님의 말씀과는 무관한 선데이 크리스천으로 살아가는 것입니다.

사순절은 우리를 위해 주님께서 벌거숭이로 당하신 십자가 고난을 묵상하며, 구원받은 크리스천답게 살지 못한 우리의 삶을 바르게 추스르는 참회의 절기입니다. 우리 모두 사순절 다섯째 주일을 맞아, 그동안 구원받은 크리스천으로서 수치가 아닌 것을 수치로 오인하고 수치를 수치가 아닌 것으로 착각하며 살아왔던 우리의 어리석음과 무지를 회개하십시다. 우리가 수치가 아닌 것을 수치로 여기면서 무시로 주님을 외면한다면, 우리는 언젠가 반드시 소스데네처럼 파멸의 수치를 당하고 말 것입니다. 그러나 바울처럼 세상 사람들이 수치라 말하는 것을 주님을 위해 개의치 않는다면, 우리가 수치를 당할수록 그 수치는 주님 안에서 영광의 훈장으로 승화될 것입니다. 우리를 위해 벌거숭이로 십자가 죽음의 수치를 개의치 않으셨던 주님께서, 사망의 권세를 깨뜨리고 영원히 부활하신 그리스도시기 때문입니다.

사순절 다섯째 주일을 맞이하여, 나를 위해 속죄의 제물 되어 주신 십자가의 주님을 바라봅니다. 그리고 히브리서 12장 2절 말씀을 나의 심령 속에 새깁니다.

"믿음의 주요 또 온전하게 하시는 이인 예수를 바라보자. 그는 그 앞에 있는 기쁨을 위하여 십자가를 참으사 부끄러움을 개의치 아니하시더니, 하나님 보좌 우편에 앉으셨느니라."

주님께서 나를 위해 벌거숭이 십자가의 수치를 개의치 않으셨으니, 나도 주님 위해 당하는 수치를 개의치 않게 해주십시오. 수치와 수치 아닌 것을 바르게 분별함으로, 어떤 상황 속에서든 주님의 바른 통로로 쓰임 받게 해주십시오. 진리를 위한 수치를 두려워하지 않는 우리로 인해 우리의 가정과 이 사회와 이 땅의 교회가, 날로 반듯하게 세워져 가게 해주십시오. 아멘.

33. 일찍이 서원이 있었으므로 고난 주일

사도행전 18장 18절
바울은 더 여러 날 머물다가 형제들과 작별하고 배 타고 수리아로 떠나갈새 브리스길라와 아굴라도 함께하더라 바울이 **일찍이 서원이 있었으므로** 겐그레아에서 머리를 깎았더라

오늘 본문인 18절은 "바울은 더 여러 날 머물다가"라고 시작하고 있습니다. 우리말에 기간을 나타내는 표현으로 '여러 날', '여러 주간', '여러 달'이 있습니다. 따라서 '여러 날'이라면 통상 일주일 미만의 기간을 의미합니다. 하지만 우리말 '여러'라고 번역된 헬라어 '히카노스$ik\alpha\nu\acute{o}\varsigma$'는 '충분한' 혹은 '충분하게 많은'을 뜻하는 형용사입니다. 바울을 집요하게 괴롭히고 배척하던 회당장 소스데네가 유대인들을 동원하여 바울을 기습적으로 붙잡아 법정으로 끌고 가 고발하였다가, 도리어 소스데네 자신이 분노한 고린도 시민들에게 집단 폭행당하는 사건이 일어나지 않았습니까? 그 사건 이후에도 바울

은 충분하게 긴 기간 동안 고린도에 계속 머물렀습니다. 그러나 상황은 예전과는 판이하게 달랐습니다. 그 사건 이전에는 바울이 유대인들로부터 지속적으로 괴롭힘을 당했지만, 그 이후에는 바울은 그 누구의 제지도 받지 않고 자유롭게 복음을 전할 수 있었습니다. 바울이 고린도에서 유대인들의 집요한 배척과 괴롭힘, 그리고 억울한 모함과 고발을 당한 결과는 예상치 못한 복음 전도의 자유로 귀결되었습니다. 하나님의 섭리는 이렇듯, 언제나 인간의 상상을 초월하고 신비롭기만 합니다.

18절 상반절을 보시겠습니다.

> 바울은 더 여러 날 머물다가 형제들과 작별하고 배 타고 수리아로 떠나갈 새 브리스길라와 아굴라도 함께하더라.

11절의 증언처럼 바울이 고린도를 찾아간 지 1년 6개월이 되어 고린도 교회의 자생력이 확립되었다고 판단되자, 바울은 자신의 2차 전도 여행을 마무리 짓고 자신의 목회 본거지인 수리아의 안디옥으로 귀환하기 위해 귀로에 올랐습니다. 본문에는 나타나 있지 않지만 이 이후 사도행전의 전개 내용으로 보아, 이때 바울의 동역자인 실라와 디모데도 바울과 동행한 것으로 보입니다. 그리고 아굴라 부부 역시 바울 일행을 따라 고린도를 떠났습니다.

아굴라 부부는 이미 우리가 잘 알고 있는 바와 같이 혈혈단신 고린도를 찾은 바울에게 숙식을 제공하며, 바울이 고린도에서 1년 6개월 동안 복음을 전할 수 있도록 결정적으로 도운 조력자들이었습니다. 천막 제조업자였던 아굴라 부부의 사업장은 본래 제국의 수도 로마에 있었습니다. 그러나 주후 49년 로마에 거주하던 유대인들이 대규모의 폭동을 일으키자 황제 클라우디우스는 이듬해 초까지, 로마에 거주하는 유대인들 가운데 로마 시민권을 갖지 못한 유대인들을 모두 로마에서 추방해 버렸습니다. 그때 로마에서 추방당한 아굴라 부부가 새롭게 정착한 곳이 고린도였습니다. 그 직후에 바울이 아무 연고도 없는 고린도를 홀로 찾아갔고, 천막 제조 기술을 보유하고 있던 바울은 천막 제조업자 아굴라 부부를 만나 그들을 도우며 그들의 집에서 숙식을 해결하였습니다. 바울이 고린도 체류 1년 6개월 만에 오늘의 본문에서 고린도를 떠날 즈음에는, 사도행전 18장 2절을 살펴볼 때 말씀드렸던 것처럼, 주후 51년 4월에 고린도지협에서 개최되었던 이스트미아 경기대회의 특수를 톡톡히 누린 아굴라 부부의 천막 제조 사업이 고린도에서 탄탄하게 뿌리내렸을 때였을 것입니다. 그럼에도 아굴라 부부는 고린도에서 계속 자신들의 사업을 확장하려 하지 않고, 고린도를 떠나는 바울의 동역자로 미련 없이 바울을 따라나섰습니다. 1년 6개월 동안 바울과 함께 지내면서 바울이 전해 준 복음 덕분에 아굴라 부부의 인생관이 변한 결과였습니다. 인생의 참된 의미가 무엇이고, 인생의 참된 목적이 무엇인지를 바르게 터득한 것이었습니다.

그리스도인이 된다는 것은 이처럼 인생관이 새로워지는 것을 뜻합니다. 영원한 생명이신 주님을 인생의 주인으로 모시고 산다면서도 여전히 세상의 유한한 것들을 생의 목적으로 삼는 세속적 가치관에서 헤어 나오지 못하고 있다면, 그 사람은 주일마다 교회에 다니는 교인일 뿐 주님을 믿는 신자는 아닙니다. 우리가 육체를 지니고 살아가는 한 이 세상의 것들도 필요하고 또 중요합니다. 그러나 영원을 믿는 그리스도인에게 이 세상의 것들은 수단이요 도구일 뿐, 결코 생의 목적일 수는 없습니다. 아굴라 부부는 그 사실을 분명하게 깨달은 참된 그리스도인이요, 이 세상 그 무엇에도 속박당하지 않는 진정한 자유인이었습니다. 그들이 하나님의 말씀인 성경에 위대한 사도 바울의 동역자로 기록되는 영광을 입은 것은 결코 우연의 결과가 아니었습니다.

여기에서 주목할 것은, 본문에 남편 아굴라의 이름보다 아내 브리스길라의 이름이 먼저 기록되어 있다는 점입니다. 유대인들의 이름은 순서가 서열을 의미했습니다. 이를테면 이름이 먼저 불리거나 기록된 사람이 그 뒤에 이름이 나오는 사람보다 나이가 더 많거나, 직책이 더 높거나, 더 중요한 사람이었습니다. 그러나 역시 사도행전 18장 2절을 설교할 때 말씀드렸듯이, 성경에 아굴라와 브리스길라 부부의 이름이 연이어 등장할 때 남편 아굴라의 이름이 먼저 등장한 경우는 단 한 구절뿐이지만, 아내의 이름인 브리스가 혹은 그녀의 애칭 브리스길라가 먼저 기록된 구절은 오늘 본문을 포함하여 네 구절이나 됩니다. 그것은 극히 이례적인 일이었습니다. 당시 가부장적인 유대 사회에서 남편의 이름이 아내의 이름보다 반드시 앞선다는 것은 그 누구도 뒤집을 수 없는 불문율이었습니다. 소위 민주 사회를 이루고 있다는 오늘날에도, 선진국에서조차 남편의 이름을 당연한 듯 아내보다 앞세우지 않습니까?

　그렇지만 2천 년 전에 기록된 오늘의 본문에는 아내 브리스길라의 이름이 남편 아굴라의 이름보다 먼저 기록됨으로써, 성경은 아내 브리스길라의 믿음이 남편 아굴라의 믿음보다 더욱 출중했음을 강조하고 있습니다. 고린도를 혈혈단신으로 찾은 바울에게 아굴라 부부가 자신들의 집을 제공한 것도, 새로 이주한 고린도에서 사업적 기반을 탄탄하게 확립한 그들이 미련 없이 고린도를 포기하고 바울의 동역자로 따라나선 것도, 다음 주일에 살펴보겠습니다만 그들이 바울의 지시에 따라 복음의 미개척지인 에베소에서 복음의 통로가 된 것도, 로마서 16장 4-5절의 증언처럼 그 이후 수도 로마로 귀환하여 자신들의 집을 가정교회로 일군 것도, 심지어 위험에 처한 바울을 지키기 위해 자신들의 목숨까지 걸었던 것도, 모두 아내 브리스길라의 주도로 이루어진 일이었습니다. 그렇다고 남편 아굴라가 형편없는 사람이었던 것은 아닙니다. 아굴라는 영적으로 자신보다 앞선 아내 브리스길라를 탓하거나 제동을 걸기는커녕, 매사에 아내를 적극적으로 도왔습니다. 그것은 남편 아굴라의 영적 그릇이 그만큼 컸음을 뜻합니다. 그 결과 브리스길라와 아굴라는 주님 안에서 두 몸이 아니라 명실공히 한 몸을 이룬, 진정한 믿음의 부부로 살아갈 수 있었습니다.

하나님께서 남자를 먼저 만드신 다음, 남자를 돕는 배필로 여자를 만드시고, 남자와 여자가 한 몸을 이루게 하시지 않았습니까? 이것은, 남자는 여자의 바른 도움 없이는 자신의 인생을 완성할 수 없음을 뜻한다고 했습니다. 따라서 여자가 남자를 바르게 돕지 못하는 것은 남자의 인생만 망치는 것이 아니라, 남자와 한 몸을 이룬 자기 자신의 인생을 스스로 망치는 짓이라고도 했습니다. 잠언 14장 1절이 한 집안 혹은 한 나라의 흥망성쇠가 여자에게 달려 있음을 강조하고, 열왕기서가 왕들의 어머니 이름을 의도적으로 밝히는 등, 성경이 여자의 중요성을 누누이 역설하는 이유가 여기에 있습니다.

요즈음 우리나라는 성형 왕국에 패션 왕국이라 불릴 정도로 많은 여성들이 외모에 신경 쓰고 있습니다. 아름다움을 추구하는 것은 여성의 특성이긴 하지만, 잊지 말아야 할 중요한 사실이 있습니다. 하나님의 말씀에 의하면 한 집안을 지키고 한 나라를 견고하게 세우는 것은, 여성의 외적 미모가 아니라 여성의 바른 믿음이라는 사실입니다. 지혜의 책인 잠언서 마지막 장 마지막 절은 여성에 대한 증언으로 끝납니다.

> 고운 것도 거짓되고 아름다운 것도 헛되나 오직 여호와를 경외하는 여자는 칭찬을 받을 것이라 그 손의 열매가 그에게로 돌아갈 것이요 그 행한 일로 말미암아 성문에서 칭찬을 받으리라(잠 31:30-31).

지혜가 무엇인지 아십니까? 외적 고움과 아름다움은 거짓되고 헛됨을 아는 것입니다. 아무리 곱고 아름다운 외모도 세월이 흐르면 어쩔 수 없이 이지러지고 쇠하지 않습니까? 영원하지 않은 것은 그 무엇이든 실은, 지금 이순간에도 현재진행형으로 이지러지고 있는 중이기에 거짓되고 헛될 수밖에 없습니다. 오직 영원하신 하나님의 말씀만이 영원히 참되고 곱습니다. 그래서 여호와를 경외하는 여자는 반드시 하나님의 칭찬을 받습니다. 그 여자는 하나님의 말씀으로 자신의 집과 사회를 바로 세우는, 그 영혼이 참되고 고운 하나님의 통로이기 때문입니다.

오늘날 가치관의 혼돈과 법질서의 실종 속에 우리 사회는 참으로 어지럽습니다. 누구나 사익만을 꾀할 뿐 공익을 위해 헌신하거나 희생하려 하지 않습니다. 그 피해는 고스란히 국민 모두에게, 다시 말해 바로 자기 자신에게 돌아갈 것은 불을 보듯 뻔한 일입니다. 우리 사회는 지금 그 어느 때보다도 브리스길라를 필요로 하고 있습니다. 외적 미모보다 하나님의 말씀으로 자신의 영혼을 아름답게 가꿀 줄 아는 참되고 고운 브리스길라만 아내의 자리와 어머니의 자리를 바르게 지키면서, 자신의 집안과 이 사회를 바르게 세울 수 있습니다.

18절 하반절은 다음과 같이 이어지고 있습니다.

바울이 일찍이 서원이 있었으므로 겐그레아에서 머리를 깎았더라.

수리아의 안디옥을 향해 귀로에 오른 바울은, 일행과 함께 배를 타기 위해 고린도의 외항 겐그레아로 갔습니다. 그리고 바울은 그곳에서 일찍이 서원이 있었으므로 머리를 깎았습니다. 언뜻 우리말로만 보면 바울이 무슨 서

약을 위해 삭발했다는 말처럼 여겨집니다. 우리나라에는 무슨 서약을 하거나 결심을 실행할 때 삭발을 단행하는 관습이 있습니다. 그러나 유대인들은 그 반대였습니다. 바울에게 '일찍이 서원이 있었다'는 것은 바울이 고린도에서 '나실인의 서약'을 했다는 말입니다. 히브리어 동사 '나지륵ᆨᆨ'는 '구별하다'라는 의미로서, '나실인의 서약'은 남자든 여자든 일정 기간 동안 자기 자신을 하나님께 구별하여 드리는 서약입니다.

구약성경 민수기 6장에는 '나실인의 서약'을 한 사람들이 지켜야 할 준수 사항들이 열거되어 있습니다. 그 첫 번째가 독주는 말할 것도 없고 포도주도 마시지 않는 것이었습니다. 유대인들에게 포도주는 반드시 음주와 관련된 술만을 의미하지 않았습니다. 대부분의 물이 석회수인 팔레스타인에서 포도주는 물의 대용품이기도 했습니다. 그러므로 유대인들이 그들의 주식主食인 빵으로 식사하며 포도주를 마시는 것은 우리나라의 반주飯酒 개념이 아니라, 식탁에 반드시 수반되어야 할 우리의 물의 개념이었습니다. '나실인의 서약'을 한 사람은 서약 기간 내내 희뿌연 석회수를 마실지언정 포도주를 입에 대지 않았습니다. 자기 자신을 일반인과 구별하여 하나님께 온전히 드리기 위함이었습니다. 그리고 두 번째 준수 사항은 머리에 칼을 대어 머리카락을 자르지 않는 것이었습니다. 유대인들에게 머리는 심장과 함께 생명의 상징이었습니다. '나실인의 서약'을 한 사람이 머리에 칼을 대지 않는 것 역시 자신의 생명을 하나님께 온전히 드리기 위함이었습니다. 따라서 '나실인의 서약'을 한 사람은 남자든 여자든 서약 기간 동안에는 머리가 장발이 될 수밖에 없었고, 서약 기간이 끝난 다음에야 칼로 머리를 단정하게 자를 수 있었습니다.

'바울이 일찍이 서원이 있었으므로 겐그레아에서 머리를 깎았다'는 것은 고린도에서 '나실인의 서약'을 하여 머리에 칼을 댈 수 없었던 바울이, 서약 기간이 끝나 고린도를 떠나면서 겐그레아에서 배를 타기 직전에 1년 6개월 동안 장발로 자란 머리를 단정하게 잘랐음을 의미합니다. 바울이 고린도에서 '나실인의 서약'을 한 것은 혈혈단신 찾아간 고린도에 주님께서 자신을 위해 이미 브리스길라와 아굴라 부부를 예비해 두셨음을 확인하고, '먼저 가시는 하나님'의 은혜에 감사하면서 주님께 자신을 더욱더 온전히 드리기 위함이었음은 쉽게 짐작할 수 있습니다.

이와 같은 사실은 우리에게 대단히 중요한 깨달음을 안겨 주고 있습니다. 교회를 짓밟던 바울은 다메섹 도상에서 자신이 부정하던 예수 그리스도에게 사로잡히는 순간부터 주님께 자신을 바친 사람이었습니다. 그래서 오늘날의 터키 땅인 수리아의 안디옥에서부터 두 차례에 걸친 전도 여행으로 유럽 대륙의 고린도에 이르기까지, 바울은 유대인들의 온갖 박해와 모함 심지어는 죽음의 돌팔매질 속에서도 주님의 증인이 되기 위해 자신을 온전히 던졌습니다. 그런 바울이라면 새삼스럽게 '나실인의 서약'은 불필요할 것 같습니다. 그런데도 바울은 고린도에 체류하면서 '나실인'으로 1년 6개월 동안 머리를 자르지 않았을 뿐 아니라, 포도주를 입에 대지도 않았습니다. 무려 1년 6개월 동안 하루 세 끼 식사 시간에 빵을 맹물로만 먹은 것입니다. 오늘날 햄버거는 탄산수와 함께 먹는 것이 상식입니다. 햄버거를 맹물과 함께 먹는 사람은 찾아보기 어렵습니다. 더욱이 1년 6개월 동안 햄버거를 맹물과만 먹는 사람은 지구상에 단 한 사람도 없을 것입니다. 2천 년 전 빵을 포도주와 함께 먹는 것은 팔레스타인과 서방 세계의 식문화였습니다. 그곳의 물이 석회수였기 때문입니다. 그렇지만 바울은 1년 6개월 동안 빵을 맹물로만 먹었습니다. 바울이 마셨던 물은 우리의 지하수와 같은 청정수가 아니었습니다. 보기에도 희뿌연 석회수였습니다. 그 석회수가 위장에 좋을 리 없었습니다. 그러나 바울은 자신을 구원해 주시고 신묘막측한 은혜로 자신과 함께해 주시는 주님께 자신을 더욱더 온전히 드리기 위해, 고린도에서 매일 희뿌연 석회수만 마셨습니다.

바울이 고린도에서 그렇듯 '나실인의 서약'을 한 것은 주님을 위해서가 아니었습니다. 바로 자기 자신을 위해서였습니다. 일정한 기간 동안 자신을 '나실인'으로 구별하여 주님께 온전히 드리는 것은, 자신의 영적 수준을 높이고 깊이를 심화시키는 지름길입니다. 그래서 바울의 동역자이자 영적 아들이었던 디모데도 바울에게 배운 대로 살았습니다. 바울은 그의 말년에 에베소 교회의 책임자였던 디모데에게 쓴 편지인 디모데전서 5장 23절에서, "이제부터는 물만 마시지 말고 네 위장과 자주 나는 병을 위하여는 포도주를 조금씩 쓰라"고 디모데에게 권면했습니다. 디모데가 자신을 온전히 구별하여 주님께 나실인으로 드리기 위해 희뿌연 석회수만 마시다가 그만 속을 버린 것이었습니다. 바울은 그와 같은 디모데의 삶을 부정하지 않았습니다. 바울은 디모데의 구별된 삶을 존중하면서, 단지 그의 속병을 위해 '포도주를 조금씩 쓰라'고 권했습니다. 다른 사람들처럼 포도주를 육체의 즐거움을 위해 마시라는 것이 아니라, 속병을 다스리는 약으로 포도주를 조금씩 사용하라는 의미였습니다. 위대한 사도 바울과 디모데에게도 이처럼 영적 도약을 위한 '나실인의 서약'이 필요했다면, 하물며 우리처럼 연약한 믿음의 소유자야 두말해 무엇하겠습니까?

오늘은 예수님께서 십자가에서 당하신 고난을 기리는 고난 주일입니다. 예수님께서 당신의 죄로 십자가의 고난을 당하신 것이 아니었습니다. 성자 하나님이신 예수님께서는 거룩하신 하나님 앞에서 죄의 삯은 사망이기에, 죄로 인해 죽을 수밖에 없는 우리의 죗값을 대신 치르시는 속죄의 제물이 되시기 위해 그 참혹한 십자가 죽음의 고난을 당하셨습니다. 여러분은 이 사실을 정녕 믿고 계십니까? 나를 위해 예수님의 가슴팍이 로마 군병의 채찍질에 갈가리 찢어지고, 예수님의 머리가 가시관에 터지고, 예수님의 손과 발이 대못에 박혀 선혈이 낭자하게 흐르고, 예수님의 허리가 로마 군병의 창에 찔려 마지막 한 방울의 피와 물까지 남김없이 다 쏟으시고 돌아가셨기에, 내가 마음과 머리와 손과 발 그리고 썩어 문드러질 나의 몸뚱이로 지은, 도저히 용서받을 수 없는 나의 모든 죄가 깨끗하게 씻음 받았음을 진정으로 믿으십니까? 이 사실을 믿는다면서도 올해 역시 단지 입의 고백으로만 그치시겠습니까? 그래서야 올해의 고난 주일도 연중행사로만 그칠 뿐, 우리의 신앙은 또 한 번의 고난 주일을 맞고서도 그 어떤 진보도 이룰 수 없지 않겠습니까?

이번 고난 주일에는 하나님께서 우리를 위해 2천 년 전부터 예비해 두셨던 오늘의 본문 말씀 앞에서, 우리 모두 우리를 위해 십자가 죽음의 고난을 자취自取하신 주님께 우리 자신을 온전히 구별하여 드리는 '나실인의 서약'으로, 우리 믿음의 수준을 한 단계 끌어올리십시다. 남자들은 희뿌연 석회수를 마실지언정 그리스도인으로서 자신의 삶 속에서 금해야 할 것, 아직 끊어 내지 못한 것을 과감하게 도려내고, 그리스도인으로서 행하여야 할 것은 반드시 행하는 바울이 되십시다. 끊어야 할 것을 끊지 못해 고작 은 30냥과 주님을 맞바꾸었던 가룟 유다의 어리석음을 다시는 되풀이하지 마십시다. 여자들은 고운 것도 거짓되고 아름다운 것도 헛됨을 알아 외적 미모보다 하나님의 말씀으로 자신의 영혼을 아름답게 가꾸어, 자신의 가정과 이 세상을 주님의 생명으로 감싸 안는, 그 영혼이 참되고 고운 믿음의 어머니 브리스길라가 되십시다. 어떤 경우에도 먹음직도 하고 보암직도 하고 지혜롭게 할 만큼 탐스럽게도 보이는 선악과의 겉모양에 현혹되어 자신과 남편을, 자신의 가정과 자기 시대를, 나아가 후손의 삶까지 파멸시킨 미련한 하와가 되지는 마십시다.

우리의 가정과 사회 그리고 이 땅의 교회는 우리의 믿음이 진보하는 것만큼만 새로워집니다. 우리의 믿음이 진보한다는 것은 우리 자신을 온전히 구별하여 주님께 나실인으로 드리는 것이요, 우리 자신을 주님께 나실인으로 드리면 드릴수록 주님의 부활의 생명이 우리를 통로로 삼아 더 크게 역사하시기 때문입니다. 주님의 고난과 부활은 상징이나 구호가 아니라, 참생명에 의한 참생명의 실체적 역사였습니다. 그래서 우리를 위한 속죄의 제물로 고난당하신 십자가의 주님께 자신을 드리는 사람의 삶 속에만, 죽음을 깨뜨리는 찬란한 부활의 여명이 밝아 옵니다.

주님 고난당하셨기에, 추악한 나의 죄가 사함 받았습니다. 주님 날 위해 죽으셨기에, 죽었던 내가 살았습니다. 주님 흘리신 십자가 보혈 속에서, 나의 사지백체가 새로운 피조물이 되었습니다. 그러므로 이제부터 나의 머리나 마음으로 계획해서는 안 될 것을 계획하지 않고, 나의 입으로 삼키거나 내뱉지 말아야 할 것을 삼키거나 내뱉지 않고, 나의 손으로 잡아서는 안 될 것을 잡지 않고, 나의 발로 가서는 안 될 곳을 가지 않고, 나의 몸뚱이로 행해서는 안 될 것을 행하지 않는 나실인으로 살아가도록 도와주십시오. 나의 삶을 온전히 구별하여 주님께 드리고 주님의 말씀으로 나의 영혼을 참되고도 곱게 가꾸어, 어떤 상황 속에서든 그리스도인으로서 행하여야 할 것을 반드시 행하는, 이 시대의 바울과 브리스길라가 되게 해주십시오. 그리하여 우리의 삶을 통해 우리의 가정과 사회 그리고 이 땅에 날마다 부활의 역사가 일어나게 해주십시오. 아멘.

34. 에베소에 와서 ^{부활 주일}

사도행전 18장 18-19절

바울은 더 여러 날 머물다가 형제들과 작별하고 배 타고 수리아로 떠나갈새 브리스길라와 아굴라도 함께하더라 바울이 일찍이 서원이 있었으므로 겐그레아에서 머리를 깎았더라 **에베소에 와서** 그들을 거기 머물게 하고 자기는 회당에 들어가서 유대인들과 변론하니

나흘 전 진도 앞바다에서 일어난 세월호 침몰 사고로, 제주도로 수학여행 가던 안산 단원고등학교 2학년 학생들을 포함하여 수많은 사상자와 실종자가 발생하였고, 선체는 여전히 바닷속에 침몰 상태 그대로 있습니다. 이 시간 우리 모두 한마음으로 희생자와 가족들에게 주님의 위로와 은총이 함께하시기를, 구조 작업이 원활하고도 조속하게 이루어지기를, 선체 속에 생존자가 있다면 꼭 살아서 구조되기를, 그리고 악조건 속에서 최선을 다하고 있는 구조대원들에게도 더 이상 희생자가 나오지 않도록 힘과 지혜를 더해 주시기를, 잠시 주님께 침묵으로 함께 기도드리시겠습니다.

지난 3월 20일에 있었던 일입니다. 그날은 고대안암병원에서 혹 제 몸속에 암이 재발하지는 않았는지, 뼈나 림프에 전이되지는 않았는지 정기검사를 받는 날이었습니다. 검사 결과는 모두 정상이었습니다. 그날 오전에 영상의학과에서 X-ray와 CT 촬영을 끝낸 뒤 뼈 사진 촬영을 위해 핵의학과로 갔습니다. 뼈 사진 촬영을 위해서는 제 정맥 속에 방사선의약품을 주사해야 하는데, 사용하는 주삿바늘이 일반 주삿바늘보다 훨씬 굵었습니다. 그래서 주사를 맞은 뒤 주삿바늘이 들어갔던 혈관을 10분 동안 소독솜으로 눌러 지혈해야 했습니다. 일반적으로 혈관주사를 맞았을 때 3분에서 5분간의 지혈 시간이 필요한 것과 비교하면, 방사선의약품 정맥주사의 경우 두 배의 지혈 시간이 필요한 셈이었습니다.

제가 오른쪽 손목에 방사선의약품 정맥주사를 맞고 대기실 의자에 앉아 왼손 엄지손가락으로 혈관을 지혈하고 있는데, 80대로 보이는 할머니 한 분은 저와 똑같은 주사를 왼편 손목에 맞으시고 제 옆자리에 앉아 오른손 엄지로 지혈을 시작하셨습니다. 그 할머니도 방사선 의약품 정맥주사를 맞으셨다는 것은 그분 역시 암환자임을 의미했습니다. 하지만 얼마 지나지 않아 할머니의 손목을 타고 피가 주르르 흘러내렸습니다. 할머니가 주삿바늘이 들어갔던 혈관이 아닌 다른 곳을 잘못 누르고 계셨던 것입니다. 그러자 50대 초반으로 보이는 할머니의 아들이 어디를 누르고 있었냐며 할머니를, 아니 자기 어머니를 꾸짖었습니다. 늙은 어머니는 큰 죄라도 지은 듯 아무 말도 못 했습니다. 아들은 어머니의 손에서 소독솜을 빼앗다시피 하여 어머니 손목의 혈관을 자신의 엄지로 직접 눌렀습니다. 아들이 얼마나 억세게 눌렀는지, 늙은 어머니는 몸을 뒤로 빼면서 아프다고 했습니다. 그러나 아들은 통명스럽게 가만히 계시라며 어머니의 손목을 계속 눌렀습니다.

이윽고 할머니의 손목에서 지혈은 끝났지만, 손목 주위의 핏자국은 그대로 남아 있었습니다. 아들은 어머니의 손목에서 지혈을 끝낸 것으로 할 일을 모두 마쳤다는 듯이 보였습니다. 그 상황을 지켜보던 제 아내가 소독솜으로 할머니 손목 주위의 핏자국을 정성스럽게 닦아 드리고, 아들로 하여금 밴드를 받아 오게 해서 주삿바늘 자리에 붙여 드렸습니다. 할머니는 제 아내가 당신 손목 주위의 핏자국을 닦아 드리고 밴드를 붙여 드리는 내내 눈물을 흘리며 우셨습니다. 그리고 계속 눈물을 흘리시며 제 아내에게 감사하다고 허리를 90도로 굽혀 인사하시고, 아들과 함께 자리를 뜨셨습니다. 그 할머니는 아마도 당신을 타박하는 퉁명스러운 아들과 사시느라, 사랑과 정성을 담아 당신의 손을 잡아 주는 사람의 따스한 손길을 아주 오랜만에 느껴 보신 것 같았습니다.

그러나 저는 그 연로한 어머니로 하여금 제 아내 앞에서 눈물을 흘리게 만든 그분의 퉁명스러운 아들을 미워할 수가 없었습니다. 그 모자母子의 변변찮은 옷차림으로 보아 그분들이 경제적으로 매우 어려운 여건임은 한눈에 알 수 있었습니다. 특히 보기에 민망할 정도로 낡은 싸구려 점퍼를 입은 아들의 행색은 하루 벌어 하루 먹고 사는 일용직 근로자처럼 보였습니다. 그 빈궁한 아들에게는, 하루 벌이를 제쳐 놓고 암에 걸린 늙은 어머니를 모시고 병원을 찾았다는 것 자체가 효도였습니다. 초라한 행색의 나이 든 아들이 연로한 어머니를 홀로 모시고 병원에 왔다는 것은, 그 어머니에게는 당신과 병원에 동행할 딸이나 며느리가 없다는 의미 아니겠습니까? 그것이 사실이라면 비록 딸처럼 어머니에게 상냥하게 말하지는 못하고 어머니를 부드러운 손길로 잡아 드리지는 못할지언정, 그 초라한 행색의 아들이 나이 든 노모를 홀로 모시고 근근이 생계를 꾸려 가면서 암에 걸린 어머니를 큰 종합병원 핵의학과까지 모시고 온 것은 얼마나 큰 효도입니까? 그 아들은 빈궁할망정 암에 걸린 노모의 아들인 이상, 앞으로도 어머니 병수발의 십자가를 계속 져야 하지 않겠습니까? 그래서 그 아들을 미워할 수 없었습니다. 오히려 제 아내의 따스한 손길에 흐느껴 우시던 할머니—젊은 시절에는 거꾸로 당신의 아들을 위해 당신이 십자가를 지셨을 그 할머니와, 연로하고 병든 어머니를 위해 지금 십자가를 지고 있으면서도 어머니로 하여금 눈물을 흘리게 만든 퉁명스러운 아들, 그 어머니와 아들이 모두 한없이 가련하게만 보였습니다.

그날 점심시간에는 고대안암병원 구내식당에서, 지난 몇 년 동안 만나지 못한 어느 목사님 부부와 함께 식사하였습니다. 그 목사님은 병든 아버지를 더 이상 집에서 모실 수 없어 요양병원에 입원시켜 드렸습니다. 아버지는 당신을 좀더 일찍 좋은 병원에 입원시켜 주지 않았다고 목사님 부부에게 늘 불평을 터뜨렸습니다. 입원 이후 아버지의 상태가 다소 호전되었습니다. 목사님이 병원 원장을 만나 감사하다고 인사하자, 병원 원장이 오히려 의아해하며 목사님께 이렇게 말했습니다. "부모의 상태가 호전되었다고 감사 인사를 한 자식은 요양병원 개원 이후 목사님이 처음입니다." 요양병원에 입원한 부모의 상태가 호전될 경우 자식들이 기뻐하거나 감사하기보다는 도리어 부담스러워한다는 것입니다. 두말할 것도 없이 병원비를 그만큼 더 오래 부담해야 하는 경제적 부담 때문일 것입니다.

하지만 저는 그 말을 듣고서도, 요양병원에 입원한 부모의 호전을 선뜻 기뻐하지 못한다는 자식들을 미워할 수 없었습니다. 경제적으로 넉넉한 집안에서는 요양병원을 이용하지 않습니다. 부유한 사람들이 이용할 수 있는 최고급 노인시설들이 많기 때문입니다. 요양병원은 병든 아버지나 어머니를 집에서 더 이상 모시기에는 역부족이고, 그렇다고 고급 시설에 모실 수도 없는 서민들의 마지막 자구책입니다. 그나마 요양병원을 이용하지 못하는 서민들도 부지기수입니다. 요즈음처럼 경제적으로 어려운 시기에 서민들에게는, 매달 요양병원에 지불해야 하는 경비도 만만치 않습니다. 자식이 여럿 있다고 부모에 대한 의무를 균등하게 똑같이 지는 것은 아닙니다. 부모를 위해 다른 자식보다 더 많은 책임을 지는 자식도 있고, 아예 한 자식이 부모에 대한 책임을 전적으로 혼자 지는 경우도 허다합니다. 어떤 경우이든 매달 빠듯하게 살아가는 서민에겐 가벼운 일이 아니지만, 그것은 부모를 요양병원에 입원시킨 자식이 부모를 위해 져야 할 십자가입니다. 그래서 요양병원에 입원한 부모의 호전을 선뜻 기뻐하지 못한다는 자식들을 미워할 수 없었습니다. 자식 양육의 십자가를 졌던 자신을 좀더 좋은 시설에 넣어 주지 않고 요양병원에 입원시킨다고 불평하는 부모나, 지금 부모를 위해 십자가를 지면서도 부모의 호전은 선뜻 기뻐하지 못하는 자식이나, 그들 모두가 측은하게 여겨졌습니다.

그러나 이것은 단지 2014년 3월 20일 고대안암병원에서 제가 만난 가난한 할머니 모자, 그리고 목사님 부자만의 이야기인 것은 아닙니다. 유사 이래 인간의 삶은 겉모양만 다를 뿐, 인간은 모두 측은하고 가련한 존재입니다.

사람은 고생을 위하여 났으니 불꽃이 위로 날아가는 것 같으니라(욥 5:7).

'사명자반'에서 말씀드렸듯이 성냥불이든 횃불이든 혹은 화재 현장의 불이든, 모든 불의 불꽃은 반드시 위로 향합니다. 횃불 자루를 아래로 숙인다고 불꽃마저 아래로 내려가는 법은 없습니다. 어떤 경우이든 불꽃의 방향은 불의 열기로 인해 항상 위쪽입니다. 모든 불꽃이 위로 향하는 것이 자연의 법칙이듯, 인간이 고생을 위해 태어난 것 또한 자명한 이치입니다. 웃으며 태어나는 인간은 아무도 없습니다. 모든 인간은 울면서 태어납니다. 치열한 생존경쟁에서 이겨야 하고, 먹고살기 위해 하루에도 몇 번씩 자존심을 버려야 하며, 자식과 배우자와 부모와 세상에 대한 의무와 책임을 죽을 때까지 다 해야 합니다. 육체적이든 정신적이든 심적이든, 단 하루도 수고하고 고생하지 않는 날이 없습니다. 불교에서 인생을 '고해苦海'라 부르는 것은 참으로 적절한 표현입니다. 오죽했으면 모세 역시 시편 90편 10절을 통해, 인생이 자랑할 것은 오직 "수고와 슬픔뿐"이라고 탄식했겠습니까?

대체 왜 인생이 고해입니까? 불꽃이 반드시 위로 향하듯, 어쩌다가 인생이 수고와 고생과 슬픔을 피할 수 없게 되었습니까? 그것은 인간의 범죄로 인함입니다. 하나님께서 당신의 명령을 어기고 선악과를 따 먹은 아담과 하와에게 선포하셨습니다.

> 또 여자에게 이르시되 내가 네게 임신하는 고통을 크게 더하리니 네가 수고하고 자식을 낳을 것이며 너는 남편을 원하고 남편은 너를 다스릴 것이니라 하시고 아담에게 이르시되 네가 네 아내의 말을 듣고 내가 네게 먹지 말라 한 나무의 열매를 먹었은즉 땅은 너로 말미암아 저주를 받고 너는 네 평생에 수고하여야 그 소산을 먹으리라(창 3:16-17).

결국 아담과 하와의 죄성을 타고난 모든 인간이 고생과 수고의 삶에서 벗어날 수 없게 되었습니다. 부모는 부모대로, 자식은 자식대로, 남편은 남편대로, 아내는 아내대로, 부자는 부자대로, 가난한 사람은 가난한 사람대로, 상관은 상관대로, 부하직원은 부하직원대로, 이 세상 모든 인간은 저마다 고생과 수고의 무거운 십자가를 지고 살아갑니다. 그렇다고 누가 자기 고생을 알아줍니까? 자식이 자신을 위해 십자가를 졌던 부모의 고생을 모르고, 부모가 지금 자신을 위해 십자가를 지고 있는 자식의 수고를 모르는 판에,

누가 누구의 고생을 알아주겠습니까? 그래서 이 세상 모든 인간은 주님 없이는, 예외 없이 가련하고 측은하고 슬픈 존재에 지나지 않습니다.

바울이 고린도를 찾아간 지 1년 6개월이 되어 고린도 교회의 자생력이 확립되었다고 판단되자, 바울은 자신의 2차 전도 여행을 마무리 짓고 자신의 목회 본거지인 수리아의 안디옥으로 귀환하기 위해 귀로에 올랐습니다. 혈혈단신 고린도를 찾은 바울이 고린도에 정착할 수 있도록 바울에게 결정적인 도움을 주었던 천막 제조업자 브리스길라와 아굴라 부부도 바울의 동역자로 바울을 따라나섰습니다. 바울 일행은 배를 타기 위해 고린도의 외항 겐그레아로 갔고, 나실인의 서약 기간이 끝난 바울은 겐그레아에서 배를 타기 전에 서약 기간 동안 장발로 자란 머리를 단정하게 잘랐습니다. 본문 19절이 그 이후의 일을 전해 주고 있습니다.

에베소에 와서 그들을 거기 머물게 하고 자기는 회당에 들어가서 유대인들과 변론하니.

겐그레아에서 오늘날 터키 대륙 동남쪽에 위치한 수리아의 안디옥까지는 1천 킬로미터가 넘는 먼 거리였습니다. 옛날에는 그처럼 먼 거리를 직행하는 배가 없었습니다. 그 정도의 거리를 가려면 여러 도시에서 정박하면서 여러 번 배를 갈아타야 했습니다. 바울 일행이 겐그레아에서 동쪽으로 출항하는 배 가운데 가장 먼저 승선할 수 있었던 배는 에베소로 향하는 배였습니다.

오늘날 터키 대륙의 서쪽 해안에 위치한 에베소는 당시 로마제국의 행정구역인 아시아에서 가장 중요한 도시였습니다. 규모로는 제국의 수도 로마, 알렉산드리아, 수리아의 안디옥과 함께 로마제국 4대 도시에 들 정도였습니다.

동서남북으로 교통의 요충지였던 에베소에는 무역과 상업의 발달로 없는 것이 없었습니다. 오늘날 옛 로마제국의 어느 도시보다 잘 발굴되어 있는 에베소의 옛 유적지를 직접 찾아가 보면, 그 옛날 어떻게 그런 대규모의 도시를 건설할 수 있었는지 누구나 놀란 입을 다물지 못하게 됩니다. 특히 오늘 본문의 시기에 에베소에는, 주후 263년 고트족에 의해 파괴될 때까지 고대 세계의 7대 불가사의 중 하나였던 아데미신전이 있었습니다. 아데미는 오늘날 터키 대륙의 옛 이름인 아나톨리아의 사람들이 숭상하던 풍요와 다산의 여신으로, 아데미신전은 길이 130미터에 폭 67미터로 신전을 떠받드는 기둥만도 127개에 달했습니다. 오늘날까지 아테네의 아크로폴리스 위에서 위용을 자랑하고 있는 아테나 여신의 신전이었던, 그 유명한 파르테논신전은 길이 69.54미터에 폭 30.9미터 그리고 46개의 기둥으로 이루어져 있습니다. 그러므로 아데미신전은 길이와 폭이 그 웅장한 파르테논신전의 두 배였고, 크기는 무려 네 배에 달했습니다. 가히 고대 세계의 불가사의였습니다. 그 불가사의한 아데미신전에는 여사제들만도 수천 명에 달했고, 신전 노예들은 헤아릴 수 없이 많았습니다. 날이면 날마다 각지에서 아데미신전을 참배하려는 사람들이 에베소로 몰려들었고, 그 덕분에도 에베소는 매일 흥청거렸습니다. 그래서 에베소 사람들이 행복하고 그 마음속에 평안이 있었겠습니까? 그 반대였습니다. 에베소가 로마제국 4대 도시였다는 것은 그만큼 그곳 사람들의 삶이 각박했다는 말이요. 오늘날의 대도시 사람들처럼 2천 년 전 에베소의 사람들 역시 저마다 무거운 자기 십자가를 지고 고생과 수고의 삶을 살아가는, 측은하고 가련하고 슬픈 인생이었을 뿐입니다.

그 에베소에 바울 일행이 첫발을 내디뎠습니다. 대도시 에베소의 세련된 사람들 사이에서 바울은 볼품없는 외모였을 것입니다. 화려한 제복을 두르고 막강한 종교 권력을 휘두르는, 불가사의한 아데미신전의 제사장들에 비한다면 바울의 행색은 초라하기 짝이 없었을 것입니다. 그러나 바울의 에베소 상륙과 동시에, 가련하고 측은한 에베소 사람들 심령 속에 새로운 생명과 소망의 빛이 스며들기 시작했습니다. 죽음을 깨뜨리고 부활하신 주님께서 바울과 함께하셨기 때문입니다. 바울은 방문하는 도시에서마다 그랬던 것처럼, 에베소에서도 먼저 '회당에 들어가서 유대인들과 변론'하였습니다. 이것은 바울이 피의자의 입장에서 자신을 변론했다는 말이 아닙니다. 우리말 '변론하다'로 번역된 헬라어 동사 '디아레고마이'는 '강론하다', '설교하다'라는 의미입니다.

바울의 설교의 핵심은 언제나 '죄와 죽음으로부터 인간을 구원하시는 부활의 주님'이셨습니다. 20절을 보면 바울의 설교를 듣고 바울에게 '여러 사람이 더 오래 있기를 청'했습니다. 우리말 '여러 사람'이라 번역된 헬라어 '아우톤αὐτῶν'은 3인칭 복수형 대명사로서 '그들'을 의미합니다. 즉 바울로부터 복음을 전해 들은 사람들이 얼마나 감격했으면, 그들이 모두 바울에게 자신들과 함께 지내면서 좀더 오래도록 복음을 전해 주기를 요청했습니다. 일단 수리아의 안디옥으로 귀환하기로 한 바울은, 다음 시간에 상세하게 살펴보겠습니다만, 브리스길라와 아굴라 부부를 에베소에 남겨 두고 귀로에 올랐습니다. 그리고 곧이어 3차 전도 여행을 다시 시작하여 에베소를 재방문한 바울은, 에베소에서 무려 3년이나 머물면서 에베소 사람들에게 부활하신 주님의 복음을 전했습니다. 그 결과 사도행전 19장에 의하면, 유대인들뿐 아니라 수많은 헬라인들이 부활하신 주님을 영접하고 죄와 죽음의 올무에서 벗어났습니다. 수고와 고생 속에서 가련하고 측은하고 슬프기만 했던 에베소 사람들의 인생이, 부활하신 주님 안에서 전혀 새로운 의미와 가치를 지니게 되었다는 말입니다. 말년에 로마의 감옥에 갇힌 바울은 감옥에서 에베소 교인들에게 편지를 보냈는데, 그 편지가 신약성경의 에베소서입니다. 바울은 참수형을 당해 자신의 육체가 이 세상을 떠난 뒤에도 에베소 사람들에게 부활하신 주님의 생명과 사랑이 계속 흘러가게 한 것입니다.

저마다 수고하고 무거운 인생의 십자가를 지고 사는 가련하고 측은한 인간들에게 주님의 부활보다 더 큰 위로와 힘과 소망은 없습니다. 부활하신 주님이 계시기에, 부활하신 주님 안에서, 부활하신 주님에 의해, 우리가 죄와 사망의 올무에서 벗어날 뿐 아니라, 우리 각자가 지고 있는 무거운 인생 십자가가 찬란한 부활을 위한 전주곡이 되기 때문입니다.

생각해 보십시오. 부활하신 주님께서 계시지 않는다면 암에 걸린 노모의 병수발을 나이 들어서까지 자기 홀로 감당해야 하는 빈궁한 아들, 자신이 키운 아들로부터 공개 장소에서도 퉁명스러운 타박이나 받고 눈물 흘리며 살아야 하는 노모, 그렇게 살다 이 세상을 떠나야 하는 그 노모와 아들에게 대체 무슨 소망이 있겠습니까? 부활하신 주님께서 계시지 않는다면 빠듯한 서민 살림살이에 병든 부모를 요양병원에 모시고서도 부모의 상태가 호전되는 것은 선뜻 기뻐하지 못하는 자식, 자식의 형편은 아랑곳하지 않고 자신을 더 좋은 시설에 넣어 주지 않는다고 불평하는 부모, 그 부모와 자식에게 무슨 살 힘이 나겠습니까? 부활하신 주님께서 계시지 않는다면, 청천벽력 같은 세월호 침몰로 사랑하는 자식과 가족을 잃은 분들이 원통하고 억울해서 어떻게 살 수 있겠습니까?

그러나 부활하신 주님께서 계시기에, 제 아내의 손길에 눈물을 흘리며 우시던 그 할머니와 그분의 빈궁한 아들도, 부활하신 주님 안에서는 소망을 얻을 수 있습니다. 부활하신 주님께서 계시기에, 요양병원에 입원한 부모도 그 부모의 자식도, 부활하신 주님 안에서 새로운 삶을 위한 힘을 얻을 수 있습니다. 부활하신 주님께서 계시기에, 불의의 사고로 희생당한 분들의 가족들도, 부활하신 주님 안에서는 위로를 얻을 수 있습니다. 주님 없는 세상의 십자가는 수고와 고생과 슬픔과 허망한 죽음으로 끝날 뿐이지만, 죽음을 깨뜨리고 부활하신 주님 안에서 지는 수고와 고생의 십자가는 반드시 생명과 부활로 이어집니다. 그래서 천하를 소유한 사람이라도 주님 없다면 머지않아 한 줌의 흙으로 사라져 버릴 가련하고 측은하고 슬픈 인생일 뿐이지만, 아무것도 지닌 것 없는 걸인일지라도 부활하신 주님 안에 있다면 그는 이미 영원한 생명을 소유한 생명의 부요자입니다.

오늘은 부활 주일입니다. 우리 모두, 가련하고 측은하고 슬픈 존재에 지나지 않는 우리를 위해 죽음을 깨뜨리고 부활해 주신 주님께 감사드리십시다. 부활하신 주님께 우리 자신을 온전히 맡기십시다. 부활하신 주님 안에서 우리가 져야 할 십자가를 즐겁게 지고 가십시다. 부활하신 주님께서 더 이상 십자가에 매달려 계시지 않듯, 부활하신 주님 안에서 지는 십자가는 더 이상 수고와 고생과 슬픔의 십자가가 아닙니다. 그것은 영원한 부활을 향한, 소망과 능력과 위로의 뜀틀입니다.

주님 부활하셨기에, 가련하고 측은하게 살다 한 줌의 흙으로 허망하게 끝나 버릴 나의 인생이 비로소 소망의 빛을 찾았습니다. 주님 부활하셨기에, 무의미하고 무가치하게 여겨졌던 나의 삶이 새로운 의미 속에서 참된 위로를 누립니다. 주님 부활하셨기에, 주님 안에서 내가 져야 할 십자가를 즐겁게 지고 갈 힘을 얻습니다. 부활하신 주님 안에서 나의 십자가가 더 이상 십자가가 아니라, 영원한 부활을 향한 소망과 능력과 위로의 뜀틀이 됨을 잊지 않게 해주십시오. 바울을 통해 에베소에까지 주님의 부활의 생명이 흘러들었듯이, 우리의 삶을 통해 주님의 부활의 생명이 온 사방으로 스며들게 해주십시오.

세월호 침몰로 인한 희생자와 가족들에게, 부활의 주님께서 소망과 위로를 내려 주십시오. 구조 작업이 원활하고도 조속하게 이루어질 수 있도록 악조건 속에서 최선을 다하고 있는 구조대원들에게, 부활의 주님께서 힘과 용기와 지혜를 주십시오. 선체 속에 생존자가 있다면 살아서 구조될 수 있도록, 부활의 주님께서 은총을 베풀어 주십시오. 구조대원들에게도 더 이상의 희생자가 나오지 않도록, 부활의 주님께서 친히 도와주십시오. 부활하신 주님 안에서, 오늘의 고통과 슬픔이 부활을 향한 시발점이 되게 해주십시오. 아멘.

35. 그들을 거기 머물게 하고

사도행전 18장 18-23절

바울은 더 여러 날 머물다가 형제들과 작별하고 배 타고 수리아로 떠나갈새 브리스길라와 아굴라도 함께하더라 바울이 일찍이 서원이 있었으므로 겐그레아에서 머리를 깎았더라 에베소에 와서 **그들을 거기 머물게 하고** 자기는 회당에 들어가서 유대인들과 변론하니 여러 사람이 더 오래 있기를 청하되 허락하지 아니하고 작별하여 이르되 만일 하나님의 뜻이면 너희에게 돌아오리라 하고 배를 타고 에베소를 떠나 가이사랴에 상륙하여 올라가 교회의 안부를 물은 후에 안디옥으로 내려가서 얼마 있다가 떠나 갈라디아와 브루기아 땅을 차례로 다니며 모든 제자를 굳건하게 하니라

사랑하는 교우님들을 다시 뵙게 되어 얼마나 기쁜지 모르겠습니다. 비록 올 연말까지는 한 달에 한 번이나마 이렇게 강단에서 교우님들을 뵐 수 있는 은혜를 베풀어 주신 주님께 영광을 올려 드립니다. 그리고 기도와 인내로 기다려 주신 교우님들께도 진심으로 감사드립니다.

하나님을 경홀히 여기는 인간의 죽음에 대한 성경의 평가는 냉혹합니다. 심은 대로 거둔다는 성경의 원칙에 입각해 볼 때, 하나님을 경홀히 여기는 인간의 죽음에는 그 어떤 가치도 없기 때문일 것입니다.

이스라엘이 남북으로 분열된 이후 남왕국의 네 번째 왕 여호사밧에게는 총 일곱 명의 아들들이 있었습니다. 여호사밧 왕은 세상을 떠나면서 장자 여호람에게는 왕위를 물려주고, 나머지 여섯 명의 아들들에게는 막대한 재산과 여러 견고한 성읍들을 나누어 주었습니다. 아버지로부터 왕좌를 이어받은 장자 여호람이 자신의 권력을 공고히 한 다음 가장 먼저 한 일은, 여섯 명의 아우들과 그들의 측근을 모조리 죽여 버리는 것이었습니다. 아버지가 아우들에게 물려준 막대한 재산과 견고한 성읍들을 독차지함과 동시에, 자신의 왕권에 대한 잠재적인 도전자들을 아예 제거해 버리기 위함이었습니다. 그리고 그는 이스라엘 역사상 가장 패역한 왕 가운데 한 명인 북왕국 아합 왕의 딸을 아내로 맞아들이고는, 여러 산에 산당을 세워 백성의 영적 타락을 주도하기도 했습니다. 여호람은 이렇듯 자신의 권력으로 자신이 원하는 것은 무엇이든 자행하는 인간이었습니다. 한마디로 그는 하나님 앞에서, 스스로 하나님처럼 군림한 패역무도한 인간이었습니다. 그는 왕좌에 오른 지 8년 만에 창자가 빠져나오는, 요즈음 말로 심한 탈장 증세로 죽고 말았습니다. 구약성경 역대하 21장 20절은 그 여호람을 가리켜 '아끼는 자 없이 세상을 떠났다'고 증언하고 있습니다.

여호람은 그저 그렇고 그런 필부匹夫가 아니었습니다. 그는 유다 왕국의 왕이었습니다. 그의 시신에 입혀진 수의와 그의 시신이 안치된 관을 포함하여, 그의 장례식에 사용된 모든 용품들은 유다 왕국 최고의 명품들이었을 것입니다. 왕의 장례식이니만큼 그 규모나 장중함도 이루 말할 수 없을 정도로 대단했을 것입니다. 그러나 유다 백성 가운데 여호람을 '아끼는 자'는 아무도 없었습니다. 어마어마한 규모와 형식의 장례식에 비하여 '아끼는 자 없이 세상을 떠난' 여호람은 측은하기 짝이 없는 인간이었습니다. 하나님께서는 그렇듯 스스로 하나님처럼 군림했던 여호람의 죽음을 조금도 아까워하시지 않았습니다.

신약성경 사도행전 12장에 등장하는 헤롯 대왕의 손자인 헤롯 아그립바 1세도 마찬가지였습니다. 당시 헤롯 아그립바는 로마 황제의 총애를 힘입어, 팔레스타인 거의 전 지역의 실질적인 통치자로 군림하였습니다. 정통 유대인이 아닌 이두매인으로 유대인의 왕좌를 차지한 헤롯 아그립바는 유대인들의 마음을 사로잡기 위해, 유대인들이 십자가에 못박아 죽인 예수님의 제자 야고보를 참수형에 처해 버렸습니다. 그리고 그것도 모자라 베드로마저 죽이려 했습니다. 당시 페니키아의 무역 항구 도시 두로와 시돈의 주민들은 식량을 전적으로 인근 이스라엘에 의존하고 있었습니다. 그러나 헤롯 아그립바는 하루아침에 두로와 시돈에 대한 식량 공급을 중단해 버렸습니다. 자신의 행위로 두로와 시돈의 수많은 주민들이 고통받을 수도 있었지만 헤롯 아그립바는 전혀 아랑곳하지 않았습니다. 헤롯 아그립바 역시 인간의 생살여탈권이 자기 손에 달렸다고 믿는 인간이었습니다. 졸지에 식량난에 봉착한 두로와 시돈의 지도자들은 헤롯 아그립바의 환심을 사기 위해, 헤롯 아그립바가 연설하는 날 박수 부대를 동원하여 그를 하나님이라고 치켜세우며 열광적으로 환호하게 했습니다. 그 환호성에 헤롯 아그립바는 정말 자신이 하나님인 양 행동했습니다. 구약성경의 여호람처럼 헤롯 아그립바도 스스로 하나님이라 착각한 인간이었습니다.

사도행전 12장 23절은 그 헤롯 아그립바의 최후를 '주의 사자가 곧 치니 벌레에게 먹혀 죽었다'고 증언하고 있습니다. 헬라어 명사 '스콜렉스σκώληξ'는 '벌레' 혹은 '세균'을 뜻하기도 하고, 특히 '구더기'를 의미하기도 합니다. 헤롯 아그립바도 일평생 명품을 두르고 부귀영화 속에서 살았지만, 스스로 하나님으로 군림하던 그 역시 누구도 '아끼는 자'가 없는 가운데 비참하게 구더기의 밥으로 생을 마감하고 말았습니다. 하나님을 경홀히 여기는 인간의 죽음에 대한 성경의 평가는 이렇듯 냉혹합니다.

성경의 이야기는 성경 속에만 국한되지 않습니다. 성경에 등장한 모든 이야기는 시간과 공간을 초월하여 우리의 현실 속에서 그대로 반복되고 있습니다.

지난 몇 달 동안 세인의 입에 가장 많이 오르내린 사람은, 이른바 '구원파'의 교주 유병언 회장일 것입니다. 지난 4월 16일 여객선 세월호가 진도 인근 해상에서 침몰하여, 승객 476명 가운데 294명이 사망하고 10명이 실종되는 참극이 빚어졌습니다. 특히 희생자들 가운데에는 제주도로 수학여행 가던 어린 고등학생들이 많아 온 국민이 심한 충격을 받았습니다. 유병언 회장은 그 참극을 빚은 세월호가 소속된 청해진해운의 실질적 소유주였습니다. 그러나 유병언 회장은 검찰의 출두명령을 무시하고 그가 머물던, 소위 구원파의 성지로 불리는 '금수원'에서 신도들의 비호 아래 도주해 버리고 말았습니다. 그는 시정잡배市井雜輩가 아니었습니다. 그는 구원파로 불리는 '기독교복음침례회'의 교주였습니다. 명색이 하나님과 성경을 내세우는 종교 지도자였다는 말입니다. 그렇지만 자신이 소유한 세월호의 침몰로 수많은 사람이 목숨을 잃는 참극이 일어났는데도, 그는 마치 시정잡배처럼 무책임하게 도주해 버리고 말았습니다.

보도에 의하면 유병언 회장과 그의 자녀들은 일반인이 상상조차 하기 힘든 막대한 재산을 보유하고 있을 뿐 아니라, 모두 재벌 같은 호화판 삶을 살았습니다. 또 검찰 발표에 따르면, 유병언 회장이 도주하면서 마련했던 현금이 한화 약 30억 원과 미화 16만 달러나 되었습니다. 그 이외에 그의 차명재산이 얼마인지는 아직까지 정확하게 밝혀지지 않았습니다. 유병언 회장의 일가족이 소유한 그 막대한 부, 그들이 누렸던 부귀영화의 원천이 구원파 신도들의 헌금이었을 것임은 두말할 나위도 없습니다. 눈을 씻고 성경을 들여다보아도, 구약의 선지자들 가운데 하나님의 말씀을 빙자하여 막대한 부를 축적한 선지자는 없습니다. 신약의 사도들 가운데 주님을 팔아 자신의 가족들과 더불어 재벌놀음을 한 사도도 없습니다. 있다면 모두 하나님과는 전혀 무관한 거짓 선지자들, 거짓 사도들이었습니다. 성경 속의 선지자들과 사도들은 주님의 온전한 통로로 쓰임 받기 위해 자신이 지녔던 것들마저도 온전히 내려놓은 빈 마음과 무소유의 실천자들이었습니다. 그렇지만 유병언 회장은 하나님과 성경을 내세워 가족들과 재벌처럼 부귀영화를 누렸습니다. 그가 아무리 아전인수 격으로 성경을 인용해도, 그가 믿은 하나님은 성경을 통해 당신을 계시하신 삼위일체 하나님이 결코 아니었습니다. 아니, 그는 그자신이 구원파 내에서 하나님처럼 군림했습니다. 하나님 앞에서 죄인에 불과한 그가 벌인 어처구니없는 재벌놀음마저 구원파 내에서는 정당한 것이었고, 구원파 내에서 그의 말은 곧 하나님의 말이었습니다.

그러나 남몰래 도주했던 유병언 회장은 온 국민 앞에 시신으로 되돌아왔습니다. 구더기에 뒤덮여 반 백골 상태인 그의 시신이 얼마나 흉측했던지 그의 시신을 발견한 주민도, 신고를 받고 출동한 경찰관도, 모두 무연고 노숙자로 간주했을 정도였습니다. 하지만 시신 발견 당시 유병언 회장이 입고 있던 점퍼는 일반인은 이름도 처음 들어 보는, 가격이 최소 1천만 원이 넘는다는 최고가 명품 '로로 피아나'였습니다. 그뿐 아니라 그의 바지도, 속옷도, 운동화도, 모두 고가의 명품이었습니다. 그는 죽는 순간까지 고가의 명품들로 자신을 두르고 있었지만, 그 명품들이 구더기로 뒤덮인 그의 시신이 만

천하에 공개되는 것을 막아 주지 못했습니다. 그는 구원파 신도들을 제외하고는 '아끼는 자' 없이 그런 모습으로, 인간의 마지막 존엄성마저 지키지 못한 채 그렇게 죽음을 맞고 말았습니다. 더욱이 그의 죽음 이후 구원파 역시 구원파의 재산을 지키기 위해 이미 고인이 된 그와는 공식적으로 일정한 거리를 두고 있는 것으로 알려지고 있습니다. 구원파 내에서 스스로 하나님처럼 군림하던 유병언 회장은 그렇게 죽었지만, 그의 죽음을 통해 하나님께서 살아 계심은 무섭도록 입증되었습니다.

그렇다면 우리의 코끝에 호흡이 있는 동안 우리가 어떻게 살아야 할 것인지, 오늘의 본문이 그 해답을 일깨워 주고 있습니다.

고린도에서 1년 6개월 동안 복음을 전하던 바울은 고린도 교회의 자생력이 확립되었다고 판단되자, 자신의 2차 전도 여행을 마무리 짓고 목회 본거지인 수리아의 안디옥으로 귀환하기로 하였습니다. 고린도에서 바울을 돕던 브리스길라와 아굴라 부부도 바울을 따라나섰습니다. 고린도의 외항 겐그레아에서 그들이 승선한 배가 잠시 기항한 에베소에서도 바울은 어김없이 유대인 회당을 찾아 복음을 전했다는 사실과, 당시 에베소가 로마제국 내에서 얼마나 대규모의 도시였는지는 지난 시간에 상세하게 살펴보았습니다. 본문 19절을 보시겠습니다.

에베소에 와서 그들을 거기 머물게 하고 자기는 회당에 들어가서 유대인들과 변론하니.

본문에서 '그들'은 바울과 동행한 브리스길라와 아굴라 부부를 가리킵니다. 본문을 언뜻 보면, 바울이 유대인 회당에서 복음을 전하는 동안 브리스길라와 아굴라 부부를 에베소 항구나 시내에 머물게 한 것처럼 보입니다. 그러나 사도행전 18장을 마지막 단락까지 다 읽어 보면, '그들을 거기 머물게' 했다는 것은 그런 의미가 아님을 알게 됩니다.

> 여러 사람이 더 오래 있기를 청하되 허락하지 아니하고 작별하여 이르되 만일 하나님의 뜻이면 너희에게 돌아오리라 하고 배를 타고 에베소를 떠나(20-21절).

바울로부터 복음을 전해 들은 에베소 사람들은 바울에게, 에베소에 좀더 오래도록 머물면서 계속하여 복음을 전해 주기를 요청했습니다. 그러나 일단 수리아의 안디옥으로 귀환하기로 한 바울은 "만일 하나님의 뜻이면 너희에게 돌아오리라"는 말을 남기고 그들과 작별하였습니다. 바울의 그 말은 하나님께서 허락하시지 않으면 다시는 에베소에 들르지 않겠다는 말이 아니라, 하나님께서 자신으로 하여금 반드시 에베소를 재방문케 해주시리라는 믿음에 찬 확언이었습니다. 그리고 바울은 본래의 계획대로 수리아의 안디옥을 향해 에베소를 떠나면서, 자신을 대신하여 브리스길라와 아굴라 부부로 하여금 에베소에 그대로 남아 있게 하였습니다. 바울이 에베소에 되돌아올 때까지 브리스길라와 아굴라 부부가 바울로부터 복음을 영접한 에베소 사람들을 돌보면서, 계속 에베소에서 복음을 전하도록 한 것이었습니다. 교회는 제도나 건물이 아니라, 주님을 주인으로 모신 사람들의 모임이지 않습니까? 잠시 에베소에 기항한 바울로부터 복음을 영접한 에베소 사람들은 역사상 에베소 최초의 교회였습니다. 그리고 바울 대신 에베소에 남게 된 브리스길라와 아굴라 부부는 앞으로 다시 살펴보겠습니다만, 에베소 최초의 교회인 그 교회의 첫 번째 구심점이 된 것이었습니다.

이미 우리가 잘 아는 것처럼 브리스길라와 아굴라 부부는 천막 제조업자였습니다. 당시 로마제국 군인들의 병영은 모두 천막이었고 또 일반인들의 천막 수요도 많았으므로, 천막 제조업은 유망업종이었습니다. 만약 브리스길라와 아굴라 부부가 고린도에서 바울을 만나지 못했던들, 그들의 인생 목표 역시 돈의 노예가 되어, 더 많은 돈을 벌어 더 많은 재물과 명품으로 자신들의 울을 삼는 것이었을 것입니다. 다시 말해 스스로 자기 인생의 하나님이 되어 자기 욕망 내키는 대로 살려 했을 것입니다. 그리고 그들은 이미 2천 년 전에 '아끼는 자' 없이 한 줌의 흙으로 흔적도 없이 허망하게 사라져 버리고 말았을 것입니다. 그러나 바울을 통해 주님을 영접한 브리스길라와 아굴라 부부의 인생관이 바뀌었습니다. 자신들의 영원한 울이 되어 주실 분은 예수 그리스도뿐이심을 알아 예수 그리스도를 생의 목적으로, 주인으로 모신 것입니다. 그래서 그들은 고린도에서 애써 닦아 놓은 천막 제조사업의 탄탄한 기반도 미련 없이 포기하고 고린도를 떠나는 바울을 기꺼이 따라나섰습니다. 자신들 역시 바울처럼 주님의 도구로, 복음의 통로로 생을 매듭짓기 위함이었습니다.

브리스길라와 아굴라 부부를 에베소에 남겨 두고 에베소를 떠나는 바울은 그들에게, 교회 개척 자금이나 선교 헌금 명목으로 동전 한 닢 건네주지 않았습니다. 그 자신도 돈과는 거리가 멀었던 바울은, 브리스길라와 아굴라 부부에게 단지 자기 대신 에베소에 주님의 증인으로 남아 주기를 요청했을 뿐입니다. 바꾸어 말해 브리스길라와 아굴라 부부는 에베소에 체류하는 동안 스스로 생계를 책임져야만 했습니다. 그렇지만 그들은 기꺼이 순종했습니다. 예수 그리스도 안에서 그들의 인생관이, 삶의 목적이 새로워졌기 때문입니다. 그들의 헌신으로 인해 우리가 에베소 교회라 부르는 교회는, 바울이 에베소를 다시 방문할 때까지 그 시대의 역사 속에 견고하게 뿌리내릴 수 있었습니다. 진정한 주님의 제자 되기를 삶으로 실천한 브리스길라와 아굴라 부부를 하나님께서 얼마나 '아끼셨던지' 에베소 최초의 교회의 첫 번째 구심점이 되게 하셨을 뿐 아니라, 사도행전 18장에만 그들이 네 번이나 언급되게 하셨습니다. 브리스길라와 아굴라 부부의 육체는 죽었지만, 그들의 영혼과 삶의 족적은 영원한 진리로 옷 입고 하나님의 말씀 속에서 하나님의 영원한 작품이 되었습니다.

최근에 어느 모임에서 한 분이, 부활하신 주님의 첫마디가 무엇이었는지 아느냐고 물었습니다. 그런 난센스 퀴즈의 답은 질문자가 일러 주기 전까지는 알 수 없지 않습니까? 답이 무엇인지 물었더니 그분의 대답이 기상천외했습니다. 부활하신 주님께서 제자들에게 이렇게 첫마디를 던지셨답니다. '니네들, 내가 죽었을 때 받은 내 조의금 어디다 썼니?'

모든 우스개는 세태를 반영하거나 풍자하고 있습니다. 두 달 전에, 한국의 대표적인 재벌 총수가 자신의 여동생 장례식에 보낸 조의금을 두고 그 자녀들 사이에 벌어진 소송과 관련된 기사가 보도되었습니다. 다섯 자녀들이 어머니의 장례식에 들어온 조의금 중에서 장례비용을 제외한 나머지 금액을 5분의 1씩 공평하게 나누기로 했지만, 재벌 총수인 외삼촌이 보낸 수십억 원의 조의금을 다른 남매들이 자기 몰래 빼돌렸다고 둘째 딸이 소송을 제기했다가 패소했다는 내용이었습니다. 돈 앞에서는 피도 눈물도 없다는 것은 이미 옛이야기이고, 이제는 부모의 장례식에 들어오는 조의금마저 형제간에 소송거리가 되는 비정한 세상이 되고 말았습니다. 그러므로 부활하신 주님의 첫마디와 관련하여 방금 말씀드린 것과 같은 우스개가 세간에 회자되고 있다는 것 역시, 영원하신 하나님을 믿는 그리스도인들조차 실은 스스로 자기 인생의 하나님이 되어 돈의 노예로 살고 있음의 반증이 아닐 수 없습니다. 그렇게 살아서야 설령 억만금을 지닌다 한들, 그 인생은 아무도 '아끼는 자' 없이 허망하게 구더기의 밥으로 끝나고 말 것입니다.

영원한 진리를 좇기에는, 인생은 살아온 햇수의 길이에 상관없이 충분히 깁니다. 진리를 좇는 인생은 육체의 생사를 초월하여 이미 영원에 접속되어 있기 때문입니다. 그러나 스스로 하나님인 양 착각하면서 돈의 노예로 살기에는, 남은 햇수가 100년이 넘는다 해도 그 인생은 몽당연필보다 더 짧을 수밖에 없습니다. 영원 앞에서는 100년도 찰나에 지나지 않는 까닭입니다. 늙었다고 절망하거나, 젊다고 자만해서는 안 될 이유가 여기에 있습니다.

세월은 결코 인간을 기다려 주지 않습니다. 인간이 만든 시계가 멈추어도, 세월은 멈추는 법이 없습니다. 세월은 지금 이 순간에도 1초 1초 쉬지 않고 달려가고 있습니다. 그 1초 1초를 자신의 삶으로 어떻게 엮어 가느냐에 따라 여호람이나 헤롯 아그립바처럼 일평생 돈과 명품으로 자신의 울을 삼고서도 아무도 '아끼는 자' 없는 냉혹한 죽음을 맞을 수도 있고, 비록 세상에서는 지닌 것이 없어도 브리스길라와 아굴라 부부처럼 그 삶이 하나님께서 영원히 '아끼시는' 하나님의 영원한 작품으로 승화될 수도 있습니다. 유한한 인간에게 영원하신 하나님을 자신의 울로 삼는 것보다 더 자신을 '아끼는' 길은 없습니다.

그동안 나의 인생을 내 마음대로 좌지우지할 수 있다는 착각 속에서, 마치 나 자신이 내 인생의 하나님인 양 살아오느라 나의 인생을 아끼기는커녕, 아무 의미도 없이 함부로 탕진해 온 나의 어리석음을 용서해 주십시오. 돈의 노예가 되어 재물과 명품으로만 내 인생의 울을 삼으려 해서는, 하나님 앞에서 아무도 아끼는 자 없이 비참하게 생을 마감할 수밖에 없음을 잊지 않게 해주십시오. 무슨 직업을 갖고 있든, 무슨 일을 하든, 무엇을 지녔든, 그 모든 것을 생의 목적이 아니라, 브리스길라와 아굴라 부부처럼 주님을 위한 수단으로 삼게 해주십시오. 이 땅에 살아 있는 동안 언제 어디서나, 주님의 사랑과 공의를 위한 증인으로 살게 해주십시오. 그리하여 우리의 삶이 주님과 사람으로부터 영원히 아낌 받는, 주님의 영원한 작품이 되게 해주십시오. 아멘.

36. 굳건하게 하니라

사도행전 18장 18-23절

바울은 더 여러 날 머물다가 형제들과 작별하고 배 타고 수리아로 떠나갈새 브리스길라와 아굴라도 함께하더라 바울이 일찍이 서원이 있었으므로 겐그레아에서 머리를 깎았더라 에베소에 와서 그들을 거기 머물게 하고 자기는 회당에들어가서 유대인들과 변론하니 여러 사람이 더 오래 있기를 청하되 허락하지 아니하고 작별하여 이르되 만일 하나님의 뜻이면 너희에게 돌아오리라 하고 배를타고 에베소를 떠나 가이사랴에 상륙하여 올라가 교회의 안부를 물은 후에 안디옥으로 내려가서 얼마 있다가 떠나 갈라디아와 브루기아 땅을 차례로 다니며모든 제자를 **굳건하게 하니라**

저는 택시를 타면 으레 기사님에게 체감경기와 세상 돌아가는 이야기를 물어봅니다. 저와 삶의 자리가 다른 분들과의 대화를 통해 우리 사회를 좀더 깊이 있게 읽기 위함입니다. 한 달여 전에 탄 택시 기사는 정부와 사회에 대해 극도의 반감을 품고 있었습니다. 과격하고도 급진적인 그분의 표현 가운데에는 듣기에 민망한 내용이 많았습니다. 하지만 그분 역시 우리 사회 구성원의 일원이기에, 합정동에서 그날의 목적지였던 광화문에 이르기까지 그분의 말을 경청했습니다. 그리고 한 달여가 지난 지금까지 제 마음속에 아로새겨져 있는 그분의 질문이 있습니다. 온 세상이 돈 돈 하는데, 인간이 대체 얼마를 가지면 만족하겠느냐는 것이었습니다. 도대체 인간이 얼마나 많은 돈을 가지면, 이제 이만하면 족하다며 스스로 만족할 수 있겠습니까? 그 택시 기사의 질문은, 작년에 우리나라를 방문했던 제프리 이멜트 제너럴일렉트릭GE 회장의 강연을 상기시켜 주었습니다.

작년 10월 24일 아침 7시, 이른 시간임에도 대한민국의 내로라하는 기업인 850여 명이 남산에 있는 그랜드하얏트호텔 그랜드볼룸에 모여들었습니다. 제프리 이멜트 회장의 강연을 듣기 위해서였습니다. 이멜트 회장은 오늘날 기업이 직면한 문제로 날로 심화되는 대기업과 중소기업 간의 격차, 기업의 사회적인 책임, 공정한 시장경제 구축 등을 지적했습니다. 그리고 그는 그 모든 문제에 대한 해답은 '성장'이라고 강조했습니다. 기업의 금융 및 재정 그리고 공정성을 총망라하여 오늘날 기업이 당면하고 있는 모든 문제를 해소할 수 있는 해결책은, 오직 '성장'이 해답이라는 것이었습니다.

제프리 이멜트 회장은 조그마한 중소기업의 사주가 아닙니다. 그는 세계적인 제너럴일렉트릭의 최고경영자입니다. 발명왕 토머스 에디슨이 1878년에 설립한 제너럴일렉트릭은, 1896년 미국 다우존스산업평균지수 출범 시 포함되었던 기업 가운데 118년이 지난 현재까지 존속하는 유일한 기업입니다. 2012년 기준으로 연매출액은 156조 1,140억 원이었고, 순이익은 18조 원이나 되었습니다. 지사는 세계 거의 모든 나라인 160개국에 진출해 있으며 전 세계의 직원 수는 우리나라 국내직원 1,400명을 포함하여 30만 명이 넘습니다. 한마디로 제너럴일렉트릭은 세계 모든 기업 중에 여덟 번째로 큰 슈퍼공룡기업입니다. 그리고 제프리 이멜트 회장의 작년 연봉은 2,820만 달러, 우리 돈으로 300억 원이 넘었습니다. 그럼에도 이멜트 회장은 오늘날 기업이 당면한 모든 문제의 해결책을 내적 성찰을 통한 인생관과 가치관의 전환에서 찾지 않고, 오직 '성장'이 해답이라고 역설했습니다. 더 많은 돈을 벌기만 하면, 더 많은 수입이 생기기만 하면, 정말 모든 문제가 다 해결될 수 있는 것처럼 말입니다.

과연 그렇습니까? 오늘날 난마처럼 얽혀 있는 우리 사회의 모든 문제가 우리의 경제가 아직 덜 성장했기 때문입니까? 우리 개개인이 더 많은 돈을 벌기만 하면 모든 사회문제가 눈 녹듯 절로 해소되겠습니까? 불과 3, 40년 전과 비교해 보십시오. 우리의 가계家計가 얼마나 성장했습니까? 국가재정은 또 얼마나 커졌습니까? 예전에 비해 우리 살림살이와 주거 환경도 얼마나 개선되었습니까? 그 결과로 3, 40년 전에 비하여 사회문제가 해소되거나 감소되었습니까? 오히려 정반대입니다. 오늘 우리 사회 각계각층에 독버섯처럼 뿌리내려 있는 온갖 부정부패, 심각한 빈부 격차, 인간성의 상실, 가정의 붕괴, 계층과 지역 간의 적대적 대립, 도덕 윤리와 미풍양속의 실종 등의 원인은 모두, 예전에 비하여 우리에게 가진 것이 많아졌기 때문입니다. 경제적으로 성장하기는 했지만 바른 성장이 아니었고, 또 그 성장이 성숙을 수반하지 못한 결과입니다.

게다가 모든 문제의 해답을 성장으로 간주하고 성장을 추구하기면 하면, 성장이 무한정 지속되는 것입니까? 인간이 살고 있는 지구라는 공간과 그 속의 자원이 한정되어 있는데, 무한정한 성장이 가능할 수 있겠습니까? 도리어 더 많은 것을 소유하려 하고 무한정한 성장을 추구하는 인간의 욕망과 욕망이 맞부딪칠 때, 어리석게도 인간은 전쟁을 통해 더 많은 것을 상실해 왔다는 것이 역사의 냉혹한 교훈이지 않습니까? 인간 탐구와 인간의 내적 성찰을 도외시한 경제적 성장은 결코 사회문제 해결을 위한 해답이 아닙니다. 맹목적인 경제성장—단지 더 많은 돈만을 목적으로 하는 삶은 우리 자신과 인간관계를 더욱 피폐하게 만들 뿐이요, 결국엔 우리 사회를 근본적으로 붕괴시키고 말 것입니다. 우리 자신과 사회를 굳건하게 세워 주는 것은 결단코 그런 것이 아님을 오늘 본문도 재확인시켜 주고 있습니다.

브리스길라와 아굴라 부부와 함께 고린도를 떠나 자신의 목회 본거지인 수리아의 안디옥으로 귀환하던 바울은, 잠시 기항한 에베소에서도 회당을 찾아 복음을 전했습니다. 바울로부터 생전 처음으로 복음을 전해 들은 에베소 사람들은 바울에게, 자신들과 좀더 오래 머물면서 계속 복음을 전해 주기를 요청하였습니다. 그러나 일단 수리아의 안디옥으로 귀환하기로 한 바울은, 자신이 에베소를 재방문하기까지 브리스길라와 아굴라 부부를 자기 대신 에베소에 머물게 하였습니다. 지난 시간에 말씀드린 것처럼, 천막 제조업자였던 브리스길라와 아굴라 부부가 주님의 섭리 속에서 에베소 최초 교회의 첫 번째 구심점이 된 것이었습니다.

본문 21절 하반절에서 22절을 보시겠습니다.

> 배를 타고 에베소를 떠나 가이사랴에 상륙하여 올라가 교회의 안부를 물은 후에 안디옥으로 내려가서.

에베소에서 다시 배를 탄 바울은 예루살렘의 외항인 가이사랴에 도착하였습니다. 그와 동시에 바울의 2차 전도 여행이 끝났습니다. 바울은 가이사랴에서 곧장 예루살렘으로 올라가 '교회의 안부'를 물었습니다. 바울이 사도들을 포함한 예루살렘 모毋교회 교인들을 다시 만나, 방금 끝난 자신의 2차 전도 여행에 관하여 보고했다는 의미입니다. 그리고 바울은 자신의 목회 본거지인 수리아의 안디옥으로 내려갔습니다. 바울이 자신을 전도자로 파송했던 수리아의 안디옥 교인들과도 재상봉의 기쁨을 나누면서, 자신의 2차 전도 여행에 관한 이야기의 꽃을 피웠을 것임은 재론의 여지도 없습니다.

바울의 2차 전도 여행은 주후 49년부터 52년까지 약 3년에 걸쳐, 총 여행 거리가 5천여 킬로미터에 달하는 대장정이었습니다. 그 대장정과 관련하여 바울에게, 예루살렘 및 수리아의 안디옥 교인들과 나눌 믿음의 스토리가 얼마나 많았겠습니까? 또 바울로부터 믿음의 스토리를 전해 들은 양 교회 교인들이 얼마나 큰 은혜와 감동을 받았겠습니까? 인생은 각자 자신의 스토리를 엮어 가는 것입니다. 단지 사람마다 차이가 있다면 어떤 스토리를 엮어 가느냐는 것뿐입니다. 그리스도인은 두말할 것도 없이 사도 바울처럼, 주님 안에서 믿음의 스토리를 엮어 가는 사람입니다.

여러분은 지난 한 주간 동안, 지난 한 달 동안, 지난 1년 동안 어떤 스토리를 엮어 오셨습니까? 돈을 벌고, 출세하고, 성공하고, 욕망을 성취하고, 쾌락을 좇는 데는 일가견을 이루며 누구 못지않은 스토리를 엮어 왔지만, 정작 주님 안에서 엮은 믿음의 스토리는 단 몇 줄도 되지 않는 것은 아닙니까? 오랫동안 부귀영화와 정욕의 스토리에만 탐닉했던 솔로몬이 '헛되고 헛되며 헛되고 헛되니 모든 것이 헛되도다'(전 1:2)라고 한탄했듯이, 믿음의 스토리가 아닌 인생 스토리는 아무리 화려하고 두터워 보여도 주님 앞에서는 순식간에 사라지는 물거품처럼 무의미할 뿐입니다.

얼마 있다가 떠나(23절 상).

자신의 목회 본거지인 수리아의 안디옥으로 귀환한 바울은 정확한 기간은 알 수 없지만, 일정한 기간이 지난 뒤에 다시 안디옥을 떠났습니다. 향후 6년에 걸친 3차 전도 여행을 시작하기 위함이었습니다. 바울의 1차, 2차, 3차 전도 여행—즉 세 번에 걸친 바울의 전도 여행이 모두 그의 목회 본거지였던 수리아의 안디옥에서 시작되었지만, 그러나 그의 3차 전도 여행에는 앞선 두 번의 전도 여행과는 근본적인 차이점이 있었습니다. 1, 2차 전도 여행과는 달리 본문에서 수리아의 안디옥을 출발한 사도 바울은 3차 전도 여행을 끝내고서도, 그의 생애에 다시는 안디옥으로 되돌아오지 못했습니다. 사도 바울도, 수리아 안디옥의 교인들도, 본문 이후에는 이 땅에서 다시는 서로 만나지 못했습니다. 3차 전도 여행을 끝낸 바울이 예루살렘에서 유대인들의 고발로 체포되어 가이사랴의 감옥에 갇혀 있다가, 로마로 압송되어 참수형을 당해 죽었기 때문입니다. 이를테면 본문에서 바울과 수리아 안디옥 교인들의 작별은, 그만 이 땅에서 영원한 이별이 되고 말았습니다. 수리아 안디옥 교인들은 3차 전도 여행을 떠나는 바울을 배웅하면서 1, 2차 전도 여행 때와 마찬가지로, 언젠가는 바울을 다시 만나 3차 전도 여행에 관한 믿음의 스토리도 듣게 되리라는 벅찬 기대감에 차 있었을 것입니다. 그러나 그들의 바람과는 달리 그들은 사랑하는 바울의 모습을, 그의 이야기를, 이 땅에서 다시는 볼 수도 들을 수도 없었습니다.

우리가 사랑하는 사람을 아무리 보고 싶어도 다시는 볼 수 없고, 사랑하는 사람과 밤을 지새우며 이야기를 나누고 싶어도 단 한 마디도 나눌 수 없는 순간은 반드시 찾아옵니다. 그 순간은 아무 예고도 없이 불현듯 찾아옵니다. 우리가 사랑해야 할 사람을 그 사람이 우리 눈앞에 있을 때, 그와 이야기를 나눌 수 있을 때, 지금 사랑해야 할 까닭이 여기에 있습니다.

본문 23절을 다시 보시겠습니다.

얼마 있다가 떠나 갈라디아와 브루기아 땅을 차례로 다니며 모든 제자
를 굳건하게 하니라.

수리아의 안디옥을 떠나 3차 전도 여행길에 오른 바울은 먼저 갈라디아와
브루기아 지역을 다니며 1, 2차 전도 여행을 통해 자신으로부터 복음을 영
접했던 주님의 제자들, 즉 그리스도인들을 "굳건하게" 해주었습니다. 그들의
삶을 더욱 굳건하게 세워 주었다는 말입니다. 바울이 무엇으로 그들의 삶을
더욱 굳건하게 세워 주었겠습니까? 돈이나 권력으로였겠습니까?

당시 지중해 세계는 로마제국 천하였습니다. 로마제국은 외적 성장, 외적
확장을 추구하였습니다. 그들이 추구하는 성장과 확장에는 도무지 끝이 없
었습니다. 이탈리아반도의 로마에서 시작된 로마제국은 그들의 야망과 야욕
을 채우기 위해 유럽과 북아프리카, 이집트와 팔레스타인 그리고 페르시아
에 이르기까지 닥치는 대로 영토를 정복하고, 재물을 약탈하고, 인명을 살
상했습니다. 로마제국의 말발굽과 칼날 아래에서 무고하게 학살당한 희생
자들의 수를 어느 누가 감히 정확하게 헤아릴 수 있겠습니까? 그 결과 로
마제국은 지중해 세계에 고대 최대의 제국을 이루었고, 국부國富는 날로 커
졌으며, 로마 황제는 이 세상 어느 지배자도 넘볼 수 없는 절대 권력자가 되
었습니다.

그와 같은 로마제국의 영토 확장, 경제적 성장, 무소불위의 절대 권력이
당시 로마인들이 당면한 모든 문제들을 해결할 수 있었습니까? 결코 아니었
습니다. 그들의 영토가 확장될수록, 그들의 경제력이 성장할수록, 물신주의
에 빠진 로마인들의 내면세계는 고갈되었습니다. 로마인들이 원형경기장에
서 벌어지는 인간과 맹수의 싸움과, 검투사들의 피비린내 나는 죽음의 대결
에 환호하였다면, 그 인간들이 짐승과 다를 바가 무엇이겠습니까? 그들에게

자신들을 스스로 지탱할 수 있는 도덕적이고 윤리적인 힘이 있을 수 있었겠습니까? 결국 외적 성장과 확장을 추구하던 로마제국은 주후 395년에 서로마제국과 비잔틴제국(동로마제국)으로 분리되었고, 서로마제국은 주후 476년 게르만 용병대장 오도아케르의 침입으로 멸망하고 말았습니다. 외부의 침입 이전에 내부적으로 먼저 붕괴해 버린 결과였습니다.

그 로마제국 내에서 사도 바울은 '오직 성장이 해답'이라고 말하지 않았습니다. 세상의 금품으로 그리스도인들의 삶을 굳건하게 세워 준 것이 아니었다는 말입니다. 바울은 오직 십자가의 복음, 영원한 생명의 말씀으로 그들의 삶을 굳건하게 세워 주었습니다. 본문 이후에 에베소를 다시 찾은 바울은 그곳에서 고린도 교인들에게 쓴 편지에서 다음과 같이 증언하였습니다.

> 형제들아 내가 너희에게 나아가 하나님의 증거를 전할 때에 말과 지혜의 아름다운 것으로 아니하였나니 내가 너희 중에서 예수 그리스도와 그가 십자가에 못박히신 것 외에는 아무것도 알지 아니하기로 작정하였음이라(고전 2:1-2).

바울의 관심은 언제나 십자가의 예수 그리스도, 예수 그리스도의 십자가에만 있었습니다. 인간의 죗값을 대신 치르시기 위한 제물로 돌아가셨다가 죽음을 깨뜨리고 영원히 부활하신 예수 그리스도의 십자가, 그 십자가의 복음만이, 인간을 피폐화시키는 이 물질만능의 세상에서 죽음을 뛰어넘어 우리를 영원토록 굳건하게 세워 주는 유일한 해답이기 때문입니다.

속지 마십시오. 성장은 결코 모든 문제를 해결하는 해답이 아닙니다. 성숙이 수반되지 않는 성장, 영원한 진리를 배제한 성장, 다시 말해 성장 그 자체가 목적이 된 맹목적인 성장은 인간을 거짓되게 만듭니다. 인간으로 하여금 거리낌 없이 불의와 벗하게 합니다. 인간을 비인격화시킵니다. 인간관계를 뒤틀어 놓습니다. 인간의 영성을 고갈시킵니다. 그래서 목적이 되어 버린 성장은, 성장이 이루어질수록 인간을 더 빨리 몰락시키고 맙니다.

오늘날 한국 개신교는 사회의 신뢰를 받지 못하고 있습니다. 열흘 전 조계종 불교사회연구소가 실시한 여론조사에 의하면 우리나라 3대 종교의 신뢰도에서 1위는 응답자의 45.5퍼센트를 얻은 천주교가 차지하였고, 2위는 41.6퍼센트의 불교였으며, 개신교는 겨우 26.1퍼센트로 꼴찌였습니다. 반면에 갈등의 원인을 제공하는 종교로는 개신교가 무려 59.2퍼센트를 얻어 1위를 차지하였습니다. 한국 개신교가 교회다움을 상실한 탓입니다. 한국 개신교의 신뢰도가 이렇게 추락하게 된 근본 이유 중의 하나가, 30여 년 전에 한국 개신교에 돌풍을 일으켰던 교회성장학입니다. 오직 십자가의 예수 그리스도를 목적으로 삼아야 할 교회가 어떻게 성장 자체를 목적으로 삼을 수 있겠습니까? 그러나 대부분의 교회가 성장을 추구하느라, 정작 목적이신 예수 그리스도를 수단으로 삼는 어리석음을 범하고 말았습니다. 그 결과 거룩함도, 순결함도, 정직성도, 윤리성도 상실한 한국 개신교는 기업과 구별되지 않는 가운데, 이 사회를 굳게 세우기는커녕 영적으로 붕괴하고 말았습니다.

제자들이 주님 앞에서 누가 더 크냐며 다툼을 벌였습니다. 제자들 역시 성장제일주의에 빠져 있었던 것입니다. 그 다툼의 발단을 일으킨 장본인이 시몬 베드로였던지, 그 다툼을 목격하신 주님께서 시몬 베드로에게 이렇게 말씀하셨습니다.

시몬아, 시몬아, 보라 사탄이 너희를 밀 까부르듯 하려고 요구하였으나 그러나 내가 너를 위하여 네 믿음이 떨어지지 않기를 기도하였노니 너는 돌이킨 후에 네 형제를 굳게 하라(눅 22:31-32).

　주님께서는 성장제일주의에 빠진 제자들의 다툼을 사탄의 농간으로 보셨습니다. 성장을 목적으로 삼는 순간부터 물신주의에 빠져들지 않을 수 없기 때문입니다. 그리고 베드로를 위해 기도하신 주님께서는 베드로에게, "너는 돌이킨 후에 네 형제를 굳게 하라"고 명령하셨습니다. 이 순서가 중요합니다. 자신이 먼저 돌이켜야, 형제를 굳건하게 세워 줄 수 있습니다. 다시 말해 맹목적인 성장의 노예 상태에서 십자가의 예수 그리스도를 향해 분명하게 돌이킨 사람만 자기 자신은 물론이요, 주위 사람을 영원한 십자가의 복음 위에 굳건하게 세워 주는 주님의 통로로 쓰임 받을 수 있습니다.

　어떤 경우에도 성숙을 결여한 성장, 복음과 무관한 맹목적인 성장은 우리의 해답일 수 없습니다. 아무리 세월이 흘러도 우리의 해답은 우리를 살리기 위한 제물이 되셨다가 죽음을 깨뜨리고 영원히 부활하신 예수 그리스도의 십자가, 그 십자가의 복음뿐입니다. 이 시간 우리 모두, 맹목적인 성장을 목적으로 삼던 물신주의에서 벗어나 십자가의 예수 그리스도를 향해 확실하게 돌아서십시다. 우리 각자가 먼저, 우리를 영원히 살리신 십자가의 복음 위에 굳세 서십시다. 그때부터 우리 역시 바울처럼, 영적으로 무너진 이 시대와 세대를 굳게 세워 주는 진정한 그리스도인이 될 것입니다.

　해답이 아닌 것을 해답으로 알고 추구해 왔습니다. 목적으로 삼을 수 없는 것을 생의 목적으로 삼아 왔습니다. 그래서 예전에 비하여 가계는 커졌지만, 경제적으로는 성장했지만, 정작 돈으로는 살 수도 없는 소중한 것들을 모두 잃어버렸고, 영적으로는 피폐해지고 말았습니다. 그럼에도 우리를 어리석다 외면하시지 않고, 오늘도 주님께서 말씀으로 찾아오셔서, 십자가의 예수 그리스도만 우리의 해답이심을 다시 일깨워 주셔서 감사합니다.

성장제일주의에 빠진 물신주의에서 벗어나, 영원한 길이요 진리요 생명이신 십자가의 예수 그리스도를 향해 확실하게 돌아서게 해주십시오. 십자가의 보혈을 의지하여, 내가 먼저 십자가의 복음 위에 굳게 서게 해주십시오. 사랑해야 할 사람이 눈앞에 있을 때 복음 안에서 지금 사랑하면서, 소멸하거나 바래지 않는 믿음의 스토리를 엮어 가게 해주십시오. 그리하여 우리 모두 영적으로 붕괴한 이 시대와 세대를 굳건하게 세우는 주님의 손과 발이 되게 해주십시오. 아멘.

37. 브리스길라와 아굴라가 데려다가 감사 주일

사도행전 18장 24-28절

알렉산드리아에서 난 아볼로라 하는 유대인이 에베소에 이르니 이 사람은 언변
이 좋고 성경에 능통한 자라 그가 일찍이 주의 도를 배워 열심으로 예수에 관한
것을 자세히 말하며 가르치나 요한의 세례만 알 따름이라 그가 회당에서 담대
히 말하기 시작하거늘 **브리스길라와 아굴라가** 듣고 **데려다가** 하나님의 도를 더
정확하게 풀어 이르더라 아볼로가 아가야로 건너가고자 함으로 형제들이 그를
격려하며 제자들에게 편지를 써 영접하라 하였더니 그가 가매 은혜로 말미암아
믿은 자들에게 많은 유익을 주니 이는 성경으로써 예수는 그리스도라고 증언하
여 공중 앞에서 힘 있게 유대인의 말을 이김이러라

오늘은 감사 주일입니다. 그리스도인들은 주님의 은혜로 죽음에서 생명으
로, 정죄에서 죄사함으로, 찰나에서 영원으로 옮겨진 사람들이기에, 그 삶
이 기본적으로 주님의 은혜에 대한 감사를 토대로 하고 있습니다. 주님의 십
자가 은혜를 생각하면, 현재 주어진 상황이 어떤 상황이든 주님 안에서 감

사의 조건 아닌 것이 없습니다. 그러므로 그리스도인들에게 감사와 관련하여 중요한 명제는 감사의 이유나 조건이 아니라 언제나 감사의 방법, 즉 주님께 어떻게 감사드리느냐는 것입니다.

단순히 입에 발린 립서비스가 아니라면 감사는 반드시 몸을 수반합니다. 마음에서부터 시작한 감사가 감사의 대상을 위하여 자신의 몸—자신의 손과 발을 움직이게 하는 것입니다. 한자로 감사를 '느낄 감感'에 '사례할 사謝'로 표기합니다. 그런데 고마움을 뜻하는 '謝'를 자세히 보면 '말씀 언言', '몸 신身', '마디 촌寸'으로 조합되어 있습니다. 그것을 문자적으로 풀이하자면, 감사한다는 것은 말과 몸 마디마디를 통해 고마움이 배어나는 것입니다. 감사는 말에 그치지 않고 반드시 손과 발을 수반한다는 뜻입니다.

구약성경에는 하나님께 '감사하라'는 명령이 여러 번 등장합니다. 신앙과 감사는 분리될 수 없기 때문입니다. '감사하다'는 의미의 히브리어 동사 '야다ידה'의 어원은 '손'을 의미하는 명사 '야드יד'입니다. 중요한 사실은 히브리어 '야드'는 반드시 '펴진 손'을 의미한다는 것입니다. 그러므로 '감사하다'를 뜻하는 히브리어 동사 '야다'의 문자적인 의미는 감사의 대상을 향해 '펴진 손을 내밀다'입니다. 움켜쥔 손은 뭔가 나 자신을 위해, 나 자신의 것에 집착하는 손입니다. 그런 손으로는 감사를 표할 수 없습니다. 움켜쥔 손으로는 감사는커녕 오히려 상대를 치기 쉽습니다. 감사는 상대에게 나의 펴진 손을 내미는 것입니다. 감사의 대상에게 나의 손과 발로 무엇이든 해주는 것, 그것이 성경이 일깨워 주는 감사입니다.

주님께서는 당신의 손과 발이 십자가에 못박히심으로 우리의 죗값을 대신 치러 주시고, 우리를 새로운 피조물로 회복시켜 주셨습니다. 죄로 더럽혀진 우리의 손과 발을 거룩하게 회복시켜 주신 것입니다. 주님의 그 은혜를 깨닫고 감사한다면, 우리는 우리의 손과 발을 주님께 내어 드리지 않을 수 없습니다. 우리의 손과 발을 누군가를 위한 주님의 손과 발이 되게 하는 것입니다. 사랑 역시 사랑의 대상에게 자신의 손과 발을 내어 주는 것입니다. 손과 발이 수반되지 않는 사랑은 어떤 의미에서도 참된 사랑일 수 없습니다. 자기 손과 발을 자신만을 위한 전유물로 인식하는 사람이 있으면 주위 사람들—가족과 동료가 고생하기 마련입니다. 사도행전은 주님의 구원에 감사하여 주님을 사랑하면서, 일평생 세상 사람들을 위해 자신의 손과 발을 주님의 손과 발로 내어 드렸던 사람들의 삶의 기록입니다. 오늘 본문에 다시 등장하는 브리스길라와 아굴라 부부의 삶 역시 마찬가지였습니다.

우리가 이미 알고 있듯이 고린도의 천막 제조업자였던 브리스길라와 아굴라 부부는, 2차 전도 여행 중에 고린도를 방문한 바울을 통해 주님으로부터 구원의 은총을 입었습니다. 브리스길라와 아굴라의 입장에서 보자면, 주님께서 보잘것없는 자신들을 구원해 주시기 위해 아시아 대륙의 바울을 유럽 대륙 고린도까지 불러들이신 셈이었습니다. 그들 부부는 구원의 은총을 입는 즉시 바울의 신실한 동역자가 되었습니다. 자신들을 구원해 주신 주님께 감사와 사랑의 응답을 위해, 육체와 욕망의 도구로만 사용하던 자신들의 손과 발을 주님께 내어 드린 것이었습니다. 바울이 고린도 체류 1년 6개월 만에 자신의 본거지인 수리아의 안디옥으로 귀환할 때, 브리스길라와 아굴라 부부도 고린도에서의 사업을 접고 바울을 따라나섰습니다. 자신들의 여생을 계속 주님의 손과 발로 살아가기 위함이었습니다. 수리아의 안디옥으로 항해하는 중에 잠시 정박한 에베소에서도 그들 부부는 바울의 요청을 받아들여, 바울이 에베소로 되돌아올 때까지 에베소에 남기로 했습니다. 그들이 아무 연고도 없는 에베소에서 갑자기 기약도 없이 무작정 체류하기로 한 것은, 객지에서 그들의 손과 발이 심히 고달파지는 것을 뜻했습니다. 그러나 그들은 조금도 개의치 않고 에베소 사람들을 위해 자신들의 손과 발을 기꺼이 내어놓았습니다.

지난 시간에 살펴본 것처럼 그 이후 바울은, 예루살렘을 거쳐 수리아의 안디옥으로 귀환하여 자신을 파송했던 교인들과 재회의 기쁨을 나누었습니다. 그리고 얼마 지나지 않아 3차 전도 여행을 시작한 바울은 갈라디아와 브루기아 지역을 다니며, 이전에 자신으로부터 주님을 영접했던 현지 그리스도인들의 삶을 더욱 굳건하게 세워 주었습니다. 그때가 대략 주후 53년경이었습니다. 오늘 본문은 바로 그 시기에, 브리스길라와 아굴라 부부가 머물고 있던 에베소에서는 무슨 일이 있었는지를 밝혀 주고 있습니다.

> 알렉산드리아에서 난 아볼로라 하는 유대인이 에베소에 이르니 이 사람은 언변이 좋고 성경에 능통한 자라(24절).

본문의 알렉산드리아는 주전 332년 헬라제국의 알렉산더 대왕이 건설한 이집트의 알렉산드리아를 일컫습니다. 알렉산더 대왕은 생전에 자신이 정복한 지역에 자신의 이름을 붙인 도시 알렉산드리아를 서른 개 이상 건설하였는데, 그중에서 이집트의 알렉산드리아가 가장 컸습니다. 본문 당시에도 로마, 에베소, 수리아의 안디옥과 함께 로마제국 4대 도시였던 알렉산드리아에는 파피루스 생산지답게, 파피루스로 만들어진 장서를 50만 권이나 소장한 당시 세계 최대의 도서관이 있었습니다. 알렉산드리아는 상업이나 금융뿐 아니라, 학문적으로도 지중해 세계의 중심지였던 것입니다. 알렉산드리아는 또 디아스포라 유대인들에게도 학문의 중심지였습니다. 주전 3세기 중엽에 시작해서 주전 2세기에 이르기까지 디아스포라 유대인들을 위하여 최초로 헬라어로 번역된 구약성경 70인역이 발간된 곳도 알렉산드리아였습니다. 그렇기에 알렉산드리아 사람들은 자신들의 높은 학문에 대해 긍지를 지니고 있었습니다.

그 알렉산드리아에서 에베소에 이른 사람 중에 아볼로가 있었습니다. 그는 언변이 뛰어나고 성경에 능통한 유대인이었습니다. 당시에는 신약성경이 없었으므로 본문의 '성경'은 구약성경을 가리킵니다. 헬라어 원문에는 '성경'을 가리키는 '그랍헤γραφή'가 복수형으로 기록되어 있습니다. 당시에는 지금처럼 구약성경이 한 권의 책으로 엮여져 있지 않고, 수십 개의 양피지 두루마리나 엄청난 양의 파피루스로 이루어져 있었기 때문입니다. 따라서 한 사람이 그 많은 양을 소화하기란 쉬운 일이 아니었지만, 아볼로는 그 방대한 구약성경에 능통한 사람이었습니다.

> 그가 일찍이 주의 도를 배워 열심으로 예수에 관한 것을 자세히 말하며 가르치나 요한의 세례만 알 따름이라(25절).

아볼로는 구약성경에만 능통한 것이 아니라, 일찍부터 예수님에 대해서도 배워 알고 있었습니다. 게다가 아볼로에게는, 예수님에 대해 자신이 배운 것을 다른 사람에게 가르쳐 주려는 열심과 열정도 있었습니다. 하지만 아쉽게도 아볼로는 요한의 세례 이상은 알지 못했습니다. 본문의 요한은 요단강에서 사람들에게 회개를 외치며 세례를 베풀었던 세례자 요한입니다. 그는 예수님의 길을 예비하는 위대한 선지자였지만, 분봉왕 헤롯 안티파스에게 참수형을 당해 순교하고 말았습니다. 이를테면 세례자 요한은 예수님을 향해 돌아설 것을 요구하는 회개의 세례를 설파하긴 했지만, 정작 예수님의 십자가 고난과 부활을 통해 성취된 복음의 완결을 보지는 못하고 죽었습니다. 그가 순교하자 그를 따르던 제자들 가운데 사방으로 흩어져 예수님을 전한 사람들이 있었습니다. 그러나 그들이 아는 예수님도 예수님의 공생애 초기에 국한된 예수님이었습니다. 그들 역시 세례자 요한처럼 예수님의 십자가 고난과 부활을 알지는 못했습니다. 그러므로 그들이 전한 예수님의 복음은 복음의 일부일 뿐, 온전한 복음은 아니었습니다. 알렉산드리아 출신의 아볼로는 그런 사람들로부터 배운 복음의 일부를, 그것이 마치 복음의 전부인 양 다른 사람들에게 가르치는 열성적인 사람이었습니다.

그가 회당에서 담대히 말하기 시작하거늘(26절 상).

마침내 아볼로가 브리스길라와 아굴라 부부가 속해 있는 유대인 회당에 나타났습니다. 그리고 자신이 알고 있는 복음을 확신에 차 증언하기 시작했습니다.

브리스길라와 아굴라가 듣고 데려다가 하나님의 도를 더 정확하게 풀어 이르더라(26절 하).

브리스길라와 아굴라는 아볼로의 증언을 주의 깊게 들었습니다. 그가 전하는 복음은 온전한 복음이 아니었습니다. 브리스길라와 아굴라는 아볼로에게, 자신들이 바울로부터 배운 십자가를 통한 예수님의 온전한 복음을 정확하게 설명해 주었습니다. 여기에서 우리가 주목할 것은, 브리스길라와 아굴라 부부가 회당에서 아볼로의 불완전한 복음을 듣고 그 즉석에서 공개적으로 아볼로의 미흡함을 보완해 주려 하지 않았다는 사실입니다. 만약 그랬더라면 필경 역효과가 나고 말았을 것입니다.

본문은 그들이 아볼로를 "데려다가" 하나님의 도를 더 정확하게 풀어 주었다고 증언하고 있습니다. 우리말 '데려가다'로 번역된 헬라어 동사는 '프로슬람바노προσλαμβάνω'인데, 누군가를 자기 집에 맞아들일 때에도 이 동사가 사용됩니다. 브리스길라와 아굴라 부부가 아볼로에게 온전한 복음을 설명해 주기 위해 그를 자기 집으로 데리고 간 것이었습니다. 유대인이 누군가를 자기 집으로 데리고 간다는 것은 반드시 그의 발을 씻겨 주고, 음식을 대접하는 것을 의미합니다. 브리스길라와 아굴라 부부는 아볼로에게 십자가의 온전한 복음을 입으로 전하기 이전에, 그의 발을 씻겨 주고 음식을 대접함으로써 자신들의 손과 발을 먼저 내어 준 것이었습니다. 그것은 입으로만 복음을 전하는 것보다 훨씬 힘든 일이었습니다. 그러나 브리스길라와 아굴라 부부가 이처럼 계속하여 힘겨운 일에 자신들의 손과 발을 기꺼이 내민 것은, 바로 그것이 자신들을 구원해 주신 주님의 은혜에 대한 감사와 사랑의 응답이었기 때문입니다. 전혀 예상치 못한 그들의 손과 발의 헌신에 감동한 아볼로가 그들이 전한 십자가의 온전한 복음에 감화된 것은 두말할 나위도 없습니다. 그 결과, 다음 시간에 확인해 보겠습니다만, 아볼로는 초대교회의 훌륭한 복음 전도자가 되었습니다. 이렇듯 브리스길라와 아굴라 부부는 주님으로부터 구원의 은총을 입은 직후부터, 어떤 힘든 일에도 기꺼이 자신들의 손과 발을 내어 드리는 진정한 감사와 사랑의 실천자들이었습니다.

감사와 사랑은, 감사와 사랑의 대상에게 자신의 손과 발을 드리는 것입니다. 감사하고 사랑할 줄 아는 사람들에 의해 세상이 새로워지는 이유가 여기에 있습니다. 손과 발이 수반되지 않는 물질만의 감사와 사랑은 단순한 거래에 지나지 않고, 그런 감사와 사랑이 우리 사회에 아무리 넘쳐도, 그런 감사와 사랑으로는 우리 사회가 새로워지거나 성숙해질 수 없습니다.

그렇다면 어떤 교회가 좋은 교회이겠습니까? 예배당이 큰 교회이겠습니까? 교인 수나 헌금 액수가 많은 교회이겠습니까? 이웃 사랑을 위해 헌금의 50퍼센트를 사용하고, 교회의 모든 재정을 1원 단위까지 투명하게 공개하기만 하면 좋은 교회입니까? 좋은 교회 여부는 그런 기준을 초월합니다. 좋은 교회는 자신의 손과 발을 내어놓는 헌신자가 많은 교회입니다. 그리스도인은 주님의 구원에 감사하고 주님을 사랑하여 주님께 자신의 손과 발을 드린 사람이요, 교회 안에서 교인들을 위해 자신의 손과 발을 사용할 줄 모르는 사람이 교회 밖 세상 속에서 사람들을 사랑하며 주님의 손과 발로 살아가는 것은 사실상 불가능하기 때문입니다.

우리 교회에서 2007년부터 시작한 '새신자반'은 올해까지 총 3,245명이 수료하였습니다. 같은 해에 시작한 '성숙자반'은 올해까지 2,993명이, 그리고 2010년에 시작한 '사명자반'은 올해로 2,520명이 수료하였습니다. 많은 교우님들이 단 한 주도 거르지 않고 총 30주간의 전 과정을 수료하였다는 것은, 참된 그리스도인의 삶에 대해 알기 원하는 분들이 그만큼 많다는 반증입니다. 그 덕분에 우리 교회에는 봉사자들이 많습니다. 그러나 안타깝게도 고되고 힘든 봉사부서에 자신의 손과 발을 내어놓는 헌신자들은 현격하게 부족합니다. 관리팀은 매주 토요일 오후마다 모든 예배실을 청소합니다. 열두 군데에 흩어져 있는 예배실을 청소하고 모든 의자를 걸레로 닦기 위해서는 최소한 60여 명의 봉사자들이 있어야 합니다. 하지만 매주 토요일에 고정적으로 나오는 헌신자는 평균 30명에 지나지 않습니다. 지금보다 예배실 수가 훨씬 적었던 4~5년 전에는 50명 넘게 나왔는데, 오히려 그 수가 대폭 줄어들었습니다. 차량안내팀이 주일에 일곱 군데의 주차장을 교대로 관리하기 위해서는 45명의 봉사자들을 필요로 합니다. 그러나 매 주일 고정적인 헌신자는 30명 정도여서, 적지 않은 분들이 주일마다 한여름의 무더위와 엄동설한의 한파와 싸우면서 거의 하루 종일 힘겹게 봉사하고 있습니다. 친교팀도

매 주일 홍보관 친교실을 비롯하여 양화진봉사관과 제2별관 그리고 제3별관에 교우님들을 위해 여름에는 커피와 냉보리차, 겨울에는 커피와 뜨거운 보리차 통을 일일이 운반하고 보충하며, 오늘처럼 교회에서 떡을 제공하는 주일에는 모든 예배실에 떡을 나누어 드려야 하는 고된 봉사부서입니다. 그 부서에도 지원자들이 부족하여 소수의 헌신자들이 주일에 교대 없이 거의 하루 종일 봉사하고 있습니다. 우리 교회는 식당이 협소하여 주일에는 봉사자들에게만 국수가 제공되고 있습니다. 그러나 매 주일마다 국수를 드시는 분은 600명이 넘지만, 주방에서 봉사하는 헌신자는 고작 7명밖에 되지 않습니다. 그것도 근래에 늘어난 숫자입니다. 그 가운데 두 분은 몸이 불편하여 관두고 싶어도 손길이 부족하여, 창립 첫해부터 올해까지 9년째 계속 주일 주방을 지키고 있습니다.

우리 교회는 그 어느 교회보다 많은 봉사자들을 자랑하고 있지만, 이처럼 손과 발이 고되고 힘든 봉사부서에는 헌신자들이 턱없이 부족하기만 합니다. 우리 교회의 또 다른 자랑은 전체 교인의 61.3퍼센트가 40세 미만일 정도로 젊은이들이 많다는 것입니다. 그러나 교회학교와 4부 청년예배 시간을 제외하고 주일에 어느 봉사부서에서든 젊은이들을 만나보기는 쉽지 않습니다. 그렇다면 우리는, 주님의 구원에 대한 그리스도인의 감사와 사랑의 응답은 자신의 손과 발을 주님의 손과 발로 내어놓는 것이라는 관점에서, 우리 교회가 과연 우리 자신이 긍지를 느끼고 있는 만큼 좋은 교회인지 심각하게 자성해 보아야 합니다. 예수님께서 우리의 주님이신 것은, 더러운 죄인인 우리를 살리시기 위해 고통스러운 십자가의 형벌에 당신의 손과 발을 내어 주셨기 때문입니다. 그 예수님을 사랑하고 주인으로 모신 그리스도인이라면, 남이 피하려는 고된 십자가에도 자진하여 자신의 손과 발을 내밀지 않을 수 없습니다. 그러므로 좋은 교회는 어렵고 힘든 일일수록 자신의 손과 발을 내어놓는 헌신자가 많은 교회입니다. 그런 헌신자, 그런 교회가 세상을 새롭게 합니다. 교회는 건물이나 제도가 아니라 사람들의 모임이기 때문입니다.

지난 10월 2일에 열렸던 제14회 양화진음악회에는 바이올리니스트인 이미경 뮌헨대학 교수와 함께 피아니스트 아드리안 외티커가 출연하였습니다. 스위스 출신인 아드리안 외티커의 피아노 연주는 한음 한음이 제각각 살아 있으면서도 동시에 환상적인 조화를 이루는, 역시 세계적인 피아니스트의 연주다웠습니다. 그날 외티커가 연주한 피아노는 일제 야마하였습니다. 양화진음악회의 총감독인 황병준 집사님은 원래, 클래식 연주를 위한 세계 최고의 피아노로 인정받는 미국제 스타인웨이나 오스트리아제 뵈젠도르퍼를 대여하려고 했습니다. 그러나 국내에는 고가의 두 피아노를 대여하는 업체가 없어 황 집사님은 어쩔 수 없이 재즈나 팝 음악가가 선호하고, 또 국내에서 대여 가능한 야마하 피아노를 대여하였습니다. 놀라운 사실은, 아드리안 외티커가 양화진음악회 당일까지 자신이 연주할 피아노가 어떤 피아노인지 누구에게도 묻지 않았을뿐더러, 특정 피아노를 준비해 달라고 요구하지도 않았다는 것입니다. 그는 음악회 당일 야마하 피아노를 보고, 왜 스타인웨이나 뵈젠도르퍼가 아니냐고 따져 묻거나 불평을 터뜨리지도 않았습니다. 그는 어떤 피아노가 주어져도 최상의 연주를 펼칠 수 있는 기량을 지니고 있었기 때문입니다.

이제 거꾸로 외티커가 연주했던 야마하 피아노 입장에서 생각해 보십시다. 그 피아노는 돈만 내면 아무에게나 대여되는 피아노였습니다. 특히 양화진음악회 당일에는 음악회 시작 두 시간 전까지 하루 종일 심한 비가 내렸습니다. 국립극장이나 예술의전당에 비치된 피아노와는 달리, 비 오는 날 야외에까지 대여되는 그 피아노가 잠시나마 외티커처럼 세계적인 피아니스트의 악기로 연주된다는 것은 얼마나 큰 영광이요, 감사의 조건이겠습니까? 그날 외티커의 연주가 그토록 환상적이었던 것은, 그 피아노가 그날의 궂은 날씨와 어려운 여건 속에서도 자신의 건반을 두드리고 페달을 밟는 외티커의 손과 발에 자신을 온전히 맡긴 결과였습니다. 외티커의 연주 내내 그 피아노는 외티커의 손과 발이 되어, 외티커와 완전 일체를 이루었습니다. 만약 그 피아노의 건반 하나라도 외티커와 일체를 이루기를 거부했더라면, 그날 밤의 환상적인 연주는 불가능했을 것입니다.

우리가 아무리 보잘것없는 존재일지라도, 우리를 구원해 주신 주님께서는 우리를 당신의 최상의 악기로 완벽하게 연주하실 수 있는 완전무결한 능력을 지니고 계십니다. 그러므로 감사 주일을 맞는 오늘, 우리가 주님께 드리는 감사와 사랑의 예물은 응당 우리의 손과 발이어야 합니다. 주님께서 마음껏 연주하실 수 있도록 우리의 손과 발을 주님의 악기로 주님께 드리는 것입니다. 우리를 살리시기 위해 당신의 손과 발을 십자가의 고난에 내어 주신 주님이시기에, 우리가 고되고 힘든 일에 우리의 손과 발을 주님의 악기로 내어 드릴수록 우리의 삶을 통한 주님의 연주는 더욱 아름답게 드러날 것입니다.

요즈음 제게는 아주 소박한 꿈이 있습니다. 이번 감사 주일을 계기로 우리 교회가 9년 전 창립 초기처럼, 고되고 힘든 봉사부서일수록 자신의 손과 발을 기꺼이 내어놓는 헌신자들이 오히려 차고 넘치는 꿈입니다. 그래야만 우리 자신이 이루고 있는 100주년기념교회는 주님과 일체가 되어 세상을 살리는 진정한 주님의 교회로 존속할 것이요, 주님의 악기로 연주되는 우리의 삶은 날이 갈수록 더욱 거룩한 향기와 빛을 발하게 될 것입니다.

그동안 주님께 물질로만 감사와 사랑을 표하려 했습니다. 그래서 해마다 감사 주일을 맞고 수없이 주님을 사랑하노라고 고백했건만, 우리의 삶은 조금도 변화되지 않았습니다. 그러나 우리를 어리석다 외면치 않으시고 이 시간에도 불러 주셔서, 참된 감사와 사랑은 손과 발을 드리는 것임을 깨닫게 해주셔서 감사합니다. 누군가를 위해 자신의 손과 발을 내어놓는 사람이 자신을 위해 십자가에 못박히신 주님의 손과 발을 더 확실하게 붙잡을 수 있고, 어렵고 힘든 일에 자신의 손과 발을 내밀수록 자신을 악기 삼으신 주님의 연주가 더욱 두드러짐을 삶의 경험으로 확인하게 해주십시오.

오늘 감사 주일을 맞아 우리의 손과 발을 주님께 감사와 사랑의 예물로 드립니다. 언젠가 형체도 없이 썩어 문드러질 유한한 우리의 손과 발이, 영원하신 주님의 손과 발로, 주님의 악기로 승화되게 해주십시오. 100주년기념교회가 고되고 힘든 봉사부서일수록, 자신의 손과 발을 내어놓는 헌신자들이 차고 넘치는 진정한 주님의 지체가 되게 해주십시오. 더불어 사는 사람들을 위해 자신의 손과 발을 아끼지 않는 우리로 인해, 우리의 가정과 일터 그리고 이 혼돈한 세상이 날로 거룩을 알아 가게 해주십시오. 아멘.

38. 아볼로가 아가야로 대림절 넷째 주일

사도행전 18장 24-28절

알렉산드리아에서 난 아볼로라 하는 유대인이 에베소에 이르니 이 사람은 언변이 좋고 성경에 능통한 자라 그가 일찍이 주의 도를 배워 열심으로 예수에 관한 것을 자세히 말하며 가르치나 요한의 세례만 알 따름이라 그가 회당에서 담대히 말하기 시작하거늘 브리스길라와 아굴라가 듣고 데려다가 하나님의 도를 더 정확하게 풀어 이르더라 **아볼로가 아가야로** 건너가고자 함으로 형제들이 그를 격려하며 제자들에게 편지를 써 영접하라 하였더니 그가 가매 은혜로 말미암아 믿은 자들에게 많은 유익을 주니 이는 성경으로써 예수는 그리스도라고 증언하여 공중 앞에서 힘 있게 유대인의 말을 이김이러라

봄이 가고, 여름과 가을도 가고, 지금은 우리 앞에서 겨울이 가고 있습니다. 계절만 가는 것이 아닙니다. 계절 따라 올 한 해도 벌써 다 지나가 버렸습니다. 실은 인생 자체가 지나가는 것입니다. 유아기도, 소년소녀 시절도, 청년기와 중년기 그리고 노년기도 예외 없이 지나갑니다. 그 속도는 굼벵이

처럼 더디지 않습니다. 이 세상 무엇보다 빠르게 지나갑니다. 예전에 비하여 인생의 속도가 점점 빨라지고 있음을 느낀다면, 그것은 그만큼 나이 들었음의 증거입니다. 나이와 인생 속도는 정비례합니다. 나이가 들수록 인생이 순식간에 지나가 버렸다고 탄식합니다.

다윗은 70세까지 살았습니다. 3천 년 전 당시로서는 장수의 복을 크게 누린 셈이었습니다. 그런데도 그는 임종이 임박하자 시편 39편을 통해 이렇게 고백했습니다.

주께서 나의 날을 한 뼘 길이만큼 되게 하시매(시 39:5상).

다윗은 자신이 살아온 70년의 인생이 겨우 한 뼘 길이밖에 되지 않았다고 토로했습니다. 한 뼘은 엄지 끝에서 중지 끝까지의 길이입니다. 그러나 다윗이 고백한 히브리어 '테파흐מָפַח'는 '한 뼘'이 아니라 '손바닥'을 의미합니다. 일반적으로 사람의 손바닥은 자신의 한 뼘보다 더 짧습니다. 다윗에게 그의 칠십 평생은 그 정도로 빠르고도 짧았습니다. 일생을 다 산 뒤, '내 인생은 1미터 혹은 10미터만큼 길었다'고 고백하는 사람은 드물 것입니다. 다윗의 70년보다 더 오래 산 분이라면 '인생은 손바닥 길이만큼도 되지 않는다'고, 엄지와 검지를 붙이다시피 내밀며 '인생의 길이는 요만큼밖에 되지 않는다'고 고백할 것입니다.

나의 일생이 주 앞에는 없는 것 같사오니(시 39:5중).

겨우 손바닥 길이에 지나지 않는 다윗의 칠십 평생은 하나님 앞에서 없는 것과 같았습니다. 영원하신 하나님 앞에서 손바닥 정도의 시간을 어찌 있다고 말할 수 있겠습니까?

> 사람은 그가 든든히 서 있는 때에도 진실로 모두가 허사뿐이니이다
> (시 39:5하).

인생의 전성기를 맞았다 한들, 실제로는 없는 것과 마찬가지인 인간이 하는 일이란 모두 헛되고 헛될 뿐입니다.

> 진실로 각 사람은 그림자같이 다니고 헛된 일로 소란하며 재물을 쌓으나
> 누가 거둘는지 알지 못하나이다(시 39:6).

손바닥 길이에 불과한 인생은 해가 비치면 이내 사라지는 그림자와 같을 따름인데, 인간들은 누구 것이 될는지도 모를 것을 차지하려 야단법석을 피우며 순식간에 끝나 버릴 자기 인생을 모두 헛날려 버립니다. 그러다가 고작 한 줌의 재가 되어 형체도 없이 사라져 버린다면, 인생보다 허무한 것이 어디에 있겠습니까? 그러나 비록 손바닥 길이에 지나지 않는 인생이었을망정 다윗의 인생은 달랐습니다.

> 주여 이제 내가 무엇을 바라리요 나의 소망은 주께 있나이다(시 39:7).

일평생 하나님을 경외한 다윗은 임박한 임종의 순간에도 하나님을 우러러 뵈었습니다. 그리고 오직 하나님께만 모든 소망을 두었습니다. 그 이유는 간단했습니다.

여호와는 나의 목자시니 내게 부족함이 없으리로다 그가 나를 푸른 풀밭에 누이시며 쉴 만한 물가로 인도하시는도다 내 영혼을 소생시키시고 자기 이름을 위하여 의의 길로 인도하시는도다 내가 사망의 음침한 골짜기로 다닐지라도 해를 두려워하지 않을 것은 주께서 나와 함께하심이라 주의 지팡이와 막대기가 나를 안위하시나이다(시 23:1-4).

다윗에게 여호와 하나님은 자신과 함께 계시는 동시에 언제나 자기보다 먼저 가시며, 거친 인생 폭풍 속에서도 자신을 푸른 풀밭과 쉴 만한 물가로 이끄시고, 불의가 판을 치는 세상 한가운데서도 의의 길로 이끌어 주시는 인도자셨습니다. 그래서 다윗은 살아생전에는 말할 것도 없고, 시시각각 임종이 다가오는 사망의 음침한 골짜기 속에서도 '먼저 가시는 하나님'께 자신의 인생을 맡겼습니다. 그 결과 손바닥 길이에 불과했던 다윗의 칠십 평생은 3천 년이 지난 오늘날까지 영원한 진리의 산성으로 우뚝 서 있고, 그의 이름은 영원하신 하나님의 말씀 속에서 영원히 살아 있습니다.

지난해 4월, 영국 동북부 소재 선덜랜드에서 열린 마라톤 경기의 결과가 어처구니없었습니다. 1등 한 명을 제외한 나머지 경기자가 모두 실격 처리된 것이었습니다. 그 숫자가 무려 5천 명에 달했습니다. 경기 도중에 기권하지 않고 모두 골인 지점에 이르기까지 완주하고도 실격 처리되고 말았습니다. 사연인즉 이랬습니다. 1등과 상당한 격차를 두고 달리던 2등이 실수로 경로를 잘못 접어들자, 3등과 그 뒤를 줄지어 달리던 선수들이 앞사람만 따라가느라 모두 경로를 이탈하고 말았습니다. 2등으로 달리던 선수는 요행히 골인 지점은 제대로 찾아갔고, 그 뒤를 따르던 선수들도 줄줄이 목표 지점에 골인하였습니다. 그러나 경로를 이탈한 그들이 달린 거리는 마라톤 정규 코스 42.195킬로미터에서 264미터가 모자라 모두 실격 처리되었습니다. 그들이 달린 41.931킬로미터는 이곳 양화진에서 인천 영종도에 조금 못 미치는 거리입니다. 그 먼 거리를 쉬지 않고 달리고서도 앞사람을 잘못 따라간 탓에 불과 264미터가 모자라 실격당한 5천 명의 선수들은 얼마나 어이없었겠습니까? 그들 가운데 제이크 해리슨 단 한 사람만 시종일관 정규 코스를 달려 1등의 영예를 입을 수 있었던 것은, 정규 코스의 깃발과 앞서가는 선도 차량을 바르게 좇아갔기 때문입니다.

이 세상 사람들은 모두 앞서가는 사람들을 좇아갑니다. 권력을 얻고 싶은 사람은 권력자를, 부자가 되고 싶은 사람은 부자를, 학자가 되고 싶으면 학자를, 스타가 되기를 열망하면 앞서가는 스타를 좇습니다. 각 분야의 선봉에 서 있는 한 사람을 얼마나 많은 사람들이 뒤좇아 가고 있는지 모릅니다. 그러나 아무리 앞선 사람을 좇아가도 앞선 사람이나 뒤좇아 가는 사람이나 최종 골인 지점이 모두 공동묘지라면, 그보다 더 허망한 일이 있겠습니까? 비록 손바닥 길이에 불과한 인생일지언정 한평생 수고하며 열심을 다해 살았는데, 영원한 생명의 정규 코스에서 벗어나 공동묘지에서 한 줌의 흙으로 실격 처리당한다면 얼마나 어처구니없는 일이겠습니까?

올해 우리 교회의 표어는 신명기 1장 30절에 기인한 '먼저 가시는 하나님'이었습니다. 시간과 공간을 초월하는 하나님께서는 언제나 우리보다 '먼저 가시는 하나님'이십니다. '먼저 가시는 하나님'께서는, 영원 전부터 영원 후까지 영존하시는 하나님이십니다. '먼저 가시는 하나님'께서는, 천지를 창조하신 전능하신 하나님이십니다. '먼저 가시는 하나님'께서는, 진리와 의의 하나님이십니다. '먼저 가시는 하나님'께서는, 우리가 하나님을 알기도 전에 우리를 위해 당신의 독생자를 이 땅에 보내 주신 사랑의 하나님이십니다. 그러므로 '먼저 가시는 하나님'을 좇을 때에만, 손바닥 길이에 불과한 우리의 인생이 영원하고도 절대적인 의미를 지니게 됩니다. '먼저 가시는 하나님'을 좇을 때에만, 의의 길—다시 말해 구원받은 그리스도인으로서 달려야 할 정규 코스에서 벗어나지 않을 수 있습니다. '먼저 가시는 하나님'을 좇을 때에만, 우리의 코끝에서 호흡이 멎는 순간 실격 처리되지 않고, 공동묘지를 뛰어넘어 영원한 생명을 누릴 수 있습니다.

이제 올해의 끝자락에서 지난 한 해를 되돌아보십시다. 어떻습니까? 우리 각자는 지난 1년 동안 앞서가는 사람들만 정신없이 좇았습니까? 아니면 '먼저 가시는 하나님'을 좇았습니까? '먼저 가시는 하나님'을 좇은 사람이라면, 성탄을 앞둔 올해의 끝자락에서 지금 감사함으로 올 한 해를 매듭짓고 있을 것입니다. '먼저 가시는 하나님'을 좇는 사람은 지난 1년 동안 모질고 거친 인생 광야를 힘겹게 거쳐 왔다 해도 그것이 자신이 거쳐야 할 정규 코스이기에 '먼저 가시는 하나님'께서 그 과정을 통과하게 하셨고, 또 인생 광야는 하나님께서 약속하신 언약의 땅—가나안으로 이어지는 관문임을 알기 때문입니다.

지난 시간에 살펴본 것처럼 알렉산드리아에서 에베소에 이른 아볼로는 열심으로 예수님을 전하는 열정은 지니고 있었지만, 그가 알고 있는 것은 '요한의 세례' 즉 예수님의 공생애 초기에 국한된 내용이었습니다. 그 사실을 확인한 브리스길라와 아굴라 부부는 아볼로를 '데려다가', '하나님의 도를 더 정확하게 풀어' 주었습니다. 우리말 '데려가다'로 번역된 헬라어 동사 '프로스람바노'는 누군가를 자기 집으로 맞아들일 때에도 사용된다고 했습니다. 브리스길라와 아굴라 부부가 아볼로를 자기 집으로 데려가 음식을 대접하면서, 그가 미처 알지 못하고 있는 예수님의 가르침과 십자가 고난 및 부활에 대해 가르쳐 준 것이었습니다. 그런 마음을 지닌 브리스길라와 아굴라 부부였기에 아볼로에게 단 한 번이 아니라, 여러 차례에 걸쳐 복음을 자세하게 설명해 주었을 것입니다. 그 덕분에 아볼로는 비로소 복음의 바른 증인이 될 수 있었습니다. 본래 복음 전도의 열정을 지니고 있던 아볼로는 온전한 복음을 알게 되자, 에베소에 그냥 머물러 있지 않았습니다. 본문 27절의 증언입니다.

아볼로가 아가야로 건너가고자 함으로 형제들이 그를 격려하며 제자들에게 편지를 써 영접하라 하였더니 그가 가매 은혜로 말미암아 믿은 자들에게 많은 유익을 주니.

아볼로는 아가야로 가고자 했습니다. 아볼로가 현재 체류하고 있는 에베소는 아시아 대륙에 속해 있는 반면, 그가 가려 하는 아가야는 에게 해 건너 유럽 대륙 아가야 지방의 고린도였습니다. 아볼로가 이때 왜 하필이면 멀리 바다 건너 고린도로 가려 했는지, 본문은 그 이유에 대해 언급하고 있지 않습니다. 그러나 신약성경 사본 가운데 5세기경에 쓰여진 것으로 추정되는 '베자사본Codex Bezae'에는 본문 27절이 다음과 같이 기록되어 있습니다.

에베소에 머물고 있던 어떤 고린도인들이 아볼로의 말을 듣고 그에게 자기들과 함께 자기들의 고향으로 건너가자고 강권하므로, 이에 아볼로가 허락하자 에베소 사람들이 고린도에 있는 제자들에게 편지하여 이르기를, 그 사람을 영접하라 하여, 그가 아가야에 자리를 잡고 각 교회들에게 큰 도움을 주니라.

본문 27절에 비하여 베자사본의 구절이 더 길고 상세한 것은, 후기에 기록된 베자사본에 초대교회 때부터 전해져 오던 전승이 덧붙여졌기 때문입니다. 그 덕분에 베자사본은 아볼로가 왜 아시아 대륙에서 바다 건너 고린도로 건너가고자 했는지 결정적인 단서를 제공해 주고 있습니다. 에베소를 방문한 고린도의 그리스도인들 중에 아볼로의 설교를 듣고 감명을 받은 사람들이 있었습니다. 그들은 아볼로에게 자신들과 함께 고린도로 건너가 고린도의 그리스도인들을 돌보아 줄 것을 간청하였습니다. 아볼로가 그들의 제안을 받아들이자, 에베소의 그리스도인들은 고린도의 그리스도인들에게 아볼로를 영접해 줄 것을 요청하는 편지를 써 보냈습니다. 고린도로 건너간 아볼로는 그곳에 정착하여 그곳의 그리스도인들에게 영적으로 큰 도움을 주었습니다. 그가 고린도의 그리스도인들에게 어떻게 영적 도움을 주었는지는 본문 28절이 밝혀 주고 있습니다.

> 이는 성경으로써 예수는 그리스도라고 증언하여 공중 앞에서 힘 있게 유대인의 말을 이김이러라.

고린도에는 여전히 예수님을 부정하는 유대인들이 있었습니다. 본래 아볼로는 24절의 증언처럼, 유대인들이 신봉하던 구약성경에 능통한 사람이었습니다. 게다가 아볼로는 에베소에서 브리스길라와 아굴라 부부로부터 온전한 복음을 전수받았습니다. 그래서 아볼로는 구약성경을 인용하여 구약성경이 예언한 메시아가 예수님이심을 논리 정연하게 설파함으로써, 예수님을 부정하는 고린도의 유대인들을 공개적으로 제압하였습니다. 그 아볼로로 인해 고린도의 그리스도인들은 큰 힘을 얻었습니다.

2천 년 전 복음의 불모지였던 고린도에 최초로 복음을 전한 사람은 바울이었습니다. 2차 전도 여행 중 혈혈단신 고린도를 찾은 바울은, 그곳에서 장장 1년 6개월 동안 머물며 복음을 전했습니다. 그때 바울로부터 주님을 영접하고, 바울에게 숙식을 제공하면서 바울의 신실한 동역자가 된 부부가 브리스길라와 아굴라였지 않습니까? 고린도 교회의 자생력이 확립되었다고 판단한 바울이 자신의 2차 전도 여행을 마치고 목회 본거지인 수리아의 안디옥으로 귀환할 때, 브리스길라와 아굴라 부부 역시 만사를 제쳐놓고 바울을 따라나서지 않았습니까? 그 이후 바울은 수년이 지나서야 고린도를 재방문할 수 있었습니다. 이를테면 바울 그리고 브리스길라와 아굴라 부부가 떠나 버린 고린도 교회는 당장은 영적 지도자가 부재한 상황이었습니다. 바로 그 고린도 교회를 위해 하나님께서 예비해 두신 사람이 본문의 아볼로였습니다.

만약 고린도에서 수리아의 안디옥으로 귀환하는 바울을 브리스길라와 아굴라 부부가 따라나서지 않았더라면, 그들이 탄 배가 에베소에 잠시 기항하지 않았더라면, 그때 바울이 에베소의 회당을 찾아 복음을 전하지 않았더라면, 복음을 영접한 에베소 사람들을 위해 바울이 브리스길라와 아굴라 부부를 에베소에 남게 하지 않았더라면, 브리스길라와 아굴라 부부가 바울의 제안을 거절하고 수리아의 안디옥까지 바울을 계속 따라갔더라면, 바울이 고린도를 재방문하기까지 고린도 교인들을 양육하는 아볼로는 존재할 수 없었을 것입니다.

그렇다면 브리스길라와 아굴라 부부의 입장에서 생각해 보십시다. 바울이 그들에게 중간 기착지인 에베소에서 느닷없이 그곳에 그냥 머물라고 했을 때, 수리아의 안디옥까지 바울과 동행하기 위해 고린도에서의 사업마저 포기하고 바울을 따라나선 그들이 얼마나 당황했겠습니까? 바울의 갑작스러운 처사를 선뜻 이해하기도 쉬운 일이 아니었을 것입니다. 그들을 에베소에 남겨 두고 떠나는 바울은 그들에게 동전 한 닢 건네주지 않았습니다. 그들이 전혀 계획에도 없던 객지에서 기약도 없이 생존을 넘어 정착한다는 것역시 여간 어려운 일이 아니었을 것입니다. 그러나 바로 그 에베소에서 브리스길라와 아굴라 부부는 아볼로를 만났고, 아볼로는 그 덕분에 바다 건너고린도 교회의 영적 지도자가 되었습니다. 고린도 교회의 사정을 잘 아시는하나님께서 고린도 교회를 위해 브리스길라와 아굴라 부부를 당신의 도구삼아 펼치신 신비로운 섭리였습니다. 그것은 하나님께서 시간과 공간을 초월하여 '먼저 가시는 하나님'이시기에 가능한 일이었습니다. 나중에 하나님의 그 모든 신비로운 섭리를 깨달은 브리스길라와 아굴라 부부가, 하나님께서 자신들을 앞서가시며 자신들의 삶을 통해 신비로운 섭리를 이루고 계신다는 사실에 얼마나 감격하며 감사했겠습니까? 하나님의 그 신비로운 섭리앞에서, 자신들이 에베소에서 겪어야만 했던 삶의 힘겨움은 하나님께서 자신들에게 입혀 주실 눈부신 영광을 위한 발판이었습니다. 그 이후 그들이어떤 상황 속에서든 '먼저 가시는 하나님'께 더더욱 감사하며 자신들의 삶을의탁했을 것임은 두말할 나위가 없습니다.

오늘은 주님의 성탄을 나흘 앞둔 대림절 네 번째 주일인 동시에, 올해를열흘 남겨 둔 올해의 끝자락입니다. 느닷없이 객지 에베소에 떨어져 온갖 어려움과 싸우며 기약도 없이 생존하고 정착해야 했던 브리스길라와 아굴라부부처럼, 지난 1년 동안 예기치 않은 삶의 질곡 속에서 하루하루 눈물겹게살아오셨습니까? 그러나 절망하지 마십시오. 우리가 믿는 하나님은 시간과공간을 초월하여 '먼저 가시는 하나님'이십니다. '먼저 가시는 하나님'께서는우리가 하나님을 알기도 전에 우리를 위해 당신의 독생자를 먼저 이 땅에 보내 주시고, 당신의 독생자로 하여금 십자가에서 우리의 죗값을 대신 치르게하심으로 우리를 구원해 주셨습니다. 하나님께서는 지난 1년 동안에도 우리보다 먼저 가시며, 우리가 걸어야 할 정규 코스로 우리를 인도해 주셨습니다. '먼저 가시는 하나님'께서는 올 한 해에도 우리의 삶을 통해 시간과 공간을 초월한 신비로운 섭리를 펼치셨습니다. 그것이 구체적으로 어떤 섭리인지는 본문의 브리스길라와 아굴라처럼, 앞으로 살아가면서 계속 깨닫고 확인하게 될 것입니다. 그러므로 지난 1년 동안 우리가 어떤 일을 겪었든, 주님의 성탄을 기리는 대림절 네 번째 주일과 올해의 끝자락을 맞는 우리에게 주어진 과제는, 올해에도 우리보다 '먼저 가주신 하나님'께 온 중심을 다해 감사함으로 성탄과 연말연시를 매듭짓는 것입니다. "자기 아들을 아끼지 아니하시고 우리 모든 사람을 위하여 내주신 이가 어찌 그 아들과 함께 모든 것을 우리에게 주시지 아니하겠느냐"(롬 8:32)는 바울의 고백처럼, '먼저 가시는 하나님' 앞에서는 영광으로 끝나지 않을 고난이나 고통이 결코 있을 수 없기 때문입니다. 그래서 우리는 시련 속에서도 감사함으로 새해를 맞고, 눈물 속에서도 진심으로 주님의 성탄을 기리고 축하할 수 있습니다.

　메리 크리스마스!

내 눈에 보이시지 않았어도, 내 귀에 들리시지 않았어도, 내 손에 잡히시지 않았어도, 올 한 해 동안에도 하나님께서 '먼저 가시는 하나님'이 되어 주셔서 감사합니다. 지난 1년 동안 내가 걸어온 고달프고 힘겨웠던 그 길이, '먼저 가시는 하나님'께서 나를 위해 인도해 주신 정규 코스였음을 깨닫고 감사드립니다. 올 1년 동안에도 '먼저 가시는 하나님'께서 내 인생의 주관자셨기에, 지금 내가 앉아 있는 가시방석이 나를 위해 준비해 주신 최상의 꽃방석임을 믿고 감사드립니다. 내 하나님께서 '먼저 가시는 하나님'이시기에, 내가 지금 걷는 이 눈물의 여정이 둘러 가는 것 같지만, 약속의 땅을 향한 지름길임을 확인하며 감사드립니다.

우리가 주님을 알기도 전에 우리를 위해 먼저 이 땅에 오신 주님. 주님의 성탄을 온 마음을 다해 기뻐하며, 우리를 위해 '먼저 가시는 주님'께 감사함으로 올해를 매듭짓고, 감사함으로 새해를 맞게 해주십시오. 그리하여 우리의 일생이 고작 손바닥 길이밖에 되지 않는다 해도, '먼저 가시는 주님' 안에서 우리의 하루하루가 브리스길라와 아굴라의 나날처럼, 시간과 공간을 초월하여 영원한 의미로 살아남게 해주십시오. 우리의 삶을 통해 이 시대의 역사를 위한 주님의 신비로운 섭리가 날마다 이루어지게 해주십시오. 아멘.

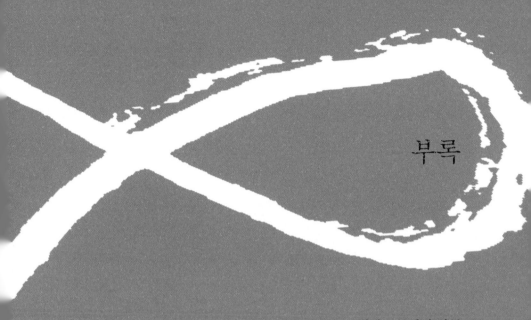

부록

전에 고통받던 자들 <small>성탄 축하 예배</small>

이사야 9장 1-7절

전에 고통받던 자들에게는 흑암이 없으리로다 옛적에는 여호와께서 스불론 땅과 납달리 땅이 멸시를 당하게 하셨더니 후에는 해변 길과 요단 저쪽 이방의 갈릴리를 영화롭게 하셨느니라 흑암에 행하던 백성이 큰 빛을 보고 사망의 그늘진 땅에 거주하던 자에게 빛이 비치도다 주께서 이 나라를 창성하게 하시며 그 즐거움을 더하게 하셨으므로 추수하는 즐거움과 탈취물을 나눌 때의 즐거움같이 그들이 주 앞에서 즐거워하오니 이는 그들이 무겁게 멘 멍에와 그들의 어깨의 채찍과 그 압제자의 막대기를 주께서 꺾으시되 미디안의 날과 같이 하셨음이니이다 어지러이 싸우는 군인들의 신과 피 묻은 겉옷이 불에 섶같이 살라지리니 이는 한 아기가 우리에게 났고 한 아들을 우리에게 주신 바 되었는데 그의 어깨에는 정사를 메었고 그의 이름은 기묘자라, 모사라, 전능하신 하나님이라, 영존하시는 아버지라, 평강의 왕이라 할 것임이라 그 정사와 평강의 더함이 무궁하며 또 다윗의 왕좌와 그의 나라에 군림하여 그 나라를 굳게 세우고 지금 이후로 영원히 정의와 공의로 그것을 보존하실 것이라 만군의 여호와의 열심이 이를 이루시리라

2006년 제18회 '정지용문학상'의 수상자는 가톨릭 신자로 알려진 시인 강은교 선생이었고, 수상작은 그의 시집《초록거미의 사랑》에 수록되어 있는 〈너를 사랑한다〉였습니다. 다음은 그 전문입니다.

그땐 몰랐다.
빈 의자는 누굴 기다리고 있는 것이라는 것을
의자의 이마가 저렇게 반들반들해진 것을 보게
의자의 다리가 저렇게 흠집 많아진 것을 보게
그땐 그걸 몰랐다
신발들이 저 길을 완성한다는 것을
저 신발의 속가슴을 보게
거무뎅뎅한 그림자 하나 이때껏 거기 쭈그리고 앉아
빛을 기다리고 있는 것을 보게
그땐 몰랐다
사과의 뺨이 저렇게 빨간 것은
바람의 허벅지를 만졌기 때문이라는 것을
꽃 속에 꽃이 있는 줄을 몰랐다
일몰의 새떼들, 일출의 목덜미를 핥고 있는 줄을 몰랐다.
꽃 밖에 꽃이 있는 줄 알았다
일출의 눈초리는 일몰의 눈초리를 흘기고 있는 줄 알았다
시계 속에 시간이 있는 줄 알았다
희망 속에 희망이 있는 줄 알았다
아, 그때는 그걸 몰랐다
희망은 절망의 희망인 것을.

절망의 방에서 나간 희망의 어깻살은

한없이 통통하다는 것을.

너를 사랑한다.

사람들은 예쁜 꽃을 찾아다닙니다. 내가 바로 꽃이요, 내 삶이 꽃자리인데도 사람들은 꽃 밖에 꽃이 있는 줄 압니다. 사람들은 일출과 일몰이 양극단에서 서로 대립하는 것으로 착각합니다. 일출과 일몰이 모두 한 태양의 다른 모습이기에 그 둘이 하나임을 알지 못하는 것입니다. 사람들은 시계 속에 시간이 있는 줄 알고 있습니다. 그러나 시간은 결코 시계 속에 갇혀 있지 않습니다. 시계는 단지 시계 밖에 있는 시간을 표시해 줄 뿐입니다. 사람들은 또 희망은 희망 속에 있는 줄 압니다. 그러나 내 삶과 괴리된 희망은 비현실적인 망상이나 허상에 지나지 않습니다. 희망은 절망의 희망입니다. 진실로 절망해 본 사람만 그 절망의 연장선상에서 비현실적인 망상이나 허상이 아니라, 절망을 수용하고 극복하고 승화하는 삶의 희망을 누리게 됩니다. 내 삶과 동떨어진 희망 속에서 갈구하는 희망이 한낱 신기루에 지나지 않는 반면, 절망의 방에서 나간 희망의 어깻살이 한없이 통통한 이유가 바로 여기에 있습니다.

그러나 꽃은 절로 피지 않습니다. 한 송이의 국화꽃을 피우기 위해 봄부터 소쩍새가 그렇게 울어 대고, 먹구름 속에서 천둥이 또 그렇게 울어 대는 자연의 섭리 속에서 꽃망울은 터지고 꽃은 피어납니다. 일몰과 일출은 절로 이어지지 않습니다. 단 한순간도 쉬지 않는 지구의 자전의 힘으로 일몰과 일출은 둘이 아닌 하나로 이어집니다. 시계는 시계 밖에 있는 시간을 시계 자체의 힘으로 보여 주는 것이 아닙니다. 그것은 시계 속에 장착된 배터리의 힘입니다. 희망은 절망의 희망이긴 하지만, 그렇다고 절망 자체가 절로 희망이 되는 것은 아닙니다. 절망의 굴레를 벗어나지 못해 일평생 절망의 노예로 살거나, 절망의 무게에 짓눌려 아예 생을 포기하는 사람들이 얼마나 많습니까? 한 송이의 꽃을 피우는 것이 자연의 힘이듯이, 일몰과 일출을 이어주는 것이 지구 자전의 힘이듯이, 시계 밖에 있는 시간을 시계가 보여 주는 것이 배터리의 힘이듯이, 인간의 절망을 어깻살 통통한 희망으로 전환하는데에도 반드시 힘, 동력이 필요합니다.

그것은 절망의 어둠을 물리치는 빛이요, 빛의 힘입니다. 그래서 강은교 시인의 시는 제목처럼 '너를 사랑한다'로 끝납니다. 대체 시인이 사랑하는 '너'는 구체적으로 누구이겠습니까? 시인이 우리더러 보라고 촉구하는 바로 그 사람입니다.

거무뎅뎅한 그림자 하나 이때껏 거기 쭈그리고 앉아 빛을 기다리고 있는 것을 보게.

시인이 사랑한다고 고백한 '너'는, 비록 절망 속에 쭈그리고 앉아 있지만 절망에 짓눌려 질식당하지 않고, 도리어 절망의 심연 속에서 빛을 기다리는 이 땅의 모든 사람들입니다. 빛 속에서는 자기 자신이 아름다운 꽃임을 알게 되고, 빛 속에서는 일몰은 끝이 아니라 새로운 일출과 맞닿아 있음이 보이고, 빛 속에서는 시간이 시계 속에 갇혀 있는 것이 아니요 오히려 시계 속의 1초1초가 바로 나의 생명이요 일생임을 깨닫게 되고, 빛 속에서는 희망은 절망의 희망이며 절망의 방에서 나간 희망의 어깻살은 한없이 통통하다는 것을 확인할 수 있습니다. 어디 그뿐이겠습니까? 빛 속에서는 아무리 낡고 흠집 많은 의자라 할지라도 언젠가 지친 나그네를 위한 안락의자가 될 것이요, 빛 속에서는 비록 닳고 해진 신발일지라도 그 신발들이 세상의 길을 만들 것이요, 빛 속에서는 아무리 바람이 거세게 불어도 그 바람이 사과를 붉게 물들일 것임을 보고, 알고, 깨달을 수 있습니다.

그래서 시인이 사랑한 '너'는 절망의 심연 속에서 빛을 기다리는 이 땅의 모든 사람들인 동시에, 그들이 기다리는 빛이기도 합니다. 절망의 어둠을 물리치는 빛만이, 시인이 사랑하는 사람들로 하여금 이 세상의 모든 절망을 수용하고 극복하고 희망으로 승화시켜 주는 힘이요 생명이기 때문입니다.

오늘은 우리를 위해 2천 년 전 이 땅에 오셨던 예수님의 성탄을 기리는 뜻 깊은 성탄일입니다. 지난 6주간 동안 우리가 주일예배 시간을 통해 살펴본, 바울이 데살로니가의 유대인 회당에서 행한 설교 내용을 빌리자면, 예수님 께서는 우리의 죗값을 대신 치르시기 위해 반드시 죽으시고 또 우리를 영원히 살리시려 죽은 자 가운데서 반드시 다시 살아나시기 위해 이 땅에 오신 그리스도, 즉 구원자셨습니다. 그 예수님을 오늘의 본문인 이사야 9장 6-7 절은 이렇게 소개하고 있습니다.

이는 한 아기가 우리에게 났고 한 아들을 우리에게 주신 바 되었는데 그의 어깨에는 정사를 메었고 그의 이름은 기묘자라, 모사라, 전능하신 하나님이라, 영존하시는 아버지라, 평강의 왕이라 할 것임이라 그 정사와 평강의 더함이 무궁하며 또 다윗의 왕좌와 그의 나라에 군림하여 그 나라를 굳게 세우고 지금 이후로 영원히 정의와 공의로 그것을 보존하실 것이라 만군의 여호와의 열심이 이를 이루시리라.

본문은 먼저 이 땅에 오신 하나님의 독생자이신 예수님을 가리켜 '어깨에 정사를 메었다'고 묘사하고 있습니다. 정사, 즉 통치권을 그분의 어깨에 메었다는 것은 상징적인 표현으로 그분만 우리를 위한 참된 통치자가 되신다는 의미입니다. 그 이유는 본문이 증언하는 그분의 호칭이 잘 설명해 주고 있습니다. 본문은 예수님의 호칭을 첫 번째로 '기묘자와 모사'라 소개하고 있습니다. '놀라우신 조언자'라는 말입니다. 우리를 향한 그분의 조언은 이 세상 그 누구도 흉내 낼 수도 없고 상상할 수도 없습니다. 두 번째 호칭은 '전능하신 하나님'이십니다. 전능하시다는 것은 능치 못함이 없으신, 다시 말해 불가능이 없는 하나님이시라는 말입니다. 세 번째 호칭은 '영존하시는 아버지'십니다. 그분이 아무리 전능하시다 한들 우리처럼 언젠가는 장례식을 치르는 것으로 공동묘지에서 모든 것이 끝나 버린다면 그분의 전능하심이 무슨 소용이 있겠습니까? 그분이 영원하시기에 그분의 전능하심은 명실상부하게 전능하심일 수 있습니다. 그분이 영원하고 전능하시다 해도 나와 무관한 하나님이시라면 대체 내게 무슨 유익이 있을 수 있겠습니까? 그분은 저 피안의 세계에 계시는 분이 아니라, 언제나 내 곁에서 나를 지키고 품으시고 사랑해 주시는 영원한 아버지이십니다. 그분의 마지막 호칭은 '평강의 왕'이십니다. 역사적으로 이 세상을 거쳐 간 모든 왕들은 평화의 미명하에 평화를 깨뜨리던 사람들이었습니다. 그들이 말하는 평화는 다른 사람들을 짓밟고서라도 자기 욕망을 구현하는 것에 지나지 않았기 때문입니다. 그러나 예수님께서는 왕이시되 평화의 왕이십니다. 하나님과 인간 사이의 막힌 장벽을 걷어 내시고, 인간과 인간 사이를 가로막는 담을 허물어뜨리는 평화의 왕이십니다. 그래서 예수님만 우리의 참된 통치자이실 수 있습니다.

한마디로 말해 하나님의 독생자이신 예수님께서 곧 하나님이시라는 것입니다. 아니 예수님께서 하나님의 독생자시라면서, 어떻게 하나님의 독생자가 또 하나님이실 수 있습니까? 이 질문에 대한 해답은 이미 '새신자반'을 통해 배웠습니다. 사람의 자식은 언제나 사람이고, 개의 새끼는 개일 수밖에 없듯이, 하나님의 독생자 역시 하나님이실 수밖에 없지 않겠습니까? 그래서 하나님께서 다윗에게 약속하셨던 것처럼, 예수님께서는 영원한 하나님의 나라를 세우시고 그 나라를 공의와 정의로 지키십니다. 인간의 능력이나 열심으로는 불가능한 일이지만, 전능하신 하나님의 열심이 반드시 그렇게 하실 것이라는 것이 본문 6-7절의 증언입니다.

이처럼 인간을 위해 이 땅에 오신 예수님에 대해 증언하는 이사야 9장은 본문 1절 상반절이 다음과 같이 시작하고 있습니다.

전에 고통받던 자들에게는 흑암이 없으리로다.

고통은 늘 흑암에 비견됩니다. 고통은 흑암처럼 인간을 무겁게 짓누르기 때문입니다. 그렇다면 고통당하는 사람들에게는 고통을 당하는 만큼, 제어할 수 없는 흑암이 더 짙어지지 않겠습니까? 그런데도 왜 본문은 '전에 고통받던 자들에게는 흑암이 없으리라'고 증언하는 것입니까? 고통의 절망에 빠진 사람만 이 세상 그 무엇도 아닌, 예수 그리스도 안에 있는 구원의 빛, 생명의 빛을 소망하기 때문입니다. 인간이 겪는 고통의 절망은 예수 그리스도의 영원한 생명의 빛을 담는 그릇입니다. 그래서 고통의 절망에 빠진 사람에게는 더 이상 흑암이 있을 수 없다는 것입니다.

옛적에는 여호와께서 스불론 땅과 납달리 땅이 멸시를 당하게 하셨더니 후에는 해변 길과 요단 저쪽 이방의 갈릴리를 영화롭게 하셨느니라 (1절 하).

이스라엘 북쪽의 스불론 땅과 납달리 땅, 다시 말해 갈릴리 땅은 역사적으로 주변 열국들의 침입으로 항상 시달림을 당했습니다. 그 지역의 주민들은 이민족의 침략과 노략질 속에서 늘 고통과 탄식과 눈물로 얼룩진 삶을 살아야 했고, 그로 인해 상대적으로 곤궁한 삶을 살던 그들은 같은 동족들로부터도 멸시와 천대를 받아야 했습니다. 갈릴리야말로 절망과 고통과 흑암의 땅이요, 사망의 그늘진 땅이었습니다. 그러나 하나님께서는 그 절망과 흑암과 고통의 땅 갈릴리를 영화롭게 하셨습니다. 하나님께서 어떻게 그 땅을 영화롭게 하셨습니까?

> 흑암에 행하던 백성이 큰 빛을 보고 사망의 그늘진 땅에 거주하던 자에게 빛이 비치도다(2절).

하나님께서는 예수 그리스도의 빛, 빛이신 예수 그리스도를 그 땅에 임하게 하심으로 고통과 흑암과 절망의 땅이자 사망의 그늘진 땅인 갈릴리를 영화롭게 해주셨습니다. 마태복음 4장 13절에 의하면, 나사렛에서 사시던 예수님께서 공생애를 시작하시면서 새로운 거처로 정하신 곳이 스불론과 납달리 지경의 해변, 즉 갈릴리의 가버나움이었습니다. 요한복음 2장 11절은, 공생애를 시작하신 예수님께서 첫 번째 이적을 행하신 곳도 갈릴리 가나의 잔칫집이었음을 밝혀 주고 있습니다. 또 마태복음 4장 17절은, 예수님께서 천국의 복음을 이 땅에서 처음으로 전파하기 시작하신 곳 역시 갈릴리의 가버나움이었음을 증언하고 있습니다. 이처럼 인간을 위해 이 땅에 오신 빛이신 예수님께서 공생애를 시작하신 곳이 갈릴리였고, 또 3년에 걸친 공생애 기간 대부분을 갈릴리에서 보내셨습니다.

왜 예수님께서 처음부터 이스라엘의 가장 큰 도시요, 이스라엘에서 가장 부유하고 유식한 사람들이 모여 사는 예루살렘에 임하시지 않았습니까? 예루살렘 사람들에게는 지닌 것이 많았기 때문입니다. 자신들의 물질이나 능력이나 학식 등 그들에게는 믿을 것이 많았습니다. 그래서 그들은 예루살렘에 입성하신 빛이신 예수님을 구원자로 영접하고 믿기는커녕, 도리어 예수님을 배척하고 십자가에 못박아 죽이는 데 동조하고 말았습니다. 왜 예수님께서 변방 중의 변방인 갈릴리―고통과 흑암과 절망의 땅이요, 사망의 그늘진 땅인 갈릴리에 임하셨습니까? 그 땅의 사람들이 날마다 죽음과도 같은 고통과 흑암과 절망에 빠져 있었기에 누구보다도 자신들을 짓누르고 있는 절망을 물리쳐 줄 희망의 빛, 흑암을 물리쳐 줄 진리의 빛, 죽음과도 같은 고통을 물리쳐 줄 생명의 빛을 소망했기 때문입니다. 그들의 절망과 고통과 흑암이 역설적이게도 이 땅에 영원한 생명의 빛으로 임하신 임마누엘 하나님―예수 그리스도를 영접하는 접촉점이 되었습니다.

예수님께서 이 땅에 계시는 동안 예수님의 부르심을 받았던 열두 명의 제자들이 모두 예외 없이 죽음과도 같은 절망과 고통과 흑암과 눈물의 빵을 먹던 갈릴리 빈민 출신이었다는 것은 결코 우연한 일이 아니었습니다. 그것은 하나님의 열심이 빚어내신 필연이었습니다. 이런 의미에서 그들이 당했던 절망과 고통은, 전에 고통받던 자에게는 흑암이 없게 하시려는 하나님의 신비로운 은총이었습니다.

그들에게 임한 예수 그리스도의 빛은 잠시 빛나다가 사그라지는 세상의 빛과 같지 않았습니다. 오늘의 본문 2-5절이 예수 그리스도의 빛은, 하나님께서 이스라엘을 압제하던 미디안 군대의 갑옷을 지푸라기같이 태우셨듯이 자기 백성의 고통을 근원적으로 제하여 주시고, 그 위에 추수꾼의 즐거움을 더하여 주시는 영원한 생명의 빛이심을 증언하고 있습니다. 그래서 예수님의 열두 제자 가운데 세상의 은 30냥을 더 신봉했던 가룟 유다 한 사람을 제외하고, 나머지 제자들은 모두 예수 그리스도의 영원한 생명의 빛 속에서 인류의 역사를 새롭게 한 영원한 사도로 영원히 세움 받았습니다. 그들이 모두 사망의 그늘진 땅 갈릴리에서 전에 고통과 눈물의 빵을 먹던 갈릴리 사람들이었기에 가능한 일이었습니다.

혹 지금 처해 있는 상황이 사망의 그늘진 땅 갈릴리와도 같습니까? 경제적으로나 육체적으로, 혹 인간관계에서, 언제 끝날지 도무지 끝이 보이지 않는 흑암의 터널을 지나는 것과 같은 절망의 고통을 겪고 계십니까? 그렇다면 지금이야말로 놀라우신 조언자시요, 전능하신 하나님이시요, 영존하시는 아버지시요, 평강의 왕이신 예수 그리스도를 인격적으로 만나 뵐 때임을 잊지 마십시다. 그분은 이미 우리를 위한 생명의 빛으로 우리에게 임해 계십니다. 그분을 우리의 참된 통치자로 모시어 들이십시다.

그분의 빛 속에서, 꽃 밖에 꽃이 있는 것이 아니라 내가 꽃이요 내 삶이 꽃자리임을 알게 될 것입니다. 그분의 빛 속에서, 일몰과 일출은 둘이 아니라 하나로 이어져 있음을 알게 될 것입니다. 그분의 빛 속에서, 시간은 시계 속에 갇혀 있는 것이 아니라 내 생명이요 나의 인생임을 알게 될 것입니다. 그분의 빛 속에서, 희망은 절망의 희망이요 절망의 방에서 나간 희망의 어깻살은 한없이 통통하다는 것을 알게 될 것입니다. 그뿐만이 아닙니다. 그분의 빛 속에서, 낡을 대로 낡은 의자도 지친 나그네를 위한 안락의자가 됨을 알게 될 것입니다. 그분의 빛 속에서, 닳고 해진 신발들도 이 세상의 길을 만들고 있음을 알게 될 것입니다. 그분의 빛 속에서, 세상의 모진 바람도 사과를 붉게 물들이는 하나님의 생명의 손길임을 알게 될 것입니다.

그래서 우리는 빛이시고 그 빛의 힘이신 예수 그리스도를 사랑하지 않을 수 없고, 그래서 우리는 그 빛을 소망하는 이 땅의 모든 갈릴리인들을 사랑하지 않을 수 없고, 그래서 우리는 주님 태어나신 이날을 다 함께 기뻐하며 즐거워하지 않을 수 없습니다. 메리 크리스마스!

주님 알기 전에 내 삶은 죽음과도 같은 고통이었고, 내 인생은 한 치 앞도 내다볼 수 없는 흑암의 터널 속을 헤맸습니다. 그러나 그 죽음과 같은 고통의 흑암으로 인해, 도리어 예수 그리스도의 빛으로 채움 받게 해주셔서 감사합니다.

주님의 빛 속에서, 절망이 소망이 되었습니다.

주님의 빛 속에서, 고통이 찬양이 되었습니다.

주님의 빛 속에서, 흑암이 광명이 되었습니다.

주님의 빛 속에서, 죽음이 생명이 되었습니다.

주님의 빛 속에서, 죄인이 의인이 되었습니다.

주님의 빛 속에서, 삶이 꽃이 되고 인생이 꽃자리가 되었습니다.

주님의 빛 속에서, 일몰과 일출이 둘이 아니라 하나로 이어졌습니다.

주님의 빛 속에서, 낡은 의자가 누군가를 위한 안락의자가 되었습니다.

주님의 빛 속에서, 닳고 해진 신발들이 세상의 길을 내었습니다.

주님의 빛 속에서, 세상의 비바람이 내 인생의 사과를 붉게 물들였습니다.

그래서 생명의 빛으로 이 땅에 와주신 주님을 사랑할 수밖에 없고, 주님의 빛을 소망하는 사람들을 주님의 사랑으로 보듬지 않을 수 없습니다. 주님의 성탄을 기뻐하고 찬양하는 우리의 삶으로, 전에 고통받던 자들에게는 흑암이 없다는 이 복음을, 세상의 뭇사람들에게 증언하게 해주십시오. 아멘.

2013년 1월 1일

생각하여 보라 <small>신년 0시 예배</small>

마태복음 6장 25-34절

그러므로 내가 너희에게 이르노니 목숨을 위하여 무엇을 먹을까 무엇을 마실까 몸을 위하여 무엇을 입을까 염려하지 말라 목숨이 음식보다 중하지 아니하며 몸이 의복보다 중하지 아니하냐 공중의 새를 보라 심지도 않고 거두지도 않고 창고에 모아들이지도 아니하되 너희 하늘 아버지께서 기르시나니 너희는 이것들보다 귀하지 아니하냐 너희 중에 누가 염려함으로 그 키를 한 자라도 더할 수 있겠느냐 또 너희가 어찌 의복을 위하여 염려하느냐 들의 백합화가 어떻게 자라는가 **생각하여 보라** 수고도 아니하고 길쌈도 아니하느니라 그러나 내가 너희에게 말하노니 솔로몬의 모든 영광으로도 입은 것이 이 꽃 하나만 같지 못하였느니라 오늘 있다가 내일 아궁이에 던져지는 들풀도 하나님이 이렇게 입히시거든 하물며 너희일까보냐 믿음이 작은 자들아 그러므로 염려하여 이르기를 무엇을 먹을까 무엇을 마실까 무엇을 입을까 하지 말라 이는 다 이방인들이 구하는 것이라 너희 하늘 아버지께서 이 모든 것이 너희에게 있어야 할 줄을 아시느니라 그런즉 너희는 먼저 그의 나라와 그의 의를 구하라 그리하면 이 모든 것을 너희에게 더하시리라 그러므로 내일 일을 위하여 염려하지 말라 내일 일은 내일이 염려할 것이요 한 날의 괴로움은 그날로 족하니라

492

생각이 깊은 사람의 행동이 가벼울 수 없고, 생각이 얕은 사람의 행동이 신중할 수도 없습니다. 생각과 행동은 불가분의 관계에 있습니다. 우리 마음속에는 많은 생각들이 입력되어 있습니다. 그러나 그 생각들이 모두 행동으로 이어지는 것은 아닙니다. 입력된 생각 중에서 일부분이 행동으로 드러납니다. 따라서 마음속에 입력되지 않은 생각은 아예 행동으로 드러날 수도 없습니다. 의식적이든 무의식적이든 행동의 토대는 생각인 까닭입니다. 그러므로 마음속에 선하고 의로운 생각을 지녀 본 적이 없는 사람은 선하고 의로운 삶을 살 도리가 없습니다.

하나님께서 노아 시대에 타락한 인간 세상을 홍수로 심판하셨습니다. 그때 하나님께서 타락한 인간을 심판하신 기준이 무엇이었는지 창세기 6장 5절이 밝혀 주고 있습니다.

여호와께서 사람의 죄악이 세상에 가득함과 그의 마음으로 생각하는 모든 계획이 항상 악할 뿐임을 보시고.

하나님의 심판의 기준은 인간의 행동 이전에 마음속의 생각이었습니다. '마음속으로 생각하는 모든 계획이 항상 악할 뿐'인 사람은 그 삶 자체가 항상 악할 수밖에 없습니다.

여기에서 우리는 신앙인이 어떤 사람인지 정의를 내릴 수 있습니다. 불교 신자는 그 마음이 부처님과 부처님의 불법에 대한 생각으로 가득 찬 사람입니다. 그리스도인은 두말할 것도 없이 삼위일체 하나님과 하나님의 말씀에 대한 생각으로 그 마음이 충만한 사람입니다. 2천 년 전 이 땅에 오셨던 주님께서는 당신의 승천 이후에 성령님께서 강림하실 것을 예고하시면서 이렇게 말씀하셨습니다.

보혜사 곧 아버지께서 내 이름으로 보내실 성령 그가 너희에게 모든 것을 가르치고 내가 너희에게 말한 모든 것을 생각나게 하리라(요 14:26).

하나님의 영이신 성령님께서는 평소 우리에게 주님의 말씀이 생각나도록 우리를 도우십니다. 매일 주님의 말씀을 생각하면서 사는 삶과, 주님의 말씀과 무관하게 사는 삶이 결코 동일할 수 없지 않겠습니까? 그렇다면 누가 성령 충만한 사람이겠습니까? 청산유수처럼 기도하지 못해도, 밤을 새우며 산기도하지 못해도, 사람 눈에 두드러져 보이는 행동을 하지 않아도, 매사 우리 주님의 말씀을 생각하면서 살아가는 사람입니다. 그 사람은 주님을 좇는 길에서 벗어날 수 없습니다. 그러나 내가 주님의 말씀으로 내 마음을 채우지 않는다면, 주님의 말씀에 대한 생각을 내 마음에 입력하지 않는다면, 성령님께서 나에게 주님의 말씀이 생각나도록 도우시려 해도 어떻게 나를 도우실 수 있겠습니까?

신앙은 천지를 창조하신 삼위일체 하나님을 생각하는 것입니다. 하나님께서 성경을 통해 계시해 주신 하나님의 말씀을 생각하는 것입니다. 자연의 이치와 인간의 역사를 통한 하나님의 섭리를 생각하는 것입니다. 삼위일체 하나님과, 하나님의 말씀과, 하나님의 섭리에 대해 생각하며 살지 않는다면, 아무리 교회에 다녀도 습관적인 종교인일 뿐 참된 신앙인일 수는 없습니다. 습관적인 종교인으로 살아서는 또다시 새해를 맞는다 한들, 불안과 근심 속에서 무의미하게 흘려보낸 묵은해의 반복에 지나지 않을 것입니다.

주님께서 오늘의 본문 33절을 통해 다음과 같이 명령하십니다.

그런즉 너희는 먼저 그의 나라와 그의 의를 구하라 그리하면 이 모든 것을 너희에게 더하시리라.

여기에서 "이 모든 것"이란 먹고, 마시고, 입는 것의 통칭인 세상의 것들입니다. 우리는 늘 하나님께 조건을 겁니다. 내가 원하는 세상의 것들을 먼저 주시면 하나님을 더 잘 믿고, 하나님께 더 순종하고, 더 충성하겠다는 조건입니다. 그러나 조건을 거는 것은 거래이지 믿음이 아닙니다. 하나님께서 우리와 맺기 원하시는 것은 거래 관계가 아니라, 조건이 수반되지 않는 믿음의 관계입니다. 이것이 주님께서 우리에게 "너희는 먼저 그의 나라와 그의 의를 구하라"고 명령하신 이유입니다. 한마디로 말해 삶의 우선순위를 하나님께 두라는 말입니다. 그것이 믿음이고, 그렇게 믿으면 하나님께서 모든 것을 책임져 주신다는 것입니다.

그러므로 믿음은 우선순위의 문제입니다. 아무리 신앙 연륜이 길어도 삶의 우선순위를 자기 자신에게 두는 한, 그 사람은 하나님과 거래하는 사람이지 하나님을 믿는 사람이 아닙니다. 여인이 아이를 낳으면 자기 삶의 우선순위를 갓 태어난 아이에게 두듯이, 젊은 남녀가 사랑에 빠지면 삶의 우선순위를 사랑하는 연인에게 두듯이, 믿음은 언제 어디서나 하나님께 삶의 우선순위를 드리는 것입니다. 믿음의 이치가 이렇게 자명한데도 많은 사람들이 하나님을 믿기보다 거래하려 하는 것은, 생각 없이 믿으려 하기 때문입니다.

그러므로 내가 너희에게 이르노니 목숨을 위하여 무엇을 먹을까 무엇을 마실까 몸을 위하여 무엇을 입을까 염려하지 말라 목숨이 음식보다 중하지 아니하며 몸이 의복보다 중하지 아니하냐 공중의 새를 보라 심지도 않고 거두지도 않고 창고에 모아들이지도 아니하되 너희 하늘 아버지께서 기르시나니 너희는 이것들보다 귀하지 아니하냐 너희 중에 누가 염려함으로 그 키를 한 자라도 더할 수 있겠느냐 또 너희가 어찌 의복을 위하여 염려하느냐 들의 백합화가 어떻게 자라는가 생각하여 보라 수고도 아니하고 길쌈도 아니하느니라(25-28절).

하나님을 믿는다면서도 삶의 우선순위를 자신에게 두느라 가난하면 가난한 대로, 부유하면 부유한 대로 세상의 것들에 얽매여 근심과 염려에서 벗어나지 못하는 인간들을 향해 주님께서 "생각하여 보라"고 명령하십니다. 헬라어 동사 '카타만다노'는 '배우다', '관찰하다', '숙고하다'는 의미의 동사입니다. 공중을 나는 새들에게서 한번 배워 보십시오. 새들이 봄이면 자기 먹을 씨를 뿌립니까? 가을이면 추수하여 1년 먹을 양식을 창고에 쌓아 둡니까? 전혀 아닙니다. 그럼에도 새들은 하나님의 섭리 속에서 자연을 노래하며 살아갑니다. 인간의 신체를 한번 관찰해 보십시오. 갓 태어난 자식의 키가 부모의 염려로 자랍니까? 부모의 염려로는 1밀리미터도 자라게 할 수 없습니다. 그러나 끼니를 제대로 때우지 못한 가난한 집 아이도 하나님께서 얼마든지 자라게 하십니다. 들의 꽃들이 어떻게 피고 자라는가 한번 생각해 보십시오. 꽃이 아름다운 물감을 구하러 다니기 위해 수고를 하거나, 직접 길쌈하는 것을 보신 적이 있습니까? 날아다니는 새들과는 달리 꽃은 제자리에 가만히 있으면서도 꽃을 피우지 않습니까? 그렇게 핀다고 꽃이 볼품없습니까? 오히려 그 반대입니다.

그러나 내가 너희에게 말하노니 솔로몬의 모든 영광으로도 입은 것이 이 꽃 하나만 같지 못하였느니라 오늘 있다가 내일 아궁이에 던져지는 들풀도 하나님이 이렇게 입히시거든 하물며 너희일까 보냐 믿음이 작은 자들아(29-30절).

부귀영화의 상징인 솔로몬의 옷이 아무리 화려해 보인다 해도, 생명을 지니지 못한 옷이 눈부신 생명을 머금은 꽃의 아름다움을 어떻게 당할 수 있겠습니까? 하지만 꽃이 천년만년 피어 있는 것은 아닙니다. 오늘 눈부시게 피어 있다가 내일이면 시들어 아궁이에 던져질 들꽃도 하나님께서 그렇듯 아름답게 입히신다면, 그 하나님께서 당신의 독생자까지 포기하실 정도로 사랑하신 당신의 자녀들이야 두말해 무엇하겠습니까? 그런데도 하나님을 온전히 믿지 못하는 인간들을 향해 주님께서는 '하물며 너희일까 보냐? 이 믿음이 작은 자들아!'라고 질책하셨습니다. 2천 년 전 주님으로부터 이 질책을 직접 받은 사람들은 하나님을 믿지 않는 이방인들이 아니었습니다. 그들은 하나님의 선민임을 자처하던 유대인들이었습니다. 왜 그들의 믿음은 주님의 질책을 당할 정도로 작았습니까? 생각 없이 믿었기 때문입니다. 생각의 결여가 주님 보시기에 한심한 믿음으로 귀결된 셈입니다. 그래서 주님께서 '생각하여 보라'고 명령하신 것이었습니다.

'생각하여 보라'고 명령하신 주님의 말씀은 이렇게 이어집니다.

그러므로 염려하여 이르기를 무엇을 먹을까 무엇을 마실까 무엇을 입을까 하지 말라 이는 다 이방인들이 구하는 것이라 너희 하늘 아버지께서 이 모든 것이 너희에게 있어야 할 줄을 아시느니라 그런즉 너희는 먼저 그의 나라와 그의 의를 구하라 그리하면 이 모든 것을 너희에게 더하시리라(31-33절).

생각해 보십시오. 나에게 있어야 할 것을 알지 못하는 하나님이라면, 그런 하나님이 어떻게 천지를 창조한 전능하신 하나님이실 수 있겠습니까? 아이를 낳은 부모가 아이의 필요를 아이보다 더 잘 알듯이, 나를 창조하신 하나님께서 내게 필요한 것을 나보다 더 잘 아시지 않겠습니까? 내가 원하는 것이 지금 내게 주어지지 않았다면 그것은 하나님 보시기에 내게 불필요하든지, 아니면 아직 때가 이르지 않았기 때문이 아니겠습니까? 이처럼 우리가 천지를 창조하신 하나님을 생각하면, 하나님께서 우리에게 약속하신 하나님의 언약을 생각하면, 자연의 이치와 인간의 역사를 통한 하나님의 섭리를 생각하면, 자기 자신에게 삶의 우선순위를 둠으로 염려와 불안에 짓눌려 사는 이방인의 삶에서 탈피하여 하나님을 삶의 우선순위로 모시는 참된 그리스도인으로 살지 않을 수 없습니다. 그래서 주님의 말씀은 이렇게 끝을 맺습니다.

> 그러므로 내일 일을 위하여 염려하지 말라 내일 일은 내일이 염려할 것이요 한 날의 괴로움은 그날로 족하니라(34절).

주님께서는 '내일 일은 내일이 염려할 것이므로 너희는 염려하지 말라'고 말씀하십니다. 내일 일은 내일이 염려한다는 것은 무슨 의미입니까? 내일 일은 내일을 허락하신 하나님께서 책임져 주신다는 것입니다. 하나님께서 내일을 책임져 주시지 않을 것 같으면 우리에게 구태여 내일을 또 주실 이유가 어디에 있겠습니까? 그러므로 근심에 사로잡혀 밤새 뜬눈으로 안절부절못하지 말라는 것입니다. 근심으로 단 1밀리미터의 키도 자라게 할 수 없는 것처럼, 근심이나 염려로 할 수 있는 것은 자기 생명을 스스로 단축시키는 것 외에는 아무것도 없습니다.

하지만 하나님께서 우리를 책임져 주신다고 해서 우리의 삶에 고난이나 고난으로 인한 괴로움이 없는 것은 아닙니다. 주님께서도 "한 날의 괴로움은 그날로 족하니라"고 말씀하신 것처럼, 우리가 살아 있는 동안 고난과 삶의 괴로움이 있기 마련입니다. 여기에서 우리는 되묻지 않을 수 없습니다. 하나님께서 우리를 책임져 주신다면 아예 고난이나 괴로움이 없어야지, 우리로 하여금 고난과 괴로움을 겪게 하시는 이유는 무엇이겠습니까? 이 질문에 대하여 하나님께서 이미 2천 년 전에 바울 사도를 통해 우리에게 대답해 주셨습니다.

> 생각하건대 현재의 고난은 장차 우리에게 나타날 영광과 비교할 수 없도다(롬 8:18절).

이 구절에서 가장 중요한 단어는 "생각하건대"입니다. 생각해 보십시오. 내가 하나님을 믿는데도 내게 고난이 있고 삶의 괴로움이 있다면 하나님께서 무능하시기 때문이겠습니까? 하나님께서 나를 상대로 장난치시는 것이겠습니까? 나를 구원하시기 위해 당신의 독생자를 십자가의 제물 삼으시기까지 하신 하나님이시라면 그럴 리가 없지 않습니까? 고난과 삶의 괴로움을 정으로 삼아 내 마음의 모난 부분들을 깎으셔서, 나를 정금처럼 새롭게 빚어 주시기 위함이 아니겠습니까? 이처럼 생각해 보기만 하면, 현재의 고난은 장차 우리에게 나타날 영광과 결코 비교할 수 없지 않겠습니까? 그러나 생각하지 않는 습관적인 종교인으로 살아간다면, 천지를 창조하신 하나님을 믿는다면서도 바람에 흔들리는 갈대처럼 주어진 상황에 따라 일희일비하는 우리를 주님께서 '믿음이 작은 자들'이라고 질책하시지 않겠습니까?

이제 2013년 새해가 시작되었습니다. 그러나 우리 주위 여건은 장밋빛이 아닙니다. 경제는 세계적인 경기침체로 그 어느 해보다 전망이 어둡습니다. 지난 12월 12일 장거리 미사일로켓 은하 3호 발사에 성공한 뒤 핵실험 카드까지 만지작거리고 있는 북한과의 관계는 예측이 불가능합니다. 일본에는 극우정권이 들어서서 앞으로 한일 관계, 나아가 동북아 정세가 어떻게 전개될지도 알 수 없습니다. 2월 말이면 박근혜 18대 대통령이 이끄는 새 정부가 출범합니다. 우리 정치가 아직 후진성을 탈피하지 못해 여야가 극한 대립을 하는 탓에 노무현정부 초기에는 대통령 탄핵 소동으로, 이명박정부 초기에는 미국산 쇠고기 수입으로 인한 촛불집회로 온 나라가 크게 요동쳤습니다. 박근혜정부 출범과 함께 여야가 또 어떤 극한 대립으로 우리를 불안하게 할는지도 알 수 없는 노릇입니다. 이처럼 이제 막 시작한 2013년은 전혀 낙관적이지 않습니다.

그렇다고 하나님을 믿는 우리가 불안과 염려와 근심과 초조함으로 새해를 맞을 필요는 없습니다. 생각해 보십시오. 어느 해치고 문제없는 해가 있었습니까? 그러나 생각해 보십시오. 지나 놓고 보면 하나님께서 책임져 주지 않으셨던 해가 또 있었습니까? 그러므로 생각해 보십시다. 우리에게 새해를 주신 하나님께서 이 새해도 왜 책임져 주시지 않겠습니까? 심지도 않고 거두지도 않고 창고에 모아들이지도 않는 새들이 어쩌면 이 세상에 그리도 많은지 생각해 보십시오. 물감을 구하러 다니지도 않고 길쌈도 하지 않는 들의 꽃들이 어찌 그리도 눈부시게 아름다운지 생각해 보십시오. 그 모든 천하 만물을 주관하시는 하나님을 생각해 보십시오. 내게 있어야 할 것을 다 알고 계시고, 세상 끝 날까지 항상 나와 함께하신다는 하나님의 말씀을 생각해 보십시오. 대체 무엇이 우리를 두렵게 하겠으며, 우리가 두려워할 것이 무엇이겠습니까?

우리 모두 주님의 명령에 따라 '생각하여 보라'를 새해의 표어로 삼아 매일 하나님을 생각하고, 하나님의 말씀을 생각하고, 하나님의 섭리를 생각하는, 생각하는 그리스도인으로 새해를 맞이하십시다. 그리고 언제 어디서나, 어떤 상황 속에서든, 우리 삶의 우선순위를 먼저 하나님께 드리십시다. 폭풍이 불어닥쳐도, 눈보라가 몰아쳐도, 하나님께서 반드시 그 모든 것을 합력하여 우리의 삶 속에서 당신의 선하신 뜻을 이루실 것이요, 우리 각자의 2013년은 하나님에 의해 진정한 새해로 엮어질 것입니다.

우리를 믿으시고, 또다시 한 해의 기회를 더 허락해 주셔서 감사합니다. 그리고 새해 첫날 첫 시간, 믿음은 천지를 주관하시는 하나님을 생각하는 것이요, 하나님께서 성경을 통해 계시해 주신 하나님의 말씀을 생각하는 것이며, 자연의 이치와 인간의 역사를 통한 하나님의 섭리를 생각하는 것임을 일깨워 주셔서 감사합니다.

근심과 불안의 구름이 나를 덮치려 할 때, 심지도 거두지도 않는 새들을 먹이시고 길쌈도 하지 않는 꽃들을 입히시는 하나님을 생각하게 해주십시오. 고난의 괴로움이 닥칠 때, 현재의 고난은 장차 우리에게 나타날 영광과 비교할 수 없다는 하나님의 말씀을 생각하게 해주십시오. 당장 내 눈에 보이지 않아도, 하나님께서 내 삶 속에서 시간과 공간을 초월하여 이루고 계시는 하나님의 섭리를 생각하게 해주십시오. 올 1년 동안 매일 생각하는 그리스도인이 되어, 언제 어디서나 내 삶의 우선순위를 먼저 하나님께 드리게 해주십시오. 그리하여 이 한 해 동안 우리의 삶을 통해 이 시대의 역사 속에 하나님의 뜻이 이루어지게 하시고, 하나님께서 주신 2013년이 주님 안에서 명실상부한 새해로 엮어지게 해주십시오. 아멘.

2014년 1월 1일

먼저 가시는 하나님 신년 0시 예배

신명기 1장 29-33절

내가 너희에게 말하기를 그들을 무서워하지 말라 두려워하지 말라 너희보다 **먼 저 가시는** 너희의 **하나님** 여호와께서 애굽에서 너희를 위하여 너희 목전에서 모 든 일을 행하신 것같이 이제도 너희를 위하여 싸우실 것이며 광야에서도 너희 가 당하였거니와 사람이 자기의 아들을 안는 것같이 너희의 하나님 여호와께서 너희가 걸어온 길에서 너희를 안으사 이곳까지 이르게 하셨느니라 하나 이 일에 너희가 너희의 하나님 여호와를 믿지 아니하였도다 그는 너희보다 먼저 그 길 을 가시며 장막 칠 곳을 찾으시고 밤에는 불로, 낮에는 구름으로 너희가 갈 길 을 지시하신 자이시니라

2014년 갑오년甲午年 새해의 막이 이제 막 올랐습니다. 조금 전 2014년 1 월 1일 0시가 시작되는 순간, 종로 2가에서는 보신각 타종과 동시에 그곳에 운집한 10만 인파가 새해를 맞는 기쁨의 환호성을 터뜨렸을 것입니다. 그리 고 이 시간 현재 전국의 거의 모든 술집에서는 새해를 기뻐하는 축제의 술

판이 벌어지고 있을 것입니다. 어디 우리나라뿐이겠습니까? 미국 뉴욕, 프랑스 파리, 일본 도쿄 등, 전 세계 대도시마다 동일한 광경이 벌어질 것입니다. 새해 첫 시간에 하나님께 예배드리는 우리 역시 새해를 맞는 기쁨과 감격으로 이 자리에 나왔습니다.

여기에서 질문을 제기하지 않을 수 없습니다. 전 세계 사람들이 왜 예외 없이 새해를 기뻐합니까? 우리 자신이 새해를 기뻐하는 이유는 대체 무엇입니까? 해마다 1월 1일 0시만 되면 왜 가슴 설레어 하며 기뻐하는지, 그 이유를 단 한 번이라도 진지하게 생각해 보신 적이 있습니까? 이 세상에 태어난 이래 새해를 몇 번이나 맞았든 간에, 자신이 감격과 기쁨 속에서 맞았던 새해가 진정으로 새해였던 적이 한 번이라도 있었습니까?

> 이미 있던 것이 후에 다시 있겠고 이미 한 일을 후에 다시 할지라 해 아래에는 새것이 없나니 무엇을 가리켜 이르기를 보라 이것이 새것이라 할 것이 있으랴 우리가 있기 오래전 세대들에도 이미 있었느니라(전 1:9-10).

새해가 되었다고 주위 사람들이 모두 새사람으로 바뀌고, 지금까지와는 전혀 다른 새 일을 하게 되는 것입니까? 그렇지 않지 않습니까? 말만 새해일 뿐 그동안 관계를 맺어 온 사람들 속에서 어제, 그러니까 작년에 하던 일을 그대로 반복할 것 아닙니까? 해 아래 무슨 새것이 있겠습니까? 사람들이 기대하는 새해는 없다는 사실이 이미 오래전 세대 때부터 판명되었지만, 우리 모두 해마다 이맘때가 되면 달력의 교체를 마치 새해가 도래한 것처럼 스스로 착각하거나 속고 있지 않습니까?

새해를 맞으면 우리의 수명이 한 해 더 연장됩니까? 오히려 그 반대입니다. 우리가 지난해에 이어 또다시 한 해를 맞았다는 것은 우리의 수명이 한

해 단축되었다는 의미입니다. 인간의 수명은 천년만년 지속되지 않습니다. 고작 몇십 년에 불과할 따름입니다. 그 짧디짧은 우리의 수명 가운데 또다시 한 해가 단축되었다면, 그것은 아쉬워해야 할 일이지 결코 기뻐할 일이 아닙니다. 그런데도 지금 이 순간 전 세계적으로 대부분의 사람들은 이제 막 시작한 새해를 영문도 모른 채, 까닭도 없이 그저 기뻐하기만 합니다. 그래서 그 기쁨은 매해 그랬던 것처럼, 며칠 지나지 않아 진한 허탈감으로 변하고 말 것입니다.

우리가 새해를 기뻐해야 할 경우는 단 한 경우입니다. 하나님과 바른 관계 속에서 새해를 맞는 것입니다. 새것은 분수처럼 땅에서 솟아오르거나 바람처럼 옆에서 오지 않습니다. 새것은 참된 것이고 참된 것은 오직 위로부터, 만물을 새롭게 하시는 하나님으로부터만 주어집니다. 하나님과 바른 관계 속에 있는 사람에게만, 달력의 교체는 하나님 안에서 하나님에 의해 진정한 새해, 새날로 빚어집니다.

이집트의 노예살이에서 출애굽한 이스라엘 백성이 가데스 바네아에 이르렀을 때의 일입니다. 가데스 바네아 너머로 하나님께서 약속하신 언약의 땅—가나안이 펼쳐져 있기에, 가데스 바네아는 언약의 땅으로 들어가는 길목이었습니다. 이제 언약의 땅 가나안에 입성하기만 하면, 무려 400년 동안 이집트의 노예였던 이스라엘 백성은 하나님의 자녀로 지금까지와는 전혀 다른 새해, 새날을 맞게 될 터였습니다. 당시 이스라엘 백성의 지도자였던 모세는 가데스 바네아에서 먼저 열두 명의 정탐꾼을 가나안으로 들여보냈습니다. 가나안의 지형과 정세를 살펴 오게 하기 위함이었습니다. 40일 만에 돌아온 열두 정탐꾼들의 보고는 엇갈렸습니다. 열 명의 정탐꾼들은, 가나안 땅 원주민들은 장대하고 성들은 하늘을 찌를 듯이 높아 그들을 결코 이

길 수 없다면서, 거인 같은 가나안 원주민들 앞에서 자신들은 고작 메뚜기에 지나지 않았다고 보고하였습니다(민 13:33). 단지 두 명의 정탐꾼만 가나안 원주민을 능히 이길 수 있다고 보고했습니다. 가나안은 하나님께서 약속하신 언약의 땅이므로 하나님께서 함께하시는 한, 가나안 원주민들이 아무리 거인처럼 장대해도 가벼운 먹이에 불과할 뿐이므로 조금도 두려워할 필요가 없다고 역설하였습니다(민 14:9).

열두 명의 정탐꾼들이 동일한 가나안 땅을 동일하게 40일 동안 정탐하였지만, 그 땅에 대한 그들의 견해는 이처럼 정반대로 엇갈렸습니다. 엇비슷한 격차가 아니라, 10대 2라는 압도적인 격차로 엇갈렸습니다. 이스라엘 백성은 그 두 견해 중에 당연하게도 다수결원칙에 따라 가나안 원주민들을 능히 이길 수 있다는 두 정탐꾼의 견해보다 다섯 배나 우세한, 가나안 원주민들을 결코 이길 수 없다는 열 정탐꾼의 견해를 더 신뢰하였습니다. 그리고 그들이 보인 반응을 민수기 14장 1-4절이 전해 주고 있습니다.

> 온 회중이 소리를 높여 부르짖으며 백성이 밤새도록 통곡하였더라 이스라엘 자손이 다 모세와 아론을 원망하며 온 회중이 그들에게 이르되 우리가 애굽 땅에서 죽었거나 이 광야에서 죽었으면 좋았을 것을 어찌하여 여호와가 우리를 그 땅으로 인도하여 칼에 쓰러지게 하려 하는가 우리 처자가 사로잡히리니 애굽으로 돌아가는 것이 낫지 아니하랴 이에 서로 말하되 우리가 한 지휘관을 세우고 애굽으로 돌아가자 하매.

이스라엘 백성의 반응을 몇 단어로 정리하면 절망, 통곡, 원망, 자포자기, 회복 불능의 패배감이었습니다. 그들은 가나안을 포기하고, 새로운 지도자를 세워 이집트로 되돌아가려 하였습니다. 그들에게 이집트는 혹독한 노예살이를 의미할 뿐이었습니다. 그곳에서는 아무리 해가 바뀌어도 결코 새해, 새날을 누릴 수는 없었습니다. 그런데도 이스라엘 백성은 언약의 땅에서 누릴 새해와 새날을 목전에 두고서도 이집트의 노예살이로 되돌아가려 하였습니다. 가나안의 거인들이 갑자기 그들을 공격하거나, 그들의 생명이 위급한 처지에 빠졌기 때문이 아니었습니다. 그들이 진을 치고 있던 가데스 바네아에는 그 누구의 공격도, 그 어떤 위기의 조짐도 없었습니다. 그런데도 그들이 언약의 땅을 포기하고 이집트의 노예살이로 되돌아가려 한 것은, 가나안 원주민들을 결코 이길 수 없다는 정탐꾼 열 명의 보고를 믿고 지레 겁을 먹었기 때문이었습니다.

그들은 언약의 땅 길목까지는 이르렀지만, 정작 그들의 심중에는 하나님이 없었습니다. 그 결과 그들은 언약의 땅에 들어가지 못한 채 40년 동안 광야를 방랑하다가, 모두 광야에서 죽고 말았습니다. 하나님을 불신한 출애굽 1세대 가운데 언약의 땅에서 하나님께서 주시는 새해, 새날을 누린 사람은 아무도 없었습니다.

그로부터 40년이 지나, 출애굽 당시 어린아이였던 1.5세대와 광야에서 태어난 2세대가 성인이 되었습니다. 그 새 세대가 마침내 가나안 동쪽 모압 평지에 이르렀습니다. 요단강만 건너면 40년 전 1세대가 얻지 못한 언약의 땅을 얻을 수 있었습니다. 그때까지도 이스라엘 백성의 지도자는 모세셨습니다. 모세는 출애굽 1.5세대와 2세대들에게, 40년 전 출애굽 1세대가 가나안의 길목인 가데스 바네아까지 진출하였으면서도 왜 가나안을 얻지 못하고 모두 광야에서 죽었는지 그 이유를 설명해 주었습니다. 언약의 땅을 목전에 둔 새 세대도 1세대와 같은 잘못을 되풀이하지 않도록 해주기 위함이었습니다. 그때 모세가, 40년 전 자신이 출애굽 1세대에게 했던 말을 새 세대에게

506

일러 준 내용이 오늘의 본문입니다.

> 내가 너희에게 말하기를 그들을 무서워하지 말라 두려워하지 말라(29절).

거인 같은 가나안의 원주민들 앞에서 자신들은 메뚜기에 불과하다는 정탐꾼 열 명의 보고에 지레 겁을 먹고 이집트의 노예살이로 되돌아가려는 출애굽 1세대에게 모세가 가장 먼저 한 말은, 그들을 무서워하거나 두려워하지 말라는 것이었습니다. 그것은 이스라엘 백성의 동요를 막기 위한 임기응변의 정치적 레토릭이 아니었습니다. 모세가 그렇게 말한 데는 분명한 이유가 있었습니다.

> 너희보다 먼저 가시는 너희의 하나님 여호와께서 애굽에서 너희를 위하여 너희 목전에서 모든 일을 행하신 것같이 이제도 너희를 위하여 싸우실 것이며(30절).

모세는 분명하게 알고 있었습니다. 하나님께서는 이스라엘 백성 곁에만 계시고, 이스라엘 백성과 동행하기만 하는 분이 아니셨습니다. 하나님께서는 언제나 이스라엘 백성 앞에서, 이스라엘 백성보다 먼저 가시는 분이셨습니다. 이스라엘 백성이 먼저 가나안을 알아 그 땅을 목적지로 삼은 것이 아니었습니다. 가나안이 어디에 있는지도 알지 못하던, 이스라엘 백성의 조상 아브라함에게 그 땅을 주시겠다고 먼저 약속하신 분은 하나님이셨습니다. 하나님께서는 이스라엘 백성보다 먼저 그 땅을 알고 계셨습니다. 그 땅의 원주민들이 거인처럼 장대하고 성들이 하늘을 찌를 듯 웅장하다는 것도 다 알고 계셨습니다. 그럼에도 하나님께서 이스라엘 백성으로 하여금 가나안으로 향하게 하신 것은 가나안 역시 하나님의 피조지로 하나님의 장중掌中에 있었고, 하나님께서 이스라엘 백성보다 먼저 가시며 그들을 친히 쓸어 내어 주실 것이기 때문이었습니다.

> 광야에서도 너희가 당하였거니와 사람이 자기의 아들을 안는 것같이 너희의 하나님 여호와께서 너희가 걸어온 길에서 너희를 안으사 이곳까지 이르게 하셨느니라 하나(31절).
> 그는 너희보다 먼저 그 길을 가시며 장막 칠 곳을 찾으시고 밤에는 불로, 낮에는 구름으로 너희가 갈 길을 지시하신 자이시니라(33절).

이집트의 노예살이에서 해방된 이스라엘 백성이 광야를 거쳐 가나안의 길목인 가데스 바네아에까지 이를 수 있었던 것도, 하나님께서 그들보다 먼저 가시며 그들을 인도해 주셨기 때문입니다. 하나님께서는 이스라엘 백성보다 먼저 가시며 그들이 장막 칠 곳을 찾아 주셨을 뿐 아니라, 낮에는 구름 기둥으로 밤에는 불 기둥으로 그들이 가야 할 길을 직접 지시해 주셨습니다. 그렇지만 본문 32절은 다음과 같이 증언하고 있습니다.

> 이 일에 너희가 너희의 하나님 여호와를 믿지 아니하였도다.

이스라엘 백성이 대체 무엇을 믿지 않았다는 말입니까? 가나안 원주민들이 아무리 장대하고 그곳의 성들이 하늘을 찌를 듯이 웅장해도, 자신들을 위해 자신들보다 그곳으로 먼저 가시는 하나님을 믿지 않았습니다. 그리고 그들은 언약의 땅에서 누릴 수 있었던 은혜의 새해와 새날을 영영 상실하고 말았습니다.

여기에서 우리가 주목해야 할 것이 있습니다. 모세가 사용한 "너희"라는 단어입니다. 40년 전 가데스 바네아에서 '먼저 가시는 하나님'을 믿지 않았던 사람들은 출애굽 1세대로, 그들은 모두 광야에서 죽고 말았습니다. 그리고 지금 모세에게 40년 전의 그 이야기를 듣고 있는 사람들은 출애굽 1.5세대와 2세대들이었습니다. 그러므로 모세는 '너희'가 아니라, '너희 부모'가 '먼저 가시는 하나님'을 믿지 않았다고 말했어야 합니다. 하지만 모세는 40년 전에 어린아이였거나 태어나지도 않았던 새 세대를 앞에 두고, '너희가 너희의 하나님 여호와를 믿지 아니하였다'고 말했습니다. 새 세대인 너희도 '먼저 가시는 하나님'을 믿지 않으면, 1세대처럼 새해와 새날이 약속된 언약의 땅에 들어갈 수 없다는 사실을 일깨워 주기 위함이었습니다. 모세의 말을 들은 출애굽 1.5세대와 2세대는 1세대와는 달리, '먼저 가시는 하나님'을 믿음으로 요단강을 건너 가나안으로 입성하였습니다. 그리고 그 언약의 땅에서 그들은 그동안 한 번도 누려 보지 못한, 하나님께서 주시는 새해와 새날을 누릴 수 있었습니다.

2014년을 시작하는 우리 앞에는 가나안의 거인들과 웅장한 성들처럼 온갖 장애물들이 도사리고 있습니다. 회복의 기미가 보이지 않는 경기침체, 날이 갈수록 심화되는 양극화 현상, 끝이 없는 이념 대결과 계층 및 지역 간 갈등, 배금주의와 향락주의로 인한 인간성 상실과 인명 경시 풍조, 극도의 개인주의에 의한 공익과 법질서의 실종, 북한 김정은의 장성택 숙청으로 더욱 예측 불가능해진 남북 관계, 일본의 우경화로 날로 경색되는 한일 관계, 거기에 초강대국으로 부상한 중국의 패권주의가 빚어내는 동북아의 불안한 정세, 그럼에도 불구하고 더욱 퇴보하기만 하는 우리 정치 현실 등, 어느 한 곳도 만만한 곳이 없습니다. 그렇다고 해서 3400년 전 가데스 바네아의 이스라엘 백성처럼 지레 겁을 먹고, 하나님보다 자기 생각을 더 신봉하는 자기 노예가 되어서는 안 됩니다. 그것은 2014년을 첫날부터 묵은해로 전락시키는 지름길입니다. 하나님께서는 2014년을 맞이한 우리에게 오늘 본문을 통해, 무엇이든 무서워하거나 두려워하지 말라고 말씀하십니다. 하나님께서는 우리를 위해, 우리보다 '먼저 가시는 하나님'이시기 때문입니다.

하나님께서 우리 곁에서 우리와 동행하시기만 한다면, 그분은 시간과 공간의 지배를 받는 우리와 다를 바가 없습니다. 하나님께서는 우리 곁에 계실 뿐 아니라, 우리를 위해 우리 앞에서 우리보다 '먼저 가시는 하나님'이십니다. 이것은 하나님께서 우리보다 고작 한 발자국 앞서가신다는 말이 아닙니다. 시간과 공간을 초월하시는 하나님께서 우리보다 먼저 가신다는 것은, 우리가 가야 할 곳에 하나님께서 미리 가셔서 우리에게 필요한 것을 예비하시고 우리를 기다리신다는 의미입니다. 창세기 22장 14절이 하나님을 '여호와 이레', 즉 '예비하시는 여호와'라고 소개하는 이유가 여기에 있습니다. 하나님께서 우리가 가야 할 곳에 먼저 가 계시기에, 우리에게 필요한 것을 우리가 이르기도 전에 미리 예비해 두시는 것입니다. 또 사무엘상 7장 12절이 하나님을 '에벤에셀'의 하나님, 다시 말해 '여기까지 도우신 하나님'이라고 부르는 것도 동일한 이유입니다. 우리가 지난 세월을 되돌아볼 때마다 '하나님께서 여기까지 도우셨다'고 고백하지 않을 수 없는 것은, 하나님께서 항상 우리의 앞길을 우리보다 먼저 가시면서 우리의 삶을 책임져 주셨기 때문입니다.

하나님께서 우리를 믿으시고 우리에게 2014년이라는 또 한 해의 기회를 주신 것은, 우리를 장애물투성이인 2014년 속에 내버려 두시기 위함이 아닙니다. 시간과 공간을 초월하시는 하나님께서 2014년으로 먼저 가셔서 우리에게 필요한 것을 미리 예비하신 다음, 마치 이집트의 노예였던 이스라엘 백성을 언약의 땅으로 초청하시듯 우리를 2014년으로 초청하신 것입니다. 그러므로 올 한 해 동안 어떤 장애물을 만나도 무서워하거나 두려워하지 마십시다. 그 장애물은 장애물이 아니라 우리 자신을 새롭게, 그리고 우리의 시간을 새해로 엮어 주시려는 은혜의 선물입니다. 우리 모두 우리를 위해 우리 앞에서 '먼저 가시는 하나님'과 함께 2014년으로 진입하십시다. 어떤 상황을 맞든 1년 열두 달 365일을, '먼저 가시는 하나님'의 말씀을 좇아 나아가십시다. 우리가 맞는 2014년은 '먼저 가시는 하나님'에 의해 진정한 새해로 엮어질 것이요, 우리가 두 발 딛고 있는 곳이 어디든 언약의 땅이 될 것이요, '먼저 가시는 하나님'에 의해 우리가 새로워지는 만큼 이 암울한 세상도 반드시 새로워질 것입니다.

시간과 공간을 초월하시는 하나님께서 우리를 위해 미리 2014년을 예비하시고, 우리에게 또 한 해의 기회를 더 주시려 우리를 2014년으로 초청해 주셔서 감사합니다. 어떤 장애물이 앞을 가로막고 있을지라도 무서워하거나 두려워함이 없이, 먼저 가시는 하나님을 믿고 따르게 해주십시오. 매일 새 아침을 맞을 때마다, 우리를 위해 우리보다 먼저 가시며 우리에게 필요한 것을 미리 예비해 주시는 여호와 이레의 하나님께 우리의 시선을 고정하게 해주십시오. 매일 저녁 하루의 일과를 매듭지으면서, 여기까지 우리를 도와주신 에벤에셀의 하나님을 찬양하게 해주십시오. 그리하여 먼저 가시는 하나님에 의해 우리 삶의 현장이 언약의 땅이 되게 하시고, 우리가 맞는 매일매일이 새해 새날로 엮어지게 해주십시오. 아멘.